西藏视点丛书

班禅额尔德尼传

牙含章 著

图书在版编目（CIP）数据

班禅额尔德尼传 / 牙含章著. –2版. --北京：
华文出版社，2015.1（2026.1重印）
（西藏视点丛书）
ISBN 978-7-5075-4293-6

Ⅰ.①班… Ⅱ.①牙… Ⅲ.①班禅—传记
Ⅳ.①B949.92

中国版本图书馆CIP数据核字（2014）第287841号

班禅额尔德尼传

著　　者：	牙含章
责任编辑：	刘超平
出版发行：	华文出版社
	（北京市丰台区右外西路2号院　100069）
电　　话：	总编室 010-59900723　　发行部 010-59900727
	责任编辑 010-59900736
经　　销：	新华书店
印　　刷：	三河市航远印刷有限公司
开　　本：	710mm×1000mm　1/16
印　　张：	22.5
字　　数：	300千字
版　　次：	2015年1月第2版
印　　次：	2026年1月第13次印刷
标准书号：	ISBN 978-7-5075-4293-6
定　　价：	49.00元

版权所有，侵权必究

班禅额尔德尼常年居住的札什伦布寺

札什伦布寺所在地之日喀则宗城堡

创建札什伦布寺
的一世达赖喇嘛铜像

一世达赖喇嘛
根敦珠巴的灵塔

宗喀巴创建的拉萨甘丹寺全景

清高宗为接待六世班禅在承德修建的须弥福寿之庙（俗称热河札什伦布寺）全景

须弥福寿之庙的妙高庄严殿的金顶

须弥福寿之庙的琉璃万寿塔

清高宗为纪念六世班禅在北京西黄寺修建的清净化城塔

九世班禅举行第八次时轮金刚法会的青海塔尔寺全景

九世班禅举行第九次时轮金刚法会的甘肃拉卜楞寺全景

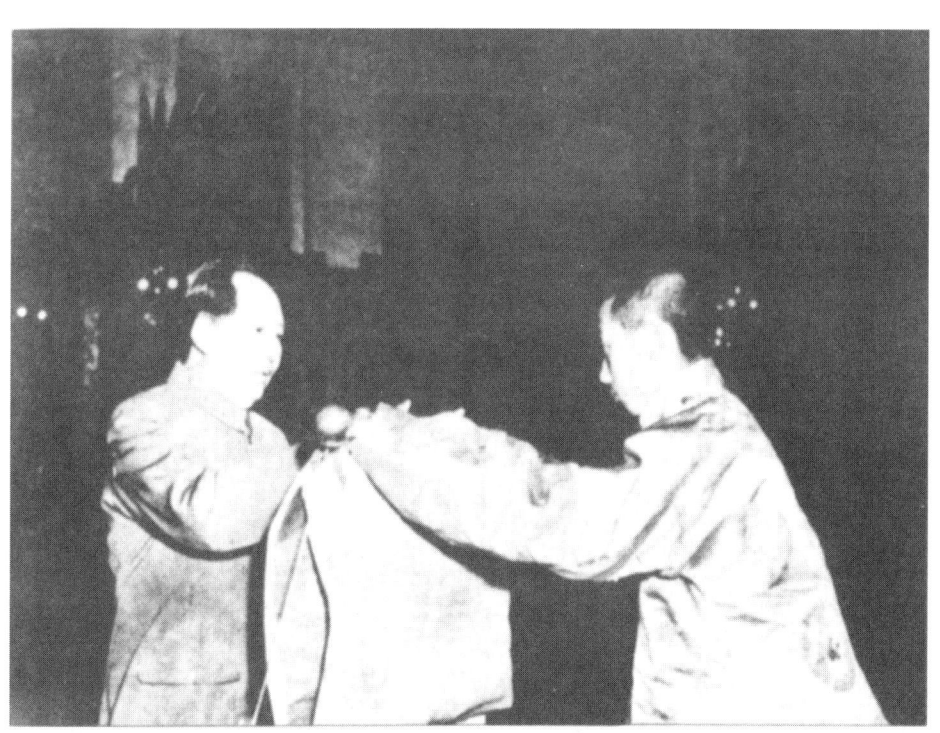

十世班禅向毛泽东主席献旗致敬

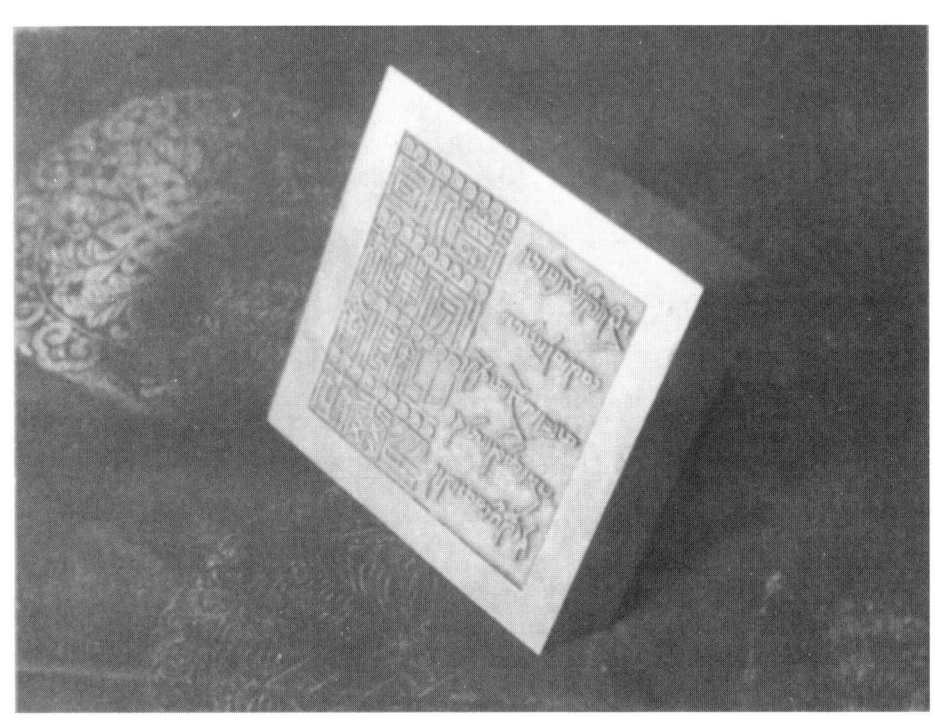

北洋政府临时执政颁给九世班禅"宣诚济世"称号的金印

国民政府颁给九世班禅"护国宣化广慧大师"称号的金印

清圣祖册封五世班禅为"班禅额尔德尼"的金印

释迦也失创建的拉萨色拉寺全景

再版序言

华文出版社于2000年首版《西藏视点丛书》，受到了广大读者的好评。为适应读者群，特别是藏学爱好者和工作者的需要，现在又对这套丛书进行再版。

丛书中的《达赖喇嘛传》、《班禅额尔德尼传》是西藏刚和平解放时就进藏工作的牙含章先生的力作，以元朝西藏正式纳入中国政府行政管理以来的历史为经，以达赖、班禅两个世系历代活佛的主要活动为纬，织成了一幅西藏六百多年历史的画卷。这两本书作为早期自觉以马克思主义理论为指导，研究西藏历史和社会，研究达赖、班禅世系发展的学术专著，曾对几代藏学研究者和涉藏实际工作者产生启蒙的作用，至今有着重要的学术价值和资料价值。蔡志纯与黄颢合著的《活佛转世》比较系统、扼要地介绍了活佛转世的由来及转世全过程、新转世活佛的教育和日常生活、中央政府对转世活佛寻访认定的管理和对大活佛的册封等。活佛及活佛转世是藏传佛教的一种特有现象，对西藏的政治及社会生活曾具有关键性影响，至今这种影响力仍不可忽视。无论是从西藏的发展与稳定工作角度看，还是从藏学研究的角度看，活佛转世问题都是一个必须重视、必须搞懂的问题。赵志忠的《清王朝与西藏》将满学与藏学相结合，详细论述了清朝对西藏长达二百多年的有效治理，记述了清朝的西藏政策、这一时期西藏的重大事件以及达赖、班禅进京觐见皇帝等重大历史活动，不仅以丰富的史实说明西藏自古以来是中国领土的一部分，而且也为今天涉藏工作提供了一定的历史借鉴。这四本书分别出自不同时期我国学者之手，各有特点，自成体系，同时又互相映衬，可以视为研究西藏的历史，研究西藏的政治、经济、文化、宗教，研究西藏与中央政府关系的基础性读物。

在中国，现代意义上的藏学是在新中国成立以后才逐渐发展起来的。特别是改革开放以后，国家高度重视藏学研究工作，促使藏学研究更加生机勃勃、繁荣兴旺。中国藏学研究中心、西藏社科院等一大批综合性专业研究机构、出版机构以及群众性的学术团体相继建立起来并不断发展壮大，全国藏学科研人员逐年增长到三千多名，研究领域扩大，研究成果丰硕，基本形成了系统的学科框架，国际学术交流也日趋活跃。这些不仅使藏学在短短二十多年间成为我国学术界一门"显学"，也为藏学今后更大的发展打下了雄厚基础。

当前，我们国家已经进入全面建设小康社会的新的历史阶段。加强藏学研究与出版，对于人们从历史和文化的更深层面上理解国家对西藏工作的方针政策，对于促进西藏社会的长期稳定和经济的跨越式发展，对于保护和发展西藏文化，对于世界上更多的人正确认识西藏，都具有重要的意义。藏学工作者如同他们的研究对象——西藏一样，都面临着历史上未曾有过的大好机遇。

现代意义的藏学研究从一开始就有很强的政治属性。早在17、18世纪，外国殖民势力觊觎西藏，从不同方向派遣人员进藏刺探情报，其中一些人也就开始研究西藏，以"藏学家"自居。为殖民主义服务是出不了什么真正意义上的科学成果的，直到今天，国际上还有一些势力或挖空心思地歪曲历史，炮制所谓"西藏独立"的依据，或在民族、宗教、人权等领域以学术为幌子，攻击我们国家的西藏政策。这就使我国藏学研究域不能不成为学术领域维护祖国统一和反对分裂的前沿，我国藏学工作者不能不直接面对维护民族利益的责任。多年来，我国的藏学工作者倾注大量心血，拿出了一大批兼有正确的政治立场和深厚的理论学术水平的成果，使国际藏学研究领域一扫阴霾，透出些许生气。但是战斗未有穷期，我们还要在已有基础上，深入研究，还西藏历史和文化的本来面目，有针对性地批驳各种谬论，自觉为维护国家统一和民族团结服务。这是西藏反分裂斗争的重要组成部分，也是我们的藏学工作者光荣的历史使命。

进入新世纪新阶段，国家作出了促进西藏从加快发展走向跨越式发展、从基本稳定走向长治久安，与全国人民一道实现全面建设小康社会宏伟目标的战略决策。实现这一决策，需要藏学研究从各个领域予以理论和学术上的支持，同时也就为藏学研究指明了方向，提出了新的更高的任务。藏学工作者要始终把握时代的发展脉络，把自己的研究最大限度地同西藏各族人民创造历史的实践结合起来，提高为藏区经济社会发展、满足群众精神生活需求服务的能力。只有这样，藏学研究才能建立在坚实的基础之上，才能找到广阔的舞台。

藏学是一门富有民族（藏族）和地域（藏区）特色的学科，领域广阔，门类众多。由于历史的原因，也由于学科发展自身规律，藏学在相当长一段时间内囿于狭小领域。时代到了今天，我们不能再接着画地为牢，不自觉地限制了自己的视野。要坚持以马克思主义为指导，贴近社会的发展变化，关注藏族群众现实的生产生活，从更广阔的角度研究西藏的过去、现在和未来，研究西藏的经济和各项社会事业，吸收、运用国内外新的理论成果和研究方法，推进藏学不断拓展新的研究领域。中国是藏学的故乡，有着取之不尽的藏学资源，新时代的新生活又为藏学提供了新的源头活水。我们要进一步加强对藏学研究的领导和协调，统筹研究项目，整合各方力量，形成整体优势，使藏学在其故乡不断焕发新的光彩。

朱维群

2006年6月13日

前　　言

《班禅额尔德尼传》是已故的藏学学者牙含章先生生前所著，是关于西藏历史的学术力作。该书于1985年完成，并由西藏人民出版社出版，到现在已有十多个年头了。目前，虽然已有很多藏学方面的图书相继出版，但是这部书，作为研究西藏历史的著作，仍然有它特定的学术地位。因此，我们在取得了牙含章先生的遗孀鲁华女士的授权后，决定依照作者生前对该书进行的修订，重新编辑，增加了插图，再版此书。为方便读者，附录了有关史料和文章。

编　者

序　言

这本《班禅额尔德尼传》和拙著《达赖喇嘛传》是同样性质的著作，即采用传记体裁，论述西藏地区600多年历史的著作。它起自元末明初，迄止西藏和平解放，班禅返回札什伦布寺。

西藏600多年的历史，是中国600多年历史不可分割的一个组成部分。它和中国其他民族和地区的历史有共同的一面，又有特殊的一面。

西藏600多年的历史，大体上又可以分为两个时期：从元末明初到清朝中叶（18世纪）为前一个时期，自清朝中叶到西藏和平解放为后一个时期。前一个时期基本是：中国各民族在元、明、清中央政权统治下，在统一的祖国大家庭里面和平发展的时期。西藏地区的情况也不例外，虽然有过两次异族入侵（一次是准噶尔，一次是廓尔喀），内部也发生过两次叛乱事件（一次是康济鼐被害事件，一次是朱尔默特那木札勒谋叛事件），但总的来说，基本还是和平发展时期。后一时期从全国范围来说，是帝国主义侵略与反对帝国主义侵略，争取民族解放的时期。西藏地区的情况也不例外，但又有西藏地区的特点。反帝爱国问题，与我国其他民族和地区的历史基本上是共同的，都受过帝国主义的侵略，都受过三座大山的压迫。但是反帝爱国的内容，西藏又与其他民族和地区的情况并不完全相同，西藏主要是反对英帝国主义侵略的问题。还有一个特点是从属关系问题，这是一个在西藏地区比较特殊的问题。在西藏民族内部，有一小部分不明大义的人士，受了英帝国主义者的长期扶植，对祖国采取分离的错误态度。而这种错误态度，不但与中国各族人民包括西藏人民的根本利益是不相容的，而且在西藏民族内部，也是不得人心的。当然，也有许多著名的政教领袖，是坚决反对这种分离态度的，九世班禅额尔德尼就是这方面的一个杰出的代表人物。为了紧紧扣住西藏历史，特别是和平解放以前的近现代史的脉搏，我在编写《达赖喇嘛传》和《班禅额尔德尼传》的过程中，主要是以反帝爱国和从属关系这两个问题，作为贯穿这两本书的中心思想。

写西藏地区这600多年的历史，特别是和平解放以前的近现代史，不能不突出达赖和班禅这两个世系。达赖和班禅都是宗喀巴的徒弟。西藏喇嘛教①的格鲁派是由宗喀巴创立的，但把它发展起来，最后成为西藏地区势力最大的教派，并且取得了西藏地方政权，从五世达赖那时算起，到西藏和平解放，统治西藏地区长达三个世纪之久（从17世纪中叶到20世纪中叶），这个巨大成就是由达赖世系与班禅世系完成的。对于达赖世系，我在《达赖喇嘛传》中已经比较系统地讲过了，这本《班禅额尔德尼传》就比较系统地讲班禅世系。

要系统地讲班禅世系，应该对这个世系先作一概括的介绍。

如果单纯从寺庙、僧侣、田庄、农奴的数字来讲，达赖方面大得多，班禅方面小一些。据清朝雍正十一年（1733年）调查，达赖方面的寺庙有3150所，班禅方面的寺庙为327所。达赖方面的喇嘛有342 560人，班禅方面的喇嘛为13 670人。达赖方面的百姓有121 440户，班禅方面的百姓为6750户②。从以上数字来看，达赖方面约占十分之九，班禅方面约占十分之一。另据1952年我在日喀则的调查，班禅方面在后藏地区共辖有四个宗（相当于县），30余个豁卡（封建庄园）和牧场（其中有些豁卡相当于宗），从西藏整个地区来说，估计也只占十分之一。

但是从宗教和政治方面来讲，则达赖和班禅的地位不相上下，而且有些时候，有些方面，班禅还超过达赖。

如从宗教方面来说，在广大藏族人民的信仰中，达赖和班禅是完全平等的，藏族人民一般不直呼达赖与班禅的名字，而称为"甲娃亚卜赛"，意

---

① 喇嘛教，实际上是具有中国西藏地区特色的佛教，因为它与内地的佛教不同，所以习惯上就叫它喇嘛教，也叫藏传佛教，以示区别。

② 牙含章：《维护祖国统一和民族团结的四世班禅罗桑曲结》，载《藏学研究文集》1985年8月。

为"师徒二尊"。因为达赖与班禅从四世起,经常是互为师徒。而在四世以前,一世班禅克珠杰的地位就比一世达赖根敦朱巴略高,克珠杰与宗喀巴、甲曹杰几乎是平等的,藏族人民称为"师徒三尊"。根敦朱巴的地位,在当时就比克珠杰要低一些。又如四世班禅罗桑曲结既是四世达赖云丹嘉措的师傅,又是五世达赖罗桑嘉措的师傅,四世班禅的地位就比四世达赖与五世达赖的地位要高。

如从政治方面来说,当然达赖方面在西藏地区政治上居于主要地位,占绝对优势。但是清朝中央政权把达赖班禅置于平等地位,都归皇帝直接领导,都受到清朝政府的册封,都归驻藏大臣监督,重大问题都要请示皇帝批准,重要官员都由皇帝任命。所以在清朝统治时期,达赖方面与班禅方面,都是受中央政权管辖的,达赖与班禅之间,互无隶属关系,是完全平等的。

在后一时期,由于英帝国主义侵略的重点放在拉萨,因而达赖方面受英帝国主义的影响颇大,噶厦政权长期是由亲英分离势力所控制,对祖国采取了分离的错误态度。班禅方面则一直是反帝爱国的,是拥护中央政权的,九世班禅为了恢复西藏地方与中央政权的正常关系,在内地奔走了15个年头。当然,达赖方面也有不少反帝爱国的人,基本上应该承认十三世达赖是一个具有反帝爱国思想的人物。但从总的情况来说,在反帝爱国和从属关系这两方面,这一时期班禅方面要比达赖方面好得多。

以上可以说是对班禅世系的概括介绍。

还有必要说明,我写《达赖喇嘛传》和《班禅额尔德尼传》,都不是单纯为这两个世系立传,而是采用藏族广大人民喜闻乐见的传记体裁,来论述西藏地区600多年的历史。因此,我写这两本书,都没有受这两个世系的限制,而是以西藏600多年的历史为经,以这两个世系为纬,织成一幅西藏600多年历史的画卷。因此,我写《达赖喇嘛传》时,就没有受历代达赖世系的限制,而上溯到元代,概括地写了在元朝,西藏地区正式纳入大元帝国的版图,元朝在中央设立了管理西藏事务的宣政院,在西藏地区设立了乌斯藏纳里速古鲁孙等三路宣慰使司都元帅府,以及在卫藏地区设立了13个万户府的经过。这些事实都超出了达赖世系的历史范围。但是我在编写和修改《达赖喇嘛传》时，还是受了许多方面的条件限制，还有许多问题，应该写而没有来得及写进去。为了还西藏600多年历史的本来面目，使广大读者对西藏情况能有更多的了解，凡是在《达赖喇嘛传》中没有来得及写进去的问题，现在正好乘编写《班禅额尔德尼传》的机会，以弥补这些空白。

下面我只指出几个重要方面：

关于对噶举派帕竹政权的重新认识。从宗喀巴生活的那个时代开始，到四世达赖与四世班禅生活的那个时代为止，经历了260余年，西藏地区是由得到元朝中央政权与明朝中央政权相继册封的噶举派帕竹法王统治的。帕竹政权统治西藏地区的时间共为264年，帕竹政权的法王共11代。但是对于帕竹政权11代法王的生卒年与执政年，我也只能做到从第一代法王至第八代法王是准确的，从第九代法王至第十一代法王，其生卒年与执政年则只能根据许多藏汉文史料推算，估计不会有大的差错，但不能说完全准确。这个问题，还有待中外研究帕竹政权的专家们继续努力。

关于清朝中央政权治理西藏200余年的经验总结，也是研究西藏600多年历史应该做到而且能够做到的。西藏从元代开始，正式与祖国中央政权建立了从属关系。元明两代治理西藏地区的组织机构与管理制度，虽然也有些汉文与藏文的历史记载，但数量不多，内容也不完整，只有清代治理西藏是花了很大工夫的。时间既长，资料也多。它的最突出的成就是设置了驻藏大臣，制定了一系列的政治制度与宗教制度（如著名的《二十九条钦定章程》），而在驻藏大臣之下，还有一套完整的治理办法，如驻军、驿站、粮台等。特别重要的是，对于达赖喇嘛与班禅额尔德尼的"转世"，制定了"金瓶掣签"制度，这个制度一直到清朝统治崩溃以后，西藏地方政府也不敢宣布废除。这些治理办法，具体体现了西藏地方与国家中央政权的从属关系。对于驻藏大臣的设置，以及几个比较有代表性的驻藏大臣的言行，现在用一定的篇幅，对这个问题作了重要补充。因为这是论述从属关系问题的一个重要内容。对这个问题过去已有人作了专题研究，但这方面的问题很多，资料也很丰富，还大有继续深入研究之必要。

这里还有两个问题需要说明：

（一）达赖世系与班禅世系所经历的600多年历史是共同的，这里就带来一个不可避免的问题，即编写《班禅额尔德尼传》，必然与《达赖喇嘛传》有重复之处。为了尽量避免重复，我采取了详略不同的处理办法，即在《达赖喇嘛传》中已经详细论述了的问题，在《班禅额尔德尼传》中就只作简单的必要的补充。如1888年的第一次抗英战争，1904年的第二次抗英战争，1890年的第一个中英关于西藏的条约，1906年的中英关于西藏的第二个条约，以及1914年的"西姆拉会议"，等等，因为都在《达赖喇嘛传》中作了比较系统的论述，在《班禅额尔德尼传》中，只在有关班禅的地方，简略地作了必要的补充，避免重复。

另一方面，自从《达赖喇嘛传》修改付印以后，我又发现了许多新的材料，对《达赖喇嘛传》中某些事实不太准确，论述不太全面的地方，有必要乘《班禅额尔德尼传》出版的机会，作应有的补充与订正。

（二）在《达赖喇嘛传》与《班禅额尔德尼传》中，所引史料有藏文，有汉文，有外文；藏文史料用藏历，汉文史料用农历，外文史料用公历，月日均不一致。要查清这个问题，不仅需要很长的时间，而且需要很多的人力，想在短期内用个人力量，是难以做到的。现在只把这个问题提出，留待以后的藏学专家们去作考证。

编写《班禅额尔德尼传》，是1952年至1953年我在编写《达赖喇嘛传》时，就已决定了的。为此，我就同时收集了历代班禅的藏文传记中的史料。后来，我因调动工作，就把这批史料移交给中共西藏工委的政策研究室。在"文革"期间，组织上又把这批史料交给西藏档案馆保存，因而未被当作"四旧"销毁。现在要编写《班禅额尔德尼传》，这批史料就成了非常宝贵的东西。我写信给阴法唐同志和张向明同志，经他们同意，把这批史料借给我使用，这就大大节省了时间与精力，而使《班禅额尔德尼传》得以提前写成。

但是，编写《班禅额尔德尼传》不仅需要大量的藏文史料，还需要大量的汉文史料（包括已译成中文的外文史料）。为了收集与借阅这些资料，有许多同志帮了大忙，特别值得提出的是，吴丰培先生与柳升祺先生，把他们珍藏的手抄本，也借给我使用，更丰富了这本书的内容。

　　这本书的初稿写成以后，我又请姚兆麟、黄颢、郭冠忠、陈乃文和吴碧云同志对书稿从头到尾仔细作了审查，逐一核对了事实，并对西藏600多年重大的历史事件与历史人物，仔细交换了意见，尽可能做到还历史的本来面目。这对这本书质量的提高，起了良好的作用。

　　为了给这本书收集必要的图片，许多同志也帮了大忙。特别值得提出的是，西藏人民出版社特派人从拉萨到日喀则去，拍摄了札什伦布寺与历代班禅有关的珍贵照片，更给这本书的内容增添了色彩。

　　在此，我向这些同志的大力支持，表示衷心的感谢！

牙含章

1985年7月6日于北京

目　　录

再版序言
前言
序言

第一章　一世班禅、二世班禅与三世班禅

一、一世班禅克珠杰 ··· 2
二、二世班禅索南确朗 ·· 8
三、三世班禅罗桑丹珠 ·· 10

第二章　四世班禅罗桑曲结

一、13岁出家，14岁被认为是安贡活佛 ···························· 14
二、出任札什伦布寺第十六任池巴 ··································· 16
三、噶玛噶举派与藏巴汗等三大势力迫害格鲁派 ················· 18
四、班禅、达赖第一次建立师徒关系 ································ 22
五、与五世达赖一起联合固始汗击败藏巴汗，建立了格鲁派地方政权 ······ 28
六、四世班禅、五世达赖与清朝中央政权建立隶属关系 ········ 36
七、四世班禅的历史功绩 ·· 43

第三章　五世班禅罗桑益喜

一、灵童的寻访与坐床受戒 ··· 46
二、与清朝中央政权的关系 ··· 50

三、为六世达赖剪发授戒……………………………………… 53
四、应召晋京陛见遭阻……………………………………… 56
五、第巴桑结嘉措与拉藏汗之争…………………………… 59
六、康熙帝册封班禅名号…………………………………… 63
七、康熙帝平定准噶尔侵占西藏之乱……………………… 66
八、为七世达赖授戒………………………………………… 69
九、西藏地方政府内部争权夺利…………………………… 72
十、五世班禅一生的贡献…………………………………… 80

第四章　六世班禅巴丹益喜

一、六世班禅坐床前后……………………………………… 84
二、珠尔默特那木札勒被诛灭时之班禅六世……………… 89
三、清乾隆帝册封六世班禅………………………………… 100
四、六世班禅调解不丹与印度关系及西藏政权归属……… 101
五、六世班禅赴承德陛见乾隆皇帝………………………… 105
六、六世班禅在北京病逝…………………………………… 111

第五章　七世班禅丹白尼玛

一、七世班禅坐床前后……………………………………… 116
二、廓尔喀两次入侵西藏…………………………………… 118
三、清朝制定《二十九条钦定章程》及"金瓶掣签"制度…… 129
四、七世班禅与八世、九世、十世、十一世达赖的关系……… 133
五、七世班禅两次受赐金册,奉旨摄政八个月…………… 140
六、西藏人民开始反对英国侵略者的斗争………………… 144
七、七世班禅为维护祖国统一和团结作出了重大贡献…… 149

第六章　八世班禅丹白旺修

一、八世班禅短暂的一生…………………………………… 152

二、西藏僧俗大农奴主之间的斗争·················158
三、英国加紧对西藏的侵略·····················160

第七章　九世班禅曲吉尼玛

一、九世班禅坐床受戒·······················166
二、积极参加两次抗英战争·····················168
三、十三世达赖被迫前往外蒙古，九世班禅被迫赴印·········173
四、十三世达赖入京朝觐······················177
五、十三世达赖被迫逃亡印度，九世班禅拒绝暂摄藏事········179
六、入藏川军兵变与藏军包围拉萨··················182
七、九世班禅欢迎十三世达赖回到拉萨················186
八、英国干涉西藏地方内政，西姆拉会议及其前后···········188
九、西藏地方与北洋政府的关系···················191
十、九世班禅与十三世达赖失和及其出走内地············194
十一、九世班禅在内地活动情况，国民政府与西藏的关系·······196
十二、九世班禅受封························205
十三、九世班禅回藏被阻······················208
十四、十三世达赖圆寂，热振出任摄政，贡被拉事件和龙厦事件····210
十五、九世班禅返藏继续受阻····················220
十六、隐忧成疾，圆寂玉树·····················227

第八章　十世班禅确吉坚赞

一、灵童的寻访与坐床·······················234
二、吴忠信主持十四世达赖坐床···················238
三、美英公开支持西藏分离势力···················242
四、热振被害与"驱汉事件"····················249
五、新华社发表关于西藏问题的社论·················254
六、十世班禅致电毛泽东······················256
七、西藏和平解放·························260

3

附录一　明朝对西藏的治理与对帕竹政权的再认识……………273
附录二　清朝对西藏的治理与驻藏大臣概论…………………293
再版后记：从十世班禅圆寂到十一世班禅坐床………………307
本书参考的专著与论文目录……………………………………323

第 一 章
一世班禅、二世班禅与三世班禅

一世班禅

一、一世班禅克珠杰

一世班禅①法名克珠杰·格勒巴桑,生于藏历第六饶迥木牛年(明太祖洪武十八年,1385年)四月初八日。出生在后藏拉堆多雄地方的切卧村,父名贡噶扎西,母名卜真结木。克珠杰幼年时到萨迦寺出家,拜萨迦派的僧格坚赞为师,受了沙弥戒。16岁时赴昂仁寺与蒲东却列南杰进行辩论,克珠杰获胜,于是"名噪一时"。随后又到萨迦寺,从吉尊热蓬娃学习密宗,从此粗通"显密诸要"。

明成祖永乐元年(1403年),当时宗喀巴已在西藏宗教界有了很高的声誉,克珠杰到前藏巴拉丰地方找到了宗喀巴。宗喀巴对克珠杰"讲说三藏","授大灌顶";克珠杰也对宗喀巴"钦其渊博超世",而后又返回后藏,住在娘朵江拉寺与江孜巴郭曲登寺,拜萨迦寺的高僧仁达娃②为师,受了比丘戒,"精学显密二宗"。明永乐五年(1407年),克珠杰持仁达娃的介绍信到前藏,正式拜宗喀巴为师,从此成为宗喀巴创立格鲁派的忠实信徒。

宗喀巴是安多宗喀地方(今青海省湟中县)人。法名洛桑札巴。生于藏历第六饶迥的火鸡年(元顺帝至正十七年,1357年)十月十日。父名鲁布木格,母名香萨阿切。宗喀巴的父亲元末曾官达鲁花赤。

宗喀巴七岁在夏琼寺出家,从当地噶丹派大喇嘛顿珠仁钦学经,并受了沙弥戒。明洪武五年(1372年)16岁时,结伴去西藏学经,先在噶举直贡寺,后到聂塘的第瓦坚寺,主要是学习显宗的五论。这时西藏地方政权已由萨迦派之手落入噶举派帕木竹巴之手。宗喀巴到西藏的时期,正是噶举派帕竹政权的第三代第司札巴强曲执政时期,从宗教方面讲,萨迦派方面还出了一些大德高僧,最有名的要算仁达娃。当时宗喀巴刚20岁,他在江孜地方的孜钦寺学经,恰在这时,仁达娃来到孜钦寺,宗喀巴就从仁达娃学《俱舍

---

① 班禅额尔德尼是清圣祖于康熙五十二年(1713年)赐给五世班禅罗桑益喜的封号。在此以前,固始汗也给四世班禅罗桑曲吉上过"班禅博克多"的尊号。后来的藏族史学家就追认克珠杰为一世班禅。本书作者沿用了这种传统说法。

② 仁达娃,法名勋奴罗追,生于元顺帝至正九年(1349年),辛于明成祖永乐十年(1412年)。

论》，建立了密切的师徒关系。明洪武十八年（1385年），宗喀巴29岁时，在雅砻南结拉康拜粗池仁钦为师，受了比丘戒。从此以后，宗喀巴就有了为人讲经并收徒弟的资格。

明洪武二十四年（1391年），宗喀巴35岁时，已收徒弟13人，这是宗喀巴创立格鲁派的第一步。这些弟子与宗喀巴到处宣传格鲁派教义，他们走到哪里，均得到当地宗本（帕竹政权的地方官，相当于内地的县长）的供养。说明当时的西藏统治阶级是扶植他们的创教活动的。明洪武二十九年（1396年），宗喀巴40岁，他收的徒弟又增至30余人，但据后来的记载看，最初宗喀巴收的30余徒弟中，没有很出色的人物。他的最杰出的徒弟甲曹杰·达玛仁钦（1364~1432）在明洪武三十年（1397年）才拜宗喀巴为师，后来成为宗喀巴创立格鲁派的第一大助手；甲曹杰原来也是仁达娃的弟子。仁达娃有七位大弟子，其中最著名的是宗喀巴，而最善辩论的是甲曹杰。据说甲曹杰这年特来找宗喀巴辩论，最后自己认输，于是拜宗喀巴为师，协助宗喀巴创立格鲁派。明永乐五年（1407年），宗喀巴住在拉萨地方的色拉却顶，克珠杰持仁达娃的介绍信来找宗喀巴，即拜宗喀巴为师，后来成为他的第二大助手。一世达赖根敦朱巴①是在明永乐十三年（1415年），始来甘丹寺

藏传佛教格鲁派创始人宗喀巴（前排中）
和他的两位大弟子甲曹杰（右）与克珠杰

---

① 达赖喇嘛是清世祖于顺治十年赐给五世达赖罗桑嘉措的封号。在此以前，蒙古俺答汗已给三世达赖索南嘉措封上了达赖喇嘛的尊号。后来的藏族史学家就追认根敦朱巴（1391~1474）为一世达赖喇嘛。本书作者沿用了这种传统说法。

拜宗喀巴为师。这时宗喀巴年已59岁，信徒已有了数百人。初步形成了喇嘛教的一个新教派。

宗喀巴创立的这个新教派，就叫格鲁派，格鲁意为善规。因该派僧侣头戴黄色帽子，所以俗称格鲁派。它主要依据噶当派的教义，所以也称为"新噶当派"。后来噶当派和格鲁派合并，西藏宗教派别中噶当派就不存在了。

由于宗喀巴"重振佛教"的这一创举符合当时统治西藏地区的噶举派帕竹政权的需要，因此，宗喀巴也极力争取帕竹政权的支持。他不仅在西藏各地进行宗教活动（如传法、收徒）得到当地宗本或第巴的供养，而且宗喀巴本人与帕竹政权的最高统治者——第司也直接建立了关系。明洪武十八年（1385年），宗喀巴受比丘戒以后，就去山南丹萨帖寺（帕木竹巴派的大寺），以师礼谒见了帖寺的京俄（法台）札巴强曲。札巴强曲曾任帕竹政权的第三代第司，后让位给索南札巴继任第四代第司，自己担任丹萨帖寺的京俄。宗喀巴以师礼谒见札巴强曲，札巴强曲对宗喀巴也很器重。五世达赖著的《西藏王臣记》中，对此次会晤有专门的记载。这是宗喀巴到西藏以后，和当时西藏地方的最高统治者卸任第司的第一次接触。这是很有意义的，因为它为以后宗喀巴和帕竹政权的继任第司直接发生关系创造了条件。

明洪武三十一年（1398年），宗喀巴曾致书当时的帕竹政权的第五代第司，后被明成祖册封为阐化王的札巴坚赞（此信今存《宗喀巴全集》第二函）。看起来，此信是宗喀巴接到札巴坚赞的来信后的回信，说明当时宗喀巴已与札巴坚赞建立了直接通信的密切关系。明永乐元年（1403年），宗喀巴应札巴坚赞之请，去闻地德庆顶寺，给数百名僧众讲他著的《菩提道次第广论》等经典，一切费用均由札巴坚赞供给。明永乐五年（1407年），宗喀巴与札巴坚赞共同议定于1409年在拉萨举行"默朗木"（即所谓"传大召"）大会，为了举行这次西藏佛教史上空前的大会，需要提前两年时间做好准备工作。明永乐六年（1408年），宗喀巴又应札巴坚赞之请，前往种不奢，给各地来的千余僧侣讲《菩提道次第广论》，僧众的一切食用，皆由阐化王札巴坚赞供给。

这年十二月，西藏各地僧侣为了争取参加1409年正月举行的"默朗木"大会，前来拉萨的有一万余人，各地来看热闹的俗人有好几万。

明永乐七年（1409年）正月初一至十五日，在拉萨大昭寺举行了"默朗木"大会，大会的总施主是阐化王札巴坚赞，具体事务由内邬宗宗本南喀桑布和他的侄子班觉结布负责。因为这次大会参加者有万余僧众，时间长达15天，每日的费用很大。根据罗桑陈烈南结著的《宗喀巴广传》记载，正月初一的费用，由宗喀巴师徒作施主。初二日由阐化王札巴坚赞作施主。初三、初四、初五、十三这四天由札巴坚赞属下的地方官（多为宗本）作施主。初八日由内邬宗宗本南喀桑布作施主。十五日由各地来的较小的僧俗头头作施主。初六、初七、十四这三天是由帕竹政权的属下和札巴坚赞有亲密关系的人作施主。初九、初十、十一这三天，是由札巴坚赞手下的僧俗管事人单独或集体作施主。只有十二日这一天是与由宗喀巴有密切关系的觉摩奢寺和蔡公塘寺及其他六处僧人作施主。据克珠杰著的《宗喀巴传》记载，布施的总数是：黄金931肖（一肖约等于汉秤一钱），相当于550块金子的白银，37 060靳①酥油，18 211靳青稞和糌粑，416肖白茶，163块黑茶，3172整只牛羊干肉，还有牛羊折价2073肖金子。其他大量的物资未计在内。这次大会，实际上是以西藏当时的全部经济实力作基础的，能做到这一点，又与当时统治西藏地方的阐化王札巴坚赞作"总施主"是分不开的。

"默朗木"大会期间，宗喀巴与札巴坚赞择定，会后即在拉萨东郊约六十里的旺古尔山上建立甘丹寺，以供养格鲁派的僧侣。会后，宗喀巴亲至旺古尔山，依照他制定的建设方案，动工建立甘丹寺。明永乐八年（1410年），甘丹寺的寺宇落成，开始规模并不大，只容纳僧众数百人。建寺的基金完全由阐化王札巴坚赞承担。甘丹寺建成以后，格鲁派的僧侣数百人长期住在寺内学经，其日常生活费用自然是一笔不小的开支，不能靠不固定的布施维持，必须有固定收入才是长久之计。据五世达赖著的《西藏王臣记》记载，甘丹寺建成后，帕竹政权的第司札巴坚赞，西卡查噶娃·囊梭仁青、囊梭加乌兄弟二人，还有甲玛万户长达瓦等，都向甘丹寺捐献（布施）了一批谿卡，并向甘丹寺提供劳役与实物地租，以此收入供养甘丹寺数百僧侣的常年生活费用。可见甘丹寺初建时已拥有了一批"曲谿"（寺院封建庄园），具有了寺院封建领主（西藏农奴制的三大领主之一）的雏

---

① 一靳折合汉秤约25斤。

形。以后建立的哲蚌寺、色拉寺、札什伦布寺，以及一切格鲁派的寺庙，都以甘丹寺作为样板。

明永乐十四年（1416年），宗喀巴的弟子嘉样曲结在拉萨建立哲蚌寺，建寺基金主要由内邬宗宗本南喀桑布承担。

明永乐十六年（1418年），宗喀巴的弟子释迦也失自内地返藏，在拉萨建立了色拉寺，建寺基金主要是由内地募捐和布施而来。

这里需要提一下宗喀巴与明朝皇帝的关系。明永乐六年（1408年），宗喀巴52岁时，明成祖派使臣来西藏，迎请宗喀巴到内地讲经说法。使臣先见了阐化王札巴坚赞，再由阐化王介绍，使臣在色拉却顶见了宗喀巴。当时宗喀巴正集中全力筹备于1409年正月举行的"默朗木"大会，抽不出时间前往内地，因此，给明成祖写了一封辞谢的信（此信今存《宗喀巴全集》第二函），末署土鼠年（即1408年）六月十九日。

明永乐十三年（1415年），明成祖又派使臣到西藏迎请宗喀巴到内地讲经说法。这时宗喀巴大病初愈，身体很不好，但又感于明成祖一再迎请，盛情难却，乃派他的弟子释迦也失作为他的代表，前往南京。明永乐十三年（1415年），明成祖册封释迦也失为"西天佛子大国师"。明永乐十四年（1416年），释迦也失返回西藏。明宣宗宣德九年（1434年），释迦也失又赴内地讲经说法，被明宣宗册封为"大慈法王"。

甘丹、色拉、哲蚌三大寺建成时，宗喀巴创立格鲁派的任务基本完成，其信徒在明洪武二十七年（1394年）时只有13人，到明永乐十六年（1418年），色拉寺建成时已达四五千人。从1394年到1418年，只用了24年时间，就在西藏建立了一个后来压倒其他一切旧教派的新教派，其取得的成就，不能不承认是巨大的。

明永乐十七年（1419年）冬，宗喀巴患病，十月二十三日，宗喀巴把他的衣帽授给他的第一大助手甲曹杰·达玛仁钦，意思是要甲曹杰继任由他担任的甘丹池巴①。十月二十五日，宗喀巴在甘丹寺"圆寂"，享年六十三岁。宗喀巴死后由甲曹杰继任第二任甘丹池巴。

克珠杰自从诚心诚意地拜宗喀巴为师以后，在大力宣传宗喀巴所创立的格鲁派的教义方面，做了大量的工作，他经常背着衣钵，步行到前藏、后

---

① 池巴即法台。

藏各地，向各寺庙的僧侣讲经说法，主要是阐述宗喀巴著的《菩提道次第广论》和《密宗道次第广论》，说服他们，由其他的教派改奉格鲁派，使格鲁派在西藏人民中有了更多的信徒。

当时还有许多旧教派对宗喀巴所创立的格鲁派采取敌对态度，极力予以贬低和诽谤，特别是当时有一位宁玛派的法王，名叫绒青巴，由于他的原因，使当地群众对格鲁派产生很不好的印象。克珠杰专程去找绒青巴，与他进行了长期的辩论，结果，绒青巴自己认输。这件事传开后，克珠杰在格鲁派信徒中获得了很高的威信。刘家驹在著的《班禅大师全集》中也对他作了公允评价，认为克珠杰为了"调伏外教左道备受辛劳，卒能完成大志"。

克珠杰和一世达赖根敦朱巴的关系也很密切，因为根敦朱巴比克珠杰小六岁，拜宗喀巴为师也比克珠杰晚八年。宗喀巴逝世后，根敦朱巴又从克珠杰学"多要法"等经典。

明宣宗宣德七年（1432年），甘丹寺第二任池巴甲曹杰逝世。甘丹寺的全体僧众共推克珠杰继任甘丹寺的第三任池巴。在克珠杰担任甘丹寺池巴的八年期间，做了许多有益于巩固和发展格鲁派的工作，为人们最称道的有两件大事：

第一件大事是由克珠杰大力募捐，获得了足够的铜铁和黄金，在贮藏宗喀巴肉身银塔的藏式大殿的屋顶上，建造了一座汉式的金顶（俗名金瓦寺），这是甘丹寺历史上建筑的第一座金瓦寺。

第二件大事是由克珠杰撰写了《宗喀巴传》。克珠杰自1407年拜宗喀巴为师以后，作为宗喀巴的第二大助手，跟随宗喀巴12年，在阐述格鲁派教义、制订格鲁派的各种法规和学习程序、建立格鲁派寺庙的管理制度等方面，他都亲身参与了筹划，对宗喀巴的成就，他有很深刻的体会。后来，虽然又有许多格鲁派高僧撰写了多卷本《宗喀巴传》，但没有超过克珠杰撰写的《宗喀巴传》的水平。

藏历第七饶迥的土马年（明英宗正统三年，1438年）二月二十一日，克珠杰在甘丹寺第三任池巴任内逝世，享年五十三岁。由于甲曹杰与克珠杰作为宗喀巴的第一、第二两大助手，对于创立格鲁派奠定了基础，因此藏族宗教界把宗喀巴、甲曹杰、克珠杰三人合称为"师徒三尊"。

后来，西藏的历史学家追认克珠杰为一世班禅。

宗喀巴师徒三尊

二、二世班禅索南确朗

二世班禅，法名索南确朗，系后藏恩萨地方①人。生于藏历第七饶迥的土羊年（明英宗正统四年，1439年）正月初十日②。父母之名均无记载。索南确朗年幼时到甘丹寺出家为僧，由当时担任甘丹池巴的拔梭·曲结坚赞收为门徒。据有关藏文传说：索南确朗拜见甘丹池巴时，拔梭·曲结坚赞问他叫什么名字？索南确朗答曰："贝吾"（即小牛之意），拔梭·曲结坚赞就说：

---

① 恩萨即后藏日喀则县江当区，在雅鲁藏布江之南。
② 《西藏民族政教史》所载的索南确朗的生日为正月十五日。

"小牛会变成大牛",于是赐法名为索南确吉朗布(简称索南确朗)。

索南确朗在甘丹寺学经多年,精通显、密二宗,特别擅长辩论,当时甘丹寺有三千多喇嘛,凡是和索南确朗辩论过的人,都输在他的手下,于是在甘丹寺"声名大著",都认为索南确朗是克珠杰的"转世灵童"。

索南确朗中年以后离开甘丹寺,返回故乡后藏恩萨地方,那里原有一座小寺,据说是萨迦派的喇嘛修建的。因为寺在恩萨地方,人们就把这座小寺叫作"恩萨贡巴",意为恩萨寺,简称"恩贡",后来汉文译作"安贡寺",本书沿用了"安贡寺"这个寺名。

索南确朗回到故乡以后,就住在安贡寺,招收僧徒,传习格鲁派,使这座寺由萨迦派改奉格鲁派。据说他有大弟子16人,派赴后藏各地宣传格鲁

二世班禅

派的教义，对后藏地区发展格鲁派有一定的贡献。索南确朗自己则在安贡寺内建立了曲结颇章宫，担任安贡寺池巴，主持寺政。同时埋头著作，阐述由宗喀巴所创立的格鲁派教义。据说他的著作有多种，其刻板藏在安贡寺。在他担任安贡寺池巴期间，与札什伦布寺和札什甘贝寺（在日喀则之西的谢通门谿卡）建立了密切关系。他规定安贡寺的喇嘛，必须轮流到以上两寺去学经，进行辩论，以求深造。因此，索南确朗在后藏地方的宗教界也有了一定的名望，大家都尊称他为"安贡朱古"（安贡活佛）。

索南确朗与二世达赖根敦嘉措虽然生活在同一时代，但二世达赖根敦嘉措比索南确朗晚生36年（二世达赖根敦嘉措生于明成化十一年，1475年）。根敦嘉措曾担任过札什伦布寺第五任池巴、哲蚌寺的第十任池巴，同时又兼任色拉寺的第九任池巴。看来当时根敦嘉措在格鲁派中已获得崇高地位，仅次于甘丹池巴。但他和索南确朗之间似乎没有什么往来，也没有看到这方面的记载。

索南确朗于藏历第八饶迥的木鼠年（明孝宗弘治十七年，1504年）三月二十五日在安贡寺的曲吉颇章宫内逝世，享年六十五岁。根敦嘉措则于藏历第九饶迥的水虎年（明嘉靖二十一年，1542年）在哲蚌寺的甘丹颇章宫内逝世，享年六十七岁，比索南确朗晚死38年。

后来，西藏历史学家追认索南确朗为二世班禅。

三、三世班禅罗桑丹珠

三世班禅法名罗桑丹珠，生于藏历第八饶迥的木牛年（明孝宗弘治十八年，1505年）正月初四日。父名索南多吉，母名贝宗吉。出生于后藏恩萨地方。据刘家驹著的《班禅大师全集》记载，三世班禅罗桑丹珠不仅出生地与二世班禅索南确朗是同一地方，而且还是同一家族。当时人们也称三世班禅罗桑丹珠为"恩萨巴"[①]。

[①] 对于三世班禅的出生地，说法不一，张伯桢著的《班禅额尔德尼传》说："降生于桑哈统。"法尊编的《西藏民族政教史》又说："生于后藏拉库。"刘家驹著的《班禅大师全集》则说："转生于后藏叶如德结祥领寺附近，雅鲁藏布江流域答奎恩萨地方，与索南确朗同家族。"从当时后藏人民把三世班禅罗桑丹珠尊称为"恩萨巴"判断，他出生于后藏恩萨地方一说较为可信，因为"恩萨巴"在藏语中就是恩萨地方人的意思。

罗桑丹珠11岁（明武宗正德十一年，1516年），在拉仁孜寺出家，拜该寺格白堪青①为师，取了法名，受了沙弥戒。

罗桑丹珠少年时期，主要学习佛教的显宗。也曾去后藏的札什甘贝寺，拜该寺堪布曲结罗周坚赞为师，学《集秘金刚灌顶》法，然后又赴札什伦布寺，从罗桑西尼、觉则娃、图丹南加、加布曲巴桑布等高僧，学习《菩提道次第广论》、《时轮金刚》、《大威德金刚》等法，对显密二宗有较深的造诣。

罗桑丹珠16岁（明武宗正德十六年，1521年）时，后藏发生天花，传染很广，死者很多，罗桑丹珠本人也传染了天花。幸而他遇到一位名叫出青曲吉多结的喇嘛，得到治天花病的秘法，他首先治好了自己的病，然后向后藏广大群众宣传这种秘法，因而治好了许多人的病，救活了不少人。因为他做

三世班禅

---

① 刘家驹著的《班禅大师全集》为"扎巴邓珠"。

了这件好事，在后藏人民中获得了较高的声誉。

罗桑丹珠的中年时期，是在背着衣钵、云游后藏各地，宣传宗喀巴创立的格鲁派教义的宗教活动中度过的。他到过后藏许多地方，收了许多门徒，对格鲁派在后藏的发展，做了一定的贡献。

罗桑丹珠晚年回到他的故乡恩萨地方，在安贡寺"闭关静修"，同时写了阐述格鲁派教义的一部著作。

罗桑丹珠于藏历第九饶迥的火虎年（明世宗嘉靖四十五年，1566年）二月二十三日在安贡寺逝世，享年六十一岁。罗桑丹珠晚年，被安贡寺的僧众公认为是原安贡寺活佛索南确朗"转世"的"化身"，后来，西藏历史学家追认罗桑丹珠为三世班禅。

三世班禅罗桑丹珠与三世达赖索南嘉措虽然是同时代人，但他们之间似乎没有任何往来。

三世达赖索南嘉措生于明世宗嘉靖二十二年（1543年），他比三世班禅罗桑丹珠晚生38年。索南嘉措11岁时，担任了哲蚌寺第十二任池巴。22岁时，又兼任了色拉寺的第十三任池巴。

明神宗万历五年（1577年），索南嘉措应蒙古俺答汗（明朝封为顺义王）之请，前往青海仰华寺与俺答汗会面。明万历十一年（1583年），俺答汗死，其子遣人来请索南嘉措赴内蒙古诵经超度。索南嘉措乃于明万历十二年（1584年）离开青海，明万历十三年（1585年）至内蒙古。

明万历十五年（1587年），蒙古顺义王扯力克向明朝政府写信，请求赐给索南嘉措以"朵儿只唱"的封号。"朵儿只唱"是藏语"金刚持"的意思，是藏族和蒙古族对喇嘛教的大德高僧的一种尊称。同年十月，明神宗批准"番僧答（达）赖准升朵儿只唱名号，仍给敕命、图书。"（《明实录》）

从以上的历史记载来看，当时三世达赖索南嘉措不论在宗教方面，还是在政治方面，都比三世班禅罗桑丹珠的地位高得多。

明万历十六年（1588年），明神宗遣使臣至内蒙古，邀请索南嘉措到北京讲经说法。索南嘉措接受了邀请。不幸在赴京途中于是年三月二十六日在内蒙古卡欧吐密地方逝世，享年四十五岁。索南嘉措比罗桑丹珠晚死22年。

第二章
四世班禅罗桑曲结

四世班禅

一、13岁出家，14岁被认为是安贡活佛

四世班禅法名罗桑曲结，生于藏历第十饶迥的铁马年（明穆宗隆庆四年，1570年）四月十五日①。父名仲措·贡噶伍赛，又名才仁巴觉，母名措甲。系后藏兰伦热布豁卡②的竹加白哇村人。据罗桑曲结的《自传》③记载：他幼年时相貌丑陋，体格瘦小，由父母取名曲结巴丹桑布。当时三世班禅罗桑丹珠已逝世数年，安贡寺的僧人正在各处找寻罗桑丹珠"转世"的"灵童"。曲结巴丹桑布五岁时（明神宗万历三年，1575年），安贡寺的僧官有事来到竹加白哇村，见到曲结巴丹桑布。安贡寺来的其他僧人前往后藏各地化缘，寻求施主，只有三世班禅罗桑丹珠的大弟子克珠桑结益喜留在村内，并住了一个多月，他详细观察了曲结巴丹桑布的表现，又向他的父母作了一些调查，他父亲向克珠桑结益喜讲，他的这个孩子喜欢和僧人接触，将来可出家当喇嘛。

明万历十年（1582年）正月初十，仲措·贡噶伍赛把他的儿子曲结巴丹桑布（当时13岁）送到安贡寺出家当了喇嘛。曲结巴丹桑布拜安贡寺的克珠桑结益喜为师，剃发受了沙弥戒，并取法名为罗桑曲结坚赞（简称罗桑曲结）。于是罗桑曲结就在安贡寺学经，并参加辩论。当时江孜巴郭曲登寺④的西乃札仓的高僧慈成前来安贡寺传法，并与寺僧进行辩论，他发现罗桑曲结虽然还很年轻，但精通佛经，很有辩才，许多僧人都输在他的手下，大为惊异，于是把罗桑曲结请到他的住房，敬之以茶，赠送黄色"达干木"（格鲁派僧人披的斗篷）一件，并请罗桑曲结给他传法。这件事轰动了安贡寺，僧众纷纷议论，一致认为罗桑曲结是"安贡朱古"（安贡活佛）罗桑丹珠"转

---

① 有关班禅的许多著作，都把四世班禅的出生年代写作藏历第十饶迥的火兔年（即明隆庆元年，1567年）。根据四世班禅罗桑曲结的《自传》记载，这一年他家的确生了一个男孩，但不久就夭亡了。他自己则出生于藏历第十饶迥的铁马年（明隆庆四年，1570年）。如果前边的那个男孩没有死而活下来，应是四世班禅罗桑曲结的哥哥，和四世班禅根本是两个人。作者为了还历史的本来面目，仍把四世班禅的出身年代写作藏历第十饶迥的铁马年（明隆庆四年，1570年）。

② 兰伦热布豁卡，在日喀则之西，相当于宗。

③ 罗桑曲结的藏文传载：藏历第十饶迥的水虎年（1662年）以前是他自己写的，故我把它称为《自传》。水虎年以后是五世班禅罗桑益喜补写的。

④ 一般称为白居寺。

世"的"灵童"。但罗桑曲结自己则说本人德性不深，佛法浅薄，只是一个普通的求法受戒的喇嘛而已，只求钻研显密二宗佛法，此外无其他企望。

但是安贡寺的全体僧众经过反复讨论后，决定于明神宗万历十一年（1583年）二月初三日，在安贡寺为其举行了"坐床"典礼，拥立罗桑曲结登上了安贡寺曲结颇章宫内的池巴法座，于是罗桑曲结就成了安贡朱古（安贡活佛），并担任了安贡寺的池巴。当时罗桑曲结才14岁。

罗桑曲结担任安贡寺的池巴以后，寺政仍由其师克珠桑结益喜主持，他自己则继续钻研佛经，并开始著作经典。他一生共有五部著作，他的第二部著作是公布昔娃神的传记。

明万历十四年（1586年）十一月初三，罗桑曲结离开安贡寺，前往札什伦布寺学经，参加辩论，以求深造。那时札什伦布寺还只有三个札仓（铁桑林、夏仔、吉康），都是学显宗的，罗桑曲结进入铁桑林札仓，给他伴读的，只有格西班觉一人。当时担任札什伦布寺池巴的是桑主巴桑（第十三任池巴），他与罗桑曲结见面时，彼此均未磕头，只是交换了哈达。札仓堪布和札什伦布寺的其他僧官，均向罗桑曲结磕了头，承认他是"安贡朱古"（安贡活佛）。

罗桑曲结进入札什伦布寺后，就参加了大经堂的诵经与经院的辩论，札寺僧官事先给他预备了只有活佛可坐的较高的座位，但他谦辞不坐，愿和普通小喇嘛坐在一起。札寺池巴不允许，认为与他的身份不合，坚持要他坐在事先为他准备的高位上，他才勉强就座。1586年，罗桑曲结得了"热钦"①的学位。

明万历十九年（1591年）七月初三日，罗桑曲结拜当时札什伦布寺的第十四任池巴唐曲元培为师，受了比丘戒。受比丘戒对僧徒来说是一件大事，必须举行隆重的仪式，除了授戒堪布之外，还有桑敦（亲教师）一人，阿阇黎（轨范师）一人，勒吉洛本（羯摩师，授戒时宣读"羯摩文"即受戒条文者）一人，者巴保（捧盛糌粑的木盒者）一人，勒罗（回答所提问题者）一人，堆郭娃（讲"时轮金刚法"者）一人。比丘戒律共有253条。对穿僧服、饮食、言语、起居、念经、礼佛等，均有详细的规定，僧侣必须按规定生活，不准稍有违犯。这是格鲁派与其他教派所不同的，也是宗喀巴创立格鲁

---

① 全称为"热卜绛钦布"，是格鲁派初期对有学问的喇嘛的一种尊称。

派时特别强调的。

受了比丘戒之后，罗桑曲结就去拉萨，先在大昭寺内朝拜了文成公主带来的释迦牟尼佛像，并举行了祈祷供养的大典。然后又到宗喀巴亲手创立的甘丹寺学经。当时甘丹寺的池巴是唐曲白巴，他告诉罗桑曲结，要他参加大经堂的诵经活动与经院的辩论活动，以求深造。罗桑曲结认为当时甘丹寺内从各地来的大德高僧很多，他自己学识浅薄，恐怕不够参加辩论的资格，因此要求不参加辩论，甘丹池巴不允许。于是罗桑曲结选择了"乌玛"①、"参玛"②两门课程，参加了辩论。所有大德高僧提出的问题，罗桑曲结不但应答如流，毫无差错，而且还指出某些格西对佛经的错误见解。于是罗桑曲结在甘丹寺内获得了僧众的好评。

明万历二十六年（1598年），罗桑曲结离开甘丹寺，仍返回安贡寺，接管寺政，传法收徒。这时札什伦布寺之西约一天路程的岗建曲培寺的池巴开缺，当地的第巴（地方官）与寺内全体僧众开会一致决定，敦请罗桑曲结前往该寺担任池巴。罗桑曲结觉得情不可却，同意担任该寺池巴。乃于是年十月二十五日，即宗喀巴逝世纪念日，兼任了岗建曲培寺的池巴，经常往返于岗建曲培寺与安贡寺之间，同时主持两寺事务。

二、出任札什伦布寺第十六任池巴

不久，札什伦布寺的第十五任池巴拉旺洛垂卸任，经札寺僧众一致决定，迎请罗桑曲结前来担任札什伦布寺的第十六任池巴。罗桑曲结认为他当时主持安贡寺与岗建曲培寺的事务，无力再担任札什伦布寺的池巴的职务，因此坚辞不就。札什伦布寺乃派该寺高级僧官桑结巴桑、云丹、列巴、曲成巴·措成等人敦请罗桑曲结，务请他接受札寺全体僧众的要求，担任札寺池巴。如果罗桑曲结不答应，他们就不回去。在不得已的情况下，罗桑曲结才答应兼任札什伦布寺的第十六任池巴，但以两年为限。

明万历二十九年（1601年）二月初三，罗桑曲结就任札什伦布寺的第

---

① 即中观。
② 即因明。

十六任池巴。他一到寺，就给新来的250余喇嘛受了沙弥戒。这时札寺寺政废弛，锅破饭少，僧众生活很苦。罗桑曲结担任池巴后，为了解决僧众的吃饭问题，先铸造了一口新锅，可煮63斯（约折合汉秤1575斤）大米，可供2000僧众同时吃饭。接着又铸造了熬茶的大锅三口，制造了大铜茶壶18个，解决了僧众在大经堂诵经时的喝茶问题。当时札什伦布寺的曲豀（寺院封建庄园）很少，每年收入不足，僧众每人每日只能喝到一两次茶。罗桑曲结向当地封建领主讲经说法，进行劝捐，当地封建领主乃向札寺捐献了一批豀卡，札寺收入增加，喇嘛每人每天可喝到五六次茶。由于僧众的吃饭、喝茶问题得到基本满足，大家都颂扬罗桑曲结管理寺政有方。

罗桑曲结担任札寺池巴以后，于明万历三十一年（1603年）创立了札什伦布寺的默朗木大会，规定每年正月初三日至十六日为会期，其内容与拉萨大昭寺的默朗木大会相同。这样就免除了札寺僧众每年到拉萨参加默朗木大会约两个月往返的辛苦。

照过去的旧规，札什伦布寺每年五月十四、十五、十六三日，要举行晒佛节，将一幅长约30丈的布制成佛像，悬挂于山巅。罗桑曲结担任池巴后，发现该佛像已破损不堪，乃由他出面向当地封建领主募化了一笔钱，缝绘了一幅新佛像。同时又新建了僧众每日聚会诵经的大经堂，命名为礼玛拉康。札寺面貌焕然一新。

明万历三十五年（1607年），根据罗桑曲结的倡议，经札寺僧众的一致同意，在札什伦布寺内创建专修密宗的阿巴札仓。为了修建这所札仓，他又到前藏团地和后藏三珠甘丹等地，向当地封建领主劝募基金。阿巴札仓就建立在札寺中心拉让大厦的前边，当年竣工。从此札什伦布寺的喇嘛，学完显宗以后，就不必去拉萨的上下密宗学院（即居多巴札仓与居麦巴札仓）而直接到本寺的阿巴札仓学习密宗。这样札什伦布寺就形成了自己完整的由显到密、先显后密的学经体系。

明万历四十一年（1613年）冬季，罗桑曲结担任札什伦布寺的第十六任池巴已满13年，他提出自己学识浅薄，不敢久居高位，请求辞去池巴职务，希望札寺僧众另选大德高僧前来担任札寺池巴，他自己则仍回安贡寺"闭关静修"。经札什伦布寺全体僧众共同讨论后，一致要求罗桑曲结继续留任，不同意他辞职。他见僧众坚决挽留，不得不勉强答应再继续担任一段时间。

三、噶玛噶举派与藏巴汗等三大势力迫害格鲁派

罗桑曲结生活的这个时期，正是西藏历史上发生迫害与反迫害的生死斗争时期。由于西藏的特点，这种迫害是政治的、军事的，但又是在宗教外衣的掩盖下进行的。迫害者是当时夺取了西藏地方政权的噶举噶玛巴法王与世俗大农奴主的首领藏巴汗。被迫害的一方是以达赖、班禅为首的格鲁派。这场迫害与反迫害的斗争前后持续了数十年时间。在这场斗争中，罗桑曲结是被迫害的格鲁派的实际领袖。

当时的西藏社会正处在封建农奴制的上升时期，由宗喀巴发起的喇嘛教的宗教改革运动，是在意识形态领域内起着扫除旧的阻碍生产力发展的障碍，促进新的生产力发展的进步作用，因而得到了西藏广大人民（包括当时西藏地方政权的当权派帕竹第司）的拥护。

但是一切社会的进步运动，都要与旧的保守势力发生利害冲突，受到旧的保守势力的打击、排挤、摧残，一直发展到必欲置之死地的严重程度。而进步运动为了完成它的历史任务，对这种保守势力的迫害，必然要进行反迫害的斗争。必须战胜保守势力的迫害，才能生存下去，也才能完成它担负的历史任务。这就是罗桑曲结生活的那个时代的迫害与反迫害斗争的时代背景及其历史的必然性。

当时迫害一方的势力，是相当大的，除了帕竹噶举之外，几乎一切旧的教派，都对格鲁派采取敌对态度。而敌对势力中力量最强大，手段又最残酷的是噶玛噶举、直贡噶举和藏巴汗，这三股僧俗势力结合在一起，成了格鲁派的死对头。帕竹噶举自第三代第司扎巴强曲与宗喀巴结为师徒关系以来，历代第司都是支持格鲁派的。但是自第五代第司扎巴坚赞以后，帕竹噶举走上了下坡路，后藏的农奴主势力的代表人物，先是仁布巴，后是辛霞巴（即藏巴汗的祖先），在后藏地区形成了封建割据局面。宗教方面，噶玛噶举黑帽派与红帽派均获得了较大的发展，僧俗保守势力互相勾结，实际上篡夺了帕竹政权，第司空有其名。

噶玛噶举是塔布噶举这一派下面的"四大"支派之一。这一派的创始

人是都松钦巴，西康者雪地方人，自幼出家学习密宗。南宋高宗绍兴十七年（1147年），他在类乌齐附近的噶玛地方建立了噶玛丹萨寺，噶玛噶举就是由此得名的。南宋孝宗淳熙十四年（1187年），他又在前藏粗朴地方，建立了粗朴寺，后来发展成为噶玛噶举派的主寺，后人就称为"粗朴噶玛巴"。

噶玛巴又分黑帽系与红帽系两个小支派。活佛"转世"制度就是他们首创的，黑帽系的第一世就是都松钦巴，第二世噶玛拔希（南宋宁宗嘉泰四年到元世祖至元二十年，1204～1283）曾受元宪宗蒙哥赐予一顶金边黑帽，从此这一系即被称为"黑帽系"。元世祖至元二十年（1283年），后者回到西藏粗朴寺，后逝世于此。黑帽系第三世法王为昂迥多吉（元世祖至元二十一年到元顺帝至元五年，1284～1339），元至治二年（1322年），曾应元英宗的邀请，到过北京。1338年又应元顺帝的邀请到达北京，1339年在北京去世。

黑帽系第四世法王为如比多吉（元顺帝至元六年到明太祖洪武十六年，1340～1383），元顺帝至正十六年（1356年）曾应元顺帝之请，也到过北京。

黑帽系第五世法王为德音协巴（明洪武十七年到明永乐十三年，1384～1415），明永乐五年（1407年）曾应明成祖邀请，到过南京。受封为"大宝法王"。1408年辞归，1415年在粗朴寺逝世。

黑帽系第六世法王为同哇敦丹（明永乐十四年到明景泰四年，1416～1453），明帝也曾邀请他进京，但他未去，只派遣使者进贡。

黑帽系第七世法王为确札嘉措（明景泰五年到明正德元年，1454～1506），从这一代开始就与宗喀巴创立的格鲁派开展了激烈的迫害与反迫害的斗争。

黑帽系第八世法王为米觉多吉（明正德二年到明嘉靖三十三年，1507～1554），明武宗曾派中官刘允到西藏邀请他进京，他"匿不出见"，刘允"欲胁以威，番人夜袭之，夺宝货、器械以去。……允乘马疾走，仅免。返成都，戒部下勿言，而以空函驰奏，到则武宗已崩，世宗召允还，下吏治罪"。（《明史》）

黑帽系第九世法王为旺秋多吉（明嘉靖三十五年到明万历三十一年，1556～1603），此人生平无特殊事迹可述。

黑帽系第十世法王为曲引多吉（明万历三十二年到清康熙十三年，1604~1674），就是此人与藏巴汗勾结在一起，既反对格鲁派，又反对帕竹政权。

噶玛噶举红帽系的第一世法王札巴僧格（元世祖至元二十年到元顺帝至正九年，1283～1349），传说元朝某一皇帝也赐他一顶金边红色帽子，因此就自称"红帽法王"。他和黑帽第三世法王昂迥多吉是同时代人。他有许多弟子,自成一个系统,称红帽系。

红帽系的第二世法王喀觉旺波(元顺帝至正十年到明成祖永乐三年,1350~1405),他到处讲经说法,收徒建寺,把他的势力范围扩大到波密地区。他和黑帽系第五世法王德音协巴是同时代人,德音协巴拜喀觉旺波为师,从此黑帽法王与红帽法王建立了师徒关系。

红帽系第三世法王确贝益喜(明成祖永乐四年到明代宗景泰三年,1406~1452),曾受明朝皇帝赏赐的金刚持佛像和铃、杵等物。

红帽系第四世法王确札益喜(明代宗景泰四年到明世宗嘉靖三年,1453~1524),这位法王曾任帕竹政权的"代理执政",并和仁布巴·措结多吉勾结在一起,开始了对格鲁派的迫害。

红帽系第五世法王贡却演拉(明世宗嘉靖四年到明神宗万历十一年,1525~1583)与第六世法王明吉旺秋(明神宗万历十二年到明思宗崇祯八年,1584~1635),和后藏地方势力辛霞巴的子孙藏巴汗勾结起来,并把他们的势力扩张到前藏地方,加剧了对格鲁派的迫害。

噶玛噶举黑帽派与红帽派在帕竹政权的后期,在西藏形成了一股强大的政治的和宗教的势力,这与后藏地区的大农奴主的代表人物藏巴汗的大力支持是分不开的。藏巴汗的祖先是辛霞巴·才旦多吉,他本是仁布巴最后一代首领阿旺计美札巴的家臣,颇得仁布巴的信任,逐渐窃取了仁布巴家族的权力。明世宗嘉靖四十四年(1565年),辛霞巴·才旦多吉推翻了仁布巴的统治取而代之,自称"藏堆甲布"(后藏上部之王)。他的首府设在桑主则(日喀则)。才旦多吉有九个儿子,大儿子白玛噶波,是才旦多吉的助手,推翻仁布巴统治是他们父子共同干的。二儿子丹松旺布(又叫丹松巴),于明神宗万历三十三年(1605年)率兵攻占了前藏澎宇地方。三儿子彭措南结,又于明神宗万历三十八年(1610年)率兵攻占了前藏亚郊地区。

辛霞巴父子也都是噶举派,但他们信奉的是噶举噶玛巴。这一派对宗喀巴创立的格鲁派采取极端仇视的态度。彭措南结与噶玛巴黑帽系的第十世法王曲引多吉勾结在一起,也反对帕竹政权。

当时,迫害格鲁派的,还有一股强大的政治的和宗教的势力,就是直贡噶举派。直贡噶举派是从帕竹噶举派分化出来的,最初是所谓"八小"之一。这一派的创始人是直贡巴·仁钦贝(南宋高宗绍兴十三年到南宋宁宗嘉定十年，1143~1217），他是康区丹玛（今四川邓柯县）人，9岁出家为僧，16岁到西藏丹萨帖寺，拜帕木竹巴为师，学习帕竹噶举派的密法。1179年（南宋孝宗淳熙六年），他到直贡地方（即今西藏墨竹工卡县），那里原来有一小寺，他把它扩建成为大寺，称为直贡帖寺，他本人成为寺主，人称为直贡巴。后来僧众日益增多，就发展成为"八小"之一的一个支派，称为直贡噶举派。

直贡噶举派之所以后来发展成为一股强大势力，这与当地的大农奴主居然家族结合在一起是分不开的。直贡寺的寺主，均由居然家族的僧侣担任。元世祖至元五年（1268年），忽必烈在西藏设立了13个万户长，直贡寺寺主多吉札是万户长之一。后来又兼元朝中央政权设在西藏的乌思藏纳里速古鲁孙等三路宣慰使司都元帅府的五个宣慰使之一。

多吉札不满足既得的地位，又暗中与元朝皇室旭烈兀勾结，反对忽必烈扶植的萨迦政权。元世祖至元二十七年（1290年）因多吉札反对萨迦政权的统治，萨迦政权的本勤得到忽必烈的批准，集中卫藏其他12个万户长的兵力，对直贡派的反抗进行了镇压，焚毁了直贡帖寺，直贡派的势力受到一定的损失。

但是不久，他又恢复起来，修复了直贡帖寺，仍拥有一定的势力。所以明朝建立以后，明成祖于永乐十一年（1413年）册封直贡帖寺第十三任寺主旺仁波且仁钦贝杰（《明史》为领真巴儿吉监藏）为阐教王，为"五王"之一。

以上三大势力（噶玛噶举、直贡噶举和藏巴汗）是当时迫害格鲁派的主力，他们不仅有土地和农奴，而且还有他们自己控制的军队和地方政权组织。被迫害的格鲁派依靠的则是严密的寺院组织与僧侣势力，还有一部分地方的第巴（小农奴主）的支持，他们也拥有一些政权组织与军队。但毕竟优势暂时还在迫害者一方。

对格鲁派公开的迫害，早在16世纪就开始了。当时帕竹政权的第十代第司阿旺札西札巴年幼，由噶玛噶举巴红帽系第四世法王确札益喜和仁布巴·措结多吉二人"代理执政"。从明孝宗弘治十一年（1498年）到明武宗正德十二年（1517年），确札益喜和措结多吉利用他们的武力控制了拉萨地区的有利形势，无理地禁止哲蚌寺和色拉寺的喇嘛参加由宗喀巴创立的每年正月举行的"默朗木"大会，前后长达19年。当时二世达赖根敦嘉措只是哲蚌寺的一个活佛，二世班禅索南确朗是安贡寺的一个小活佛，他们二人在迫害面前束手无策。一直到明武宗正德十三年（1518年），帕竹政权的第十代第司阿旺札西札巴执政以后，他才把仁布巴的势力从拉萨地区驱逐出去，就在这年恢复了哲蚌寺和色拉寺的喇嘛参加"默朗木"大会的权利。但迫害并未终止，而是愈演愈烈。明世宗嘉靖五年（1526年），直贡本勤贡噶仁青率领工布与雪卡的武装，抢占了在直贡和墨竹地区的属于甘丹寺的谿卡。明世宗嘉靖十六年（1537），直贡本勤贡噶仁青又率领他的武装力量，企图进攻甘丹寺，毁灭甘丹寺。幸亏当地的格鲁派的支持者柳吾宗宗本、第巴吉雪巴和沃卡的敦悦率领他们的武装力量进行抵抗，把直贡的军队打退到竹达地方。毁掉甘丹寺的目的没有达到，但是他们还是从格鲁派方面抢去了18座寺院，并强迫这18座寺庙的喇嘛"变帽"①。

明神宗万历三十三年（1605年），藏巴汗与直贡本勤贡噶仁青联合起来，集中兵力打败了支持格鲁派的第巴吉雪巴，并在哲蚌寺和色拉寺的后山杀死僧俗五千余人。哲蚌和色拉两寺剩余的喇嘛，向北逃亡，打算到青海去，到了达砻地方，达砻寺②的寺主夏冲·阿旺朗杰劝阻哲蚌寺和色拉寺的僧人不要去青海，允许他们住在达砻寺，供给食宿四个多月。同时，他派人去向藏巴汗疏通，允许哲蚌寺和色拉寺的僧人仍回原寺，得到了藏巴汗的许可。后来，为了酬谢达砻寺寺主庇护格鲁派的恩情，经甘丹、色拉、哲蚌三大寺的池巴们共同研究决定，把每年正月举行"默朗木"大会时剩余的茶叶，全部送给达砻寺，并给达砻寺的僧人每年各得一份拉萨"默朗木"大会的布施。但当时藏巴汗为了惩罚哲蚌、色拉两寺，要他们每年缴纳一大笔罚金，还决定不准四世达赖云丹嘉措"转世"。

四、班禅、达赖第一次建立师徒关系

四世达赖法名云丹嘉措，系蒙古俺答汗的曾孙，苏弥尔代青洪台吉之子，生于藏历第十饶迥的土牛年（明神宗万历十七年，1589年），幼年时，

---

① 格鲁派僧侣戴的帽子是黄色的，故人们称之为格鲁派。"变帽"就是强迫格鲁派的僧侣不准戴黄色帽子，实际上就是强迫格鲁派的僧侣放弃对格鲁派的教义，改奉噶举派的教义。

② 达砻寺也属噶举派，称为达砻噶举。

即被当地蒙古僧俗人士认为是第三世达赖索南嘉措"转世"的"灵童",供养在当地的寺庙内。明神宗万历三十年（1602年）,西藏三大寺派了一个代表团来到漠南蒙古,正式认定云丹嘉措确系索南嘉措"转世"的"灵童",于是就由蒙古派骑兵护送,于明神宗万历三十一年（1603年）到达西藏热振寺,举行了隆重的"坐床"典礼。然后又迎请到拉萨哲蚌寺,住在二世达赖根敦嘉措和三世达赖索南嘉措居住过的甘丹颇章宫内,并由三大寺的僧众共同决定,邀请札什伦布寺的池巴罗桑曲结到拉萨来,为四世达赖云丹嘉措授沙弥戒。罗桑曲结应邀到了拉萨,住到哲蚌寺,先与四世达赖云丹嘉措会面,随后与甘丹池巴根敦坚赞共同给云丹嘉措授了沙弥戒,并剃发,取法名为云丹嘉措。这是达赖与班禅第一次建立的师徒关系。年长者为师,年幼者为徒,从此以后,就成为定例。只有在双方都年幼的情况下例外。罗桑曲结还给哲蚌寺的全体僧众放了布施,熬了"芒加"茶①。又单独给四世达赖云丹嘉措传了许多秘法,建立了亲密关系。随后,罗桑曲结参加了水龙年（明神宗万历三十二年,1604年）正月在拉萨大昭寺举行的默朗木大会,向参加大会的所有僧众放了布施,熬了"芒加"茶,并向全体僧众讲了一次经。默朗木大会结束后,罗桑曲结辞别了云丹嘉措,前往热振寺讲经说法,受到热振寺僧众的热烈欢迎。然后,罗桑曲结又从热振寺返回拉萨,向云丹嘉措告辞,打算返回札什伦布寺。但云丹嘉措当时要去二世达赖根敦嘉措在山南圣母湖畔创立的曲科甲寺,邀请罗桑曲结和他一同前去,罗桑曲结就同意了。他们二人先到德庆地方,在那里"闭关坐静"二十一天,罗桑曲结向云丹嘉措传授了宗喀巴的全部著作。当他们二人在德庆居住时,莫王尤加娃、羊寺霞春、公如洋本巴（三人均系支持格鲁派的当地僧俗上层人物）同来看望他们,并求给他们传法。由这里他们二人又转移到沃卡地方,在那里又住了半月光景,然后才到圣母湖,朝拜了曲科甲寺。罗桑曲结和四世达赖云丹嘉措从拉萨到圣母湖,都是步行的。

朝毕圣母湖与曲科甲寺以后,罗桑曲结向云丹嘉措辞别,又返回沃卡,从那里越山到了桑日地方,当地拉加里王②前来看望,并要求给他自己传法。从这里,罗桑曲结又前往桑耶寺③。是年七月初三日才返回札什伦布寺。明神

---

① "芒加"茶,即斋僧茶。
② 拉加里王,据载是古代赞普的后裔。
③ 桑耶寺是西藏古寺之一,据载建于唐朝。

宗万历三十三年（1605年），四世达赖云丹嘉措派人前来札什伦布寺看望罗桑曲结，并邀请他前往拉萨，给云丹嘉措传法，罗桑曲结接受了云丹嘉措的请求，又到拉萨，和云丹嘉措共同居住在哲蚌寺的甘丹颇章宫内，据说是罗桑曲结这次专门给云丹嘉措传授了"时轮金刚灌顶"。

明神宗万历三十五年（1607年）六月，云丹嘉措专程前来札什伦布寺看望罗桑曲结。当时格鲁派正处在受迫害的严重时期，需要一面具有巨大号召力的旗帜，把他们的所有力量团结起来，以对付来自藏巴汗、噶玛噶举和直贡噶举的迫害，所以罗桑曲结决定对四世达赖云丹嘉措前来札什伦布寺举行空前的隆重欢迎仪式，以抬高云丹嘉措的威望。当云丹嘉措到达札什伦布寺的这一天，罗桑曲结亲自率领札寺僧官百余人，穿新衣，骑骏马，前往年楚河边迎候云丹嘉措的到来，札什伦布寺的各札仓的房顶上，有数以百计的喇嘛齐吹号角和唢呐，札寺的三千余僧众，则在寺门外排成两行，手中拿着点燃的香，这是喇嘛教欢迎贵宾到来的最隆重的仪式。

云丹嘉措在罗桑曲结陪同下，到了札什伦布寺，与罗桑曲结共同住在拉让大厦里面。云丹嘉措的随从人员，也都被安置在札寺最好的僧舍里，吃的糌粑、肉类，喝的茶，全部由札寺供给。云丹嘉措在札什伦布寺住了一个半月，每天都和罗桑曲结讲经说法。云丹嘉措临行时，罗桑曲结又给云丹嘉措赠送骏马数匹，以供骑乘。因为云丹嘉措还要到后藏各地去礼佛讲经，罗桑曲结亲自送到岗建曲培寺才返回。

明神宗万历三十六年（1608年），四世达赖又派人从拉萨哲蚌寺前来札什伦布寺，邀请罗桑曲结再去拉萨，给云丹嘉措本人和哲蚌寺全体僧众讲经说法。罗桑曲结接受了邀请。这次罗桑曲结到达拉萨时，云丹嘉措也命令哲蚌寺僧众举行了隆重的欢迎仪式，迎候的前行人员在堆隆河大桥头（离哲蚌寺约二十里）迎接他的到来，四世达赖云丹嘉措和哲蚌寺的僧康贡玛佛索南格勒巴桑率领哲蚌寺的全体僧众排队站在寺门外，云丹嘉措与罗桑曲结见面时，互换了哈达，并举行了碰头礼。

罗桑曲结这次到拉萨，除了向云丹嘉措和哲蚌寺的全体僧众传了"金刚念珠"法之外，还向拉萨各地封建领主募集了铜铁200余斤，金叶500余两，回到札什伦布寺以后，就在吉尊强巴佛殿的顶上，修建了汉式的金顶一座，这是札什伦布寺建筑的第一座金瓦殿。

明神宗万历四十一年（1613年），四世达赖云丹嘉措派人来请罗桑曲结前往拉萨，主持"默朗木"大会（按格鲁派的传统，过去"默朗木"大会一般都应由达赖主持，云丹嘉措因年幼，乃请他的师傅罗桑曲结前来主持），罗桑曲结开始不同意，因来人一再请求，才勉强主持了这年的"默朗木"大会，并给哲蚌寺的僧康贡玛佛及色拉、哲蚌两寺的40余僧人授了比丘戒。然后赴团地方，给当地的第巴达正旺加和他的父亲、母亲传了法。

明神宗万历四十二年（1614年）正月，四世达赖云丹嘉措又派人来札寺，邀请罗桑曲结前往拉萨，给云丹嘉措授比丘戒。罗桑曲结接受了请求，亲往拉萨，在哲蚌寺给云丹嘉措授了比丘戒。同时给哲蚌寺的其他喇嘛授沙弥戒和比丘戒者共有1000余人。接着热振寺也派人来请罗桑曲结，前往热振寺给僧众授沙弥戒和比丘戒。班禅不顾疲劳，又前往热振寺，给该寺的一百多喇嘛授了沙弥戒和比丘戒。

班禅这次来拉萨，又从各地募化了铜铁70驮、金叶400两，运回札什伦布寺，又在札寺建筑了第二座金瓦殿。

就在这年冬季，藏巴汗把噶玛噶举巴黑帽系第十世法王曲引多吉请到桑主则，事先早已通知后藏各教派的首领，各宗宗本，齐集桑主则，由藏巴汗彭错南结父子下令，要大家拥立噶玛噶举巴黑帽法王曲引多吉为第司，与会者慑于藏巴汗的威胁，只得俯首听命。于是在这年十二月十一日，噶举噶玛派黑帽系第十世法王曲引多吉就任了第司。但实权全操在藏巴汗彭错南结父子手中。

明神宗万历四十四年（1616年）十二月十五日，四世达赖云丹嘉措突然在哲蚌寺的噶丹颇章宫内暴亡，享年只有二十七岁。对于云丹嘉措的突然夭折，当时西藏社会舆论一般认为是藏巴汗下了毒手，但这也只是猜测，并无确凿的证据。为了安排云丹嘉措的后事，罗桑曲结又匆匆地前往拉萨，主持云丹嘉措的"超度"及"转世"等宗教事务。罗桑曲结对云丹嘉措的突然逝世是很悲痛的，但当时处在受迫害的困难处境之下，他没有发表对藏巴汗不利的任何言论。

四世达赖云丹嘉措逝世以后，哲蚌、色拉两寺的池巴开了缺（按惯例，哲蚌、色拉两寺池巴一般均由达赖兼任），两寺僧众一致决定，迎请罗桑曲结前往拉萨，担任哲蚌、色拉两寺的池巴。罗桑曲结说他学识浅薄，现担任札寺池巴，精力也有限，确实不能负此重任，固辞未就。两寺代表见罗桑曲结的态度坚决，只好回去另请别的大德高僧。

就在这年，阿里地区的僧俗代表前来札寺，要请罗桑曲结前去阿里传法。罗桑曲结接受了这个请求。因为阿里地区的冈底斯山和玛旁雍木湖，是佛教的圣地，印度和尼泊尔每年有成千上万的香客到那里朝圣。罗桑曲结是步行前往的，沿途还要给僧俗群众讲经说法，收徒授戒，走了一个多月，于是年四月二十三日到达玛旁雍木湖，在湖边作了沐浴，次日朝拜了冈底斯山，向山煨了"桑"，献了供品。然后前往香雄区的白丁地方，受到当地僧俗群众的热烈欢迎，罗桑曲结也向他们宣讲了宗喀巴的教义。五月十三日，阿里王夏冲迎请罗桑曲结至托林寺，向他献了曼札，罗桑曲结也给阿里王夏冲传了法。十月十三日，返回札什伦布寺。

云丹嘉措逝世以后，他的强佐（大管家）索南饶丹和吉雪第巴措结多吉集合前藏拥护格鲁派的各宗各豁卡的兵力，还有护送云丹嘉措来西藏的蒙古骑兵二千余人，向藏巴汗的军队发动了反攻，藏巴汗的军队被击败，向江唐岗和药王山退却，双方形成对峙的局面。这时罗桑曲结和甘丹池巴贡确群培、达奢夏冲·阿旺朗杰等人出面，居间调停。他们拟定：甘丹颇章的拉让享有拉萨和拉萨河堤以下的寺庙和庄园的所有权；云丹嘉措的强佐索南饶丹住在哲蚌寺的甘丹颇章宫内，主持格鲁派的政教事务；由藏巴汗将抢占的甘丹、色拉、哲蚌三大寺的所有庄园退还原主；恢复卫藏两地的德庆、桑昂、卡日等被迫"变帽"的喇嘛和寺庙仍信格鲁派的教义；把藏巴汗占领的澎波卡孜宗交给第巴吉雪巴接管；允许四世达赖喇嘛云丹嘉措"转世"等停战条款。藏巴汗接受了其他的所有条款，唯独不允许四世达赖喇嘛"转世"。因此找寻五世达赖"灵童"的工作只好秘密进行。

明神宗万历四十六年（1618年），藏巴汗率兵攻占了前藏各地，并包围了乃东王宫，推翻了帕竹政权的第十一代第司卓尾贡波的统治。卓尾贡波下落不明。五世达赖著的《西藏王臣记》中，明确提到卓尾贡波逝世，但没有说明何年何月。藏巴汗敦迥旺布推翻了帕竹政权的第十一代第司卓尾贡波的统治以后，就正式宣布噶玛巴黑帽系第十世法王曲引多吉继任第司，藏文史料中称为噶玛第司，首府设在桑主则。噶玛政权的实权完全操在敦迥旺布手中，自称藏巴王，汉文史书中称为藏巴汗。从此西藏历史上又出现了一个新的政权，虽然时间不长，而且仍然是噶举派掌权，但它毕竟和噶举帕竹派的政权不同。最重要的一点是，帕竹政权对格鲁派采取的是扶植与友好的态度，而藏巴汗对格鲁派采取的是敌视与迫害的态度。

藏巴汗推翻帕竹政权第十一代第司卓尾贡波的统治时，藏巴汗的士兵占领了拉萨地区，抢劫了哲蚌寺和色拉寺，使两寺在经济上受到很大损失。罗桑曲结听到这个不幸消息后，立即派人带了大批财物前往拉萨，给哲蚌、色拉两寺的僧人熬了五次茶，放了五次布施，作为救济。

不久，藏巴汗的军队又侵入哲蚌寺，捣毁了三世达赖索南嘉措的灵塔，将镶嵌在灵塔上的金银珠宝抢劫一空。罗桑曲结又发起募捐，筹备了一大笔钱，重新修复了三世达赖的灵塔，并给甘丹、色拉、哲蚌三大寺的僧众熬了茶，放了布施，给每一僧人赠送了一个小佛像、一条哈达，表示救济与慰问之意。

这时藏巴汗忽然得了重病，请了许多藏医医治，均不见效。有人认为罗桑曲结精通医方，建议请他前来治疗。罗桑曲结本来是藏巴汗的死对头，是他要消灭的对象，但为了活命要紧，迫不得已，乃派人前去聘请罗桑曲结前来治病，罗桑曲结欣然应命前来，经过他的精心治疗，藏巴汗的重病居然痊愈了。藏巴汗对罗桑曲结非常感激，准备给札什伦布寺的阿巴札仓捐献一处豀卡作为报酬，罗桑曲结坚辞不受，仅仅提出一个条件，要求藏巴汗允许云丹嘉措的"灵童""转世"。藏巴汗也只好答应了，取消了从前发布的不许云丹嘉措的"灵童""转世"的禁令。于是哲蚌寺的僧人就公开到各地去找寻四世达赖"转世"的"灵童"，不久就找到了，这就是五世达赖。

五世达赖法名阿旺罗桑嘉措（简称罗桑嘉措），生于藏历第十饶迥的火蛇年（明神宗万历四十五年，1617年），出生于前藏山南琼结地方，明熹宗天启二年（1622年），哲蚌寺的僧众公认阿旺罗桑嘉措为四世达赖云丹嘉措"转世"的"灵童"，迎至哲蚌寺供养。明熹宗天启五年（1625年）哲蚌寺的僧众邀请罗桑曲结前往拉萨，给五世达赖剃发、取法名，并授了沙弥戒。于是五世达赖与四世班禅又建立了师徒关系。明思宗崇祯十一年（1638年）四月初五日，哲蚌寺僧众又请罗桑曲结到拉萨，给五世达赖罗桑嘉措授了比丘戒。这年拉萨发生了天花病，传染很广，死人很多，为了安全起见，罗桑曲结陪着五世达赖避居甘丹康萨地方（在藏北热振寺山后），利用这个机会，他又给五世达赖传授了宗喀巴的全部著作。由于当时藏巴汗对格鲁派的迫害日益加剧，达赖、班禅之间亲密团结，共同领导格鲁派的广大僧众与藏巴汗进行反迫害的斗争，是形势的迫切需要。

明思宗崇祯四年（1631年），其时，彭错南结（1586～1621）早已逝世，由其子敦迥旺布（1606～1642）继任藏巴汗。他完全继承了其父彭错南结迫害格鲁派的政策,并且比他父亲更加残酷。但是格鲁派自宗喀巴创建以来,这时已经历了两个多世纪,不仅在西藏,而且在青海、西康、蒙古都获得广大蒙藏群众的信仰,已形成了一支强大的力量,要彻底消灭格鲁派,并不是一件容易的事,这一点,当时夺取了西藏地方统治权的藏巴汗,也是看得很清楚的。他知道光靠他自己的力量是达不到这个目的的。要达到这个目的,必须从外部找寻强大的同盟者。于是藏巴汗的目光就投向蒙古部落的首领,想从他们那里获得有力的支持。为了达到消灭格鲁派的目的,敦迥旺布秘密派人到漠南蒙古察哈尔部,邀请蒙古族首领林丹汗①率兵前来西藏。林丹汗在宗教方面本来也是格鲁派,后被藏巴汗收买,改奉噶玛噶举派。其时在当地也站不住脚了,就接受了藏巴汗的要求,率领自己的蒙古部众,于明思宗崇祯六年(1633年),首先侵占了青海。明思宗崇祯七年(1634年),当他率领的蒙古兵到达夏日塔拉地方的时候,突然得病暴亡。藏巴汗勾结林丹汗消灭格鲁派的这一阴谋未能实现。

就在这一年(1634年),漠北蒙古喀尔喀七大部落的首领却图汗,与当地的其他蒙古部落王公发生了一场内战,结果遭到失败,他在漠北蒙古站不住脚,于是率领部众窜入青海,据说他的骑兵就有三万人,如果加上家属老幼算起来,恐怕有十来万人。却图汗迅速征服了原在青海游牧的蒙藏各部落,成了实际上的青海王。

却图汗是噶举派噶玛巴的信徒,于是藏巴汗又秘密派人到青海,和却图汗拉上了关系。却图汗答应了藏巴汗的要求,准备在适当的时候,派他的儿子阿尔萨兰率蒙古骑兵一万人入藏,帮助藏巴汗消灭格鲁派。

五、与五世达赖一起联合固始汗击败藏巴汗,建立了格鲁派地方政权

五世达赖与四世班禅得知格鲁派被迫害的消息后,感到形势对他们严重不利,不能不筹划对策。当时(明思宗崇祯七年,1634年)五世达赖罗桑嘉

---

① 林丹汗(1592~1634)是元朝政权被推翻以后的第37代元朝王室的大汗,和明朝结盟共同反对满洲政权,崇祯七年(1634年)兵败西行,至青海大草滩病死。

措才17岁，还是一个政治上不太成熟的青年，四世班禅罗桑曲结已经63岁，不仅在宗教上获得很高的威望，在政治上也是一个相当成熟的领袖，而主持格鲁派日常政教事务的，则是五世达赖罗桑嘉措的强佐索南群培①。还有一个拥有部分武装和政权的前藏封建领主吉雪第巴措结多吉，也是坚决支持格鲁派的。经过以上几个人共同研究以后，他们认为，既然藏巴汗勾结蒙古却图汗来消灭格鲁派，格鲁派也不能不在蒙古族的首领中找寻支持他们的同盟者。这样，格鲁派被迫秘密派人到新疆，要求蒙古和硕特部的首领固始汗率兵前来西藏，保护格鲁派。因为当时形势非常严重，据说五世达赖与四世班禅共同派了哲蚌寺桑洛康村的几名僧人，让他们给纳钦噶如和申尼加钦二人送去了一封密信，让他们化装成其他教派的喇嘛，前往新疆，与固始汗取得联系。

固始汗（汉文史料中也作固始汗，明神宗万历十年至清世祖顺治十二年，1582～1655）名图鲁拜琥，当时是厄鲁特蒙古和硕特部的首领。厄鲁特在明朝也叫瓦剌。共分四大部：土尔伯特、杜尔扈特、准噶尔、和硕特。明宣宗宣德十年（1435年）前后，瓦剌很强盛，占有漠北蒙古与漠南蒙古的西部地区，过了约半个世纪，达延汗②联合鞑靼诸部落，打败了瓦剌，把他们驱逐到新疆天山南北一带。明世宗嘉靖二十二年（1543年）达延汗死，鞑靼又分为五大部，即：察哈尔部③、喀喇沁部、鄂尔多斯部、土默特部④（以上在漠南），喀尔喀部（在漠北）。当时土默特部最强，其首领俺答汗曾率部进入青海。明穆宗隆庆五年（1571年）明朝中央政权封俺答汗为顺义王，大学士张居正曾托三世达赖索南嘉措劝告他回归内蒙古，俺答汗接受了劝告，于明神宗万历六年（1578年），留了一部分蒙古人继续在青海境内游牧，大部分返回了漠南蒙古土默特地区。

厄鲁特蒙古进入新疆以后，就在天山南北游牧，和硕特部与杜尔伯特部，共同游牧于恩巴河与喀拉库姆河一带，其他与沙俄边界连接。

明思宗崇祯五年至七年（1632～1634年）之间，固始汗率领和硕特部向额尔齐斯河支流托博尔河流域转移。明崇祯七年（1634年），固始汗又率领和硕特的蒙古骑兵，参加了杜尔伯特与准噶部共同发动的远征哈萨克的战

---

① 即索南饶丹。
② 达延汗是成吉思汗的第二十七代子孙。
③ 即林丹汗为首领的部落。
④ 即迎请三世达赖索南嘉措到青海的俺答汗部。

争，获得了大胜，俘虏了哈萨克苏丹（首领）伊希姆汗的儿子扬吉尔。

同年，固始汗又俘虏了沙俄属地塔拉与秋明的几个俄国人，俄国塔拉当局也捉了固始汗派去的使者卡茨，双方几经交涉，俄方释放了卡茨，固始汗也放了一名俄国人，并提出其余的被俘俄国人，必须以俄国俘虏去的库程汗的两个孙子交换。交涉的结果怎么样，史料中没有记载。正在这个时候，五世达赖和四世班禅秘密派遣的使者到了固始汗那里。因为固始汗是格鲁派的忠实信徒，所以固始汗就答应了他们的要求，准备以全力击败却图汗与藏巴汗，帮助格鲁派在西藏获得胜利。

固始汗这个人是很有谋略的，他不鲁莽从事。因为他知道却图汗有三万骑兵，而他自己则只有一万骑兵，要战胜却图汗不是一件容易的事情。此外，藏巴汗当时统治着西藏，他力量有多大，固始汗也不很清楚。还有，他虽然信奉格鲁派，但格鲁派在西藏群众中究竟有多少信徒，有多大力量，他也不清楚。为了搞清楚这些重要情况，明思宗崇祯八年（1635年），固始汗化装成到西藏朝佛的一般"香客"，带了一些人和财物，从新疆途经青海到西藏作实地调查。当固始汗走到青海通天河上游时，正好遇到阿尔萨兰（即却图汗的儿子）率领的一万蒙古骑兵，向西藏进发，准备去援助藏巴汗，消灭格鲁派。据说固始汗与阿尔萨兰同行了一段时间，乘机说服了阿尔萨兰，劝他到西藏以后绝对不要帮助藏巴汗迫害格鲁派。于是阿尔萨兰转变了态度，他率领的蒙古骑兵到达西藏以后，不仅不帮助藏巴汗，反而向藏巴汗的军队发动了进攻，在羊卓地区，击败了藏巴汗的军队。噶玛噶举巴黑帽法王曲引多吉就写信给却图汗，说他的儿子阿尔萨兰到西藏后，完全违背了父亲的意志。却图汗大怒，就向自己的儿子下了毒手，暗中授意阿尔萨兰的部将岱青杀了阿尔萨兰[①]。藏巴汗依靠却图汗消灭格鲁派的阴谋又告失败。

固始汗化装成香客平安到了西藏以后，据罗桑曲结的《自传》载：他对达赖和班禅非常尊敬，给五世达赖送了很多金银珠宝，达赖也给固始汗赠送了"丹增曲吉嘉波"（护教法王）的尊号[②]。给四世班禅也送了白银2000两，并请四世班禅念了平安吉祥经。实际上，固始汗了解了各方面的情况以后，

---

① 据《安多政教史》载：阿尔萨兰击败藏巴汗之后，率部返回青海，途经康区白利土司辖区，又击败了白利土司，掠得很多战利品，因争夺这些战利品，阿尔萨兰及其亲信官员共13人，被其部下杀害。

② 据《安多政教史》载：五世达赖赠给固始汗"丹增曲吉嘉波"（护教法王）的尊号，是在1637年，明崇祯十年。

就和五世达赖、四世班禅秘密议定了由固始汗率大军由新疆前来青海,第一步消灭却图汗,第二步消灭西康的白利土司敦悦多吉,第三步进军西藏消灭藏巴汗的战略计划。这在当时来说,格鲁派为了自己的生存和发展,也是被迫采取的不得已的措施。

这里有必要把白利土司敦悦多吉略作一介绍。当时藏巴汗的统治地区,大体上只限于前藏、后藏和阿里地区。西康地区(主要是今四川邓柯地区与西藏三十九族地区)基本上是在白利土司统治之下。白利土司敦悦多吉是苯教(也叫黑教)信徒,他不但反对格鲁派,也反对噶举派和萨迦派,但对格鲁派特别仇恨,格鲁派的许多喇嘛或遭到他的杀害,或关在监狱里面,其迫害格鲁派的残酷程度,比藏巴汗有过之而无不及。所以达赖、班禅要求固始汗消灭却图汗之后,先消灭白利土司,再消灭藏巴汗。

固始汗回到新疆以后,就进行了和硕特全部人马进入青海,与却图汗决一死战的部署。他估计他的人马不多,战胜却图汗把握不大,因此,他与准噶尔部的巴图尔洪台吉商量,请巴图尔洪台吉带领一部分准噶尔的骑兵,援助固始汗。但他们总共兵力也只有一万余人,而却图汗则有三万人,优势仍在却图汗一边。

明思宗崇祯十年(1637年),固始汗与巴图尔洪台吉率领的蒙古骑兵进入青海境内,就与却图汗的骑兵接触,先在青海峡谷地区打了一些零星小仗,然后在两山之间进行了一场血战,固始汗以少胜多,大败了却图汗,鲜血染红了两山之间,以后这两座山就以大小乌兰和硕而闻名。这次战争在青海历史上就叫"血山之战"。大战结束后,固始汗又派他的儿子达赖台吉率军追杀却图汗的残部,并把却图汗本人也杀掉了。于是却图汗在青海的统治彻底崩溃,而以固始汗的统治取而代之。为了报答巴图尔洪台吉的援助,固始汗把自己的女儿阿敏达热嫁给巴图尔洪台吉为妻,并赠送了从却图汗那里缴获的一大批财物,让他们仍返回新疆准噶尔游牧区。

却图汗被消灭以后,引起了白利土司敦悦多吉的恐惧,也对格鲁派更增加了仇恨。明思宗崇祯十二年(1639年),白利土司写信给藏巴汗,约他次年共同出兵,进攻固始汗。这封信却在半路上被格鲁派的喇嘛截获,送给了固始汗。于是固始汗就决定必须迅速消灭白利土司。

明思宗崇祯十二年(1639年)五月,固始汗率蒙古骑兵向康区进兵,白利土司也动员了他的全部军事力量进行抵抗,战争持续了一年时间。明思宗崇祯十三年（1640年），固始汗才占领了白利土司统治下的全部地区，并俘虏了白利土司敦悦多吉，将其处死。释放了被白利土司关在监狱里的格鲁派、萨迦派、噶举派、宁马派的所有喇嘛，因而固始汗得到西藏各教派（除了苯教）的全体喇嘛的钦佩和感激。

明思宗崇祯十四年（清太宗崇德六年，1641年），固始汗率大军向西藏进兵。在此之前，藏巴汗敦迥旺布已经感觉到形势对自己很不利，于是表面上改变了对格鲁派的态度，特别是为了讨好四世班禅罗桑曲结，将后藏谢通门豀卡和兰伦热布豀卡（均相当于宗，而且比较富裕）捐献给札什伦布寺。罗桑曲结得到这两个豀卡以后，人力、物力大大增加，乃决定在札什伦布寺修建拉让大厦，经过七个月的时间就告竣工。固始汗的军队进入西藏地区以后，首先占领了前藏大部分地区，藏巴汗率领残部退守后藏，同时迎请四世班禅罗桑曲结出面，进行调解。罗桑曲结答应了。这时固始汗的军队已到达噶玛第司的首府桑主则的附近，在离札什伦布寺约十里的白鄂纳噶地方安营扎寨。罗桑曲结亲赴蒙古兵营，见了固始汗，进行"调解"，固始汗表示他要占领西藏全部土地，不许藏巴汗的政权存在，但是只要藏巴汗交出军政大权，可以保证他的生命安全，并准备给他一个豀卡以度晚年。藏巴汗不接受这个条件，于是双方的战争又在后藏地区继续进行。

同时，德庆宗宗本二人（是噶玛噶举第司所委任的）给罗桑曲结来信，说当地老百姓要杀他们，希望罗桑曲结前来"调解"。四世班禅乃又亲赴德庆宗，经过他的"调解"，要德庆宗两个宗本把政权交给格鲁派支持者吉雪第巴，再缴纳糌粑五百驮，免除死刑。两个宗本只好接受对方提出的条件。办完这事以后，罗桑曲结乃赴哲蚌寺，与五世达赖罗桑嘉措会晤，名为"传法"，实际上是研究固始汗消灭藏巴汗以后的西藏善后事宜。

1642年（明思宗崇祯十五年，清太宗崇德七年），藏巴汗连战连败，后藏大部分地方已被固始汗的军队占领。藏巴汗又派人来请罗桑曲结出面"调解"。固始汗也写信给罗桑曲结，请他出面。于是罗桑曲结乃向五世达赖辞别，从北路前往后藏，行抵林噶宗时，又遇到固始汗派来的使者，给四世班禅一封信，要他邀请噶玛噶举第司黑帽第十世法王曲引多吉前来蒙古兵营，与固始汗共议解决西藏事务的具体办法。黑帽第十世法王曲引多吉不敢前往。班禅在林噶宗等了两个多月，并一再写信劝告曲引多吉不要害怕，还是前来为好，但是黑帽第十世法王曲引多吉始终不来。固始汗给他的部下下了命令，不许侵犯噶玛巴黑帽法王的财产，只剥夺了他的第司称号。对于藏巴汗，固始汗仍坚持以前的条件，只要他交出军队，可以保证他的生命安全。经过罗桑曲结的一再劝说，藏巴汗眼看已经走投无路，只好投降，向固始汗缴纳了茶叶、酥油、糌粑以及金银珠宝等共一千余驮，藏巴汗本人也到固始汗前认罪。

固始汗俘虏了藏巴汗以后，据说开始不想杀他，只囚禁在柳吾豁卡。后来从噶玛巴黑帽第十世法王曲引多吉的熬茶厨师却英的身上搜出了一份文件，上面写有噶玛派黑帽系、红帽系和藏巴汗要联合起来，彻底摧毁甘丹、色拉、哲蚌等格鲁派寺院，要将他们的豁卡转交给别的寺庙，要把四世班禅罗桑曲结和五世达赖罗桑嘉措囚禁起来，放在工布地区等计划，上面盖有黑帽系、红帽系法王和藏巴汗的印章。在这铁的证据面前，固始汗才决定把藏巴汗用湿牛皮缝裹起来，丢到柳吾豁卡附近的河里淹死了。于是统治西藏地方约24年（1618～1642年）的噶玛噶举巴政权才算正式结束。

五世达赖罗桑嘉措著的《西藏王臣记》中，对西藏地方发生的这次重大事变没有详细叙述，只说："到后来仁布巴有一臣僚任桑主则城长官时，他联络了纳塘巴、洛穹巴、嘉措哇等南北一带的很多官吏发动叛变。前后所发动的叛乱虽是渐次扩大起来，但是在进驻后藏的人王（指固始汗——引者注）发号施令之下，所有卫藏各区渐次获得统治权威的诸人，都好比罗睺蚀日吞尽日体的那般情况，连他们所辖的民众全都归附于一个统治。这一统治者，即是在这诤劫中的转轮王丹增曲吉嘉波。"这一段记载中对藏巴汗一字未提。而五世达赖就是在固始汗的武力协助下，从藏巴汗手中夺取了西藏地方政权的。

对固始汗，五世达赖在《西藏王臣记》中专门写了一章。他说："大法王丹增曲吉嘉波（即固始汗——引者注）发动了百万大军出征，遂将南方边境完全收归权下。在壬午年（明思宗崇祯十五年，1642年——引者注）二月二十五日，所有西藏木门人家①王臣全体都降低了骄横的气焰，俯首礼拜，而恭敬归顺。于是依'时轮'初年计时于三月望日，完成统一西藏事业，成为全藏三区②之王。法令所及，犹如神圣白伞大有掩蔽天界的气势。"

---

① 西藏民间谚语中常说："汉族铁门人家，藏族木门人家。"这里所说的"木门人家"是指全体藏民的意思。

② 古时称卫藏为法区、朵堆为人区、朵麦为马区，总称为全藏三区。

为了庆祝消灭藏巴汗的伟大胜利，固始汗邀请五世达赖罗桑嘉措前来日喀则，把藏巴汗在桑主则的宫殿中的财物，全部奉献给五世达赖，并将藏巴汗在桑主则建筑的宫殿全部拆除，将木料运往拉萨，以扩建大昭寺与修建布达拉宫。命令黑帽法王所属的寺庙僧众，全部改奉格鲁派。黑帽第十世法王曲引多吉先逃到洛扎地区，联合当地的噶玛噶举派力量，发动了武装反抗，被固始汗之子丹增达赖汗率兵讨平，强迫当地噶玛派寺庙僧众一律改奉格鲁派。黑帽第十世法王曲引多吉又从洛扎地区经过工布逃到云南丽江地区的沐土司那里躲避①。实际上处于被流放的地位。他在西藏的寺庙和财产，则由他的代理人杰曹钦波札巴乔央掌管。清世祖顺治十年（1653年），达砻寺的活佛夏冲仁波切从中进行疏通，并陪同代理人到拉萨见了五世达赖，请求让黑帽十世法王曲引多吉返回西藏，并请求发还在战争期间被格鲁派强占的寺庙财产。达赖同意了他们的要求，但条件是要噶玛派承认达赖对他们的管辖权。经过这次交涉以后，噶玛黑帽系第十世法王曲引多吉于清顺治十八年（1661年）返回西藏，住在粗朴寺，并到拉萨与五世达赖会面，得到了和解。清康熙十年（1671年），在粗朴寺逝世。

固始汗占领西藏以后，下令把西藏每年的全部税收，奉献给五世达赖，以作供养。并任命达赖的大管家索南饶丹（亦名索南群培）为第巴，在固始汗与五世达赖共同领导下，管理西藏全区的政教事务。西藏的首府由桑主则移到拉萨。五世达赖也由哲蚌寺的甘丹颇章宫移住到布达拉宫。

这次迫害与反迫害的斗争，格鲁派以最后获得全胜宣告结束。在这次斗争中，四世班禅罗桑曲结实际上是幕后主持者，但在公开场合他常以"调解者"出面，并且非常谦逊，从不居功。但是大家公认他是这次斗争的实际领袖。清世祖顺治二年（1645年），固始汗仿照俺答汗赠给索南嘉措"达赖喇嘛"尊号的前例，给罗桑曲结赠送了"班禅博克多"的尊号。"班"是"班智达"的简称，是梵语智慧的意思。"禅"是藏语"钦波"的简称，大的意思。"博克多"是蒙语，是蒙古人对睿智英武人物的尊称。同时，固始汗把后藏的数十个豀卡，全部捐献给札什伦布寺，以作僧众的供养。

五世达赖、四世班禅与固始汗消灭了藏巴汗，取得了西藏地方政权以后，西藏的地方势力，特别是噶举派的势力，仍然很大，继续在各地发动装

---

① 沐土司是明初黔宁王沐英的后代。

反抗，但一一被固始汗的蒙古骑兵所击败。

清顺治二年（1645年），固始汗平定了西藏各地的反抗后，回到桑主则，下令今后西藏各地头人之间不准往来通信，一经察觉，立即严惩不贷。罗桑曲结劝说固始汗，不必采取这样的措施。固始汗采纳了班禅的建议，果然各地日趋安定。

当时，格鲁派的政权建立不久，为了镇压反对派，对西藏实行严刑峻法，只要过去对格鲁派有过反对行为者，一律处以很重的罚金，人们叫苦连天。罗桑曲结乃致函第巴，要求减免罚款。第巴接受了罗桑曲结的建议，下令普遍减少了三分之一的罚款。

被推翻的噶举派在各地发动武装反抗的同时，还大做舆论工作，攻击格鲁派，在西藏人民中损害达赖与班禅的威信。当时噶举派噶玛巴有一喇嘛名叫札巴希热仁青，他撰写了许多经书，系统地反对宗喀巴创立的格鲁派，并刻成木板，大量散发。因为他的著作影响很大，格鲁派的许多高僧也著书驳他，都驳不倒。这件事反映到罗桑曲结那里，他以古稀之年，立即针对对方的论点，写了一部著作，藏文名称"作莲僧格鄂饶"，译成汉文就是"狮子吼"。经过罗桑曲结的这本著作驳斥以后，札巴希热仁青才认输了，他的著作在西藏社会上的影响也很快消逝了。

固始汗和五世达赖、四世班禅推翻了噶举派噶玛政权之后，全西藏地区统一在格鲁派建立的西藏地方政府（藏语称为"第巴雄"）之下，唯有不丹一地例外。

不丹人藏语称为朱巴，清朝的汉文文献中译为"布鲁克巴"。和藏族在语言、文字、风俗、习惯各方面相近。在宗教方面则信仰噶举派，是帕竹噶举派的一个小分支（八小之一），称为"朱巴噶举"，也有自己的法王，归帕竹第司统治。藏巴汗推翻帕竹政权以后，当地仍归朱巴噶举法王统治。

固始汗消灭藏巴汗以后，开始一个时期，忙于镇压西藏各地的噶玛派残余势力的反抗，没有力量去照顾不丹。

清顺治十三年（1656年），五世达赖罗桑嘉措开始注意不丹问题，派人给不丹朱巴噶举法王送信，要他服从格鲁派政权的统治，朱巴噶举法王不信仰格鲁派，对来信置之不理。于是五世达赖决定调集西藏工布、塔布和山南各地的藏族民兵，向不丹发动了进攻，不丹朱巴噶举法王也动员了不丹全区的民兵，进行抵抗。当时固始汗刚逝世，其长子达延汗尚在青海，驻扎在西藏的蒙古骑兵只抽了一部分人予以协助，双方在边界打了一年，不分胜负。五世达赖罗桑嘉措乃派萨迦派的夏冲法王、第巴吉雪巴前往前线进行"调解"，劝说不丹法王服从格鲁派政权的统治。不丹法王仍予拒绝。五世达赖不得已，乃敦请四世班禅罗桑曲结亲自出面"调解"。当时四世班禅罗桑曲结已经是85岁高龄的老人，行动困难，但对五世达赖提出的这个请求，不便拒绝。决定派札什伦布寺的群则索南彭错、噶钦错索巴、曲觉勒巴等人，携带四世班禅罗桑曲结亲笔写给不丹法王东局佛和五世达赖派往前线的总管第巴强佐巴的信，以慰劳前线双方军队的名义，送给双方军队哈达100条、白银1000两、绸子100匹、缎子50匹、黄金3两。双方接受了罗桑曲结的"调解"，罢兵言和，各把自己的军队撤回原地。但是罗桑曲结也没有解决不丹服从西藏格鲁派政权统治的问题。

六、四世班禅、五世达赖与清朝中央政权建立隶属关系

下面我们必须回述一下达赖、班禅、固始汗与清朝中央政权的关系。1642年固始汗推翻藏巴汗的统治，接管西藏地方政权之时，明朝中央政权尚未崩溃，但是当时清太宗皇太极已全部占领了山海关外的东北地区，并已扩大到漠南蒙古地区。内地李自成、张献忠等人领导的农民起义军遍及全国，明朝中央政权已经摇摇欲坠，岌岌可危。这些情况，固始汗、达赖、班禅早已看清楚了。因此，当固始汗占领青海以后，于1637年（明思宗崇祯十年，清太宗崇德二年）作为"香客"，前来西藏朝佛，但这次他是公开以青海统治者的身份来的，护从甚众，受到五世达赖与四世班禅的热情接待。

固始汗这次来西藏，是与达赖、班禅研究西藏今后的从属问题。固始汗与达赖、班禅共同决定：派遣代表前往盛京（即今沈阳），向清朝政府表示归顺。达赖与班禅派遣伊拉古克三为代表，固始汗派遣戴青绰尔吉为代表，组成一个代表团。

当时西藏地方的实际统治者还是藏巴汗。达赖、班禅与固始汗向藏巴汗打了招呼，藏巴汗也表示同意，但他没有派遣代表，只给清太宗写了一

封信。

代表团出发后，固始汗仍返回青海，为下一步消灭白利土司去作准备。伊拉古克三一行是1637年（明崇祯十年，清崇德二年）从西藏启程的，大概是绕道新疆、漠北蒙古、漠南蒙古，在路上走了五年，才于1642年（明思宗崇祯十五年，清太宗崇德七年）十月到达盛京，受到清太宗皇太极的隆重欢迎。

《清实录》中，对接待达赖喇嘛的使者有如下的生动记载：

> 崇德七年（1642年）十月，图白忒①部落达赖喇嘛遣伊拉古克三呼图克图，戴青绰尔济等至盛京，上亲率诸王、贝勒大臣出怀远门迎之。还至马馆前，上率众拜天行三跪九叩头礼毕，进马馆、上御座，伊拉古克三呼图克图等朝见，上起迎。伊拉古克三呼图克图等，以达赖喇嘛书进上，上立受之，予以优礼。上升御榻坐，设二座于榻右，命两喇嘛坐。其同来徒众，行三跪九叩头礼，次与喇嘛同来之厄鲁特部落使臣及其从役，行三跪九叩头礼。于是命古式安宣读达赖喇嘛及图伯忒部落藏巴汗来书，赐茶、喇嘛等诵经一遍方饮。设大宴宴之。伊拉古克三呼图克图及同来喇嘛等各献驼马、番菩提数珠、黑狐皮、羢单、翔褐、花毯、茶叶、狐腋裘、狼皮等物，酌纳之。

1643年（明思宗崇祯十六年，清太宗崇德八年），达赖喇嘛的使臣伊拉古克三呼图克图等要求返回西藏，清太宗皇太极又举行了隆重的欢送仪式。《清实录》也有如下的记载：

> 崇德八年五月丁酉。先是图伯忒部落达赖喇嘛遣伊拉古克三呼图克图及厄鲁特部落戴青绰尔济等至，赐大宴于崇政殿，仍命八旗诸王、贝勒各具宴，每五日一宴之，凡八阅月。至是遣还，赐伊拉古克三呼图克图喇嘛及偕来喇嘛等银器、缎朝衣等物有差。又赐厄鲁特部落和尼图巴克式、阿巴赖达赖、都喇尔和硕齐下额尔德尼巴图鲁、奇尔三下土尔噶图、阿巴赖山津等朝衣、帽靴等物。上率诸王、贝勒等送至演武场，设大宴饯之。复以鞍马、银壶等物赐伊拉古克三呼图克图喇嘛，仍命和硕睿亲王多尔衮、多罗武英郡王阿济格、辅国公硕托、满达海率梅勒章京参政以上各官送至永定桥，复设宴饯之。遣察干格隆、巴喇衮噶尔格

---

① 图白忒也作土伯特，图伯特，均指今西藏地方。

隆、喇克巴格隆、诺木齐格隆、诺莫干格隆、萨木谭格隆、衮噶曲尔札尔格隆等同伊拉古克三呼图克图喇嘛前往达赖喇嘛、班禅呼图克图、红帽喇嘛噶尔马、昂邦萨斯下、齐东呼图克图、克鲁巴呼图克图、达克龙呼图克图、藏巴汗、固始汗处，致书各一函。

清太宗皇太极致达赖喇嘛的信，见拙著《达赖喇嘛传》，这里不再重复。致班禅罗桑曲结的信，《清实录》中只说："又与班禅呼图克图书一，书词与附送礼物同。"说明清太宗对班禅是与达赖同等对待的。

清太宗皇太极给藏巴汗的信中说："大清国宽温仁圣皇帝谕藏巴汗。尔书云'佛法裨益我国，遣使致书'。近闻尔为厄鲁特部落顾实贝勒所败，未详其实，因遗一函相询。自此以后修好勿绝，凡尔应用之物，自当饷遗。今赐银一百两、锦缎三匹。"

清太宗皇太极给固始汗的信中说："大清国宽温仁圣皇帝致书于固始汗，朕闻有违道悖法而行者，尔已惩创之矣。朕思自古圣王致治，佛法未尝断绝。今欲与图伯忒部落敦礼高僧，故遣使与伊拉古克三呼图克图偕行，不分服色红黄，随处咨访，以宏佛教，以护国祚，尔其知之。附具甲胄全副，特以侑缄。"

伊拉古克三呼图克图一行于清世祖顺治元年（1644年）才回到西藏。这时西藏大局已定，藏巴汗已被处死，五世达赖和固始汗成了西藏地方的实际统治者。清顺治二年（1645年），固始汗讨平了西藏各地的反抗以后，乃命其长子率领主力部队返回青海，在西藏只留了一部分蒙古骑兵，以备急需。固始汗自己坐镇在桑主则。

清军入关，大明王朝在全国的统治崩溃，大清王朝正式建立以后，清朝中央政权与西藏地方政权的从属关系日益明确。清顺治二年（1645年）春，伊拉古克三奉命又去北京，五世达赖给清世祖写了一封热情洋溢的信。信的开头是一首带韵的藏文诗，把清世祖譬作"转轮王"。信文中说："乱世的转轮王将战胜一切之旗帜升至三域之顶端，以一把法律的白伞盖荫护群生，使其安乐的生活。"信件附有许多珍贵礼品，计有释迦牟尼舍利子、印度制响铜佛像、佛法集要、宗喀巴的《菩提道次第广论》、阿底峡莲座铁顶宝塔、金刚结护符、珊瑚琥珀念珠等。发信的时间是藏历木鸡年（顺治二年，1645年）三月初三日。信使是俄巴西卡。写信的地方是拉萨大昭寺（《五世达赖喇嘛传》)。

据《清实录》载：

> 顺治三年（1646年），前遣往达赖喇嘛之察罕喇嘛还。达赖喇嘛、厄鲁特固始汗等遣班第达喇嘛、达尔汉喇嘛等同来，上表请安，献金佛、念珠、氆氇毧、甲胄、马匹等物。以甲胄、弓矢、撒袋、大刀、鞍辔、银器、缎匹、皮张等物赏答之。

同年，五世达赖又给清世祖写了一封亲笔回信，信件开头仍是一首带韵的藏文诗，赞颂清世祖"功德殊异大海，诸事天成明月，遍知释迦牟尼，赐福大地主宰。"信中又说："本人八自在功德均已任运天成，常常面向天命文殊室利大皇帝宝座，作无畏金刚跏趺姿，听到了广袤大地已全部得到安然治理的佳音。"随信附有"押书礼品一束"。写信时间是火狗年（顺治三年，1646年）二月十六日，发信的地址是西藏卫地之金刚座幻化之大雄宝殿（《五世达赖全集》）。

《清实录》也有如下记载：

> 顺治四年（1647年）初，达赖喇嘛、班禅呼图克图、巴哈呼图克图、鲁克巴呼图克图、伊尔扎尔萨布呼图克图、萨思夏喇嘛、额尔济东呼图克图、伊思达格隆呼图克图、诺门汗各上书请安，并献方物。至是，遣喇嘛、侍卫、格隆等存问，各赐金玉器皿、缎匹、雕鞍、甲胄等物。

同年，五世达赖给清世祖又写了一封信。这封信开头还是一首带韵的藏文诗，把清世祖比作神话中的"众选王"，祈求清世祖"不分远近的对所有尊卑人等，均施以犹如纯金之法令。"信文中说："大明皇朝末代皇帝崇祯的都城被李贼（指李自成——引者注）夺取，短暂地出现了极其混浊与黑暗的横流，后金皇太极之子天神皇帝焕发福德之日光，登上文殊室利大皇帝宝座四年后，于火猪年（顺治四年——引者注）派卡喇嘛等金字使及僧俗多人赍送大量多种珍贵的绸缎，并降圣旨，谨覆以元劫初显之奏折。"这封信写于火猪年（顺治四年，1647年）九月十日。是派卡喇嘛赍送到北京的（《五世达赖全集》）。

四世班禅罗桑曲结的《自传》记载：顺治三年（1646年），清世祖派大臣前来西藏，给五世达赖和四世班禅送了许多贵重礼物。并给拉萨三大寺熬"芒加"茶，放布施，给僧侣每人白银一两。接着到札什伦布寺熬茶，放了同样的布施。后来又到西藏各大寺熬茶，放了布施。大臣返京时，达赖、班禅都给清世祖写了信，表示感恩不尽。

顺治五年（1648年），清世祖又派喜饶喇嘛康萨噶举巴来藏，携来皇帝问候达赖、班禅的信，又代表皇帝到拉萨三大寺、札什伦布寺以及其他寺庙，给所有喇嘛熬了茶，放了布施。

关于五世达赖前往北京觐见清世祖一事，早在顺治五年（1648年），就已在酝酿。据《清实录》载：

> 顺治五年（1648年）遣喇嘛席喇布格隆等赉书存问达赖喇嘛、并敦请之。又遗书存问班禅呼图克图诺门汗，俾劝达赖喇嘛来京。各赐以金镶玉带、银茶筒等物。

> 顺治六年（1649年），达赖喇嘛遣使奉表，言于壬辰年（1652年）夏月朝见，并贡方物。

据罗桑曲结的《自传》记载，当时五世达赖接到清世祖邀请他前往北京的来信以后，因有人反对，相当犹豫，去信征求罗桑曲结的意见，罗桑曲结回信要五世达赖接受邀请，但赴京的时间可晚几年。于是五世达赖才下了决心前往北京，但赴京的时间推迟到顺治九年（1652年）。五世达赖给清世祖写了回信，清世祖回信表示同意，并决定在北京修建黄寺，以供五世达赖来京时居住。

顺治九年（1652年），应清世祖邀请，五世达赖前往北京。达赖觉得有许多事情需要向班禅请教，邀请罗桑曲结前来前藏羊八井地方，达赖先到那里，共同讨论去京问题。罗桑曲结当时已是82岁高龄的老人，但仍答应了五世达赖的请求，于是年三月初十日，离开札什伦布寺，前往前藏羊八井地方，与五世达赖晤了面，两人在此住了七天，详细交换了意见。不久，固始汗父子、山南拉甲仁王、吉雪第巴父子，以及许多宗教、政治头面人物，都到了羊八井，来为五世达赖送行。五世达赖罗桑嘉措带了侍从官员和护卫部队共3000人，与班禅、固始汗父子以及其他送行人员辞别，途经青海、内蒙古，向北京出发了。至于五世达赖到达北京以后的情况，在拙著《达赖喇嘛传》中已作了详细论述，这里就不多说了。

是年十一月，清世祖特派噶喇嘛、达根曲结、色岗噶举巴等人前来札什伦布寺看望罗桑曲结，清世祖给罗桑曲结写来亲笔信一封，并赠送灰鼠皮衣一件，罗桑曲结也给清世祖写了回信，表示感谢。

顺治十年（1653年），五世达赖罗桑嘉措从北京启程返藏，清朝中央政权给五世达赖颁赐了金册金印，正式册封五世达赖罗桑嘉措为"西天大善自在佛所领天下释教普通瓦赤喇怛喇达赖喇嘛"。

五世达赖自北京返藏时，清朝中央政权特派侍卫喇嘛、内大臣囊努克、修世岱等人为特使，伴送五世达赖回藏，并以金册、金印册封固始汗。

五世达赖是顺治十一年（1654年）五月才回到西藏的。四世班禅事先听到达赖回藏的消息后，因自己已达84岁的高龄，行走不便，乃派札寺僧官前往拉萨欢迎达赖返藏。五世达赖到达拉萨后，特派第巴吉雪巴代表达赖前往札什伦布寺，向班禅请安问候。同年七月，五世达赖罗桑嘉措亲赴札什伦布寺看望罗桑曲结。在札什伦布寺住了五天，并给全寺僧众熬了茶，放了布施。然后，五世达赖又移住到日喀则宗的城堡里面，与固始汗同住了一个多月，经常去札寺向班禅求法。据说在此期间，班禅给达赖传了"安萨巴噶居"经。同年八月，固始汗根据五世达赖的建议，亲赴札什伦布寺，向全体僧众熬了茶，放了布施。并请四世班禅在札寺大经堂内坐到池巴高位上，固始汗亲自向罗桑曲结献了曼札，以表示固始汗对罗桑曲结的敬佩达到了喇嘛教的最高程度。然后，五世达赖又向四世班禅和固始汗辞别，返回拉萨。

清顺治十二年（1655年）五月，清世祖从北京派喜热喇嘛和敖布翁巴二人，专程前来札什伦布寺，给罗桑曲结赠送了印度印制的梵文《甘珠尔》经文一全套。班禅给清世祖写了回信，表示感谢。

就在这一年的冬季，固始汗感到身体不适，向罗桑曲结辞别，离开日喀则前往拉萨治病。因医治无效，不久逝世，终年七十四岁。清世祖专门派官员到拉萨致祭，并谕理藩院："闻厄鲁特固始汗病故，念其归顺我国，恪尽忠诚，常来贡献，深为可嘉，宜予祭典，以酬其忠。应行事例，尔院会同礼部察议具奏。"固始汗死后第三年，即顺治十五年（1658年），其长子达延汗从青海来到西藏，继承了固始汗的汗位。

清顺治十三年（1656年）八月，清世祖又从北京派强林安偕等一行前来西藏，携来清世祖亲笔写的问候达赖、班禅的信件和许多礼品。强林安偕先到拉萨，在布达拉宫会晤了五世达赖，然后专程前来札什伦布寺，会晤罗桑

第二章 四世班禅罗桑曲结

曲结，并拜罗桑曲结为师，受了沙弥戒。

清顺治十五年（1658年），清世祖又派人前来札什伦布寺看望罗桑曲结，带来清世祖给罗桑曲结的亲笔信和礼品，罗桑曲结也给清世祖写了回信，附了土仪，带回北京。

此时已到了罗桑曲结的暮年。据罗桑曲结的《自传》记载，清顺治十五年（1658年），萨迦寺的夏冲法王（八思巴的后代）前往拉萨朝拜达赖喇嘛，途经札什伦布寺，要求在班禅养病的三多建小寺拜谒罗桑曲结，罗桑曲结考虑到萨迦法王曾当过藏王，统治过西藏，现又为萨迦派的教主，乃扶病接见。萨迦法王向罗桑曲结献了一篇祝祷文，祝祷罗桑曲结长住。不久漠北蒙古的达根诺颜汗又来西藏朝佛，专程前来札什伦布寺看望班禅，罗桑曲结考虑他是远道来的贵宾，不得不扶病会晤。达根诺颜汗拜罗桑曲结为师，受了比丘戒。王妃也拜罗桑曲结为师，受了沙弥戒。

此时罗桑曲结甚感身体不适，札什伦布寺的全体僧众十分担心，集体诵经祈祷罗桑曲结疾病早愈。五世达赖罗桑嘉措听到这个消息后，也派布达拉宫的高级僧官前来札寺，慰问罗桑曲结，给他送了一套法衣，并有一篇祈祷文，祈祷班禅长住。

清圣祖康熙元年，藏历第十一饶迥的水虎年（1662年），罗桑曲结病情逐渐加重，虽然饮食起居还照常，但身体已瘦弱不堪。延至二月十三日，四世班禅罗桑曲结在札什伦布寺池巴任内逝世，享年九十二岁。罗桑曲结逝世后，将他的遗体陈放在札寺班禅拉让的益格穹曾大经堂内，选请高僧40人，诵经14日，祈祷罗桑曲结早日"转世"。五世达赖罗桑嘉措得知罗桑曲结逝世的消息后，非常悲痛，命布达拉宫大堪布代表五世达赖亲来札寺，向罗桑曲结遗体献了廷查哈达一条、金圆100枚、缎子四匹，祈祷班禅罗桑曲结早日"转世"。同时命令拉萨三大寺、卫、藏、阿里、西藏、青海所有格鲁派的寺庙全体喇嘛一律为罗桑曲结早日"转世"诵经祈祷。

札什伦布寺也派了负责堪布前往拉萨，给五世达赖献了四世班禅的许多遗物，以作纪念。同时给拉萨三大寺、卫、藏、阿里、西康、青海的所有格鲁派的寺庙僧众熬了茶，放了布施。

关于四世班禅罗桑曲结的遗体处理，当时札寺拉让强佐和各札仓堪布共同商量，一致决定保存肉身，造一金塔，藏在里面，并指定拉让强佐罗桑格勒负责保存肉身与制造金塔的全部事宜。班禅灵塔完工之日，五世达赖和第巴均派代表前来札寺致祭、诵经，并献供养。班禅灵堂完工以后，为了保藏灵塔，特别在札寺修建了一座金瓦殿，名曲康夏，派喇嘛四人，长期住在殿内，负责看守、点灯、加油、诵经。五世达赖罗桑嘉措特派第巴前来札寺，在盛藏灵塔的大经堂内，用缎子缝制了一面伞盖，悬挂在灵塔上面，又在大经堂内的各柱子上，悬挂了用缎子做的装饰品。

罗桑曲结逝世以后，五世达赖和札寺僧官共同向清朝政府作了报告。清圣祖特派米根曲结、爱克噶居等官员专程由北京前来致祭。《清实录》也有如下的记载："康熙二年（1663年）八月丙申，西藏班禅呼图克图故，遣官致祭。"

七、四世班禅的历史功绩

四世班禅罗桑曲结不仅是一位杰出的宗教领袖，也是一位杰出的政治领袖。对他一生的评价，可以归纳如下五个方面。

一、维护了祖国的统一，促进了民族的团结。达赖、班禅和固始汗在没有推翻藏巴汗政权以前，就派遣代表前往盛京，已和清太宗的政权建立了联系。清军入关，清朝中央政权建立以后，达赖、班禅和固始汗就派代表到北京祝贺。后来五世达赖又进京向清朝中央政权表示拥护，并接受了册封，正式建立了与清朝中央政权的从属关系。对维护祖国的统一，促进汉、满、蒙、藏四大民族的团结，作出了重大贡献。

二、在宗教这个领域来说，与藏巴汗的迫害进行斗争，当时对格鲁派来说，是一个生死存亡的问题。而在反迫害的斗争中，由于四世达赖早年夭亡，五世达赖还很年轻，因此团结格鲁派的力量，与藏巴汗为首的迫害势力进行生死斗争的领导责任，很自然地就落到四世班禅罗桑曲结的肩上。由于罗桑曲结老练成熟，领导有力，这场斗争最后以格鲁派获得彻底胜利，推翻了藏巴汗的统治，代之以格鲁派的政权而结束，四世班禅罗桑曲结在这方面所起的作用，更是有决定性的。

三、与达赖喇嘛建立了互为师徒的亲密关系。在这以前，一世达赖根敦朱巴与一世班禅克珠杰只是师兄弟的关系。二世达赖与二世班禅、三世达赖与三世班禅互不认识。四世达赖云丹嘉措拜四世班禅罗桑曲结为师，受了沙弥戒与比丘戒。后来，五世达赖罗桑嘉措又拜四世班禅罗桑曲结为师，受了沙弥戒与比丘戒。从此，达赖、班禅之间才正式建立了师徒关系。特别是四世达赖逝世后，经过四世班禅的努力，藏巴汗才取消了不准四世达赖"转世"的禁令，这在格鲁派的发展史上，具有重大意义。

四、由于四世班禅罗桑曲结苦心经营，札什伦布寺不仅发展成为格鲁派在后藏的最大的寺庙，札寺本身在罗桑曲结在世时，已有僧侣5000余人，楼房3000余间，属寺51处，僧侣4000余人，札寺本身有庄屯（豁卡）16处，牧区有部落10余处，成为后藏地区最大的寺庙封建领主（《西藏大呼毕勒罕考》）。而更重要的是，在四世班禅罗桑曲结领导之下，札什伦布寺在格鲁派内部形成了自己的一套完整的学经系统，取得了与拉萨三大寺同等的地位。而且从四世班禅罗桑曲结以后，札什伦布寺全体僧众一致承认历代班禅成为当然的池巴（寺主），由轮流制变为终身世袭制，这个地位也是罗桑曲结奠定的。

五、四世班禅罗桑曲结为人谦虚，生活非常简朴，他虽然在宗教界有崇高地位，但出外讲经说法，都是自己背着行李，来去步行，保持着一个普通僧侣的本色。所以他很能接近群众，据他的《自传》讲，他一生收的门徒有15万余人，其中受比丘戒者有500余人，受沙弥戒者有10万余人，受居士戒者有5万余人。说明罗桑曲结在宣扬宗喀巴的教义，发展格鲁派的僧侣方面，贡献也是不小的。

第三章
五世班禅罗桑益喜

五世班禅

一、灵童的寻访与坐床受戒

　　五世班禅法名罗桑益喜，生于藏历第十一饶迥的水兔年（清圣祖康熙二年，1663年）七月十五日。父名索南旺札，母名才旦布赤。系后藏地方托布加谿卡的出仓村人。他的父亲是当地的一个小贵族。罗桑益喜出生后，札什伦布寺即于八月初一日，派来四世班禅罗桑曲结的苏本堪布前来看视，即向罗桑益喜的父母送了哈达一条、银曼札一具、茶一包，作为贺礼。札什伦布寺同时派人前往拉萨，向五世达赖罗桑嘉措写了报告，请求指示此小孩是否即是四世班禅"转世"的"灵童"。五世达赖的回信仅说对此小孩应妥加保护，但未肯定即是"灵童"。

　　根据五世达赖的指示，札什伦布寺即于木龙年（清康熙三年，1664年）六月初八日，派人将这个小孩由其父母家中接出，供养在托布加谿卡附近的南多颇章寺内。第二年（清康熙四年，1665年），又将小孩接到札什伦布寺内的班禅拉让居住。因为当时这个小孩尚未正式认定是四世班禅"转世"的"灵童"，寺内意见不一，因此这个小孩在札寺班禅拉让只住了四个月，又于同年十月初二日送回托布加谿卡，仍供养在南多颇章寺内。同时又写信向五世达赖请求指示，五世达赖回信，要札什伦布寺仔细考察这个小孩是否确有灵异。于是札什伦布寺选派该寺阿巴札仓洛本贡觉坚赞和卓尼根敦楚臣二人，携带了前世班禅用过的器物，如灵药、骰子、拔胡子的小镊子、铃杵等，同时又携带了形状相似的同样数量的器物，要让这个小孩辨认真伪。接着札什伦布寺又派强佐彭错热登携带了前世班禅用过的念珠两串，小皮鼓一面，大皮鼓一面，同时携带了形状完全相同的伪物各一具，让小孩鉴别真伪。随后，札什伦布寺又派前世班禅的苏本、森本、本仓格隆罗桑旺加、翁则曲引嘉措等人，携带了前世班禅的画像一帧，宗喀巴画像一帧，同时拿去其他画像两帧，要让小孩认取。这三批人员到达后，即将上述所有器物真伪混在一起，陈列在一起，要让这个小孩认出哪些是前世班禅用过的真物。据罗桑益喜的藏文传记载，这个小孩把前世班禅用过的真物一一取出，无一差错。这三批代表一致认定：这个小孩确实是四世班禅罗桑曲结"转世"的

"灵童"。

于是札什伦布寺乃派苏本洛桑丹增、本仓济仲等人前往拉萨，向五世达赖当面详细报告了考察"灵童"的经过及其结果，五世达赖听取报告以后，即表示承认这个小孩确系四世班禅"转世"的"灵童"，并指示札什伦布寺将"灵童"迎接到班禅拉让，举行隆重的坐床典礼。

清康熙六年（1667年）十月初七日，札寺强佐彭错热登率领僧官二百余人，前往托布加豁卡的南多颇章寺，拜见了刚满五岁的"灵童"。十月十一日，给"灵童"剃了发，穿了僧衣，由苏本把"灵童"背到出仓，安放在"灵童"家中。此时五世达赖的代表森本曲切爱巴、堪穷强巴仁青，卓尼加巴多吉旺觉，第巴的代表代本窝乃，还有达延汗（固始汗之子）的代表二人，同时到达托布加豁卡，向班禅"灵童"献哈达致贺。十月十七日，班禅"灵童"由托布加豁卡迎至札什伦布寺。"灵童"到达时，札寺所属寺院的喇嘛，田庄的百姓共有数万人，夹道欢迎，熏香念佛，热闹异常。"灵童"进寺后，住在坚赞通保宫内。同时接到五世达赖的来信，择定土猴年（清康熙七年，1668年）正月初三日为良辰吉日，举行五世班禅坐床典礼。五世达赖并给班禅"灵童"取了法名为罗桑益喜贝桑布（简称罗桑益喜）。

康熙七年（1668年）正月初三日，六岁的罗桑益喜登上了四世班禅坐过的僧群益格穹曾殿内设的法座，是为第五世班禅。同年十月，清圣祖从北京派出强林安青桑结坚赞前来札什伦布寺看视五世班禅，并带来"敕书"和礼品，表示祝贺。举行了坐庆典礼以后，札寺聘请托布加豁卡甘丹热卜结寺的洛本罗桑丹增为五世班禅的经师，给罗桑益喜教授藏文，学习佛经。

清康熙八年（1669年），札什伦布寺派卓尼噶青根敦楚臣前往拉萨，为五世班禅坐床一事向五世达赖致谢，并祝五世达赖平安永住。同时给拉萨三大寺的喇嘛熬茶、放布施。又给卫藏、阿里、青海、西康各大寺庙的喇嘛熬茶、放布施。共用去青稞72 999斛、马92匹、奶牛40余头、哈达6250条。

清康熙九年（1670年），罗桑益喜年已八岁，按格鲁派规定，应受沙弥戒。当时五世达赖还健在，应由五世达赖给五世班禅授沙弥戒，建立师徒关系。是年六月初一日，罗桑益喜自札什伦布寺启程，经羊八井于六月十四日到达拉萨。西藏地方政府的僧俗官员，哲蚌寺与色拉寺的全体僧官，均到拉萨郊外欢迎。五世班禅到达拉萨后，径赴布达拉宫，住在洋喜岗殿内。次日，五世班禅在布达拉宫大经堂内拜见了五世达赖，向达赖献了曼札、古松图（佛像）、绸缎25匹、骏马30匹，还有金银、金鞍、银鞍、珍珠等礼品，然后五世班禅向五世达赖磕头，正式拜为师傅。接着在大经堂内举行了隆重的噶卓庆祝会，会上并同布达拉宫的喇嘛进行了辩论。自六月二十一日起，五世达赖逐日给五世班禅传授"姜巴参曲"、"都噶尔"、"采巴麦的著作一百零八部"等经典。七月初三日，清圣祖特派钦差到达拉萨，给五世达赖和五世班禅各有"敕书"，并赏赐了礼品，祝贺五世班禅受沙弥戒。七月十五日，在布达拉宫的堪松南加殿上，五世达赖正式给五世班禅授了沙弥戒。八月十三日，五世班禅向五世达赖辞别，准备返回札什伦布寺。五世达赖给五世班禅送了许多贵重礼品，同时叮嘱他回寺后好好学习经典，特别是宗喀巴的所有著作。八月十五日，五世班禅离开拉萨，西藏地方政府僧俗官员一如来时，骑马将五世班禅送至远郊。

康熙十一年（1672年），清圣祖又派钦差专程前来札什伦布寺看视五世班禅，并带来清圣祖的"敕书"和礼品。当时任第巴的罗桑图道，也陪同钦差到札什伦布寺，向五世班禅献了许多金银和绸缎。

清康熙十三年（1674年）五世班禅罗桑益喜年满12岁，按格鲁派的制度，他应参加札什伦布寺僧众的集体辩论，从此正式开始了学经的过程。

自清顺治十二年（1655年）固始汗逝世后，汗位空了三年。清顺治十五年（1658年），固始汗的长子达延汗才从青海来到西藏，继承了固始汗的汗位。清顺治十七年（1660年），达延汗委任陈列嘉措为第巴。清康熙七年（1668年）达延汗逝世。同年，陈列嘉措也逝世。清康熙八年（1669年），由五世达赖任命他的却本堪布罗桑图道为第巴。清康熙十年（1671年）达延汗的儿子达赖汗又从青海来到西藏，继承了他父亲的汗位。清康熙十四年（1675年），第巴罗桑图道卸职，由达赖汗任命五世达赖的札仓聂巴罗桑金巴继任第巴。清康熙十八年（1679年），札仓聂巴罗桑金巴又卸职，达赖汗任命桑结嘉措继任第巴。

清康熙二十年（1681年），拉达克王德雷南结派兵侵入西藏阿里地区，达赖汗与桑结嘉措共同组织了一支蒙藏联军，由达赖汗的弟弟甘丹才旺巴桑率领，不仅击溃了侵入阿里地区的拉达克的部队，而且深入拉达克境内，攻占了拉达克首府列城。清康熙二十二年（1683年），拉达克王投降，把他自1630年侵占的阿里地区的谷格、日土等地退还给西藏，并承认拉达克为大清帝国的藩属，每年派人到拉萨进贡。西藏也同意运往拉达克的砖茶不加限制。

在拉达克战争发生的第二年,即清康熙二十一年(1682年),五世达赖罗桑嘉措在布达拉宫逝世,享年六十五岁。五世达赖逝世后,第巴桑结嘉措"伪言达赖入定,秘不发丧"。一切事务均由第巴桑结嘉措假借五世达赖的名义处理,这种不正常的状况持续了15年之久。

清康熙二十二年(1683年),五世班禅罗桑益喜年满21岁,到了受比丘戒的年龄。札什伦布寺特派强佐前往拉萨,打算觐见五世达赖,约定由五世达赖给五世班禅传授比丘戒的时间。第巴桑结嘉措告诉札寺强佐,五世达赖已经"入定",从此不见任何人,也不能给五世班禅授比丘戒,要他们另请别的高僧给五世班禅授比丘戒。

札什伦布寺的强佐回寺后,经过与其他僧官共同讨论,决定请札什伦布寺的阿巴札仓堪布贡觉坚赞为授戒师,并选定木鼠年(清康熙二十三年,1684年)十二月初八日,为授戒日。是年,五世班禅罗桑益喜22岁,授比丘戒的仪式在札什伦布寺的益格穹曾殿内举行。次年(1685年)五月,清圣祖特派钦差阿吉图确吉前来札什伦布寺,赍来清朝皇帝祝贺五世班禅受比丘戒的"敕书"和礼品。五世班禅也给清圣祖亲笔写了回信,表示感谢。同年,

清圣祖康熙

达赖汗和第巴桑结嘉措也派代表前来札什伦布寺，送了许多礼品给五世班禅，为他受比丘戒表示祝贺。五世班禅也为了祈祷五世达赖"平安长驻"和"众生安宁"，特派代表前往拉萨给三大寺的僧众熬茶、放布施，要求全体僧众念经祈祷，共送去酥油135驮、青稞37 385斮。

二、与清朝中央政权的关系

五世班禅生活的这一历史时期，正是大清帝国建国时期，这一时期充满了统一与分裂的尖锐斗争。西藏地区是大清帝国的一个组成部分，也不能不卷入统一与分裂的斗争之中。当时与西藏有关系的大的事件有三：一是吴三桂的叛变，二是准噶尔的噶尔丹两次侵入漠北蒙古与漠南蒙古，三是准噶尔策妄阿喇布坦派大将策凌敦多布率兵侵占了西藏。在这场尖锐的斗争中，要么是站在吴三桂、噶尔丹和策妄阿喇布坦一边，走上分裂祖国统一，破坏满、汉、蒙、藏民族团结的道路，要么是站在清朝中央政权一边，与反对势力进行尖锐斗争，坚定地走维护祖国统一，促进满、汉、蒙、藏民族团结的道路。第三条道路是没有的。在这场斗争中，五世达赖与五世班禅都扮演了重要的角色。

清康熙十三年（1674年），云南省发生了吴三桂的叛乱。五世达赖一方面向清朝中央政府表示："我闻吴三桂反叛，心甚忧闷。"又说："若吴三桂力穷，乞免其死罪；万一鸱张，莫若裂土罢兵。"清圣祖答复五世达赖的"敕书"中，对其错误建议予以申斥。"敕书"说："吴三桂乃明时微弁，父死流贼、摇尾乞怜。世祖章皇帝优擢封王，其子尚公主，朕又宠加亲王，所受恩典，不但超越朝臣，盖自古所罕有。吴三桂负此殊恩，构衅残民，天人共愤。朕乃天下人民之主，岂容裂土罢兵？但果悔罪来归，亦当待以不死。"

另外，五世达赖乘吴三桂发动叛乱的机会，派藏军进入云南境内，攻占了杨打木、结打木二城。并在给清朝政府的报告中说："其杨打木、结打木二城，原系我二噶尔麻①之地，今为吴三桂所夺，我即遣兵攻占。"清圣祖为顾全大局，对五世达赖强占云南二城没有表态，只下谕兵部："移文各路大

---

① "二噶尔麻"即噶举派噶尔玛巴支系的黑帽、红帽二法王。

将军、督、抚、提、镇等，凡有平定云、贵，恢复城池者俱令察访吴三桂与达赖喇嘛相通书札，随得随缴。"

清康熙十九年（1680年），漠北蒙古七旗内部发生内讧。理藩院向清圣祖奏称："喀尔喀进贡，前俱以车臣济农为首，今札萨克图汗将车臣济农革去，以厄尔德尼济农为首进贡，而达赖喇嘛所给文内又并无厄尔德尼济农为首字样。已谕令来使查明另奏，其所贡之物应否收纳，俟查明到日，再议具奏。"清圣祖认为理藩院处理蒙古事务，要看达赖喇嘛的态度，甚为不当，当即申斥："外藩蒙古头目进贡，其物应否收纳，理应即行议定，何必据达赖喇嘛文之有无？若必据此为证，似在我疆内之外藩蒙古悉惟达赖喇嘛之言是听矣。以后蒙古进物，应否收纳？著该衙门即定议具奏，不必以达赖喇嘛之文为据"。但清朝政府对于达赖、班禅在蒙古人民中的影响是十分重视的，这可由清高宗撰写的《喇嘛说》中充分说明："佛法始自天竺，东流而至西番，其僧又相传称为喇嘛。……其达赖喇嘛、班禅额尔德尼之号，不过沿元明之旧，换其袭敕耳。盖中外格鲁派总司以此二人，各部蒙古一心归之，兴格鲁派，即所以安众蒙古，所系非小，故不可不保护之。"这就是清朝政府的民族政策与宗教政策的具体体现。

清康熙二十一年（1682年），五世达赖罗桑嘉措逝世后"秘不发丧"。一切政教事务均由第巴桑结嘉措处理，此西藏地方政府与清朝中央政府之间的关系，逐渐恶化。因为第巴桑结嘉措采取了两面派的态度，表面上对清朝中央政权还很"恭顺"，而暗中则支持分裂势力，对大清帝国的统一事业进行破坏。

虽然如此，第巴桑结嘉措为了巩固自己在西藏地方的统治，仍不得不借助清朝中央政权对他的支持。清康熙三十二年（1693年），第巴桑结嘉措假借五世达赖的名义，向清圣祖上了一道奏折，请求给自己封予王爵。奏折中说："臣已年迈，国事大半第巴主之，已在睿照中。即第巴向亦仰体圣意，实心行事。目前见遵旨而行，倘臣意有所未及，力有所未到，伏祈时颁训谕。"又令伊锡格隆口奏云："吾国之事，皆第巴为主，乞皇上给印封之，以为光宠。"又第巴令口奏云："愿缴玉印，乞给以金印。"清康熙三十三年（1694年），赐第巴金印，印文曰："掌瓦赤喇坦喇达赖喇嘛教弘宣佛法王布忒达阿白迪之印。"（《清实录》）印文颇费解，有必要加以说明。"瓦赤喇坦喇"是梵文"金刚持"之意。"布忒达阿白迪"也是梵文，是藏文桑结嘉措之意。"弘宣佛法王"才是封号。

在此以前，第巴桑结嘉措即与当时盘踞新疆地方的准噶尔部首领噶尔丹勾结在一起，进行反对清朝政府的分裂活动。准噶尔为厄鲁特蒙古四部之一，原游牧于新疆伊犁一带。固始汗率领和硕特部进入青海时，曾得到当时准噶尔部首领巴图尔洪台吉的援助，共同消灭了却图汗。清顺治十年（1653年），巴图尔洪台吉逝世，由其长子僧格继承汗位。他的弟弟噶尔丹出家为僧，到拉萨三大寺学经，并拜五世达赖为师，因而与第巴桑结嘉措也建立了密切关系。清康熙十年（1671年），僧格为其异母兄弟车臣和卓特巴巴图尔所杀，噶尔丹听到这个消息后，得到五世达赖的同意，返回新疆准噶尔部为其兄报仇，设计杀了杀害僧格的异母兄弟车臣，卓特巴巴图尔逃到青海和硕特部避难。僧格被杀后，其子索南木拉卜坦继承了汗位。噶尔丹为其兄僧格报了仇，势力逐渐强大。清康熙十五年（1676年），他又把他的侄子索南木拉卜坦杀了，篡夺了准噶尔部的汗位，并得到五世达赖的支持，赠给他"博硕克图汗"的称号。同时，他也曾派使者到北京，向清朝皇帝进贡，因而也得到清朝中央政权的承认。

清康熙十六年（1677年），他用武力并吞了厄鲁特的杜尔伯特与土尔扈特两部，并征服了新疆的"回部"[①]，奄有了天山南北的广大地区，建立了准噶尔汗国。于是噶尔丹野心更大，遂起兵三万向漠北蒙古喀尔喀七旗大举侵犯。在这以前，喀尔喀七旗内部不和，土谢图汗与哲布尊丹巴呼图克图首先起兵，杀了札萨克图汗，又杀了噶尔丹之弟多尔济札卜。噶尔丹即以为其弟报仇作借口，从杭爱山后攻入，土谢图汗之子率众抵抗，遭到惨败，喀尔喀七旗乃请求清廷保护，给予放牧之地，并请派遣大员进行调解。清圣祖就把喀尔喀残部收容下来，从此漠北蒙古地区全部归入大清帝国版图。清圣祖考虑到噶尔丹是五世达赖的门徒，与五世达赖关系密切，因此派人前往西藏，命达赖喇嘛派出代表，和清朝政府的代表共同前往噶尔丹处进行调解。

清康熙二十九年（1690年），第巴桑结嘉措假借五世达赖的名义，派遣善巴陵堪布"入贡请安"。善巴陵堪布向清圣祖"密奏"："我起行时，往达赖喇嘛所，未见。第巴出语我曰：达赖喇嘛令奏圣上，但擒土谢图汗、哲布尊丹巴呼图克图，畀噶尔丹，则有利于生灵。此两人身命，我当保之。"清圣祖不同意这种做法，又给达赖喇嘛下了一道"敕书"，内称"尔喇嘛行

[①] "回部"即今新疆维吾尔族。

事利济众生，想善巴陵堪卜所奏，未必为喇嘛之言。如果喇嘛之言，何以不具疏来奏乎？朕心疑之，特撰敕遣询，著将此项原由明白具本回奏"。（《清实录》）

第巴桑结嘉措看见计谋未逞，乃又以五世达赖名义，派遣济隆呼图克图前往，表面上是前去"调解"，实际上则要他暗中唆使噶尔丹继续内侵。清圣祖乃遣和硕裕亲王福全为抚远大将军，率大军于乌兰布通地方大败噶尔丹，噶尔丹仅率残部遁回。过了数年，噶尔丹又集结了大批兵力，向漠北蒙古大举侵犯。清圣祖乃于康熙三十五年（1696年），统率大军亲征，在漠北蒙古克鲁伦河地方消灭了入侵的准噶尔部队，噶尔丹逃回准噶尔。清圣祖从俘虏口中，才确知五世达赖罗桑嘉措逝世多年，揭穿了第巴桑结嘉措所造的达赖"入定"的谎言，就给第巴桑结嘉措下了一道"敕书"，严词诘责。第巴桑结嘉措慑于清朝中央政权的威力，才于清康熙三十六年（1697年），派遣尼麻唐呼图克图到行在①，向清圣祖"代彼秘陈其情"。

据《清实录》载："康熙三十六年三月庚午（1697年4月10日）尼麻唐呼图克图等至行在，以第巴奏章密奏。上随将彼奏章及所献达赖喇嘛之像，于原封之外，面同伊等加封，押以钤记，而谕之曰：朕数年来久知达赖喇嘛已故。若达赖喇嘛尚存，则僧巴陈布呼图克图、噶尔丹西勒图、齐七克达赖堪布、济隆呼图克图等断不如此妄行，喀尔喀、厄鲁特亦不致破坏，故朕降旨切责之。今第巴输诚吐实，密以奏朕，朕亦为之密藏也。"从此五世达赖罗桑嘉措逝世的消息，才在西藏公开宣布。同年九月，将六世达赖仓央嘉措迎至布达拉宫，举行了坐床典礼。

三、为六世达赖剪发授戒

六世达赖喇嘛法名仓央嘉措，系西藏南部门隅地方人，生于藏历第十一饶迥之水猪年（清康熙二十二年，1683年）。据五世班禅罗桑益喜的藏文传记载，火牛年（清康熙三十六年，1697年）七月初四日，第巴桑结嘉措给班

---

① "行在"是皇帝亲征时居住之地，当时的"行在"在今宁夏回族自治区银川市。

禅来信，说：五世达赖喇嘛业已圆寂多年，我因尊奉达赖喇嘛遗嘱，秘而未宣。今年我派尼麻唐夏仲晋京，向皇上报告了达赖喇嘛圆寂以来的情况。不久六世达赖灵童将经过浪卡子，迎接到布达拉宫坐床……这时五世班禅才知道五世达赖早已逝世。

同年八月十六日，第巴桑结嘉措又给五世班禅来信说："五世达赖喇嘛转世的灵童，早已在错那①地方转生，准备在九月十四日秘密接到浪卡子宗，九月十七日在那里受沙弥戒，敬请班禅呼图克图按时到达浪卡子宗，给六世达赖剃发取法名，传授沙弥戒。"这封信是由冰都达汗翁布送来的，由他负责迎接五世班禅，并照应沿途事务。

九月初八日，五世班禅罗桑益喜自札什伦布寺启程，取道仁布宗，于九月初十日到达浪卡子宗。西藏地方政府为班禅举行了隆重的欢迎仪式。九月十七日，六世达赖到了浪卡子宗，在该宗丹增颇章，与五世班禅见了面，班禅先给达赖灵童送了许多金银绸缎等贵重礼品，然后由班禅给灵童剪了发，取法名为罗桑仁钦仓央嘉措（简称仓央嘉措），接着由班禅给仓央嘉措传授了"格年"、"帕马热均"、"格作"等戒律。从此罗桑益喜与仓央嘉措正式建立了师徒关系。仓央嘉措为了答谢罗桑益喜给他传授沙弥戒，也向班禅赠送了金银、绸缎、茶叶等很多礼品。接着举行了达赖受戒庆祝典礼，班禅先给达赖送了有文字的长哈达一条，释迦牟尼佛像一尊，还有经典书籍、金塔、白玉茶碗、金瓶、法衣、缎垫褥、缎靠背、金曼札等贵重礼品。达赖也向班禅送了同样多的礼品。西藏地方政府僧俗官员请五世班禅登上高座，六世达赖仓央嘉措向五世班禅磕了头，为传授沙弥戒表示感谢。六世达赖向五世班禅磕头时，五世班禅也下高座，向六世达赖磕头还礼。

九月二十一日，六世达赖仓央嘉措自浪卡子宗启程前往拉萨，二十七日到达聂当札什岗，达赖汗、第巴桑结嘉措等人率领蒙、藏全体僧俗官员、三大寺代表，共千余人，前来欢迎。次日，五世班禅罗桑益喜也从浪卡子赶到，在聂当地方共同居住了将近一月，研究了选择吉日进城、坐床的仪式等等事宜，并作出了决定。

十月二十五日，仓央嘉措进住布达拉宫，举行了隆重的坐床典礼。五世班禅本拟亲自参加典礼，仓央嘉措因他是师傅，劝他不必亲自参加，只派一

---

① 当时门隅地方归错那宗管。

代表即可。于是班禅乃派札什伦布寺强佐代表班禅和札什伦布寺参加了达赖坐床典礼，向达赖献了哈达。班禅本人在布达拉宫住了两天，于十月二十七日移居到拉萨丹吉林寺。

十月三十日，班禅从丹吉林寺赴布达拉宫，在新聂威殿上与六世达赖晤面，两人谈了很长时间，主要是五世班禅向六世达赖讲述了五世达赖喇嘛给西藏佛教和众生的幸福作出的重大贡献，现在六世达赖已经坐床，西藏的众生抱着很大的希望，他劝六世达赖勤习佛经与宗喀巴的著作，为西藏众生的安宁作出更大的成就。

此时五世达赖的灵塔在布达拉宫内已制造竣工，第巴桑结嘉措就请五世班禅为灵塔竣工举行"开光"仪式。这个仪式很简单，即由班禅抓青稞一把，经过念经以后，洒到灵塔上，就告完毕。举行"开光"仪式后，第巴桑结嘉措向班禅送了许多礼品，表示感谢。

十二月十三日，五世班禅罗桑益喜应甘丹池巴楚臣达吉的邀请，前往甘丹寺讲经说法。十二月十五日，在甘丹寺的大经堂内，给全寺三千余僧众讲了"苏德"经。同时也给许多僧众传授了比丘戒。十二月十七日，五世班禅离开甘丹寺，前往耶巴地方朝佛。十二月二十二日返回拉萨，应六世达赖的邀请，住到布达拉宫。十二月二十三日，固始汗之孙达赖汗邀请五世班禅到汗府桑珠颇章宫，在那里住了一天，给达赖汗传了法。十二月二十四日，五世班禅向六世达赖、达赖汗、第巴桑结嘉措辞别，欢送仪式一如来时。班禅取道江孜，在江孜白居寺住了一个多月，于清康熙三十七年（1698年）二月初七日，安抵札什伦布寺。

据《罗桑益喜传》记载，六世达赖仓央嘉措坐床以后，对宗教与众生安宁不甚关心，甚至有违反戒律的行为，五世班禅听到这些传说后，特意写信给六世达赖和第巴桑结嘉措，希望达赖努力钻研经典，参加僧众辩论，继承五世达赖创立的伟大事业，切勿自暴自弃。第巴桑结嘉措给班禅写的回信中说：仓央嘉措对佛经的学习不甚用功，我也曾向达赖喇嘛一再规劝，但未蒙采纳。希望班禅以师傅的身份，多多去信指教，同时仓央嘉措的年龄也快到20岁了，应受比丘戒，届时仍请班禅前来授戒。随后仓央嘉措也给班禅回了信，说他生性不喜欢参加与僧众辩论经典。关于班禅会晤一事，他表示愿意，但不愿受比丘戒。达赖的这封信是秘密送给班禅的。班禅接信后，很不高兴，因此也未打算去拉萨与仓央嘉措会晤。

后来，仓央嘉措又给班禅来信，说如果班禅不能前来拉萨，他准备去札什伦布寺。班禅接信后立即派人前去拉萨，劝阻仓央嘉措不要前来札什伦布寺，班禅准备不久即去拉萨。清康熙四十一年（1702年）六月初六日，五世班禅从札寺动身，取道北路前往拉萨，行至托布加地方时，遇到布达拉宫派出的使者，说仓央嘉措已从拉萨动身，取道南路前往札什伦布寺。于是五世班禅又从托布加改道赴羊卓雍湖，在达卜隆地方与仓央嘉措相逢。因仓央嘉措已决定要到札什伦布寺，班禅不便拦阻，乃取道仁布宗先回札寺，以便准备隆重欢迎达赖。

六月二十日，六世达赖仓央嘉措到达札什伦布寺，因为这是他第一次到札寺，札寺在噶拭地方搭了迎候帐篷。札寺数千僧众一齐出动，手持各种法器、旗、幢，排成很长的欢迎行列。在札寺各大殿的房顶上，也插了各种经旗，并有僧众击皮鼓，吹号角。日喀则的居民也组成各种队形，一边跳舞，一边唱歌，其隆重的程度，一如以前欢迎五世达赖前来札寺时的规格。仓央嘉措到达札寺后，就住在班禅平常居住的坚赞同布宫内。五世班禅向六世达赖仓央嘉措建议，要求他在大经堂内给札寺全体僧众讲一次经，仓央嘉措没有同意。后来五世班禅又苦心劝说，乘仓央嘉措来札寺的机会，由班禅给仓央嘉措授比丘戒，又遭到拒绝。过了几天，仓央嘉措在札寺日光殿上给五世班禅磕了三个头，请求班禅原谅他，不要生气。然后离开札寺，移住到日喀则宗的堡垒里。在那里又住了13天，就返回拉萨。这是六世达赖仓央嘉措与五世班禅罗桑益喜的最后一次晤面。

清康熙四十二年（1703年），达赖汗逝世，由其子拉藏汗继承汗位。拉藏汗与第巴桑结嘉措关系很不友好。第巴桑结嘉措为了表面上与拉藏汗缓和一下关系，由他的儿子卓萨临时代理第巴，他则退居幕后，实际上仍由他在操纵一切政教事务。

四、应召晋京陛见遭阻

第巴桑结嘉措在唆使准噶尔噶尔丹侵犯漠北蒙古，破坏清朝政府统一蒙古地区的同时，也在阻止班禅入京问题上大做文章。

前面已经说过，清朝政府极力推崇达赖、班禅，主要是因为蒙古的群众对达赖、班禅非常信奉。蒙古的哲布尊丹巴呼图克图也是格鲁派。蒙古的宗教首领，一向听从达赖、班禅的教导。所以清圣祖登基以后，继承清世祖的遗志，拟请班禅晋京会晤，从表面上看，表示清朝政府对达赖、班禅一视同仁，实际上，则是借用班禅晋京会晤这一行动，对蒙古的王公贵族和僧俗群众施加影响，以达到安抚蒙古，使其诚心归顺清朝政府的政治目的。清康熙三十二年（1693年）八月，清圣祖派益喜格隆、保雪科等60余人前来札什伦布，带来清圣祖给班禅的两封信，一封是通知班禅，清朝政府已册封第巴桑结嘉措为"弘宣佛法王"；另一封是问候班禅安好的。益喜格隆在会见班禅时口头通知，皇上希望与班禅会面一次，班禅能否前往北京一行，班禅回答：他现在还没出过天花，每日闭关静坐，不宜远行，等出过天花，立即赴京"陛见"。

清康熙三十四年（1695年），清圣祖又派钦差前来札什伦布，送给班禅金稞子两锭，约重200两，并有信一封，内云："朕父曾请五世达赖喇嘛前来北京会面，对弘扬佛法，增进汉藏和好，均作了重大贡献。现因五世达赖喇嘛年已老迈，不克进京，因此如果班禅不辞辛劳，前来北京一行，对汉藏友谊、佛教弘扬、众生安宁，将大有裨益。"当时五世班禅罗桑益喜33岁，正年轻力壮之时，他本来也想仿照五世达赖前例，前去北京与清圣祖会晤，以提高他在西藏的社会地位，扩大札什伦布寺的影响。但是，当时西藏地方政教事务的大权掌握在第巴桑结嘉措手中，他必须事先取得第巴桑结嘉措的同意。所以他接到清圣祖的信后，就立刻秘密派遣使者给拉藏汗和第巴桑结嘉措各送了一封信，请他们指示如何答复。第巴桑结嘉措接信后，立即派遣他的亲信卓尼直隆前来札什伦布，面告班禅，要他这样答复：本来皇上圣旨不敢不遵，但因身未出痘，不能远行，乞恕方命之罪。班禅就按照第巴桑结嘉措的授意，给清圣祖写了回信。

清康熙三十五年（1696年）八月，清圣祖亲征准噶尔，击败噶尔丹之后，特派大喇嘛晋巴札木素等人前来西藏，给达赖、班禅、达赖汗、第巴桑结嘉措各有"敕书"。清圣祖给五世班禅的"敕书"中说："朕抚御万邦，无分中外，一视同仁，尊崇佛教，以道法归一为要务。今以达赖喇嘛已老，尔呼图克图道法不二，勤修不倦，诵经行善，特往召尔呼图克图。朕将与尔同化导悖乱，使中外道法归一。而第巴心怀嫉妒，与噶尔丹朋比，恐吓尔呼图克图，言噶尔丹兵将要而杀之、阻不使行。……朕已别有敕谕第巴，指出第巴种种助噶尔丹之事及阻尔不行之举。"(《清实录》)可见当时清圣祖已洞悉班禅不能来京，完全是第巴桑结嘉措阻挠之故。同年十一月，清圣祖又派翁群和丁结格隆二人来西藏，第巴桑结嘉措仍派卓尼直隆陪同前来札什伦布。钦使向五世班禅讲：皇上请你前往北京，你以未出天花，没有赴京，皇上对此非常生气。这次又派他们前来，仍请班禅早日赴京。次年（清康熙三十六年，1697年）正月，钦使要返京复命，班禅给清圣祖写了一封亲笔信，大意是说小僧因为没有出痘，因此不便赴京觐见，深感抱歉，并无其他方面的因素阻止他赴京，请勿误会。班禅也把他回答清圣祖的信件内容，告诉了卓尼直隆，要他回去向第巴桑结嘉措报告。可见班禅给清圣祖的回信是违心之论，是遵照第巴桑结嘉措的意图写的。对于这次清圣祖召班禅来京，班禅没有成行一事，《清实录》中也有如下记载："康熙三十五年（1696年），先是，遣御史钟申保等往召班禅呼图克图。至是，偕达赖喇嘛等使人至西宁。先以达赖喇嘛、达赖汗疏奏，内称：'以皇上宠召之意宣告班禅，但伊未曾出痘，不能趋赴。'其班禅呼图克图亦疏言：'皇上宠召，理应趋赴，但国俗大忌痘疹，不能上负皇上之意。'又，第巴疏言：'噶尔丹闻召班禅之信，遣人阻班禅呼图克图勿行，班禅遂不果行。'章下所司，命达赖喇嘛等使人来京。"从这份材料看，完全是第巴桑结嘉措在搞阴谋，他把阻止班禅入京的责任，完全推到班禅没有"出痘"和噶尔丹威胁上面，开脱了自己的罪责。

清康熙三十七年（1698年）十月，清圣祖又派包加古齐、恰格恰古齐二人前来札什伦布。钦差向班禅讲：前年北京派人来接班禅去京，班禅本人倒是想去，但被第巴所阻，未能成行。此次我等又奉命前来，敦请班禅赴京，如果第巴不再阻止，则大皇帝所属十三行省与蒙古四十余部的民众皆大欢喜，对汉藏和好与佛教昌盛，皆大有裨益。否则，皇上将降罪于西藏，请审慎熟思。班禅乃派卓尼噶曲团柱前往拉萨，向第巴桑结嘉措请示如何答复。桑结嘉措派人前来札寺向班禅面示，要他给清圣祖写回信时，答应于铁龙年（即清康熙三十九年，1700年）赴京"陛见"。但同时又叫班禅派罗桑扎西赴京，面向清圣祖请示，因班禅尚未出痘，可否免于赴京。如万一不能批准，可否邀请清圣祖御驾亲临青海塔尔寺，班禅也赴塔尔寺，在那里与皇上会见。据《清实录》载："寻班禅呼图克图以未出痘疹，不敢赴京，奏请鉴恤。从之。"

五、第巴桑结嘉措与拉藏汗之争

第巴桑结嘉措以为自己阻挠班禅赴京的阴谋最后得逞,气焰更加嚣张,于是又在把固始汗势力驱逐出西藏问题上大做文章。当时拉藏汗继承汗位不久,地位尚不巩固,第巴桑结嘉措为了达到把固始汗势力驱出西藏的政治目的,采取了各种阴险恶毒的手法。清康熙四十四年(1705年),第巴桑结嘉措以重金收买拉藏汗府的内侍,在拉藏汗食物中放毒,被拉藏汗发觉,下毒阴谋未能得逞。于是第巴桑结嘉措又暗中派人前往新疆,与准噶尔汗策妄阿喇布坦勾结,令其从新疆派兵袭击青海,扰乱拉藏汗的后方,他自己则在西藏集结兵力,武力驱逐拉藏汗。

策妄阿喇布坦是已故准噶尔汗僧格之子,噶尔丹杀了索南木阿拉布坦,自立为准噶尔汗之后,策妄阿喇布坦不服,纠合了一部分势力,与噶尔丹对立。清康熙三十五年(1696年),噶尔丹在克鲁伦河失败,仅率二十余人逃回新疆,又遭到策妄阿喇布坦的围攻,走投无路,于清康熙三十六年(1697年)服毒自杀。策妄阿喇布坦收集噶尔丹的旧部,自立为准噶尔汗,并于清康熙三十七年(1698年),派使臣到北京向清政府称臣进贡。同年,清圣祖命内阁侍读学士伊道等赍敕往谕策妄阿喇布坦曰:"'览尔疏言,第巴掩匿达赖喇嘛圆寂之事,斥班禅而自尊,有玷道法。'……今又奏称俟班禅呼图克图往觐之时奏明,而又不遣班禅……尔所奏良是。尔抒实情,思为法门之教,班禅呼图克图之事而劾奏第巴,朕深许之。为此特差内阁侍读学士伊道、近御侍卫拉锡、二等侍卫克什图、内阁侍读图常明、三等侍卫津巴为使,以伴敕例,赐御用彩缎十端。"(《清实录》)从策妄阿喇布坦向清圣祖的奏折与清圣祖赐给策妄阿喇布坦的"敕书"来看,当时准噶尔汗还承认自己是大清帝国的藩属,因此清朝政府也承认策妄阿喇布坦是准噶尔汗国的首领。

自从第巴桑结嘉措秘密派人前往准噶尔,唆使策妄阿喇布坦发兵袭击青海和硕特部,以扰乱拉藏汗的后方的阴谋被拉藏汗发觉以后,拉藏汗也派人前往准噶尔,给策妄阿喇布坦赠送了许多贵重礼品,并要求与策妄阿喇布坦结亲，将策妄阿喇布坦之女许嫁给拉藏汗之子。策妄阿喇布坦慨然答应。按蒙古的风习，拉藏汗之子应去准噶尔亲迎新娘。拉藏汗大喜，立即遣送其子前往准噶尔，并以为策妄阿喇布坦与自己建立了婚姻关系，绝不会再和他作对。因此放松了对准噶尔入侵的警惕，认为收拾第巴桑结嘉措的时机已经成熟。

清康熙四十三年（1704年），拉藏汗发现汗府内侍向他的食物中放毒事件之后，经追查确系第巴桑结嘉措所为，于是拉藏汗与第巴桑结嘉措之间的关系，立即达到极端紧张的状态。全藏谣言纷纷，人心惶惶，三大寺的执事邀请五世班禅前来拉萨，共同进行调解。五世班禅只派遣卓尼噶钦多吉前去拉萨，与三大寺的代表奔走于拉藏汗与第巴桑结嘉措之间，做了许多工作。次年六月，卓尼噶钦多吉返回札寺，向五世班禅报告调解的经过与结果，说拉藏汗已答应离开西藏，返回青海，不久即将启程云云。清康熙四十四年（1705年）七月，拉藏汗果然离开了拉萨，移住到西藏北部的那曲地区。第巴桑结嘉措以为驱逐固始汗势力退出西藏的目的已经基本实现，因而也放松了警惕。

其实拉藏汗所说的退出西藏、返回青海是他与第巴桑结嘉措进行斗争的策略，他不仅没有退出西藏的打算，而是要彻底消灭第巴桑结嘉措及其势力。所以他到达那曲地区以后，不再前进，暗中派人前往青海，调来了万余精锐的蒙古劲骑，集中到那曲地区，准备南下。六世达赖听到这个消息以后，连忙写信给拉藏汗，进行劝阻，同时通知三大寺和五世班禅，要他们派代表前去那曲继续调解。五世班禅接信后，仍派卓尼噶钦多吉会同三大寺代表同去那曲，见了拉藏汗，劝阻他不要率兵南下，拉藏汗拒绝了他们的要求。这时第巴桑结嘉措也下了紧急命令，征调卫、藏、阿里、西康的藏族民兵集中于拉萨，准备抵抗。

五世班禅听到拉藏汗统率的大军已进抵拉萨北部的旁多宗的消息后，于七月初九日轻骑简从，前往拉萨，准备亲自出面调解。行至吴友地方时，先派人急赴拉萨，给六世达赖送了一封信，询问前方情况如何，他来拉萨是否适宜，六世达赖给班禅回了一封信，说已由三大寺派出代表前往旁多宗，会见拉藏汗，结果如何还不清楚。六世达赖劝班禅慎重，暂时不要前来拉萨，等候消息。班禅接信后，乃在吴友地方住了十余日。七月十九日，班禅接到达赖来信，大意是说拉藏汗已率大军击溃了第巴的军队，占领了拉萨，第巴率残部退往山南贡噶地方，拉藏汗也派兵追到山南，捉拿第巴桑结嘉措。班禅接信后，决定亲去山南调解。但为了慎重起见，先派一人前去贡噶，劝阻双方罢兵，如双方同意，他再前去进行调解。当班禅派的人到达贡噶地方时，第巴桑结嘉措已被蒙古军队擒获，押解到拉萨西部堆隆地方，即被处死。

对于第巴桑结嘉措如何评价，汉文官书中是全盘否定的。主要的罪行是他派遣济隆呼图克图前去新疆，暗中唆使噶尔丹侵占了漠北蒙古，并侵入漠南蒙古，破坏了清朝中央政权统一祖国的大业。又一再设法阻止五世班禅赴京，不让五世班禅在安抚漠北、漠南蒙古上下层，向清朝中央政权"诚心归顺"方面，发挥其应起的作用。从这一方面破坏清朝中央政权巩固祖国统一的大业。这就是说，在当时的统一与分裂的斗争中，桑结嘉措站在清朝中央政权的对立面。至于桑结嘉措在五世达赖逝世后，"匿不奏闻"，还不是什么大的问题。近几年来，我国研究西藏历史的学者中，对桑结嘉措的评价有着不同的意见。有的学者认为：桑结嘉措结束了西藏地方长期处于封建割据的状态，集中权力于西藏地方政府，使拉萨逐渐形成为西藏地区的政治、经济、文化的中心。他动员了全藏的人力、物力、财力，花了数十年时间，扩建了布达拉宫，使它基本上具备了目前的规模与形态，成为世界上罕有的雄伟建筑。在他的主持下，整理了西藏的医药、天文、历算、文学、历史以及传记等方面的著作，在发展西藏的文化方面，做了大量的很有意义的事情。特别是在学术方面，桑结嘉措有三部重要著作：一是《黄琉璃》，是论述格鲁派历史的；二是《蓝琉璃》，是论述藏医的；三是《白琉璃》，是论述藏历的。此外他还有二十余部著作，对藏族文化方面是有重大贡献的。他所拥立的第六世达赖喇嘛仓央嘉措虽被清朝政府所"废黜"，但西藏广大僧俗人民仍然非常怀念他，迫使清朝中央政权最后不得不予以默认。而仓央嘉措的抒情诗，在西藏更是脍炙人口，说明他是一位杰出人物。因此，对于桑结嘉措基本上是肯定的。对于桑结嘉措究应如何正确评价，还是研究西藏历史值得讨论的一个问题。

拉藏汗杀了第巴桑结嘉措以后，即派使者前往北京，向清圣祖报告了西藏情况，并说第巴桑结嘉措所立的六世达赖仓央嘉措是"假达赖"，请求予以"废黜"。清康熙四十五年（1706年），清圣祖派护军统领席柱、学士舒兰为使，到了西藏，对拉藏汗表示支持。《清实录》有如下的记载：康熙四十六年（1707年），"先是，达赖喇嘛身故，第巴匿其事，构使喀尔喀、厄鲁特互相仇杀，扰害生灵。又立假达赖喇嘛，以惑众人。且曾毒拉藏，因其未死，后复逐之。是以拉藏蓄恨兴兵，执第巴而杀之，陈奏假达赖喇嘛情由，爰命护军统领席柱、学士舒兰为使，往封拉藏为'翊法恭顺汗'，令拘假达赖喇嘛赴京。"

对于"废黜"六世达赖一事，在西藏宗教界引起很大震动，特别是三大寺反对甚为激烈。拉藏汗也很担心出事，派人前来札什伦布，往求班禅的意见。五世班禅说他对此事不能发表意见，建议由拉藏汗和三大寺降神询问，较为妥善。降神结果究竟如何，藏文史书中没有记载。

清康熙四十五年（1706年）十一月，拉藏汗派兵押送六世达赖仓央嘉措和第巴桑结嘉措的妻子儿女前往北京，据说仓央嘉措行至青海湖滨逝世，享年二十三岁。《清实录》中有如下记载："理藩院题：驻扎西宁喇嘛商南多尔济报称：'拉藏送来假达赖喇嘛，行至西宁口外病故。假达赖喇嘛行事悖乱，今既在途病故，应行文商南多尔济将其尸骸抛弃'。从之。"

拉藏汗既"废黜"了六世达赖仓央嘉措，必须另找一个达赖代替。他知道这是西藏宗教界的一件大事，必须取得班禅的认可，才能使众人心服。为此拉藏汗亲来札什伦布寺看望班禅，并说为了扶植格鲁派，他已给三大寺赠送了许多豁卡，现他已决定将达纳仁钦则全部牧区，立普的全部农牧区，业日帕庄的全部农区，赠送给札什伦布寺，请求班禅接受。班禅表示感谢。过了几天，拉藏汗又向班禅提出，真达赖的"灵童"业已找到，请求班禅不辞辛苦，前往拉萨给"灵童"剃发，取法名，并授沙弥戒。五世班禅也接受了这一请求。

康熙四十六年（1707年）二月十一日，五世班禅应拉藏汗的邀请，前往拉萨，到达堆隆岗时，拉藏汗派他的王妃代表他远道前来欢迎。次日，班禅抵达拉萨近郊时，拉藏汗、第巴阿旺仁钦[①]、强林堪布、三大寺的代表等，共千余人前来迎候，搭了欢迎帐篷，欢迎仪式极为隆重。班禅径赴布达拉宫，住在色松南加殿内。二月二十五日，新"灵童"在布达拉宫色喜彭错大经堂内，与班禅见了面，新"灵童"向班禅磕头，然后彼此交换了哈达。拉藏汗先向新"灵童"送了金轮、海螺等法物，班禅也向新"灵童"送了许多贵重礼品。

---

① 第巴阿旺仁钦是拉藏汗委任的，以代替第巴桑结嘉措，管理西藏日常的政教事务。

三月初八日，班禅和新"灵童"一同到拉萨大昭寺，在释迦牟尼佛像前举行了授沙弥戒的仪式，由甘丹池巴同柱嘉措担任司仪。班禅同时给新"灵童"取法名为伊喜嘉措巴桑布（简称伊喜嘉措）。

四月十七日，班禅偕伊喜嘉措同赴哲蚌寺，班禅给哲蚌寺的400余僧侣授了沙弥戒和比丘戒。然后，班禅又偕伊喜嘉措同赴色拉寺，班禅也给许多僧侣授了沙弥戒和比丘戒。自四月二十七日至七月十二日，班禅和伊喜嘉措同住在布达拉宫，向伊喜嘉措传授了显、密二宗的许多经典。在此期间，班禅还派人到三大寺熬茶，放布施，共用青稞54 226斛。

七月十三日，班禅由拉萨启程返回札什伦布，其欢送仪式一如来时同样隆重。拉藏汗为了酬谢班禅对他的支持，又给札什伦布寺赠送了后藏地区的许多谿卡。

拉藏汗拥立伊喜嘉措为六世达赖喇嘛，不仅西藏地区僧俗群众中有强烈反对意见，而且在青海蒙古群众中，也发生很大争论，并向清朝政府告状。清圣祖乃派内阁学士拉都浑率青海众台吉的代表前往西藏"看验"。拉藏汗就向钦差等人说，他问了班禅呼图克图，班禅认为"波克塔胡必尔汗（即伊喜嘉措）实系达赖喇嘛，我始为之安置禅榻，非敢专擅"。奏入，命议政大臣等议。寻议："拉藏所立达赖喇嘛，既问之班禅呼图克图，确知真实，应毋庸议……又，青海众台吉等与拉藏不睦，西藏事务不便令拉藏独理，应遣官一员前往西藏协同拉藏办理事务。"得旨："依议。其管理西藏事务著侍郎赫寿去。"（《清实录》）

康熙四十九年（1710年），清圣祖根据拉藏汗和赫寿等人的建议，册封伊喜嘉措为"六世达赖喇嘛"，并"给以印册"。

六、康熙帝册封班禅名号

清圣祖册封伊喜嘉措之后仍然感到西藏局势不稳，拉藏汗拥立的伊喜嘉措不得人心。为了安定西藏局势，清圣祖于康熙五十二年（1713年）册封五世班禅罗桑益喜为"班禅额尔德尼"。据《清实录》载："谕理藩院：'班禅呼图克图，为人安静，熟谙经典，勤修贡职，初终不倦，甚属可嘉。著照封达赖喇嘛之例,给以印册,封为班禅额尔德尼。'"

据五世班禅罗桑益喜的藏文传记载:"火蛇年(清康熙五十二年,1713年)四月,皇上特派才仁克雅大喇嘛诺布、加日郭吉等人,赍皇上圣旨前来札什伦布,册封五世班禅罗桑益喜为班禅额尔德尼。并赐班禅金册一份、金印一颗。"金印现在还保存完好,唯金册没有看到。据藏文传记载:"圣旨"的大意是:"班禅屡代弘扬佛法、广惠众生,朕亦尊崇佛教,为众生谋利,与尔宗旨相同,为了表示对尔之敬重,特册封尔为班禅额尔德尼,并赐尔满、汉、藏文之金册一册、金印一颗。"

清圣祖选择这个时候册封班禅额尔德尼,显然有其政治目的,就是为了进一步抬高班禅在西藏的社会地位,以便协助拉藏汗,稳定西藏局势。而班禅之所以支持拉藏汗,承认伊喜嘉措为六世达赖,也和稳定西藏局势是有关系的。

拉藏汗拥立伊喜嘉措,虽经班禅承认,但青海和硕特部的台吉等蒙古僧俗群众仍不信奉,拉萨三大寺的宗教上层人士也表示怀疑,于是他们于康熙五十四年(1715年),又在西康理塘地方找到了一个达赖"灵童",请求清朝政府予以承认。据《清实录》载:"康熙五十四年四月辛未,理藩院题:先经青海右翼贝勒戴青和硕齐、察汗丹津等奏称:'理塘地方新出胡必尔汗①,实系达赖喇嘛转世,恳求册封。其从前班禅呼图克图及拉藏汗题请安置禅榻之胡必尔汗是假'等语。"清圣祖乃遣主事众佛保"往班禅处,问此胡必尔汗之真假"。"主事众佛保自班禅处回,据班禅称理塘胡必尔汗是假"。而戴青和硕齐等不信,要求"亲往班禅处问其真假"。清圣祖乃命将理塘找到的"灵童",暂时安置在青海的红山寺居住(后又移至塔尔寺)。

拉藏汗自从杀了第巴桑结嘉措以后,西藏的政教事务均由他任命的第巴阿旺仁钦管理。对于准噶尔方面,自恃与策妄阿喇布坦结了儿女亲家,认为毫无问题,因此成天以喝酒度日。策妄阿喇布坦认为:"拉藏汗系嗜酒无用之人,不足介意,羁留其子,并留达赖喇嘛、班禅之使,不令前去。"拉藏汗之子在策妄阿喇布坦处住了三年,与其女结婚后并已生子。策妄阿喇布坦乃派大将策凌敦多布(亦译才仁团柱)率精兵六千,以送拉藏汗之子噶尔丹丹衷夫妻返藏为名,于清康熙五十六年(1717年)春,由新疆到达西藏最西

---

① "胡必尔汗"亦译为"呼毕勒罕",即"灵童"之意。

的阿里地区。这时以前派往西藏办事的赫寿已回北京,升任理藩院尚书。赫寿认为:"策妄阿喇布坦之奸狡甚不可信",向清圣祖反映了情况,清圣祖命赫寿以自己的名义给拉藏汗写信告诉上述情况,提请拉藏汗注意。

清康熙五十六年(1717年)七月,策凌敦多布率领的精兵经过西藏北部草原,到了离拉萨不远的纳木错附近,拉藏汗才感到来意不善,一面仓促集合达木蒙古和卫藏民兵准备抵抗,同时急请班禅和三大寺的代表出面调解。班禅接到拉藏汗的告急信后,即于七月十九日自札什伦布寺动身,经过郭拉山,直赴达木地方。三大寺的代表也同时到达,共同见了拉藏汗,拉藏汗要他们前去面晤准噶尔军的统帅策凌敦多布,要求不要发生战争。七月三十日,班禅一行到达下部达木地方,见了策凌敦多布,策凌敦多布告诉班禅等人,要求拉藏汗亲来准噶尔兵营,与他面谈,否则只有以兵戎相见。班禅等人把策凌敦多布的要求告诉了拉藏汗,拉藏汗不敢前去见面。班禅等人仍奔走于两者之间,希望双方罢兵言和,策凌敦多布派人告诉班禅,劝他迅速返回札什伦布寺。班禅见调解无效,乃于八月三十日给策凌敦多布和拉藏汗各一封信,一方面向他们告别,同时仍劝他们为了佛法,为了众生,不要发生流血冲突。

班禅离开达木后,并未返回札什伦布寺,而在沿途停留了一月时间,以观察西藏形势的发展变化。十月初八日抵达拉萨,住在布达拉宫,与伊喜嘉措在达赖的寝宫内会晤。接着,拉藏汗集结的达木蒙古民兵与卫藏民兵被准噶尔兵击溃,拉藏汗也逃回拉萨,住到布达拉宫的堪松南加殿内,与伊喜嘉措和班禅共商防守的措施,拉藏汗决定一面坚守布达拉宫,一面派专使前往北京,向清朝政府报告,请求速派大军入藏援助。《清实录》载:"据拉藏奏称:臣世受圣主洪恩,不意恶逆策妄阿喇布坦发兵六千,与我土伯特兵交战两月,虽并无胜负,而敌兵复又入招①。臣现在率兵守护招地,但土伯特兵少,甚属可虑,若将喀木、危、藏之地被伊踞去,将使格鲁派殄灭。为此恳求皇上圣鉴,速发救兵并青海之兵,即来策应。"

十月十七日,策凌敦多布统率准噶尔兵进抵拉萨,在春麦、朗如、羌塘岗三地安营扎寨。班禅又派人前去进行调解,毫无效果。十月二十九日,准噶尔兵攻占了拉萨市区,西藏民兵守卫部队全部四散逃亡。十月三十日,

---

① "招"与"招地",即拉萨。

班禅亲赴大昭寺，会见了准噶尔统帅策凌敦多布，送了茶叶、绸缎等很多礼品，请求为了佛教与众生，赦免拉藏汗一死，将拉藏汗交给班禅，由他负责看管。策凌敦多布说，班禅的这些要求均可答应，但拉藏汗必须和他见面一次。班禅返回布达拉宫，告诉了拉藏汗，拉藏汗仍不敢前去见面。十一月初一日夜，拉藏汗领着他的妻子儿女，秘密离开布达拉宫，准备逃走，在拉萨郊外被准噶尔的巡逻兵擒获，即被杀死。王妃、公子也被抓去。班禅听到这个消息后，又亲自去见策凌敦多布，要求将拉藏汗的王妃和公子交给他看管，遭到拒绝。班禅又请求不要杀害拉藏汗的家属，策凌敦多布答应了，并劝班禅迅速离开拉萨，返回札什伦布寺，但在离拉萨之前，要求班禅给准噶尔的4000官兵讲一次经。班禅也答应了。即在布达拉宫的色西彭措殿内，给准噶尔的官兵传授了"宁乃"戒（即近住戒）。十一月初三日，班禅离开拉萨返回札寺。策凌敦多布派遣官兵护送班禅直到札寺。

据藏文史料与《清实录》记载，策凌敦多布之所以比较迅速地占领西藏，杀死拉藏汗，原因之一是拉藏汗内部出了叛徒。康熙五十六年（1717年）十月三十日，策凌敦多布击败拉藏汗，跟踪追至拉萨，西藏地方政府的格隆沙克都尔加布"叛归准噶尔将小招献降"，于是准噶尔兵经过激战后，占领了拉萨。接着，台吉那木札尔"在布达拉北城开门投顺，准噶尔兵众拥入"，说明布达拉宫内也有叛徒开了后门，放进了准噶尔兵。十一月初一日，策凌敦多布即将伊喜嘉措囚禁在吉泡热山（汉人叫做药王山）上，另委达仔娃·拉杰饶丹为第巴，秉承策凌敦多布的意志，管理西藏日常政教事务。至此，固始汗及其子孙控制西藏地区（1642~1717年）的时代，永远结束了。

七、康熙帝平定准噶尔侵占西藏之乱

与拉藏汗被杀的同时，其子苏尔札亦被准噶尔人俘获，只有苏尔札之妻逃出，到了青海，请求保护，并希望清朝皇上迅速派遣大军入藏平叛。清圣祖接到报告后，着翰林院侍读学士桦色领银1000两，前往青海波罗冲可克地方，给予苏尔札之妻，令其办理生业。同时命令总督额伦特，侍卫色楞等人，统兵数千，由青海前往西藏平叛。策凌敦多布采取了"诱敌深入"的策略，沿途没有抵抗，总督额伦特和侍卫色楞率领的清军于康熙五十七年（1718年）九月，顺利地到达藏北喀喇乌苏地方（即今那曲），突然被准噶尔之兵包围，相持月余，弹尽粮绝，总督额伦特和侍卫色楞殉职，全军覆没。

　　清军在那曲遭到惨败的消息传到北京，王公大臣都感到西藏事情不好办，有畏难情绪。清圣祖认为："西藏屏蔽青海、滇、蜀，苟准夷盗据，将边无宁日。"于是于康熙五十八年（1719年），组织第二次进藏的部队。决定由皇十四子允禵为抚远大将军，统率进藏的各路大军，驻节西宁，居中调度。以平逆将军延信、固原提督马纪伯、山东登州总兵官李麟等，率陕、甘满汉官兵从西宁进兵，是为中路。命征西将军噶尔弼、四川永宁协副将岳钟琪等，率领川、滇、楚、浙满汉官兵由打箭炉（即今康定）进兵，是为南路。命靖逆将军富宁安由哈密向乌鲁木齐进兵，是为北路，目的是威胁准噶尔的后方，使其不敢向西藏增援。同时，册封由理塘找到的"灵童"（当时住在青海塔尔寺）为六世"达赖喇嘛"①，由平逆将军延信保护，送往布达拉宫坐床。清圣祖又命令简亲王之子永谦"令其带伊父之纛，随抚远大将军出征，凡有子弟出征之王外，其不出兵之王，亦令各选护卫三员，贝勒、贝子各三员，公等各一员，随抚远大将军军前效力"。又命令青海蒙古汗、王、贝勒、台吉等，各率所部兵或数千或数百，护送达赖喇嘛入藏。当时总共动员进藏的官兵为12 000人。由北路袭击乌鲁木齐的官兵5000人，尚未计算在内。

　　此时西藏内部形势也发生了变化，阿里噶本（官名）康青（即康济鼐）把阿里地区的民兵组织起来，首先占领了阿里全区，接着又向后藏地区进兵，占领了昂仁宗以西的全部地区。这一着棋十分重要，它切断了侵入西藏的准噶尔人与其新疆本部的联系。策凌敦多布请求五世班禅出面调解，五世班禅乃派济隆聂巴噶青罗桑达吉前往阿里，阿里噶本康青看五世班禅的面子，把自己的军队从拉堆地方向朝雪地方略予撤退。对于康济鼐，《清实录》中也提到他在准噶尔人占领西藏期间，"与准噶尔为仇，截夺准噶尔之人，又截准噶尔兵回路"，清朝政府以康济鼐平定西藏有功，封为贝子。

　　在准噶尔人占领西藏期间，五世班禅始终以"调解"者的身份出现，

---

①　后来到乾隆四十五年（1780年），改称为七世达赖喇嘛。

未与准噶尔人采取敌对态度，故准噶尔人对班禅也很尊重。准噶尔人占领拉萨后，将三大寺的金银财物抢掠一空，全部运往新疆，唯对札什伦布寺的财物，丝毫未动。康熙五十七年（1718年），准噶尔的军官多噶切桑、全培切桑和桑结切桑三人前来札什伦布寺看望班禅，并请班禅给他们传授了"宁乃"法。是年七月二十三日，准噶尔军的统帅策凌敦多布率领军官头吉切桑等二百余人，亲来札什伦布寺看望班禅，并请班禅给他们讲经说法。

康熙五十八年（1719年），准噶尔汗策妄阿喇布坦自新疆派遣乌巴西等四人前来西藏。策妄阿喇布坦给班禅的信中说，由于第巴桑结嘉措与拉藏汗失和，西藏生灵涂炭，佛法被毁，去岁乃派策凌敦多布率兵入藏，现请班禅派侍从堪布二人，三大寺各札仓各派代表一人，前来新疆，面商藏事。班禅乃派森本春然巴·凯珠全培、却本措索·罗桑三保以及三大寺各札仓的代表多人，前往新疆。班禅给策妄阿喇布坦写了一封信，说明第巴桑结嘉措和拉藏汗对格鲁派并无摧毁之事，对我们很好，请求不要杀害拉藏汗的家属及部下，对已被撤职逮捕的西藏政府噶伦等人，也请赦免其罪，不要向新疆押送。策凌敦多布与此同时，又把后藏仁钦则宗本的庄园、百姓和江孜章子宗本的庄园、百姓，一律赠送给班禅，班禅开始坚辞不受，策凌敦多布说，如你坚辞不受，恐怕准噶尔汗要生气。班禅才勉强接受了。

康熙五十八年（1719年）冬，清圣祖的皇十四子抚远大将军允禵派代表喜热唐喀等五人抵达西藏，同来者还有强佐噶居阿旺巴贡、卓尼贡觉以及青海和硕特蒙古的代表多人，携来清圣祖的第十四子允禵给策凌敦多布的信件，说为了和平解决西藏问题，愿意和准噶尔人进行谈判。次年七月，皇十四子代表一行到达札什伦布寺，看望班禅，受到札什伦布寺的隆重接待。班禅给皇十四子写了一封信，为了西藏佛教与众生的安宁，希望不要使用兵力，而采取和平商量的办法，解决西藏问题，请求皇十四子把他的意见转奏大皇帝。但是当时占领西藏的准噶尔人并无从西藏撤兵的丝毫迹象，于是清圣祖乃决定只有进军西藏，赶走准噶尔人，才能解决西藏问题。

要用武力解决西藏问题，首先要解决进藏部队的供给运输问题和通信联络问题。

为了解决进藏部队的这些问题，清军在沿途设立了兵站，自阿什罕之站起到索落木，安了15站，每站各设马20匹。自索落木通柴旦木之路，安了5站，每站各设马15匹。每站各设固原之绿旗兵各10名，青海之兵亦各派10名。

为了整顿军纪，抚远大将军参劾吏部侍郎色尔图，"奉旨料理兵饷，并不实心办事，任意迟延推诿……情殊可恶，请将色尔图等严审确拟"。又参劾"都统胡锡图，领兵来时，兵无纪律，粮米不行节省，马畜不行爱惜，以致人马伤损。……请将胡锡图革职严审"。严审结果，办理军饷之原任侍郎色尔图照失误军纪律拟斩，笔帖式戴通拟绞。"得旨，色尔图依拟应斩，戴通依拟应绞，俱仍锁禁西宁，遇有苦差之处差遣。"又议复，应将胡锡图枷号鞭责，解送京城完结。得旨，胡锡图仍锁禁西宁，遇有效力之处，发往效力。

康熙五十九年（1720年），命抚远大将军允禵自西宁移驻穆鲁斯乌苏（即今通天河），"管理进藏军务粮饷"。进藏部队由中、南、北三路同时挺进。是年八月，南路由征西将军噶尔弼率领的进藏部队对沿途藏族头人，采取招抚政策，因而未遇抵抗，顺利进抵拉萨近郊。准噶尔人委任的第巴达仔娃·拉杰饶丹到军前投降。八月二十三日大军进驻拉萨。"传西藏之大小第巴头目并各寺庙喇嘛，聚居一处，宣示圣主拯救西藏民人至意。随将达赖喇嘛仓库尽行封闭。"据查三大寺有准噶尔喇嘛101人，将其为首5人斩首示众，其余监禁，听候发落。

中路由延信统率的大军，亦于是年八月十五日进抵札卜克河地方，"策凌敦多布率众来犯，击败之"。八月二十日，进抵齐嫩敦尔地方，准噶尔人又来进犯，又被击败。八月二十二日，进抵绰马喇地方，"是夜五更又有贼兵千余劫营"，又被击败。策凌敦多布不敢再回拉萨，率领残部由藏北草原逃回新疆。准噶尔人于1717年占领西藏，1720年退出西藏，前后共三年。九月初延信护送达赖喇嘛到达拉萨，九月十五日，达赖喇嘛在布达拉宫举行了坐床典礼。

八、为七世达赖授戒

康熙五十九年十月初六日，平逆将军延信和达赖喇嘛的代表抵达札什伦布寺，邀请五世班禅罗桑益喜前往拉萨，给达赖喇嘛授沙弥戒。班禅接受了邀请，次日即启程。这时阿里地区的噶尔本康济鼐也要到拉萨去，在春巴喀地方与班禅会合,一同前往。班禅行至堆隆岗时,青海蒙古丹增王、噶丹额尔德尼保雪图郡王、罗卜藏丹津等人远道前来欢迎。次日,班禅行抵拉萨近郊,漠北蒙古喀尔喀同柱王、达赖喇嘛的父亲索南达吉、哲蚌寺和色拉寺的代表、布达拉宫南木加札仓的念经喇嘛等人,又来欢迎。西藏地方政府在哲蚌寺前面的苏采塘地方,搭了帐篷,平逆将军延信及满汉官员,西藏地方政府的僧俗官员,共两千余人,在此欢迎班禅。

班禅径赴布达拉宫,在聂畏殿上与达赖喇嘛行了碰头礼,彼此交换了哈达。班禅就住在布达拉宫的德瓦建殿内。

十月十九日,清圣祖派的钦差大喇嘛罗桑楚臣、土观呼图克图到达拉萨,由平逆将军延信陪同来见班禅,将一道用汉、满、藏三种文字书写的"圣旨",面交班禅,班禅起立,双手接了"圣旨",并向"圣旨"敬了礼。"圣旨"的大意是:朕对西藏佛教的保护,犹如太阳一样普照大地,切盼班禅平安长住,如同过去普利教众两方。西藏各教派应按旧规旧例,各行其是,俾释迦和宗喀巴之佛法得以日益发扬光大,西藏众生均得平安,不再发生内乱。清圣祖还赐给班禅缎子12匹,白银2000两。平逆将军延信请班禅为皇上念平安经。

班禅接旨后,以清圣祖年已老迈,乃命札什伦布寺僧众给皇上念长寿经,并亲笔写了一封回信,表示感恩不尽。随信献上长寿佛一尊,缎子垫子、缎子靠背一全套,长寿哈达一条,特派噶青才丹坚赞带着信和礼品,前往北京。

十一月初五日,为班禅给达赖授沙弥戒的吉日。授戒仪式在布达拉宫的日光殿上举行。班禅给达赖授戒后,给达赖取了法名为罗桑噶桑嘉措(简称噶桑嘉措)是为七世达赖。

七世达赖噶桑嘉措坐床以后,原由拉藏汗拥立的达赖喇嘛伊喜嘉措就从准噶尔人囚禁的药王山上释放出来,奉旨送到北京处理。伊喜嘉措在启程前,向班禅告别,并请求予以照拂。班禅也给伊喜嘉措送了途中需用的许多物品。

平逆将军又将曾给准噶尔人效过劳的人,如第巴达仔娃、格隆札什则巴、阿曲,还有札什伦布寺的吉仲等人,均予逮捕。班禅派人向平逆将军延信求情,免予惩罚,没有答应,结果把第巴达仔娃和格隆札什则巴二人杀了,将吉仲等人解往北京处理。还有许多不甚重要的从犯,看班禅的面子,都释放了。同是委派康济鼐（藏文史料中亦称贷青巴都）为首席噶伦，废除了"第巴"，命他管理全藏政务，又派阿尔布巴、隆布鼐、扎尔鼐、颇罗鼐四人为噶伦，协助康济鼐处理日常政务。清圣祖写了一篇"平定西藏碑文"，叙述了清军入藏平定准噶尔叛乱的经过，碑石立在布达拉宫前面。次年（清康熙六十年，1721年），进藏部队全部撤回内地。

在此期间，班禅派人到三大寺和卫藏各地寺庙，给僧众熬茶、放布施，共用去青稞99 000余斛。康熙六十年（1721年）正月二十八日，班禅准备启程返回札什伦布寺。行前，噶桑嘉措亲到班禅居住的德瓦建殿，与班禅话别，并希望班禅一路保重身体，不久再能会面。班禅也希望达赖平安长住，为了弘扬佛法，勤习经典。西藏地方政府给班禅举行了隆重的欢送仪式。二月初六日，班禅抵安贡寺，在那里休息了几天，于二月初十日返抵札什伦布寺。

1723年，清圣祖逝世，清世宗即位，改为雍正。清世宗特派钦差前来西藏，给各寺庙的喇嘛熬茶、放布施，达赖和班禅亦令各寺庙的喇嘛，为清圣祖的逝世诵经祈祷，达赖和班禅各派大堪布一人，前往北京，祝贺清世宗登基。雍正二年（1724年），清世宗特派札萨喇嘛罗桑巴觉、加古吉、笔帖其等70余人前来西藏，赍来皇帝赏赐达赖的金印一颗，又来札什伦布寺看望班禅。

雍正四年（1726年），七世达赖喇嘛拟来札什伦布寺，请班禅给他授比丘戒。班禅写信给达赖，劝他不要前来，本人拟亲赴拉萨，为达赖授比丘戒。达赖乃于二月二十七日，特派雪第巴贡噶金丹前来札寺迎接班禅。三月二十三日，班禅自札寺启程，噶伦颇罗鼐以及日喀则、江孜、白朗、南木林各宗宗本，均来札寺欢送。班禅行抵曲水时，首席噶伦康济鼐夫妇带随从官员100余骑，前来雅鲁藏布江边欢迎。班禅行抵亚当时，七世达赖的父亲公爵索南达结又率百余骑兵前来欢迎。四月初五日，班禅抵达拉萨，三大寺的堪布，各大呼图克图，三大寺各康村的代表，共约200余人，在哲蚌寺前的参宁林卡，搭了欢迎帐篷。西藏地方政府的所有噶伦、僧俗官员也有200余人，在苏采塘地方搭了欢迎帐篷。班禅在各欢迎帐篷略事休息，即径赴布达拉宫，在聂畏殿内与七世达赖噶桑嘉措晤面，互相献了哈达，行了碰头礼。班禅仍住在德瓦建殿内。

四月初九日，为班禅给达赖传授比丘戒的吉日。是日，班禅偕达赖同赴大昭寺，在释迦牟尼像前举行了授戒仪式，甘丹池巴担任勒吉洛本（司仪），下密院堪布担任桑东（司经），噶钦默朗嘉措担任堆郭娃（司时）。达赖和班禅在大昭寺住了八天，于四月十六日一同返回布达拉宫。班禅在布达拉宫住了一个月，每日给达赖讲经说法。五月十九日，班禅离开拉萨，返回札什伦布寺。

九、西藏地方政府内部争权夺利

　　这一时期，西藏地方政府内部噶伦之间，发生了争权夺利的尖锐斗争，主要是前后藏的大农奴主之间的斗争。总理西藏事务的首席噶伦康济鼐与噶伦颇罗鼐是后藏地方的农奴主，代表后藏地方势力。噶伦阿尔布巴、隆布鼐、札尔鼐都是前藏地方的大农奴主，代表前藏地方势力。隆布鼐又将他的女儿嫁给七世达赖的父亲索南达结，因此与达赖家属关系比较密切。由于两派地方势力互不相让，因而关系日益恶化。雍正三年（1725年），清朝政府曾派副都统鄂齐、学士班弟、札萨克大喇嘛格勒克绰尔济等前往西藏了解情况。雍正五年（1727年），鄂齐自西藏回京，向清世宗奏称："臣至西藏，审神情形，首领办事之人，互相不睦，每每见于辞色。达赖喇嘛虽甚聪敏，但年纪尚幼，未免有偏向伊父索诺木达尔札之处。康济鼐为人甚好，但恃伊勋绩轻视众噶伦，为众所恨。阿尔布巴赋性阴险，行事异于康济鼐，而索诺木达尔札因娶隆布鼐二女，三人合为一党，若挑唆达赖喇嘛与康济鼐不睦，必至争竞生事。再，噶隆甚多，反增烦扰。隆布鼐行止妄乱，札尔鼐庸懦无能，应将二人以噶伦原衔解任，则阿尔布巴无人协助，自然势孤，无作乱之人矣。"清世宗即派内阁学士僧格，副都统马喇前往西藏办事。但在僧格与马喇还没有到达以前，西藏已发生了事变。雍正五年（1727年）六月十八日，阿尔布巴、隆布鼐和札尔鼐在大昭寺将康济鼐杀死。颇罗鼐因事先得到消息，借故逃离拉萨，前往后藏，得免于难。

　　颇罗鼐逃到日喀则以后，即调集后藏和阿里地区的民兵，拟往拉萨平乱。阿尔布巴等人也调集前藏地方的民兵到达白朗宗，声言要捉拿颇罗鼐。于是双方在白朗地方发生战争，开始颇罗鼐的部队失利，撤退到萨噶宗，拉萨的民兵由达赖的舅父古相统率，进驻日喀则宗，古相前往札什伦布看望班禅，班禅因正出天花，没有接见，派札寺强佐带了酥油、糌粑、茶叶、干肉等前去慰问双方的部队，并传达了班禅的意见，要双方罢战言和，以免西藏人畜遭殃。双方表面上表示接受，实则积极准备决战。

颇罗鼐此时退往阿里地区，古相统兵追至昂仁宗，没有追上。颇罗鼐在阿里集中了9000余人，又向后藏地方反攻，大败了前藏部队，攻占了日喀则宗。颇罗鼐也想看望班禅，班禅也因出痘，没有接见，但传话给颇罗鼐，劝他不要报复。

雍正六年（1728年）正月，前后藏双方的军队在江孜地方又交战，双方各有伤亡，形成对峙局面。班禅乃乘机又派卓尼萨贵巴为代表，前往江孜，劝说双方暂时休战，听候皇上的钦差到来。这时达赖也给双方来信，劝他们接受班禅的建议，等待皇上的钦差到藏，听候发落。于是双方于三月初三日签订了停战协议，双方的军队均从江孜撤出，各自释放对方的俘虏。

雍正六年（1728年）五月，颇罗鼐借口前藏官员在藏北纳仓地方杀了颇罗鼐方面的几个人，颇罗鼐认为前藏方面破坏了协议，乃率领后藏和阿里的藏兵9000人，绕道藏北草原直攻拉萨，五月二十六日占领了拉萨。五月二十八日，三大寺喇嘛擒拿了阿尔布巴、隆布鼐、札尔鼐等三人，交给了颇罗鼐，颇罗鼐将三人监禁起来，听候皇上的圣旨发落。阿尔布巴等人发动的这次政变至此宣告破产。

在颇罗鼐攻占拉萨之前，钦差僧格与马喇已经到藏，但他们没有部队，无能为力，只有迅速派人前往北京，向清世宗报告了西藏发生政变的情况，并请求清朝政府派兵入藏平定内乱。雍正五年（1727年）十一月，清世宗命左都御史查朗阿、副都统迈禄，统率西安满洲兵400人，陕西绿旗兵8000人，云南绿旗兵3000名，共11 400名，进藏平定内乱。

雍正六年（1728年）七月，当查朗阿、迈禄统率的进藏部队到达西藏时，颇罗鼐已占领了拉萨，并将阿尔布巴等三人擒获。查朗阿、迈禄即会同僧格、马喇共同审讯，"据阿尔布巴等供称，谋杀康济鼐是实。查阿尔布巴等身受国恩，不思报效，乃心存叛逆，大干法纪，应分别情罪，将阿尔布巴、隆布鼐俱拟凌迟。其阿尔布巴之子噶尔丹盆楚克、衮楚克拉贾布、鄂达尔汉噶尔藏吹达尔，隆布鼐之子席木本吹扎特俱拟斩。将札尔鼐拟斩，其妻及子喇克桑、札木巴并二逆之妻女及同胞俱离本处发遣。并将协助阿尔布巴之喇嘛人众亦分别治罪"（《清实录》）。令颇罗鼐代替康济鼐，总理西藏事务。由颇罗鼐提名,委任色朱特色布腾、策凌旺札布二人为噶伦,协助颇罗鼐管理日常事务。又因"颇罗鼐兵力殊为效力,著查朗阿等将预备军需钱两内动支3万两,给予颇罗鼐,令其酌量赏兵"。并命令副都统马喇和侍读学士僧格,代表清朝政府,监督颇罗鼐总理西藏事务。

查朗阿等抵藏不久,五世班禅即于是年七月二十五日派卓尼萨贵巴前去拉萨,送给进藏部队青稞10 000斤,表示慰问;同时请求钦差将阿尔布巴等人减轻处分,赦免死罪。查朗阿也派加郭其等二人前往札什伦布看望班禅,邀请班禅前来拉萨会晤。班禅送来劳军的青稞只收了3000斤,其余仍退还札寺。

九月十三日,班禅自札什伦布动身前来拉萨,抵达堆隆岗时,首席噶伦颇罗鼐和七世达赖的父亲索南达结率骑兵300余人,远道前来欢迎。次日抵达拉萨,马喇和僧格,以及三大寺代表,西藏地方政府的噶伦等全体僧俗官员,在苏采塘搭了欢迎帐篷。班禅在欢迎帐篷内略事寒暄,即径赴布达拉宫,在日光殿上与七世达赖噶桑嘉措会面,即居住在德瓦建殿内。

九月二十六日,查朗阿率满汉官员20余人,前来布达拉宫,向五世班禅宣读了清世宗的"圣旨",大意是说将札什伦布寺以西(一说是自干巴拉山以西)一直到阿里地区,全部赏赐给班禅管辖。班禅当场就表示,这是皇上的大恩,但小僧乃出家之人,且已年迈,没有精力替皇上办很多事情。同时札什伦布寺已有很多田庄和百姓,其收入足够全寺僧众的食用,不愿再接受新赐的土地,请钦差转奏皇上收回成命。查朗阿也表示,皇上赏赐土地,并不是为了增加班禅个人的财富,而是为了弘扬佛法,有益众生,要班禅不必推辞。其实,这是清朝政府削弱、分化西藏统治集团势力的一个策略。因为清朝政府同时决定将金沙江以东的巴塘、理塘、打箭炉地区划归四川省管辖,将中甸地区划归云南省管辖,把南称巴彦(即今玉树)等处79族牧民,划出40族归西宁办事大臣管辖(其余39族后来即归驻藏大臣直接管辖)。又把后藏和阿里地区划给班禅管辖,这样属于西藏地方政府直接管辖的地区就只剩了前藏地区与今昌都地区。西藏统治集团的势力势必大大削弱,有利于清朝政府的统治。但是五世班禅认为他是出家之人,不愿更多地插手世俗事务,所以次日又派强佐去见查朗阿,仍请求清朝皇帝收回成命。查朗阿见班禅的态度很坚决,也不便过于勉强,乃提出只将后藏的拉孜、昂仁、彭错林、吉隆、宗喀五个宗和阿里的全部地区,划给班禅管辖,要班禅一定接受，否则皇上要生气，对大家都不好。班禅乃勉强接受了拉孜、昂仁、彭错林三个宗，其余地区仍表示绝不接受。查朗阿也就没有再坚持。从此时起，西藏地方实际上存在两个地方政权，一个是以达赖为首的西藏地方政府，一个是以班禅为首的班禅拉让。两者都归驻藏大臣监督，归清朝政府直接领导。

颇罗鼐总理西藏地方事务共19年。在此以前，因青海发生了罗卜藏丹津叛乱事件，对西藏地方的稳定曾一度产生不利影响。罗卜藏丹津是固始汗的幼子扎什巴都尔之子，曾受清廷封他为亲王。自拉藏汗死后，罗卜藏丹津就想统一青海和硕特诸部，自立为汗。和硕特诸部不服，于是和罗卜藏丹津于雍正元年（1723年）打了起来，清世宗命川陕总督年羹尧、四川提督岳钟琪统率大军19 000人，由西宁、松潘、甘州、布隆吉尔四路进剿。雍正二年（1724年），罗卜藏丹津被清军击败，率残部逃往新疆，与准噶尔汗策妄阿喇布坦勾结在一起，扬言要第二次进兵西藏。清世宗为了确保达赖喇嘛的安全，雍正六年（1728年）将七世达赖移住西康理塘寺，命副都统马喇和副都统鼐格领兵2000人，负责照看。七世达赖在理塘寺住了一年多，于雍正七年（1729年），又奉命移住泰宁惠远寺。清朝政府又在西藏驻军1500人，由驻藏大臣统率，每年到藏北草原腾格里海巡防一次，以防准噶尔人入侵。

在颇罗鼐主持西藏政务期间，解决了一个大问题，即不丹的归属问题。不丹当时在官书中叫作布鲁克巴，本为中国的一个外藩。因为布鲁克巴由噶举派的朱巴噶举法王统治，不服从格鲁派的管辖，而五世达赖又想压迫朱巴噶举派向他屈服。因此早在顺治十三年（1656年），双方发生了武装冲突。后来经过四世班禅派使者进行调解，双方同意罢兵，但问题仍未解决。

康熙八年（1669年），西藏与布鲁克巴之间又发生了小规模的武装冲突。此时四世班禅已经逝世，五世班禅还年幼，虽派人持班禅之信前去调解，但没有产生多大的效果。双方的武装冲突时断时续，持续了62年。

雍正九年（1731年），布鲁克巴内部发生冲突，于是颇罗鼐乘机劝和，布鲁克巴的双方也向颇罗鼐表示愿意归顺大清帝国。颇罗鼐乘机派人和五世班禅的代表同往布鲁克巴进行调解。西藏与布鲁克巴之间的矛盾才算得到彻底解决。据《西藏志》载称：

布鲁克巴（即不丹）一族，离藏西南约行月余，其罕诺彦林亲乃红帽之传，天道颇暖，物产与中国相仿。南行月余，即天竺国界。考其地，唐时归顺，赐册印，其文曰唐师国宝之印六字。外有噶毕一族，原系诺彦林亲所分者，日久其势渐大，后诺彦林亲之呼图克图楚克赖纳木查尔至噶毕地方，噶毕即留不放归，诺彦林亲属下地纳瓦纳二处百姓，时潜赴噶毕朝礼，由于二家成隙，互相仇杀。噶毕力弱，于雍正十年（1732年）投奔颇罗鼐，发兵助之，败诺彦林亲于界地。诺彦林亲亦遣使于驻藏大人处归诚，并请赴京进贡。彼时以两家正当仇杀之际，留使在藏，备叙投诚进贡并两造仇杀缘由具奏。次年，差官前赴二家排解，不就，复于冬十月差陕西督标前营游击和尚，同颇罗鼐所差噶布伦仲仔，以及外委人员，前赴适中之旺则城，解劝和合，取永和印契带二家贡使，于甲寅年（1734年）正月旋藏，差员伴送赴京，蒙世宗宪皇帝赏赐赖印，遣员护送，于雍正十三年（1735年）夏五月到藏。噶毕东鲁布喇嘛卒，于是地土人民仍归诺彦林亲管辖，其不顺附之番民一百余户，奏明给予牛种，安插商约之汪则地方。乾隆元年春，诺彦林亲齐拉卜济亲身赴藏，朝拜达赖喇嘛毕，于是年秋八月五日始回。

布鲁克巴法王向清朝皇帝的奏折全文如下：

天下苍生共戴满洲西土大主明鉴：微末布鲁克巴喇嘛札尔萨立布鲁克谷济，诺彦林亲齐类拉卜济等焚香望阙，合掌叩头，谨奏为恭请圣安、仰乞天恩事。西陲愚众不知善恶，妄行仇杀，西藏贝勒致书宣谕大主天恩仁化，我等不胜欣戴。遣使至大人贝勒处，乞准归命。复蒙大皇帝赐以生平未睹之异数天恩，远贡黄金满世界矣。如天之大恩，实万世不能图报，惟有感激恭谢天恩。但布鲁克巴人愚如兽，不知法教，因与噶毕屡次构祸，蒙驻藏大人转奏，特遣官员、噶布伦等，为我等和解。又蒙西藏贝勒亲至汪则，宣谕大主天威仁化，分析利害，每处安一第巴，照看办事，惇惇致书教谕，我等俱各感激，欣然和好。自今以后，惟有感戴皇恩永远安乐。敬求者，布鲁克巴人等多有不知法度者，求大主赏以敕印，以便管辖。且愚人上畏天威，各守法度，不致生事，世世子孙，永得安生者，皆大皇帝再造之恩。于大皇帝别无所思，伏乞怜悯，时降教训，鉴之鉴之。为此，特差格隆巴尔冲恭请圣安，伏乞天恩，并献土产各色卡契带五条、卡契缎一匹、珊瑚一串一百零八个、密腊一串三十六个、五色花布四匹、布鲁克巴布二十匹、卡契小刀一把，银碗一个，月之吉日，奏。（《卫藏通志》）

据《清实录》载：清雍正九年（1731年）

谕贝勒颇罗鼐：朕为统一天下之主，凡四海生灵，一视同仁，无分中外。乃者附近帕尔城之布鲁克巴地方人等，起衅构兵，互相仇杀，朕闻之深为不忍，轸念于怀。尔能仰体朕意，遣使与班禅额尔德尼之使一同前往和说，又遣使宣谕朕之恩德。布鲁克巴地方人等遂感悟息争，输诚向化，各带部落敬顺无违，且请朕施恩训诲，朕甚喜悦。布鲁克巴地方人等，自兹以往，宜各守疆界，共相和睦，永遵佛教，祗奉恩纶。如能黾勉力行，朕自益加优眷。布鲁克巴之诺彦林亲齐雷喇布集后身喇嘛渣色札布鲁克古迹等，著加恩赏赐。噶碧东罗布喇嘛率众先归，尤为可嘉，著从优赏给，以示朕怀远嘉顺之至意。尔可将此谕旨宣谕布鲁克巴地方人等知之。

同年又谕理藩院：

布鲁克巴部落人等互相仇杀，贝子颇罗鼐遣使解和，宣朕威德、甚属可嘉，著封为贝勒。伊子一等台吉珠尔嘛特册登，屡次领兵效力边疆，著封为辅国公。

自此以后，布鲁克巴（不丹）恢复了与大清帝国的藩属关系，经常派遣使者通过西藏前往北京进贡方物，清朝皇帝也每次都有赏赐。

在颇罗鼐主持西藏地方事务期间，巴勒布也通过西藏，与大清帝国建立了友好关系。巴勒布，即尼泊尔。《西藏志》中有如下记载：

西藏定自康熙五十九年，十余年来，官兵往返其间，崇山鸟道，尽属坦衢，荒服穷陬，咸沾德化，于是藏之西南，计程两月，有巴勒布一区，天道和暖，产稻谷孔雀。其民分为三部：一日布颜罕，一日叶楞罕，一日库库木罕，于雍正十年间（1732年），遣使来藏，经驻藏大臣等奏，蒙圣恩允准内附，赏颁敕封三道，赐蟒缎、玻璃、瓷器等物。于次年（1733年）八月，派员赍送至藏转颁。十二年（1734年）正月，布颜罕等遣使来藏，请赴京进贡谢恩，又经转奏，奉旨准其来京，遂沿途供应。四月二十日至藏起程，共三部奏章贡物。

译出汉文附载：

> 布颜罕奏书曰：大主明鉴，微末布颜罕杂杂噶嘛尔合掌谨奏，大主圣体冲和，微末布颜罕不胜庆幸。蒙大主仁恩，赏给敕书、缎匹、玻璃、瓷器等项，瞻仰圣明，曷胜欣庆。向闻大主仁化，即欲遣使请安，拉藏不为转奏，计无所出。今蒙贝勒奏请，得沾大主天恩，又得遣使奏事，伏愿温旨时颁，边鄙小罕，普沾天惠矣。鉴之，鉴之。奏书微仪，哈达一个、珊瑚树一株、珊瑚一串五十五个、小珊瑚一串一百零八个、琥珀一串四十一个、金丝织成卡契带三条，金丝织成卡契小带五条、各色卡契缎三匹、白卡契布四匹、犀角一个、孔雀尾扇一柄、孔雀尾一束、黑香一包，各色药一包，癸丑年（清雍正十一年，1733年）十二月二十八日奏。

库库木罕和叶楞罕的奏章和进贡的礼物、进贡时间，与布颜罕大体相同。

清世宗"敕谕"布颜罕、库库木罕和叶楞罕："尔等罕越在边远，自古未通华夏，慕朕仁化，万里输诚，朕甚喜悦。所进方物，悉已收纳。第念道路遥远，往返艰难，尔使臣即由西藏遣回。尔等罕但与西藏贝勒颇罗鼐协力和衷，维持格鲁派，以副朕普育群生之至意。"

雍正十年（1732年），拉达克汗德中纳木札尔也通过颇罗鼐，向清朝政府表示称臣归顺。清世宗颁给拉达克汗的"谕旨"中说："尔德中纳木札尔遣使向办理藏务大臣等奏称：臣惟以办理国事，尊崇佛教，量力行走，探取叶尔启木准噶尔处信息，报知贝勒颇罗鼐转行奏达，乞早降恩谕等语。朕览之甚为嘉悦。从前因尔父尼玛纳木札尔与贝子康济鼐同心报效，朕已沛恩膏。今尔亦效法尔父，与贝勒颇罗鼐一体效力，甚属勤劳。嗣后益加黾勉，以绍前徽，则永享朕恩于无既矣。"

由于颇罗鼐妥善解决了不丹、尼泊尔和拉达克与西藏之间的关系，特别是彻底解决了不丹与西藏之间长达75年的战争，给了西藏与不丹人民休养生息的机会，西藏地方的经济逐渐得到恢复，人民的生活也得到一定程度的改善，这是颇罗鼐的一大贡献。

雍正十二年（1734年），准噶尔汗阿妄策凌喇布坦逝世，其子噶尔丹策零继承汗位，乃派使臣到北京求和，要求"定界息兵"，获得清朝政府的同意，并封噶尔丹策零为台吉，于是西藏地方解除了来自新疆的威胁。清世祖乃派章嘉呼图克图和果亲王允礼前往泰宁，同都统鼐格一同护送七世达赖噶桑嘉措返回西藏。五世班禅听到七世达赖有返藏消息，非常高兴，即派恰将巴·罗桑元培持班禅的亲笔信，前往西康，欢迎达赖，达赖也在启程后，派了僧噶根敦坚赞，持达赖致班禅的亲笔信，前往札什伦布寺，问候班禅。并说达赖回到拉萨后，要来札什伦布寺看望班禅。

雍正十三年（1735年）八月初九日，七世达赖噶桑嘉措抵达拉萨。这次达赖于雍正六年（1728年）自西藏移住西康泰宁，又于雍正十三年（1735年），从西康泰宁返回西藏，离开西藏前后有七年时间。班禅听到达赖回到拉萨消息以后，又派札什伦布寺的札萨喇嘛罗桑根敦前往布达拉宫，向达赖送了许多礼品，表示祝贺。十月初九日护送达赖回藏的章嘉呼图克图等一行300余人，前来札什伦布看望五世班禅。札什伦布寺举行了隆重的欢迎仪式。班禅在札寺日光殿上接见了章嘉呼图克图，给他授了沙弥戒，并取法名为益喜丹巴卓麦。

是年清世宗逝世，清高宗即位。十月二十三日，班禅命令札寺僧众为清世宗逝世做法事，上供养，诵经祈祷。章嘉呼图克图也因听到这个消息，立即返回拉萨。

乾隆元年（1736年）二月，清高宗特派大喇嘛全培达吉和罗桑巴觉二人，前来札什伦布寺看视班禅，驻藏大臣那苏泰也陪同前来，札什伦布寺在各屋顶上悬经旗，吹大号，焚香，举行了隆重的欢迎仪式。钦差即在札寺班禅拉让向班禅宣读了清高宗的"敕书"，然后举行了盛大的庆祝宴会。钦差返回时，班禅给清高宗写了谢恩的奏折，特派大郭业罗桑札西前往北京，祝贺清高宗登基。

七月十六日，七世达赖特派拉萨莫本热丹团柱前来札什伦布，通知班禅，达赖即将前来札寺看望班禅。九月初，七世达赖自拉萨启程取道江孜，前往札什伦布，班禅派了卓尼噶钦白将吉仲及仲郭尔等30人，前往江孜欢迎。达赖到达白朗宗时，班禅又派札萨喇嘛伦珠林巴率僧官30人，前往欢迎。九月十三日，达赖到达札什伦布，札寺各札仓的洛本、各密村的僧官，以及札什伦布所属的僧俗官员400余人，乘马至郊区欢迎。札什伦布寺的4000

名喇嘛则在寺门外排队焚香欢迎，手中还拿着伞、幢等各种法物、法器。札寺阿巴札仓的喇嘛则在寺顶上击鼓、吹号、敲钹，盛况空前。

达赖抵达札寺后，先在预先给他在铁桑林札仓内准备的行宫内略事休息，然后即赴班禅拉让看望班禅。此时班禅因为年高有病，出到寝宫门外迎接，达赖先向班禅行徒弟见师傅的磕头礼，班禅用手在袈裟袖子上扯了三下，以表示佛教的敬意。礼毕，双方互换了哈达，彼此又行了碰头礼。然后，一同赴日光殿，都登上了事先准备好的法座，总理西藏事务的颇罗鼐率领全体随从达赖前来札寺的僧俗官员，一一向班禅献了哈达，班禅也亲自给每人摸了头，赐了加卡。接着札寺为达赖到来举行了盛大的欢迎宴会。在宴会上，达赖向班禅送了许多贵重礼品，班禅也给达赖还了许多礼品。宴毕，达赖即宿于铁桑林行宫。

这次七世达赖在札什伦布寺住了将近一个月，经常与班禅会面，班禅给达赖传了显、密两宗的许多法。九月十八日，七世达赖答应札什伦布全寺僧众的要求，在札什伦布大经堂内，登上第一世达赖根敦朱巴曾经坐过的法座，向全体僧众讲了宗喀巴著的《菩提道次第广论》。九月二十八日，札什伦布寺又为达赖不久返回拉萨举行了盛大的宴会，为达赖饯行。班禅又给七世达赖的经师甘丹池巴诺门汗、贝勒颇罗鼐及其子阿里公，送了许多礼品，也给他们举行了盛大的宴会饯行。

十月初二日，七世达赖又带了少数随从堪布，前往班禅居住的班禅拉让，向班禅辞别。班禅又给达赖送了一尊释迦牟尼佛像，并嘱达赖为了弘扬佛法和众生安宁，希望勤修经典，长寿长住。并说他已年老，不久将离开人世。达赖也安慰班禅，希望他保重身体，长寿永住。这是七世达赖与五世班禅的最后一次会晤。

十月初三日，达赖启程返回拉萨。

十、五世班禅一生的贡献

清乾隆二年（1737）七月，班禅病情日益恶化，医治无效，延至七月初五日，从寝宫抬到益格穹曾殿内，放到法座上面，使之面向东方，扶其作趺跏坐状，不久即圆寂。享年七十四岁。班禅逝世后，全体堪布、卓尼萨贵巴、卓尼白将巴，苏布热布丹以及佛医等人，向班禅的遗体磕了头，祝其早日"转世"。同时立即派遣专人，前往拉萨，向达赖喇嘛和驻藏大臣报告班禅逝世的经过，并请达赖诵经祈祷班禅早日"转世"，又令札什伦布寺全体僧众念经祈祷。同时遣人到三大寺及卫、藏、阿里、西康、青海各大寺熬茶，放布施，诵经祈祷。

关于五世班禅尸体如何处理，由班禅拉让集合全体僧官，进行了反复研究，最后决定建塔保存。

是年九月，清高宗接到驻藏大臣报告后，即派曲丹噶布大喇嘛夏夏白、纳仁喀、甲古其、笔帖式曲坚等人，由北京前来札什伦布，"御赐"上好香10把，50两重的黄金曼札一盘、羊脂玉瓶一个、羊脂玉盘一个、52两重的白银盘一个、银茶桶一个、干果五驮、颜料二包、绸缎九匹，以及其他物品，作为祭礼。同来者，还有蒙古哲布尊丹巴的代表，送的祭品是银质50两重的银曼札一盘、哈达五匹、绸缎10匹、白银1000两。颇罗鼐派代表送来祭礼元宝10锭、茶20包、绸缎30匹。此外，还有七世达赖的父亲、驻藏大臣、萨迦法王、噶伦等，均送来祭礼。共计收到礼银60 480余两，足够建造灵塔。

乾隆五年（1740年），五世班禅的灵塔建造成功，即将尸体经过处理，安放在灵塔之内。七世达赖从拉萨送来念过经的青稞一包，洒在灵塔之上，举行了灵塔仁乃木（开光）典礼。

综观五世班禅罗桑益喜的一生，他生活在祖国统一与分裂的尖锐斗争时期，他的处境是艰难的。但他坚定地站在清朝中央政权一边，站在维护祖国的统一与促进满、汉、蒙、藏各民族团结的一边，在他力所能及的范围内，作出了有益的贡献。他本来可以在号召漠南蒙古与漠北蒙古团结在清王朝的周围，与准噶尔的噶尔丹进行斗争方面，起到较大的作用，但是受到第巴桑结嘉措的阻碍，行动不能完全自主，甚至他想和清圣祖会晤，也办不到。他处境的困苦，是可以想见的。第巴桑结嘉措被消灭以后，不久新疆准噶尔蒙古的策凌敦多布又侵占了西藏，五世班禅又要和侵占西藏的敌人打交道，极力利用他的政治的和宗教的威信，利用准噶尔人对他的崇拜，做了不少有益于西藏人民少受外敌摧残的事情，至少是保护了札什伦布寺，未受准噶尔人的掠夺。所以清圣祖对五世班禅始终是信赖的，而且给予了很高的评价。"班禅额尔德尼"这个封号，就是清圣祖赐给五世班禅罗桑益喜的。从此以后，历代班禅都世袭了这一封号，西藏历史（600多年的历史）上就形成了达赖、班禅两大世系。

清世宗对五世班禅非常信赖，曾决定把后藏与阿里地区全部交给五世班禅管辖，作为安定西藏局势的一项重要政治措施。但是五世班禅权衡以后，认为西藏内部团结更为重要，婉言谢绝了清世宗的委任。为了缓和前后藏地方势力之间的矛盾，为了巩固他与达赖喇嘛之间的友谊，他不愿从达赖方面接管后藏与阿里地区（因为固始汗占领西藏地方以后，后藏的所有宗本与阿里的噶本，都由西藏第巴管辖，由达赖任免的）。但是他又碰到了一个棘手的问题，要他接管后藏与阿里地区的政权，是清朝皇帝的"圣旨"，如果完全拒绝，就是"抗旨"，也是不行的。所以他最后采取了照顾双方利益的调和办法，勉强接受了三个宗。但是达赖方面失去了三个宗，这恐怕撒下了达赖、班禅这两个世系之间后来失和的种子。我们客观地来看，五世班禅在处理这个问题时，是很费了一番苦心的，他既维护了清朝中央政权的威信，又维护了西藏内部的团结，维护了他与达赖喇嘛及其集团之间的友好关系，这是很值得称赞的。

第四章
六世班禅巴丹益喜

六世班禅

一、六世班禅坐床前后

六世班禅法名巴丹益喜，系后藏南木林宗札西则豀卡人。生于藏历第十二饶迥之土马年（清乾隆三年，1738年）十一月十一日[①]。父名唐拉，母名宁达旺姆。此时五世班禅逝世已有年余，札什伦布寺正在找寻五世班禅"转世"的"灵童"。他们听到南木林宗札西则豀卡唐拉家生了一个男孩的消息后，即派卓尼萨贵巴·罗桑宗周前往拉萨，向当时主持西藏政教事务的颇罗鼐请示。颇罗鼐告诉札寺卓尼，要求札什伦布寺派遣可靠的僧官，携带五世班禅用过的和没有用过的许多器物，让这个孩子分辨真伪。于是札什伦布寺仍派卓尼萨贵巴·罗桑宗周于铁猴年（清乾隆五年，1740年）七月三十日，以去温泉洗澡为名，前往南木林宗，先对唐拉家庭的历史、社会关系、平日为人等方面，作了详细调查，又对这个小孩的出生经过及其目前的表现，进行了询问，没有发现不良的情况，才于八月十二日到达札西则豀卡，直赴唐拉家，见了那个小孩。据藏文的巴丹益喜传载：卓尼把五世班禅用过的小佛像、铃、杵、念珠、茶盒等物，杂以形状完全相同的器物，放在这个小孩的面前，这个小孩完全取了五世班禅用过的器物。卓尼"深为惊奇"，返回札什伦布寺后，即将上述情况向札寺札萨喇嘛作了详细的报告。札萨喇嘛乃派班觉坚赞为札寺代表，前往拉萨，向七世达赖噶桑嘉措和颇罗鼐报告了试验这个小孩的结果。

是年闰八月初二日，七世达赖指派卓尼阿旺罗桑为代表，会同颇罗鼐和札寺派来的班觉坚赞等人，同赴拉萨甘丹康萨寺，请曲迥降神，询问后藏南木林宗札西则豀卡出生的这个小孩，是否为前世班禅"转世"的"灵童"。曲迥降神确认是前世班禅"转世"的"灵童"。于是七世达赖正式写信通知札什伦布寺，札西则豀卡出生的小孩就是六世班禅，要求札寺妥善保护。七世达赖同时也将寻访与认定六世班禅的经过与结果，咨文通知了当时的驻藏

[①] 刘家驹著的《班禅大师全集》记载为十一月初三日。张伯桢著的《班禅额尔德尼传》记载为七月初三日。法尊编的《西藏民族政教史》记载为十一月十一日，与藏文巴丹益喜传同。作者采用了藏文传的生年月日。

大臣纪山，请他向清高宗上奏，请求批准，不久即得到清高宗批准的"圣旨"。这就完成了六世班禅认定的手续。

是年九月初九日，七世达赖给六世班禅取法名为罗桑巴丹益喜（简称巴丹益喜），正式通知了札什伦布寺。于是札寺乃派仲科尔等前往南木林宗札西则豁卡，告诉唐拉夫妇，他们的小孩是五世班禅"转世"的"灵童"，即为六世班禅额尔德尼。并在札西则豁卡举行了噶卓①，从札寺来的僧众鸣奏法乐，仪式简单而又隆重。颇罗鼐从拉萨派来医生一人，对"灵童"的身体作了详细的检查，同时带来颇罗鼐赠送给六世班禅一封贺词，以及法衣、小佛像、法轮、角号、铃、杵等物。举行了噶卓以后，札寺僧众即用轿子将六世班禅抬到札西则豁卡对面的绿东豁卡的团柱明康宫内居住，由札寺派来许多僧官进行精心看护。

藏历铁鸡年（清乾隆六年，1741年）五月初九日，札什伦布寺公推拉仁岗巴·吉仲罗桑才旺为札萨喇嘛，以便由他主持六世班禅巴丹益喜的坐床大典。六月初一日，札什伦布寺的札萨喇嘛、苏本堪布、森本堪布、卓尼德穹、颇罗鼐的代表、札雅班智达等均往绿东豁卡，由札萨喇嘛给六世班禅剪了发，换了僧装。六月初二日，即将六世班禅由绿东豁卡抬到札什伦布寺，住到五世班禅住过的噶当木颇章宫内。

此时清高宗从北京派来主持六世班禅坐床大典的脱藏格大喇嘛、加古切、笔帖式等也到了札什伦布寺。颇罗鼐陪同钦差前来札寺。七世达赖也派第珠堪布罗桑诺布为代表，前来札寺参加六世班禅坐床典礼。

六月初四日，在札什伦布寺的日光殿上，隆重举行了六世班禅巴丹益喜坐床典礼。札寺全体僧俗官员、各属寺、各札仓的僧官、各宗、各豁卡的官员、头人，均参加了庆祝大会。坐床典礼开始时，将六世班禅安放到前世班禅坐过的法座上，首先由北京来的钦差代表清朝皇帝，赐给六世班禅一条"囊作"哈达，还有各种银器、绸缎等礼品，并赏赐六世班禅白银3000两，作为坐床的费用。接着，由七世达赖的代表向六世班禅献了哈达、银曼札、古松图（佛像）、法衣全套、法器全套、藏银二十一品。先是颇罗鼐向六世班禅献了哈达、银曼札、古松图、法衣、法轮、号角、法器、藏银三十一品。随后驻藏大臣的代表，甘丹池巴的代表，三大寺的代表，均向六世班禅

---

① 噶卓是一种藏式的庆祝会。

献了哈达。最后札什伦布寺的全体僧俗官员，各属寺、各札仓的僧官，以及其他参加典礼的来宾，均向六世班禅献了哈达。不丹国王、阿里公、萨迦法王也派代表前来札寺祝贺六世班禅坐床。

六月初七日，北京来的钦差大臣代表清朝皇帝，向札什伦布寺的全体僧众熬"芒加"茶，煮大米饭，并给每个喇嘛放布施白银五钱。同时，也派人给后藏地区379座喇嘛寺的全体喇嘛熬了茶，给每个喇嘛放了白银五分的布施。札寺用六世班禅的名义，向清高宗写了奏折，送了西藏特产的氆氇等贡物，表示谢恩。札什伦布寺又给钦差大臣送了贵重礼品，并设宴饯行。随后，钦差大臣一行离开札什伦布寺，返回北京。

据藏文的《六世班禅传》载，就在这一年（1741年），清朝中央政府册封颇罗鼐为郡王，六世班禅和札什伦布寺特派代表前往拉萨，向颇罗鼐献了哈达，送了许多礼品，表示祝贺。据《清实录》载，册封颇罗鼐为郡王，是清乾隆五年（1740年）的事。"谕曰：西藏贝勒颇罗鼐尊奉谕旨，敬信格鲁派，振兴经典，练兵防卡，甚属黾勉，著加恩晋封郡王"。看来，清朝中央政权决定晋封郡王在前一年，而在西藏举行册封典礼是在第二年。

另据《清实录》载，颇罗鼐当时办了两件有关与西藏相邻的外藩与邻国友好的大事。

一件是在乾隆三年（1738年），驻藏侍郎杭奕禄等奏：

> 贝勒颇罗鼐以额纳特珂克部落拉达克汗德忠那木札尔所上表文及贡物交臣转奏。查拉达克汗德忠那木札尔乃呢玛那木札尔之子，父子并感国厚恩，凡得准噶尔消息，辄附颇罗鼐以闻。自圣祖仁皇帝，世宗宪皇帝数加恩赉。今后进表贡物若更颁予敕命，量施恩泽，当益劝勉，倾心内向。奏入，命赐德忠那木札尔敕书一道，加赏缎匹、瓷器有差。

另一件是在清乾隆四年（1739年），驻藏侍郎杭奕禄奏：

> 西藏西南三千里外巴勒布部有三汗，一名库库木，一名布颜，一名叶楞，雍正十二年，曾遣使恭请圣安。近年三汗彼此交恶，数寻战攻，臣遣贝勒颇罗鼐宣谕皇上好生之德，中外一视，各宜息兵和好，仰报国恩。三汗欢欣听命，以三部落户口数目呈报，并各进方物，奏闻。部议：加恩赏赉，从之。

以上两件事都和西藏的内部安定有关。当时新疆的准噶尔部尚未归顺，且有扰乱西藏的意图，颇罗鼐通过拉达克汗，及时了解准噶尔的动向，是很必要的。巴勒布即今之尼泊尔，向来与西藏有民间贸易往来，互通有无，对发展西藏经济很有关系。若巴勒布发生内乱，势必影响西藏与巴勒布的贸易。所以颇罗鼐解决以上两大问题非常及时，且甚妥善，得到清高宗的欣赏，加恩晋封为郡王是很自然的事。

清乾隆七年（1742年）十月初三日，札什伦布寺派往北京向清高宗报告六世班禅坐床经过的特使郭聂、然将巴、贡桑自北京返回，带回清高宗的"敕书"一道，嘱咐六世班禅用心学习佛经，发扬光大格鲁派。随"敕书"赐给六世班禅绸缎24匹。是年闰十月初十日，六世班禅拜札寺的普觉阿旺强巴为师，受了格年戒。清乾隆八年（1743年）六世班禅聘请札寺的安钦·罗桑苏巴担任经师职务，每天定时给六世班禅教授经典。清乾隆九年（1744年），六世班禅已经七岁，是年九月初三日，由经师安钦·罗桑苏巴给六世班禅授了沙弥戒。

清乾隆十二年（1747年），颇罗鼐郡王逝世。据《清实录》载：

> 乾隆十二年三月，谕：据副都统傅清奏称，郡王颇罗鼐病故。颇罗鼐任事以来，恪尽忠诚，实心效力，今闻溘逝，深为轸悼！著加恩于彼处收伫钱粮内赏银一千两，料理丧事。例应遣大臣致祭。著派索拜前往祭奠。……今办理藏卫噶卜伦事务乏人，即将伊子珠尔默特那木札勒袭封郡王，但年尚幼小，甫经袭爵办事，噶卜伦等务如颇罗鼐在时同心协力，黾勉办理。著傅清将此旨通行晓谕知之。

颇罗鼐有两个儿子，珠尔默特那木札勒还有一个哥哥，名叫珠尔默特车布登，率兵镇守阿里地方。乾隆十一年封为镇国公。六世班禅举行坐床典礼时，派代表前来札什伦布寺表示祝贺的阿里公，就是此人。

对于颇罗鼐，西藏史学家著有传记，对他的评价是较好的，主要是因为在他主持西藏事务的19年内，始终站在维护祖国统一，维护民族团结的立场上，对清朝中央政权是尊重的，承认西藏地区是大清帝国的一部分，承认西藏地方与清朝中央是从属关系，所以清朝中央政权对他是信赖的。在他主持藏政期间，西藏内部没有发生动乱，人民得到休养生息的机会，生活自然得到一些改善，所以西藏人民对他也是很怀念的。我认为对颇罗鼐这个人应予肯定。

颇罗鼐逝世后，六世班禅与札什伦布寺派人前往拉萨致祭。颇罗鼐的家属也派人来札什伦布寺向六世班禅赠送谢礼，并给札什伦布寺的全体喇嘛熬茶，放布施，请六世班禅和札寺全体喇嘛诵经超度。珠尔默特那木札勒继任郡王后，六世班禅和札寺派人到拉萨，向新任郡王献哈达、礼品，表示祝贺。

清乾隆十三年（1748年），新任郡王珠尔默特那木札勒（六世班禅藏文传记中称为德庆巴都）由拉萨专程前来札什伦布看望六世班禅，一同来札寺的有郡王的妃嫔三人、阿里公的公子、噶伦三人，还有卫藏代本等共百余人。五月十五日，珠尔默特那木札勒在札什伦布寺的日光殿上，向六世班禅献了哈达，六世班禅也给新郡王摸了顶。新郡王向六世班禅赠送了一串念珠，据说是清朝皇帝赠给他父亲颇罗鼐的，约值白银十万两。珠尔默特那木札勒在日喀则住了月余，方返回拉萨。

清乾隆十四年（1749年），珠尔默特那木札勒给六世班禅来信，邀请六世班禅前来拉萨与七世达赖喇嘛噶桑嘉措会晤。七世达赖也给六世班禅写来一封同样内容的信。六世班禅给七世达赖和新任郡王回信，表示接受邀请。是年九月二十九日，六世班禅和侍从堪布等一行动身前赴拉萨。十月初九日，到达拉萨附近的堆隆岗，七世达赖派遣卓尼噶桑团柱为代表，驻藏大臣纪山也派达新为代表，还有拉萨三大寺的代表，远道前来欢迎班禅。十月初十日，当六世班禅到达离拉萨约30里的星当噶地方时，珠尔默特那木札勒郡王亲自前来欢迎班禅。在苏采塘地方，噶厦也搭了欢迎帐篷，全体噶伦、仔卓尼、仲科尔、布达拉宫的僧官等，共130余人列队欢迎。还有喀箕（喀什米尔的穆斯林）和廓尔喀200余人也在那里排队欢迎。藏族骑兵400余人担任警卫。在去拉萨的大道上，两边站满了欢迎班禅的藏族僧俗民众。在布达拉宫的屋顶上，悬挂经幡，并有喇嘛在屋顶击鼓、吹号。六世班禅到布达拉宫时，七世达赖的苏本、森本、却本三大堪布在宫门外迎接。班禅先赴大经堂，七世达赖的经师甘丹池巴诺门汗阿旺曲丹在此迎候。向六世班禅献了哈达，然后陪同班禅同到德瓦建殿上，略事休息，直赴旧经堂，在那里与七世达赖见了面。因为七世达赖年长，六世班禅年幼，班禅先向达赖磕了头，礼毕，达赖与班禅彼此交换了哈达，双方又举行了碰头礼。然后达赖与班禅各就座位，座位的高低完全平等。达赖先问班禅沿途安好，并说前辈班禅是他的师傅，给他传授了佛教的许多经典，现在打算把自己所学到的经典，再传授给六世班禅。从此七世达赖与六世班禅建立了师徒关系。六世班禅住在布达拉宫，每日由七世达赖给他传授经典，直到次年（1750年）四月，约半年时间。

　　清乾隆十五年（1750年），六世班禅要求返回札什伦布寺，得到七世达赖的同意。是年四月十五日，七世达赖与六世班禅同赴大昭寺，共同礼拜了释迦牟尼佛像，并献了千灯、千食子的供养。达赖与班禅住在大昭寺内为他们预备的行宫里面。四月十九日，七世达赖辞别了六世班禅返回布达拉宫，六世班禅则应珠尔默特那木札勒的邀请，移住到甘丹康萨郡王府。四月二十九日，六世班禅离开拉萨，取道羊八井，由北路返回札什伦布。途经南木林宗的札西则谿卡时，在故居住了三天，于五月十五日安抵札什伦布，这时六世班禅才12岁，仍在经师指导之下，勤学佛经。

二、珠尔默特那木札勒被诛灭时之班禅六世

　　六世班禅生活的那个时期，虽然正是清高宗执政时期，大清帝国正处在盛世，但是维护统一、反对分裂的斗争仍在继续。西藏的情况虽有些特殊，但大的发展趋势还是共同的。西藏的维护统一与反对分裂的斗争主要是一些反动的世俗贵族，反对清朝中央政权，阴谋赶走驻藏大臣与驻藏的清军，清朝中央政权同这种叛逆行为不能不进行斗争。

　　这场斗争突出地表现在，继颇罗鼐之后，其子珠尔默特那木札勒反对清朝中央政权派驻西藏的钦差大臣，阴谋与新疆准噶尔联合，共同反对清朝中央政权对西藏的统治，达到其分裂祖国的政治阴谋。

　　珠尔默特那木札勒行事非常专横，不但不把驻藏大臣放在眼里，对七世达赖也不放在眼里。清乾隆十二年（1747年），其父颇罗鼐病故以后，七世达赖要向死者"吊奠诵经"，遭到珠尔默特那木札勒的拒绝。据《清实录》载："驻藏大臣索拜奏：颇罗鼐病故后，达赖喇嘛即欲吊奠诵经，伊子珠尔默特那木札勒未允。经副都统傅清申饬，旋即悔过，愿请达赖喇嘛吊祭。现在彼此和睦，并无异词。得旨：览奏，可释朕西顾之忧矣！"

清乾隆十四年（1749年），珠尔默特那木札勒诬陷其兄珠尔默特车布登在阿里"用兵把守通藏要路，声言欲来西藏"。珠尔默特那木札勒"一面调兵保护果弼奈"，一面"奏闻请旨"。清高宗对这个问题采取慎重态度，"令纪山遣章京亲往阿里克，面见珠尔默特车布登，察其虚实。且看此后动静如何？再为筹办"。清高宗认为："朕看珠尔默特车布登向日并无蠢动端倪，而珠尔默特那木札勒为人暴戾，全不似伊父颇罗鼐之恭顺安静，安知不因其素与伊兄不睦，思欲构衅兴兵，以陷害其兄，捏造果弼奈告词，以耸动纪山及达赖喇嘛，纪山等亦孰从而辨之？"清高宗又谕驻藏大臣纪山，"朕思颇罗鼐父子受朕恩深重，珠尔默特车布登何以遽有构兵妄动之事？"又说："纪山孤立藏地，左右前后皆珠尔默特那木札勒之人，何从得一真消息？"驻藏大臣纪山因受了珠尔默特那木札勒送的古佛一尊，马一匹，猞猁狲皮10余张，银1000两，并与珠尔默特那木札勒"相对盟誓，甚至具折请安奏事皆与一同列名"。纪山不仅受了贿赂，被人收买，而且犯了渎职的严重罪行。因此，清乾隆十四年（1749年），清高宗撤了纪山的驻藏大臣职务，"命工部侍郎拉布敦往代纪山驻藏办事"。乾隆十五年（1750年）二月，"据拉布敦、策楞、岳锺琪等奏称：珠尔默特车布登已于上年（1749年），十二月十八日身故"。清高宗认为，"自朕观之，珠尔默特车布登以无疾之人兴兵赴藏，忽焉以死，适当其时，看此情节，甚为可疑，自不待言。而纪山始终受其愚弄，深信不疑，与之水乳相合，殊失大体……总之，珠尔默特那木札勒狡诈叵测，实非善类，加以纪山办理不善，珠尔默特那木札勒因而生心"。同年，清高宗谕军机处："珠尔默特车布登本非叛逆，乃为珠尔默特那木札勒所诬陷，且私遣人杀害，而以病死捏奏。今既明知其受屈身死，已将伊子仍封以公爵，管理阿里克地方。"由《清实录》的记载来看，珠尔默特车布登之死，是珠尔默特那木札勒消灭异己的一次阴谋。

但真正导致珠尔默特那木札勒与驻藏大臣关系恶化的是以下几件大事。

一是阴谋驱逐清朝政府驻藏的全部军队。据清乾隆十五年（1750年）四川总督策楞、提督岳锺琪奏："先据西藏粮务通判常明禀称：珠尔默特那木札勒告其属下，有我已设计撤回汉兵四百余名，其余若不知机早回，必尽行诛戮等语。"

二是断绝了清朝中央政府与驻藏大臣之间的文书往来。清高宗谕军机大臣等："乃珠尔默特那木札勒心益狡悖……其势将延及达赖喇嘛，独居其地，雄长一方，近遂将塘汛文书禁绝不通，悖逆情形，渐益昭著。"据后来查明，"逼近拉萨之占达、墨竹工卡、鸟苏、江堆达、鹿巴岭五塘，系罗布藏札什所管，信字一到，声言不许汉人文书往来，并欲戮汛兵，以致塘兵回奔，台站断绝。"使清朝中央政府与驻藏大臣之间失去了联系。

三是暗中与新疆准噶尔部勾结，要准噶尔派兵再次侵入西藏，援助珠尔默特那木札勒发动叛乱。乾隆十六年（1751年）清高宗"谕军机大臣等：据驻藏大臣副都统班第奏称：珠尔默特那木札勒立心叛逆，勾通准夷，寄书前去，私立假号，种种背逆，恶迹显露等语。"又谕："今据驻藏策楞、班第等奏，珠尔默特那木札勒自立名号，潜遣其心腹坚参札锡等通知准噶尔，称策旺多尔济那木札勒为汗，且求其发兵至拉达克地方，以为声援，幸值准夷内溃，所遣使人回藏被获，得其逆书，并馈献诸物，是其阴蓄异志，勾结准

清高宗乾隆阿阇梨正装唐卡

夷，罪不容诛。"

四是为了达到他阴谋叛乱的目的，对颇罗鼐的旧人进行排挤打击。据驻藏都统傅清、侍郎拉布敦奏："珠尔默特那木札勒住后藏时，将噶布伦、第巴布隆赞等诬构抄没，分给亲爱之人。又将珠尔默特车布登之子珠尔默特旺札勒逐出。凡颇罗鼐所用旧人，杀害、抄没、黜革者甚多。"（以上均见《清实录》）

根据以上确凿证据，驻藏大臣傅清和拉布敦向清高宗上奏："珠尔默特那木札勒现在调兵防阻，有谋为不轨之意。应俟珠尔默特那木札勒由打克萨地方回来接见之时，即为擒拿，翦除此孽。"

清高宗接到了这个奏折后，不同意他们的做法，认为"傅清、拉布敦所见，甚属冒险。珠尔默特那木札勒本非善类，朕当时早已料及，因其机衅未萌，只可静以待动，若如伊等所奏，果能及时擒戮，以绝后患，岂非国家之庆？但伊二人孤悬在藏，或能潜致其属下之人使为我用，犹可成事。否则轻率举动，必致酿成大事。然伊等已奏明不待请旨，即行乘机办理。朕虽降旨令其不可妄动，而道途遥远，难以预定。"清高宗要他们"加意缜密，妥协办理"。

不幸当时珠尔默特那木札勒已切断了"塘汛文书"，即切断了通讯联系，使北京与西藏之间断绝了文书往来，清高宗的这道"敕书"，未能及时到达拉萨，而傅清、拉布敦在未接到"敕书"之前已下了手。

清乾隆十五年（1750年）十月十三日，珠尔默特那木札勒返回拉萨，驻藏大臣傅清、拉布敦以"有旨议事"为名，把珠尔默特那木札勒叫到驻藏大臣衙门。珠尔默特那木札勒早把驻藏大臣不放在眼里，所以就带着不多的亲信及其死党来到。当时驻藏大臣衙门就设在拉萨市内的通司冈。珠尔默特那木札勒上楼相见时，傅清拔刀把他砍倒，"以椿击其首，立毙"。其侍从四五人也被驻藏大臣的亲兵杀死。只有珠尔默特那木札勒的卓尼罗布藏札什从楼上跳下，"往唤同党，聚众围楼，施放枪炮"。傅清派人去叫噶布伦公班第达，要他派兵救援，公班第达"因力薄不能救护"，去布达拉宫向达赖喇嘛报告，达赖就派人"拦阻"，"贼党并不听从，放火烧房"。于是驻藏大臣傅清、拉布敦均殉难。同时被杀的有主事、参将、千总及士兵共49人。家人、汉商77人。抢去"帑银"85 000余两。

惨案发生以后，七世达赖喇嘛一面向清朝中央政府紧急上奏，一面派人捉拿祸首，追回被抢的"帑银"，同时"传令各番不得伤害汉人"。并下令恢复"塘汛文书"。

清高宗接到西藏发生惨案的报告后,立即下令"著四川总督策楞、提督岳锺琪统官兵赴藏,绥辑地方,搜除逆党,总兵董芳随后统兵策应,尹继善着就近驰驿前赴四川,料理一应粮饷军机。侍郎那木札勒……即驰驿赴藏,与班第一同驻藏"。"命侍郎兆惠赴藏,偕四川总督策楞等办理善后事宜。"

在策楞、班第等抵藏之前,七世达赖令公班第达"暂理藏务"。据策楞等人奏称:"都统傅清等被难时,现存官兵八十余名,百姓一百一二十人齐赴布达拉宫,俱系达赖喇嘛给银赡养。至(十月)二十三日,公班第达告知,已将逆首卓尼罗卜藏札什拿禁,逆党已获过半,劫去饷银亦追出大半,通司冈等处已安,(通判)常明暨民兵等于二十四日搬回居住。"根据以上情况,清高宗命令岳锺琪停止统兵进藏。"著将所带官兵在打箭炉驻扎,以资弹压"。

策楞、班第等人于清乾隆十五年(1750年)十二月一日抵达拉萨,第一件事是惩办凶手,将杀害驻藏大臣之首犯卓尼罗卜藏札什等七人"凌迟处死"。将要犯拉札布等三人"俱斩决"。将随从作乱之札什喇卜坦等"俱绞决"。惧罪自杀之杯陇沙克巴等人"俱戮尸"。"仍各枭首示众"。这些人的家产"变价归帑"。

珠尔默特那木札勒之家产全部充公。其妻处死。其子达尔札策凌"解京"。其所属之三十九族地方与达木八旗地方,今后归驻藏大臣直接领导。

傅清、拉布敦"著加恩追赠为一等伯,着入贤良祠、昭忠祠春秋致祭。傅清并入伊家祠从祀。伊等子孙给予一等子爵,世袭罔替",清乾隆十六年(1751年),又命于北京崇文门内和西藏拉萨,为傅清、拉布敦建立"双忠祠"。

清高宗认为:"纪山前岁驻藏怯弱无能,事事顺从珠尔默特那木札勒,任其恣意妄行,与之盟誓,以致逆谋益肆。此番西藏之事,纪山实为罪首。……傅清、拉布敦之死,皆纪山之丧心无耻,曲意逢迎,有以致之也。……纪山本应即肆市曹,仍念其先代阵亡,始从宽赐其自尽。"这是清高宗对渎职的驻藏大臣的严厉惩办。

珠尔默特那木札勒被傅清、拉布敦处死以后,拉萨形势一度发生混乱,七世达赖喇嘛噶桑嘉措为了应付紧急局势,在未经请示清朝皇帝批准的情况下,命令噶伦公班第达"暂理藏务"。等到四川总督策楞和驻藏大臣副都统班第到藏以后，公班第达就想取代珠尔默特那木札勒的地位，继任藏王。并且未经策楞等人同意，擅自迁入珠尔默特那木札勒的王府居住。又派人前往阿里"接管事务，即赏给台吉名号，是俨然以藏王自居"。清高宗认为公班第达这个人也是不可靠的，"即使恭顺如颇罗鼐，而其子孙亦不可保，此其可虑，岂在珠尔默特那木札勒下哉？"

所以清高宗谕军机大臣等："西藏经此番举动，正措置转关一大机会，若办理得当，即可保永远宁谧。如其稍有渗漏，则数十年后又滋事端。朕前传谕班第，以西藏事必当众建而分其势，目今乘此兵威易于办理。惟在相机度势，计虑久远，方为万全。"

根据清高宗的"必当众建而分其势"的指示，策楞、班第等人经与七世达赖喇嘛共同商议，提出了西藏善后章程十三条，其基本政策就是废除藏王，设立噶厦。噶厦由噶伦四人组成，规定三俗一僧，在达赖喇嘛与驻藏大臣直接领导之下，处理西藏的日常政教事务。策楞、班第等建议，由公班第达、策楞旺札勒、色裕特塞布腾（以上三人为贵族）与尼玛嘉木灿（喇嘛）四人为噶伦。清高宗对策楞、班第所拟的十三条《西藏善后章程》表示同意，批示"著照所定行，下部知之"。

但是清高宗认为策楞、班第等所拟的《西藏善后章程》中，疏忽了一个很重要的问题，即塘汛台站问题。清高宗谕军机大臣：

> 策楞等所奏办理藏地事宜，朕已批照所奏允行。但藏地关系最要者尤在台站，此乃往来枢纽所在。观从前珠尔默特那木札勒不令塘站递送文书，即致驿递断绝，及班第达传令递送，始复通行，皆由伊等主持。而驻藏大臣不能制其行止操纵，何以得其要领？此处最宜留心办理。

> 即如珠尔默特那木札勒一言而塘汛断绝，班第达一言而塘汛复通，信息往来，惟藏王之言是听，而驻藏大臣毫无把握，如此，即驻兵万人何济于事？

> 塘汛文书往来，关系紧要，并噶隆事务，俱应归驻藏大臣管理，呼应方灵。

> 前因珠尔默特那木札勒将西藏驿站禁止往来，并称如不早散，必尽行诛戮，遂致文书断绝。至伊等被诛后班第达传令，台站始通。此事甚有关系，屡经降旨，何以策楞、兆惠等并未查明具奏，而即匆匆就道？

著传谕策楞、兆惠等将珠尔默特那木札勒断绝站路之处始于何时？所有耽搁文书曾否俱行查出？逐一查明具奏。

根据清高宗的批评，策楞等人将从四川打箭炉至西藏拉萨的沿途驻军与台站，作了妥善安排：

> 臣等奏旨，藏内仍须驻兵五百，其沿途台站亦应照数安设妥协，现将所带进藏官兵内照数挑选驻藏。其台站各官兵，向系游击一员，守备一员，千把总十员，兵一千名。……遇有缺出，不准就近招募，即于下台现兵内挨站递行拨补，将所遗粮缺趱至打箭炉，令阜和营游击于内地余丁选拔。从之。

策楞于清乾隆十六年（1751年）向清高宗的奏折中，承认对台站一事未"专款另议""实属疏忽"。清高宗的批语是："非疏忽何为？"

珠尔默特那木札勒事件发生时，六世班禅巴丹益喜才12岁，在六世班禅的藏文传记中，只提到藏王德庆巴都（即珠尔默特那木札勒）的部下聚众报仇，把驻藏大臣杀害了。六世班禅听到这个消息后，立即派人前往拉萨打探消息，并到驻藏大臣衙门慰问幸存的两位笔帖式和两粮台以及驻藏大臣衙门的官兵247人，送了许多大米、白面、藏香和白银等物品，表示慰问。清乾隆十六年（1751年），清高宗派钦差班第、那木札勒等人到达拉萨接任驻藏大臣以后，六世班禅又派罗桑坚赞、益喜群培为代表，前往拉萨，向新任驻藏大臣祝贺，并赠送了大量的礼品，不久驻藏大臣也派笔帖式等人前来札什伦布寺看望六世班禅，并送来清高宗给班禅的信，问候班禅安好。

清乾隆十七年（1752年）正月二十三日，六世班禅的经师罗桑苏巴逝世，札寺决定聘请罗桑群培继任经师，即向驻藏大臣写了报告，请求转呈清朝皇帝批准任命。

是年五月二十一日，噶厦派遣卓尼永旦勒住、雪第巴拉龙则巴及三大寺代表哲蚌寺吉业等人前来札什伦布，邀请六世班禅前往拉萨。班禅接受了邀请，于五月二十五日取道羊八井到达拉萨。在苏采塘地方，噶厦搭了欢迎帐篷，驻藏大臣班第、那木札勒、多尔济等在此欢迎班禅，彼此交换了哈达。然后，四大噶伦和驻藏大臣衙门的全体汉藏官员，一一向班禅献了哈达。六世班禅径赴布达拉宫，在日光殿上与七世达赖见了面，班禅先向达赖磕了头，然后彼此交换了哈达，又行了磕头礼。接着由七世达赖陪同六世班禅，到布达拉宫内的大经堂，在那里举行了噶卓，对班禅的到来，表示欢迎，噶卓结束后，班禅移住到布达拉宫的德瓦建殿内。

五月二十六日，班禅派札寺官员前往驻藏大臣衙门，给三位钦差大臣各送了后藏出产的藏香一盒。同时又派札什伦布寺的僧官前往札什城，给驻扎在那里的五百官兵每人白银一两，表示慰劳。

这次六世班禅在拉萨停留了约有半年，据班禅藏文传载，在此期间与达赖喇嘛、三大钦差、四大噶伦以及三大寺的代表充分讨论了振兴格鲁派应兴应革诸事，但无具体内容。实际上，当时六世班禅才14岁，还在学经时期。当时噶厦把六世班禅由札什伦布寺移到拉萨居住，与当时清朝政府正向新疆准噶尔部大举用兵有关。清乾隆十七年（1752年），清朝中央政府恐怕准噶尔失败后，窜入西藏，就会威胁到达赖与班禅的安全，所以当时清高宗曾谕军机大臣等："从前达赖喇嘛曾移住泰宁，倘准夷来犯，藏内之人或不能支，应将达赖喇嘛如何复住泰宁之处，亦须预筹方妥。再，班禅额尔德尼所住札什伦布地方，距前藏几许？准夷若来，有无关碍？务须留心。"

> 寻班第等奏：土伯特人虽怯懦，自颇罗鼐以来操练熟习，现在马兵万余，步兵一万五千，若准夷从阿哈雅克、腾格里诺尔而来，则令策凌旺札尔领蒙古、唐古忒兵抵截，调功布、达克布等处兵接应；从那克桑、阿里克而来，则令色玉特色卜腾领附近兵抵截，调阿里克等处兵接应。班第达及尼玛嘉木灿留藏保护达赖喇嘛。至班禅额尔德尼所住札什伦布，去前藏七百余里，自阿里克至前藏，亦沿札什伦布之边而行；若用兵，则令移至前藏与达赖喇嘛同住，可以无虞。万一准夷倾部而来，土伯特有不能抵御之势，临期相机而行；一面将达赖喇嘛、班禅额尔德尼护送至泰宁，一面令驻藏官兵协同唐古忒等兵并力守住山险，以待川兵入藏应援，亦可无虑。奏入，报闻。

驻藏大臣把六世班禅移到拉萨，就是根据以上部署而实行的。后来，因为清军在新疆的战事进展顺利，准噶尔军溃败，对西藏的威胁亦告解除，乃于清乾隆十七年（1752年）十一月，始准六世班禅返回札什伦布。噶厦向六世班禅送了银曼札一盘，法衣一套，银元宝85锭（每锭50两），绸缎108匹，砖茶1000块，作为饯行的礼品。十一月十七日，六世班禅赴达赖在布达拉宫的寝宫辞行,七世达赖给六世班禅送了一尊释迦牟尼佛像,祝班禅一路平安,并派卓尼荣丹勒周护送六世班禅一直到札什伦布寺。

清乾隆二十年(1755年),清朝中央政权击败了准噶尔部,平定了新疆。清高宗派钦差大臣一人前来西藏,向达赖和班禅传达了清军已平定了新疆,准噶尔对西藏的威胁永远解除的旨意。六世班禅为此写信向清高宗祝贺,并献了一条哈达、三尊佛像。《清实录》中也有如下的记载:"乾隆二十年七月,又谕:现达瓦齐已被擒获,准部悉平,著萨喇善告知达赖喇嘛,令其欣悦。"

是年八月,七世达赖写信告诉六世班禅,说他现正生病,医治无效。六世班禅接信后,立即派遣札什伦布寺的名医班仓钦冒前往拉萨,给七世达赖治病,也无效果。

清乾隆二十二年(1757年)二月初三日,七世达赖噶桑嘉措在布达拉宫逝世,享年五十岁。噶厦众噶伦和布达拉宫的大堪布即派专人前往札什伦布寺,向六世班禅报告了七世达赖逝世的时日,请班禅祈祷达赖早日"转世"。并请班禅写一文告,通知西藏全体僧俗群众。

六世班禅对七世达赖的逝世感到非常悲痛,下令札什伦布寺的全体喇嘛哀悼三天,集合在大经堂诵经。僧众上大经堂时,一律脱下格鲁派僧帽,以示哀悼。六世班禅给札什伦布寺的每一僧侣布施白银一两,作为诵经的报酬。随后,又在札寺几康内,集合了札寺的全体念经喇嘛,念经42日,给念经喇嘛每日供给茶、饭七次,全由札寺开支。与此同时,六世班禅又派札寺僧官前往拉萨,向七世达赖的遗体献了酥油灯1000盏,食子1000个,元宝60锭,马40匹,绸缎100匹。札什伦布寺所属的百姓和属寺,共同向七世达赖遗体献了白银2500两。六世班禅又派人到拉萨三大寺和卫藏各大寺庙熬茶,放布施,祈祷达赖早日"转世"。

七世达赖逝世之后,西藏政教事务一时无人管理,噶厦众噶伦乃请驻藏大臣伍弥泰、萨拉善转奏,拟请迪穆呼图克图"掌办喇嘛事务"。清高宗认为"所奏殊属含混。噶隆等颇有擅办喇嘛事务之心,日久恐不免妄擅权柄。是以朕赏迪穆呼图克图诺门汗之号,俾令如达赖喇嘛在日一体掌办喇嘛事务。除明隆谕旨外,再谕伍弥泰、萨拉善务宜留心,遇有一切事务,俱照达赖喇嘛在时之例,与迪穆呼图克图商办,毋令噶隆等擅权滋事",从此迪穆呼图克图在新达赖未亲政前,由他代理达赖的职务,清代的文献中称为"掌办商上事务",习惯上称为"摄政"(汉语音译"甲曹")。

是年六世班禅巴丹益喜已19岁,按喇嘛教的制度,到了受比丘戒的年龄。因七世达赖逝世,札什伦布寺的执事僧官等人商议后决定,即请现任经师罗桑群培给六世班禅授比丘戒。选定六月初四日为六世班禅受比丘戒的吉日,授戒典礼在札什伦布寺的大经堂内举行。噶厦和驻藏大臣的代表,三大寺的代表等均专程派人前来札寺,祝贺六世班禅受比丘戒圆满成功。

清乾隆二十四年(1759年),清高宗为了找寻七世达赖"转世"的"灵童",从北京特派章嘉呼图克图前来拉萨。二月初五日,噶厦特派卓尼噶桑团柱、其本令普穹、哲蚌寺代表颇章第巴等人前来札什伦布寺,邀请六世班禅前往拉萨,与章嘉呼图克图等人会晤。二月初九日,六世班禅即从札寺启程;二月二十二日到达拉萨,在坚杂鲁丁地方搭的欢迎帐篷中,首先与章嘉呼图克图见了面,接着与驻藏大臣伍弥泰、官保见了面,彼此都互换了哈达。然后六世班禅径赴布达拉宫。在拉萨停留期间,班禅和章嘉呼图克图严格按照格鲁派手续,先是算卦,之后请乃迥曲均降神,确定了七世达赖逝世后的"转世"方向,然后派出代表多人,向这个方向去找寻"转世"的"灵童"。章嘉呼图克图即回北京复命。六世班禅则从五月十一日起,先到甘丹寺,又到热振寺,再到汪日寺(在直贡附近),沿途讲经说法,还给许多僧侣授了沙弥戒和比丘戒,共停留约一个多月的时间,于七月初三日返回札什伦布寺。

六世班禅是从北路返回的,路过他的出生地南木林宗的札西则谿卡时,听当地人说,在托布加谿卡的拉日岗村,某一贵族家中于土虎年(清乾隆二十三年,1758年)出生了一个小孩,人们猜测就是七世达赖"转世"的"灵童"云云。六世班禅乃在噶丹热不结寺内派人让其父母抱着小孩前来,与六世班禅会面。六世班禅以米饭、长生果招待了小孩及其父母,但没有讲什么话。实际上就是对这个小孩作了一番观察。

清乾隆二十五年(1760年),是清高宗的五十大寿。六世班禅派巴也尔堪布一人,前往北京,向清高宗祝寿。《清实录》中记载:"乾隆二十五年四月谕军机大臣等,据官保奏到班禅额尔德尼、第穆呼图克图等因朕万寿遣使前来祝嘏,具见悃忱。伊等使人至成都时,如携带有零星货物,著加恩与贡物一并官为资送。"

是年十二月,经过各种宗教手续的检验后,认定六世班禅在噶丹热不结寺内看视过的那个小孩，就是七世达赖"转世"的"灵童"。经驻藏大臣奏请清高宗批准，继任为八世达赖喇嘛。驻藏大臣即通知摄政第穆呼图克图，命令噶厦和三大寺派遣大批僧俗官员前往托布加谿卡的拉日岗村，将"灵童"从他的父母家中接出，先安放在札什伦布寺。"灵童"见六世班禅时，向班禅磕了头。

清乾隆二十六年（1761年）正月，噶厦派前世达赖的却本堪布第珠前来札什伦布寺，代表噶厦向八世达赖表示祝贺，同时携来摄政第穆呼图克图和四大噶伦给六世班禅的亲笔信，请求六世班禅给八世达赖剪发并取法名。正月十一日，在札什伦布寺的益格穹曾殿上，由六世班禅给八世达赖剪了发，并取法名为吉总罗桑丹白旺觉强白嘉措巴桑布（简称强白嘉措）。由噶厦出资在益格穹曾殿上举行了隆重的噶卓，以示庆祝。三月初五日，摄政第穆呼图克图、驻藏大臣集福、噶伦公班第达、噶伦扎萨大喇嘛等二百余人前来札什伦布寺，以便迎接八世达赖前往拉萨。次日，在札寺大经堂内举行了隆重的集会，六世班禅与八世达赖都登上了宝座，摄政、驻藏大臣、噶伦等人向六世班禅和八世达赖献了哈达和贵重的礼品。三月十八日，八世达赖由札什伦布寺启程前往拉萨，札什伦布寺的全体僧俗官员和僧众，在札寺大门外排队欢送。札寺还在桥东搭了欢送帐篷，给达赖和摄政等人送行。六世班禅派了卓尼二人，陪同八世达赖一直到拉萨。

清乾隆二十七年（1762年）闰五月，摄政第穆呼图克图和驻藏大臣集福、福鼐、傅景共同派遣卓尼噶桑团柱、其本夏将、色拉寺基苏业巴等人前来札什伦布寺，通知六世班禅，八世达赖强白嘉措将于是年七月在布达拉宫举行坐床典礼，清高宗特派外蒙古喀尔喀王车布登札巴由北京前来西藏"照看达赖喇嘛之呼毕勒罕坐床"，他们邀请六世班禅前往拉萨主持八世达赖的坐床典礼，并给八世达赖授近事戒。六月初七日，六世班禅自札寺启程前往拉萨。这时八世达赖强白嘉措还住在聂塘地方的热娃堆寺内，班禅先赴热娃堆寺，与八世达赖见了面。驻藏大臣集福也同时来寺，与班禅商量八世达赖坐床的有关事宜。七月初六日，摄政第穆呼图克图也来聂塘。次日，摄政陪同达赖、班禅一同前往拉萨。七月初九日，拉萨市民和政府官员都在大道两旁排队欢迎，盛况空前。八世达赖直赴布达拉宫，在日光殿上登上了历代达赖坐床的狮子宝座。噶厦在大殿上举行了噶卓，表示庆祝。

七月十七日，六世班禅又在布达拉宫日光殿上给八世达赖授了近事戒。

为了庆祝达赖坐床，班禅又分头派人前往三大寺和其他各大寺庙，给僧众熬茶，放布施，共花费白银15 179两。

八月二十四日，噶厦因为班禅及其随从官员准备返回札什伦布，向六世班禅送了"派宗"礼（送行的礼品）。九月初五日，六世班禅向八世达赖、摄政、驻藏大臣等人辞别，于九月二十一日安抵札寺。

清乾隆三十年（1765年），此时八世达赖强白嘉措年已七岁，按喇嘛教的规定，应该受沙弥戒。因为六世班禅是八世达赖的师傅，应由六世班禅给八世达赖授戒。是年三月，噶厦派官员给六世班禅送来了一封信，邀请他前往拉萨。五月十一日，噶厦又派卓尼噶桑团柱、其本白萨、哲蚌寺的基苏等人前来札什伦布，迎请班禅前往拉萨。五月十六日，六世班禅即从札寺启程，六月初一日到达拉萨，径赴大昭寺，在寺内的噶丹洋仔殿上，与八世达赖见了面，噶厦在噶丹洋仔殿举行了噶卓，表示欢迎和庆祝。会毕，六世班禅宿于预先在大昭寺内安排好的松将行宫。

六月初四日，在大昭寺内的释迦牟尼佛像前，班禅给达赖传授了沙弥戒。由八世达赖的经师甘丹池巴阿旺曲札担任司时，摄政第穆呼图克图担任司仪。驻藏大臣福鼐等人也到场观礼，并代表清高宗为达赖授沙弥戒致贺。受戒完毕后，达赖和班禅同赴布达拉宫，班禅在布达拉宫住了两个多月，据说每天都给达赖讲说经典。八月二十三日，六世班禅才向八世达赖告别，于九月十四日返抵札什伦布寺。

三、清乾隆帝册封六世班禅

清乾隆三十一年（1766年）七月，六世班禅接噶厦的一封信件，通知班禅一个重要消息：清高宗所派的册封六世班禅的钦差大臣将从四川打箭炉启程，前来札什伦布寺，要六世班禅早作迎接"圣旨"的准备。班禅接信后，立即派遣巴本益喜太爷代表班禅前往四川打箭炉欢迎钦差。又派卓尼罗桑格勒、洛札娃罗桑开觉前往拉萨，等候钦差大臣的到来。

九月十七日，清高宗派出的钦差大臣阿萨汗干、扎萨喇嘛阿旺巴觉呼图克图、三品官喀雅太傅、加尔笔等一行数十人到达札什伦布寺，班禅派遣札寺的全体僧官、各宗豁头人、日喀则宗本等百余骑，前往数十里外远道迎接。札寺的所有屋顶上悬挂了经幡。札寺数千喇嘛在寺外排队欢迎。札寺欢迎钦差的帐篷搭在年楚河的东边。

钦差大臣一行到达札什伦布寺后，直赴日光殿，与六世班禅会面。班禅先向钦差大臣问候了皇上安好。然后钦差大臣即向班禅宣读了"圣旨"。"圣旨"大意如下："奉天承运皇帝诏曰：朕为众生之主，长求众生安宁，泽被四海，普天之下，凡我赤子，皆受庇护，此人尽皆知者。班禅额尔德尼慧性澄圆，佛学精渊，任达赖喇嘛之师，传授戒律，功行圆满。前世班禅学识渊博，本世亦如前世，朕深喜悦。特援前世之例，册封尔为班禅额尔德尼，掌管札什伦布政教两事，发扬光大格鲁派，是所厚望。并希多诵经典，保佑国家安宁。钦此，乾隆三十年正月初四日。"此金册系用满、汉、藏三种文字，用纯金制成，共13页，净重230两。另有金印一颗，文曰"敕封班禅额尔德尼之印"，也用满、汉、藏三种文字，净重208两。钦差大臣又带来清高宗赠送班禅的绸缎、茶叶、玉器多种。班禅接了金册金印及礼品以后，向东方叩头谢恩。然后举行盛大宴会，为钦差大臣一行洗尘。

关于这次班禅的册封，《清实录》中只有如下的简略记载："清乾隆三十年九月，又谕曰：班禅额尔德尼年齿长成，经典淹洽，复教导达赖喇嘛经卷，理宜加恩册封，著交该院照例办理。"《清实录》中并未记载金册、金印的文字。这里是由六世班禅的藏文传记转译的。因未与原件查对，可能文字上会有些小的出入。

九月二十七日，钦差大臣一行辞别班禅，返回拉萨，札寺举行了隆重的欢送仪式。班禅特派卓尼一人，巴本一人，一直把钦差大臣送到拉萨。接着，班禅又派了卓尼罗桑格勒带着奏折，于十一月初一日自札寺启程前往北京，向清高宗"上表谢恩"。

四、六世班禅调解不丹与印度关系及西藏政权归属

这一时期，英国侵略者已经占领了印度，设立了东印度公司，英国政府派一总督管理印度各邦的事务。清乾隆三十九年（1774年），不丹与印度、

孟加拉之间，发生了边境冲突，不丹国王与前世班禅友好，因此派遣代表前来札什伦布寺，请求六世班禅出面调解。因为在此以前，不丹与西藏之间发生冲突时，达赖与不丹法王双方均曾请四世班禅和五世班禅出面调解，有此先例，六世班禅就接受了不丹法王的请求，写了一封调解的信给印度当局，实际上是写给了当时英国派驻印度的总督哈斯汀士。

英人荣赫鹏著有《印度与西藏》一书[①]，此书是站在帝国主义立场上写的，说西藏是一个"国家"，但他也记载了当时波格尔到日喀则与六世班禅会晤的情况，对我们研究英国侵略我国西藏的历史，还是有一定的参考价值。

据《印度与西藏》记载，当英国驻印总督哈斯汀士接到六世班禅的来信以后，一方面停止了对不丹的军事进攻，以缓和紧张空气，另一方面即利用班禅来信的机会，派遣波格尔于清乾隆三十九年（1774年）五月中旬自印度加尔各答启程，于同年十一月到达札什伦布寺。

对于波格尔的入藏，六世班禅开始是拒绝的。据英国人凯曼写的《通过喜马拉雅山的贸易》一书记载：当时六世班禅回答哈斯汀士的信中说：西藏是中国领土，中国大皇帝禁止外国人来藏，札什伦布寺离北京太远，一时不能得到大皇帝的批准，因此要波格尔等返回加尔各答[②]。但是哈斯汀士不顾班禅的抗议，也不再与六世班禅商议，径派波格尔到了札什伦布寺。

哈斯汀士给波格尔的任务不仅是要与六世班禅会晤，主要目的是通过六世班禅的介绍，前往拉萨与摄政第穆呼图克图和噶厦进行谈判，要求印度与西藏"通商"，并拟在拉萨设立"使馆"。同时还要求波格尔了解"拉萨、孟加拉边境间道路邦邑之情况，与其政府、财赋、风土诸项情形"。波格尔是英国人，当时在东印度公司收入部工作，时年28岁。

波格尔到达日喀则后，次日即与六世班禅见面，向班禅呈递了哈斯汀士的书函和一串珠圈（礼品）。

> 班禅以最谦恭和蔼之态度接待波格尔，与并坐覆有毾㲪之高榻上，然后操印语与谈，渠与印语似有相当研究也。
>
> 波格尔言及其人（指六世班禅），谓年近四十，赋性豁达坦率而慷

[①] 《印度与西藏》一书，我国有中文译本，孙煦初翻译此书时，将书名改为《英国侵略西藏史》，商务印书馆1934年版。

[②] 转引自佘素著的《清季英国侵略西藏史》。

爽，外貌愉悦和善。其谈话时尤令人欢乐愉快，常以无限之幽默与滑稽述谈有趣之故事。

但是当正式谈到要讨论的问题时，六世班禅强调以下几点：

一、强调不丹是中国的藩属，不丹的安危西藏不能不过问。班禅给哈斯汀士的信中明确指出："然余今以调入之地位敬告阁下者，即德布法王（不丹法王）固臣属于达赖喇嘛者也。……阁下如必欲再施压迫于德布法王之领土，势将激怒喇嘛及其臣民而合力以反抗阁下。"班禅与波格尔谈到不丹与孟加拉之间的战争时说："总督自是师出有名，然余则憎厌流血，且不丹为余之藩属，故此事告一段落，甚可喜也。"

二、强调西藏属中国领土，一切要听从中国大皇帝的命令办事。"波格尔又暗示班禅可否劝藏人与英方成立某种形式之联盟。……班禅谓拉萨摄政之疑惧英人，非仅其本身问题，亦因臣属中国，不敢开罪中国当局，故彼须候北京政府之回示"。第穆呼图克图摄政派来的代表也向波格尔表示："凡力所能及，拉萨摄政无不乐为，但一切须听命中国皇帝耳。不得中国之同意，则毫无能为。"

三、关于自由通商问题，班禅和摄政的代表，都只表示印商可到西藏斐利（即帕里）通商，"此为旧日习惯，必可遵行也"。关于藏人到印度经商一事，"以藏人畏暑"加以拒绝。并说"如将巨量之金送往孟加拉……中国皇帝必滋不悦也"。

四、关于波格尔要求到拉萨，并在拉萨设立"使馆"一事，遭到西藏摄政的坚决拒绝。"波格尔本人原于受训令时赋予全权前往拉萨竟不果往。班禅曾谓彼固深愿其往，而拉萨摄政反对甚烈。彼劝波氏勿往。"

波格尔在日喀则待了约四个多月，毫无所获，只好于1775年3月空手而回。临行向六世班禅告别时，波格尔又提出：哈斯汀士总督"将遣其臣仆不时致书班禅。问班禅是否同意？"班禅答以："余愿总督此时暂勿派遣英人……余宁愿请总督遣一印人来也。"

波格尔认为西藏人之所以对英国人抱有疑惧心理，是因为："藏人认为英国孟加拉总督之必然进攻西藏只不过时间问题。彼具有征服此邦之权力，彼亦必然征服之。彼初步之工作，自是遣一使臣侦察此邦，探其富源，觅取最适当之进取方法，波格尔自彼等视之无疑为此种侦探之一人。"这一段论述可以说是英国侵略者派遣波格尔到西藏进行侦探，为日后进一步侵略西藏之不打自招。而六世班禅在与波格尔打交道的过程中，始终站在维护中国主权的立场，维护清朝中央政权与西藏地方政权是隶属关系的立场，态度是非常明确的。

对波格尔来藏会晤班禅一事，六世班禅的藏文传记中也曾提到，同来者还有娃热纳赛王的代表则代僧巴都等人。

清乾隆四十一年（1776年）十一月初三日，八世达赖、摄政第穆呼图克图都同时给六世班禅来了信，提到来年（即清乾隆四十二年，1777年）八世达赖强白嘉措年满18岁，应受比丘戒，邀请六世班禅前往拉萨，给八世达赖传授比丘戒。六世班禅接受了这个请求。清乾隆四十二年（1777年）正月，六世班禅又接到八世达赖、驻藏大臣留保住、全体噶伦的来信，通知摄政第穆呼图克图于正月二十二日逝世，请班禅诵经祈祷。班禅即派谢业巴罗桑根敦前往拉萨致祭。

清乾隆四十二年（1777年）二月初六日，噶厦特派卓尼谢路堪布、仔本加郭娃、哲蚌寺基苏等人前来札寺迎接六世班禅前往拉萨，为八世达赖授比丘戒。初七日班禅即从札寺启程，二十日抵达拉萨，径赴布达拉宫，在日光殿上与八世达赖见了面，彼此互换了哈达。次日，噶厦在布达拉宫日光殿上举行噶卓，欢迎六世班禅。驻藏大臣留保住、恒瑞也参加了噶卓庆祝会。

四月初五日，清高宗的"敕书"到达拉萨，著甘丹喜热图诺门汗阿旺楚臣继任摄政。班禅即派代表前去向新摄政表示祝贺。

四月十五日，为八世达赖强白嘉措受比丘戒之日，由新摄政甘丹喜热图诺门汗陪同八世达赖、六世班禅，同赴大昭寺。授戒仪式在释迦牟尼佛像前举行，由六世班禅巴丹益喜担任授戒堪布，卸职甘丹池巴、达赖经师阿旺曲扎担任"勒罗"，班禅的经师罗桑群培担任"桑敦"，现任丹池巴罗桑丹巴担任"堆郭娃"，察汗诺门汗罗桑土登格勒坚赞担任"者巴保"。授戒完毕，八世达赖向六世班禅献了曼札，表示谢恩。六世班禅也向八世达赖献了曼札，表示祝贺。按着摄政、驻藏大臣、噶伦、三大寺代表等人依次向达赖、班禅献了哈达和礼品，祝贺八世达赖受比丘戒圆满完成。六世班禅即将给八世达赖传授比丘戒的经过，向清高宗写了一份奏折，请由驻藏大臣转呈。

达赖和班禅在大昭寺住了九日，于四月二十四日同赴小昭寺，向该寺的释氏佛像上了供品，然后同赴布达拉宫。六世班禅在布达拉宫住了一年，据说每日都向八世达赖传授佛教的显密诸经和宗喀巴的著作。清乾隆四十三年（1778年）二月二十四日，六世班禅向八世达赖告辞，三月十二日返抵札什伦布寺。

五、六世班禅赴承德陛见乾隆皇帝

清乾隆四十四年二月初九日，摄政甘丹喜热图诺门汗、驻藏大臣留保住、噶伦公班第达欧周南加一行到达札什伦布，一方面是来看望班禅，同时向他传达了清高宗的"旨意"，邀请班禅前往北京。"旨意"中并指示摄政和驻藏大臣，要他们做好班禅赴京的一切准备工作。班禅接到了这个"旨意"后非常高兴，立即向清高宗写了回信，接受邀请，即请驻藏大臣向清高宗转奏。

关于邀请班禅赴京"陛见"一事，早在清圣祖执政时期就已决定，并一再敦请五世班禅早日赴京，五世班禅也很愿意。但当时第巴桑结嘉措从中阻挠，未能实现。当时清朝中央政府正在漠南、漠北蒙古地方与准噶尔噶尔丹进行决战，清圣祖亲赴前线指挥，很想利用漠南、漠北蒙古人对班禅的崇拜取得民心，班禅如能赴京一行，必须取道漠南蒙古草原，这对于安定漠南、漠北蒙古人的"倾心内向"，对战事是大有裨益的。由于第巴桑结嘉措从中阻挠，因而清圣祖对第巴桑结嘉措非常痛恨。

六世班禅时情况大不同了。这时不仅漠南、漠北蒙古均已归顺清朝，纳入大清帝国的版图。而且乾隆十九年至二十年（1754~1755年），清朝中央政权已经彻底击败了准噶尔的反抗，新疆亦纳入了大清帝国的版图。因此，清高宗此次邀请六世班禅前往北京"陛见"，显然不再是或者说主要不再是漠南、漠北蒙古的安抚问题，也不再是新疆准噶尔的归顺问题，而有别的政治目的。

雍正七年西藏发生了首席噶伦康济鼐被杀事件，乾隆十五年又发生了驻藏大臣傅清、拉布敦被杀事件，清高宗吸取历史的教训，认为对西藏事务"必当众建而分其势"，这里包含了扶植宗教势力，以牵制贵族势力，使其实权不能专一，驻藏大臣便以监督和控制的政策。因此，清高宗除了极力抬高达赖喇嘛的地位外，同时也想极力抬高班禅的地位，使贵族中不可能再产生第二个珠尔默特那木札勒。而达赖已到过北京，现在再让班禅到一次北京，不仅是使班禅集团更加"倾心内向"，也使班禅在西藏的政治地位更加抬高。当然，班禅如来京，必然要经过青海和内蒙古，那里是蒙藏牧民游牧之地，班禅经过时，必然在蒙藏牧民（包括上层王公）中产生很大的影响，这对于清朝中央政权巩固青海与内外蒙的统治，也是大有好处的。因此，清高宗邀请六世班禅赴京"陛见"，在数年前早就作了精心的筹备。他选择了七旬万寿的时机，让六世班禅以祝寿为名，前来内地。又把会晤的地点，选在承德避暑山庄，并在承德修建了接待班禅的热河札什伦布寺（汉名"须弥福寿之庙"），事先作了充分的准备。

关于六世班禅赴京一事，《清实录》中是这样记载的："乾隆四十三年十二月乙丑，谕军机大臣曰：昨据章嘉呼图克图奏称，班禅额尔德尼因庚子年（清乾隆四十五年，1780年）为大皇帝七十大寿，欲来称祝。朕本欲见班禅额尔德尼，因道路遥远，或身子尚生，不便令其远涉。今即出于本愿，实属吉祥之事，已允所请。是年朕万寿月，即驻热河，外藩毕集，班禅额尔德尼若于彼时到热河，最为便益。已谕令于热河度地建庙备其居住。至沿途应办事宜尚多，均系理藩院承办，虽为日尚宽，而早为部署，更觉从容妥当。"

对于迎接六世班禅前来热河祝寿，清高宗作了精心的部署。清乾隆四十四年（1779年），谕军机大臣等："明年（清乾隆四十五年，1780年）七月间，班禅额尔德尼来避暑山庄谒觐，届期朕欲遣皇六子迎接，例应有一领侍卫内大臣随往，尤须得一老成练达者方妥。永贵熟悉外藩事务，且伊原系总谙达，朕欲即令伊为领侍卫内总谙达，随皇六子前往。"当时永贵还在新疆，立即下令调回。这样，就由永贵负责迎接六世班禅的一切事务。

清高宗又考虑到六世班禅自西藏来热河，要经过陕甘总督、陕西巡抚、山西巡抚和察哈尔都统的辖区，为了面授应行注意的事项，特令陕甘总督勒尔谨、陕西巡抚毕源、山西巡抚巴延三等人"来京面谕妥办"。清高宗对迎接六世班禅确定了"不可草率迟缓……亦不宜张大浮靡"的原则。陕甘总督勒尔谨接受任务后，有些张皇，主张在班禅沿途住宿的地方，都要预先搭盖蒙古包，所住民房都要大修，所经道路如不平整，要动员民工垫路，清高宗认为"勒尔谨身任总督，于此一事全无主见，是何道理？勒尔谨著传旨严行申饬"。清高宗认为班禅来京自己带有蒙古包，如专为班禅在沿途搭盖蒙古包"不免过涉张皇"。至其经过的道路，"如山岭峻仄，自应量为平治"，"断不值为之垫道也"。

清高宗还决定，让内外蒙古各部落的首领，新疆新归顺的"回部"首领①，并让由俄罗斯归来的土尔扈特部的首领，均令前来避暑山庄，其目的是利用向清高宗祝贺七十大寿的机会，借助六世班禅的影响，以巩固清朝对内外蒙古与新疆的统治。

据藏文《六世班禅传》载，班禅接受了前往避暑山庄觐见清高宗的邀请以后，立即进行长途旅行的准备工作。首先决定了路线和行程。准备在乾隆四十四年（1779年）六月，由后藏札什伦布启程，是年十月抵达青海塔尔寺，在那里过冬。乾隆四十五年（1780年）三月，再由塔尔寺启程，经过宁夏、绥远、察哈尔，七月抵达热河避暑山庄。打算在清乾隆四十六年（1781年）返回札什伦布。来去共需三年时间。

其次是准备随行人员。根据萨迦法王八思巴和五世达赖喇嘛前往北京的规模，随行人员计有侍从堪布13人，如苏本、森本、却本、卓尼、德穹巴、聂仓巴、居巴多吉洛本、恰恰巴、拉曼巴、达本、噶巴、玛钦、作本等，如加上人役、马夫、仆从等共2000余人。在六世班禅赴京期间，札什伦布寺的日常政教事务，由德穹巴·格勒久乃负责处理。

清乾隆四十四年（1779年）六月十七日，六世班禅自札什伦布寺启程，噶厦特派卸职噶伦达汗堪布、札萨台吉、八世达赖的私人代表丹巴团柱等人，负责在西藏境内的护送责任。六月二十七日，六世班禅到达羊八井的札西通门地方，八世达赖强白嘉措、摄政甘丹喜热图诺门汗、驻藏大臣恒瑞、索琳，以及全体噶伦、代本等人已提前来到羊八井，欢送班禅晋京。六世班禅到达后，即在札西通门地方与八世达赖、摄政、驻藏大臣等人见了面，互换了哈达。噶厦就在当地举行了噶卓，表示欢送。八世达赖从羊八井一直把六世班禅送到上达木的札西塘地方，走了八天的路程，于七月初六日才辞别班禅返回拉萨。噶厦特派噶伦多噶娃一直护送六世班禅到青海境内的通天河。

七月十三日，六世班禅到达那曲，在这里为了准备乌拉牲口等事，停留了五天。七月十八日，又从那曲出发，改乘驮轿。七月二十八日过了唐古拉山，遇到了由北京回来的札寺堪布降白洛桑。他带来清高宗给班禅的

---

① 这里说的"回部"，即今之维吾尔族。

"谕旨"一封，并有清高宗本人的画像一帧。"谕旨"中说：

> 班禅额尔德尼安吉否？达赖喇嘛安吉否？达赖喇嘛学经甚勤否？朕深念之。现派人前来欢迎，朕将以前代欢迎五世达赖同样隆重之仪式迎尔，并在避暑山庄修建供尔居住之庙宇，其建筑形式与后藏札什伦布寺相同。朕闻尔将来避暑山庄，现正学习藏语，以便谈话方便。等尔到避暑山庄附近，朕将派王公大臣前来迎接。

八月初八日，六世班禅进入青海境内。从这里开始，沿途供应就由西宁大臣负责，备有驮牛1000头，骆驼400峰，蒙古包400顶，以及柴草马料等物资。

八月十八日，六世班禅到达通天河，噶伦多噶娃完成了护送任务，辞别班禅返回西藏。八月二十八日，六世班禅到黄河源头，又遇到了由北京派来欢迎的西安府道客钦差和藏军包钦差一行，又带来清高宗的一封"谕旨"，内说："知尔安抵诺木根乌巴西打巴，沿途天暖，雪少，甚慰。尔为西方大活佛，今后对御容毋庸跪拜，以示优崇。"当时清高宗正在江南巡视，但对迎接班禅一事，还是很关心的。

九月二十七日，班禅一行过了肖若拉山，又遇到青海蒙藏僧俗欢迎代表200余人，其中有塔尔寺的曲桑呼图克图，塔尔寺的吉业等宗教首领。同时前来的青海蒙藏群众一万余人，六世班禅给这些群众"摸顶"。十月初十日，班禅一行抵达库库托罗哈地方，又遇到陕甘总督勒尔谨、西宁办事大臣福礼派来欢迎的西宁总兵、兰州道台等。同行者还有察汗呼图克图，土观呼图克图等满、汉、藏僧俗官员140余人，彼此换了哈达，问了安好。十月十二日，班禅一行又遇到了由兰州远道前来欢迎的陕甘总督勒尔谨、西宁办事大臣福礼等满汉官员100余人，护卫士兵与仆役1000余人。陕甘总督勒尔谨首先向班禅表示慰问，并转达了皇上的旨意，所有班禅及随同晋京人员和他们的马匹的供应，完全由国库开支。

十月十五日，班禅一行抵达塔尔寺。塔尔寺的所有屋顶上都悬挂了经幡，并有喇嘛在屋顶吹号角，击皮鼓。3000喇嘛在寺门外排队欢迎。班禅的行宫就设在三世、四世和五世达赖居住过的拉让里面。此时清高宗又从北京特派钦差大臣苏拉、万福、蒙古阿萨汗布台等同时到达塔尔寺，又带来清高宗的一封"上谕"，大意是说"明年为朕七十大寿，希望尔提前到达避暑山庄，参与盛典"。还赐六世班禅珍珠念珠一串、金鞍一全套、骏马一匹，还有银茶桶、茶罐、袍料等。钦差大臣还把班禅迎到塔尔寺的大经堂，献了哈达，并向全寺僧侣熬了茶，放了布施。班禅也给清高宗写了"奏折"，对皇上的慰问与赏赐"上表谢恩"，由钦差大臣转奏。

班禅为了准备过冬，在塔尔寺居住了5个多月。在此期间，班禅给远近前来膜拜的数万蒙藏群众"摸顶"，给塔尔寺的全体僧众熬茶，放布施，共用白银6700余两。

塔尔寺是格鲁派（格鲁派）六大寺庙之一。其他五大寺庙是拉萨三大寺、后藏札什伦布寺和甘肃拉卜楞寺。

清乾隆四十五年（1780年）三月初十日，六世班禅离开了塔尔寺，取道宁夏、内蒙古鄂尔多斯市、察哈尔部、直赴承德避暑山庄。六世班禅经过甘肃古浪县时，陕甘总督勒尔谨等满汉官员在此欢送班禅，并给他设宴饯行。四月初十日，六世班禅过宁夏城、阿拉善旗，进入内蒙古鄂尔多斯市。沿途受到满汉官员、蒙古王公和蒙古族群众的隆重迎送，班禅给数万蒙古人"摸顶"。六月初一日，班禅到达内蒙古鄂托旗，遇到清高宗派来迎接的乾清门喀木仁俄妥南孙、然科呼图克图等一行，带来金顶黄轿一顶、红黄伞盖各二顶、幢幡四套、仪仗四十件。于是六世班禅由此改乘黄轿前进。行至岱海①地方时，又遇到清高宗派来迎接的皇六子和章嘉呼图克图一行，并带来清高宗的"敕书"一封，大意是说："朕已于五月初七日前赴热河避暑山庄，此间佛殿落成，设备妥善，专待驾临。"随"敕书"赠送珍珠凉帽一顶，金丝袈裟一件，水晶念珠一串。班禅要叩头谢恩，皇六子以手扶住，说"奉旨免礼"。

清乾隆四十五年（1780年）七月二十一日，六世班禅抵达承德，清高宗派大臣爱爱蒲公、胡大兴、公平西七伦代表清高宗前来欢迎，还有当地寺庙活佛、堪布、喇嘛、蒙古王公贵族，也在大道两旁排队欢迎。大臣爱爱蒲公代表清高宗向六世班禅献了上品哈达一条，并致了欢迎词。然后六世班禅直赴须弥福寿寺（即热河札什伦布寺），在那里略事休息，又乘轿前往避暑山庄觐见清高宗。随从堪布在山庄门外下马步行入宫，特准班禅乘轿入宫，直至皇帝寝宫门前下轿。清高宗站在寝宫门前等候，王公大臣数百人在两廊下站班侍候。六世班禅首先向清高宗献了"朗作"哈达一条，"主玛佛"一

---

① 《清实录》所记的岱海地方，在藏文《六世班禅传》中为代噶，其地在今内蒙古自治区的凉城县。

尊，珍珠念珠一串，然后准备下跪磕头，清高宗拉住班禅的手，用藏语说："喇嘛不要磕头"。接着，清高宗也还了班禅"朗作"哈达一条，并拉着班禅的手进入殿内，各就座位，章嘉呼图克图先向清高宗和六世班禅各献哈达一条，然后是班禅的侍从堪布依次向清高宗献了哈达。内大臣向清高宗和班禅献上香茶。这时清高宗又用藏语问班禅："喇嘛身体好吧？路上辛苦了吧？"班禅答称："托皇上洪福，沿途很好。"清高宗又用藏语问："达赖喇嘛好吗？"班禅答曰："很好。"清高宗又说："喇嘛贵庚多大？朕今年已七十，以如此高龄，幸见喇嘛，甚慰朕怀。从此中土佛法弘扬可期，四海人民得歌升平。"班禅起身一一回答。然后清高宗又带着班禅参观了佛堂，即请班禅回须弥福寿寺休息。

对于此次"陛见"，《清实录》中只有很简短的一条记载："乾隆四十五年七月丁酉，班禅额尔德尼自后藏入觐，上御依清旷殿召见，赐坐、慰问、赐茶。"

次日（七月二十二日），六世班禅向清高宗献了许多祝寿的礼品，计有"朗作"哈达一条、银曼札一盘、宗喀巴金像一尊、释迦牟尼金像八尊、缎子垫褥靠背等一全套、黄金1000两、珊瑚一串、骏马1000匹，还有藏香、氆氇、呢子、白糖、干果等。清高宗也给六世班禅回赠了如下的礼品：计有"朗作"哈达一条、净重30两的金曼札一盘、银曼札一盘、桑堆、德却、鸠且佛像三尊、玉茶碗二套、金法物一套、金糌粑盒一个、羊脂玉茶杯一套、玻璃碗十个、玻璃瓶子碟子一套、玻璃壶四个、酒席餐具三桌、黄金500两、各色缎子29匹，水獭皮、豹皮、狐皮各九张，猞猁皮1000张。

七月二十三日，清高宗亲赴须弥福寿寺看望班禅。见面时清高宗用藏语问："朕派皇六子迎驾，沿途恐多不周。"班禅答以"太子劳驾，小僧愧感无已"。清高宗又说："昔第五世达赖来朝，我祖特建黄寺以馆之。朕今特建热河札什伦布寺，以备喇嘛驻锡，切欲对话，故学藏语，但只能讲普通用语，至经文奥典，仍须由章嘉呼图克图译述。"未几，清高宗返回避暑山庄。

七月二十六日，班禅专程前往承德的普陀宗乘之庙礼佛诵经。普陀宗乘之庙，也叫热河布达拉宫，建于清乾隆三十三年（1768年），依照拉萨布达拉宫的形式与规模。当初建庙的目的是清高宗为其母亲祝贺八十寿辰。正当此庙落成时，曾于明末游牧到沙俄伏尔加河下游的新疆厄鲁特蒙古土尔扈特部数十万人，冲破沙俄的阻挠，摆脱数万追兵的追击，跋涉万里，返回祖国。当时清朝中央政府已平定了新疆准噶尔的叛乱，乃准其首领来承德觐见，土尔扈特部首领渥巴锡把明朝皇帝赐给他的祖先的玉印献给了清高宗。八月初四日，清高宗给班禅写了一道"敕书"，大意是说：热河扎什伦布寺专为班禅驻锡而建，即请班禅指派堪布、格贵、翁则等僧官主持此庙。一切制度可均按后藏扎什伦布寺的旧规办理。班禅遵旨指派岗建夏仔喇嘛噶青罗桑团柱为热河扎什伦布寺的堪布，当青巴噶青罗桑多吉为翁则，罗桑扎西为格贵，并留参宁巴喇嘛20人长期住寺诵经。

八月初七日，为清高宗七十大寿之日，班禅随同高丽国庆贺使臣，蒙藏各地王公，满汉大臣，向清高宗祝贺万寿，班禅特向清高宗献上长寿佛画像81帧，作为寿礼。为了庆祝清高宗七旬大寿，特在避暑山庄的万树园搭了蒙古包，"赐班禅额尔德尼及扈从王公大臣，蒙古王、公、贝勒、额驸、台吉、杜尔伯特亲王车凌乌巴什、土尔扈特贝子沙喇扣肯及回部阿奇木伯克、贝子色提巴尔第等十一人，喀什噶尔四品噶匝纳齐伯克爱达尔之子乌鲁克等三人，金川木坪宣慰司嘉勒灿囊康等四十四人入宴。赏赉冠服、金银、缎匹有差。"后来，又在避暑山庄的卷阿胜境举行了同样规模的宴会两次。（《清实录》）

祝寿活动完毕以后，清高宗要到东陵和西陵祭祖，又命皇六子陪同六世班禅一行于八月二十四日离开承德，九月初二日抵达北京，行宫设在五世达赖喇嘛住过的黄寺。在京期间，皇六子曾陪同班禅参观了圆明园，香山昭庙，南苑德寿寺，后又到雍和宫等各大佛寺讲经说法。

九月初九日，清高宗回到北京，班禅随同王公大臣前往"接驾"。九月二十五日，清高宗亲赴黄寺看望班禅。十月初一日，在紫禁城保和殿设宴招待班禅。《清实录》中记载："乾隆四十五年十月戊申，上御保和殿赐班禅额尔德尼等宴，赏赉有差。"

六、六世班禅在北京病逝

十月二十六日，班禅感觉身体不适，不思饮食，腿部发现红疹，苏本堪布等人疑是天花，非常惊恐，告知了章嘉呼图克图，同时在北京各佛寺上供、诵经、祈祷,并给北京市贫民施散布施,共用白银3024两。自此班禅病势日益沉重。十月二十九日下午,清高宗亲临黄寺看望班禅病况,回宫后即命御医前来诊治,断为天花。

清乾隆四十五年(1780年)十一月初二日下午,六世班禅巴丹益喜在北京黄寺逝世,享年四十二岁。札寺札萨喇嘛仲巴呼图克图即向章嘉呼图克图报告,请他向清高宗转奏。清高宗即派皇六子及王公大臣等人前来致祭。仲巴呼图克图同时派人返回西藏,向八世达赖及摄政、噶厦报告六世班禅"圆寂",请求八世达赖撰写祈祷文告,祝愿班禅早日"转世",并向三大寺及各大寺庙的僧众熬茶、放布施,共用白银93 178两。

班禅的遗体在黄寺停放了六天,供王公大臣及各族各界信徒3000余人公祭。然后用防腐药水浸洗,移置到由清高宗"御赐"的7000两黄金制造的金塔里面。

六世班禅巴丹益喜逝世后,清高宗特给八世达赖喇嘛强白嘉措一道"敕谕":

> 班禅额尔德尼前以庆祝七旬万寿启程来京,节次遣散秩大臣副都统等携带御用朝珠、鞍马等物沿途宴劳,并命皇六子同章嘉呼图克图等迎往赏赉。于七月二十一日至热河朝觐万寿节,班禅额尔德尼率领呼图克图等诵经祝厘,于九月初二日来京,叠加赏赉,每遇朝见,意甚欣悦,并无欲归之语。十月二十九日闻其身体发热,即遣医诊视,知花痘见苗。朕复亲临看视。忽于十一月初二日圆寂,虽本性如去来一致,而笃诚远来,未能平安回藏,朕心实为悼惜。尚卓特巴忠克巴呼图克图系班禅额尔德尼之兄,而大绥绷乃其高弟,著加恩赏给忠克巴呼图克图额尔德木图诺门汗之号,赏给大绥绷札萨克喇嘛职衔默尔根堪布之号。俟百日唪经事竣,于二月十三日护送班禅额尔德尼灵柩启程,并遣理藩院尚书博清额、乾清门侍卫伊噜勒图等送至札什伦布。札什伦布所属人众皆赖尔喇嘛照管,务须仰体朕怀,加以约束,善为教养,此即为吉祥善事矣。(《清实录》)

清乾隆四十六年(1781年)二月十三日,班禅的全体侍从人员,运送六世班禅的灵塔自北京启程,仍沿来时的道路返回札什伦布。清高宗特派博清额等护送班禅的灵塔直至札什伦布寺。

六月十六日，班禅的灵塔运抵通天河，遇到八世达赖、摄政及噶厦派来的以噶伦吞巴为首的迎灵代表。八月初三日，班禅的灵塔抵达藏北的达木地方，西藏摄政大拭诺门汗、驻藏大臣恒瑞、噶伦多噶娃等人前来致祭。班禅的灵塔由此直赴后藏，八月二十一日安抵札什伦布寺，供养在则加大殿上。由札寺制造了一座大银塔，把金塔放在里面。由北京护灵来藏的博清额向灵塔献了供养后，即往拉萨。仲巴呼图克图代表札寺写了"奏折"，托博清额带回向清高宗"上表谢恩"。

清高宗为了纪念六世班禅巴丹益喜，在他"圆寂"后的第四年，即乾隆四十九年（1784年），特命在他生前居住过的黄寺的西侧，建立了一座宏伟的"清净化城塔"，并筑了围墙，修了庙门、大殿、碑亭、僧房等，形成了一座规模完整的庙宇，人们把它称为西黄寺，而把五世达赖与六世班禅住过的黄寺，称之为东黄寺。清高宗为西黄寺的"清净化城塔"亲自撰写了碑文，内云："庚子（1780年）秋七月丁酉，圣僧班禅额尔德尼自后藏越二万里来觐，于是乎山庄有札什伦布之建，肖其所居以资安禅。逾月，送之京师，供养于黄寺，乃十一月丙子，忽示寂，兹刹。辛丑（1781年）二月丙辰，以舍利送还后藏。计自来觐至示寂，自示寂至还藏，屈指各及百日，其间去来因缘，真不可思议。恩命于寺之西偏，建清净化城塔，藏咒衣履，志

清乾隆帝为纪念六世班禅，在北京西黄寺
修建"清净化城塔"，撰写的碑文

胜因也。"

现在东黄寺早已不复存在，有些政府机关在遗址上修建了办公楼和宿舍，唯西黄寺还存在，特别是纪念六世班禅的"清净化城塔"完好地保存着，此塔并被北京市人民政府列为重点文物保护单位，寺内有清高宗"御制"的用汉、满、蒙、藏四种文字刻写的碑文，也完好地保存着，象征着我国各民族的亲密团结永世长存。

第五章

七世班禅丹白尼玛

七世班禅

一、七世班禅坐床前后

七世班禅法名丹白尼玛,生于藏历第十三饶迥之水虎年(清乾隆四十七年,1782年)四月初八日。父名巴丹团柱,母名其美甲姆。系后藏白朗宗吉雄豁卡人,家庭是当地小贵族。当时班禅"灵童"共找到了四个,札什伦布寺派出六世班禅的苏本堪布前往四个"灵童"的家庭进行了明察暗访,并拿出六世班禅曾经用过的茶杯、铃、杵、念珠等,让"灵童"自己挑选,以进行试验。据说只有白朗宗吉雄豁卡的"灵童"选出的器物,都是六世班禅用过的。于是苏本堪布首先肯定这个"灵童"确系六世班禅"转世"无疑。

苏本堪布回到札寺后,向札萨喇嘛及重要僧官作了汇报。札萨喇嘛等人又决定请拉姆曲将降神询问,同时派专人到拉萨向八世达赖报告,请求指示。据说降神的结果与八世达赖的指示完全相同,都说白朗宗吉雄豁卡出生的"灵童"是六世班禅"转世"的。

于是札什伦布寺即请驻藏大臣博清额写了"奏折",请求转呈清高宗予以批准。是年(1782年)十二月二十日,清高宗降旨批准,并赐哈达一条,宝石念珠一串,均由驻藏大臣博清额亲自送去。博清额接旨后,立即前来札什伦布寺,向札寺僧俗官员宣读了"圣旨",转交了清高宗赏赐的物品。这样,七世班禅就完成了认定手续。

清乾隆四十八年(1783年)八月初五日,札什伦布寺的僧俗官员数百人,来到白朗宗的吉雄豁卡,将七世班禅"灵童"迎接到札什伦布寺南方约30华里的甘丹勒谢曲林寺,先安置在那里居住,以便选择吉日,正式迎接到札什伦布寺,举行隆重的坐床典礼。八世达赖强白嘉措也派达尔汗夏鲁堪苏为代表,前来札什伦布寺准备参加七世班禅坐床典礼。据七世班禅丹白尼玛的藏文传记载,英国派驻印度的总督哈斯汀土特派忒涅前来札什伦布寺,向七世班禅坐床表示"祝贺"。

对忒涅潜入札什伦布一事,英人荣赫鹏著的《印度与西藏》一书中有如下记载。忒涅是一个英国军官,当时年龄33岁。

"忒涅抵日喀则亦备受欢迎，初备摄政①即告以哈斯汀士诚恳期望保持增进两国业经开始之和好交通。"

"摄政对此陈述，答称今之班禅喇嘛与死者初无二致，两者亦无态度上之差异，所不同者今喇嘛尚在幼中，其灵魂转世未久，刻尚不能行动耳。"

忒涅居留在日喀则"几及一年"，他感到"中国官吏在藏势力与影响显甚巨大"，因此"未克访问拉萨"。但他感到也有收获，"然自日喀则摄政手中亦获得相当实际让与权。彼得摄政允许在孟加拉总督庇护之下，奖励印度各地商民人等来藏贸易……凡经孟加拉总督介绍者悉可自由入境。"

忒涅于清乾隆四十九年（1784年）三月返回印度，在巴特纳向印度总督哈斯汀士作了详细汇报，得到哈斯汀士的"热烈赞赏"。

清乾隆四十九年（1784年）八月十一日，为七世班禅坐床吉日。这天札什伦布寺的重要僧俗官员前往甘丹勒谢曲林寺，将七世班禅"灵童"迎接到札什伦布寺，居住在益格穹曾宫内。八月十二日，在札寺日光殿上举行了七世班禅坐床大典，由驻藏大臣博清额亲自主持。清高宗由北京派来札萨喇嘛郭莽呼图克图、夷大兴阿里二人为钦差大臣，"看视班禅坐床"，并赏赐哈达一条、如意一柄、宝石念珠一串，还有各种法器、玻璃用品、绸缎等许多礼品。钦差大臣献礼之后，八世达赖的代表札萨噶伦公团色旺堆也向七世班禅献了哈达、曼札、古松图、法衣、法物、法器一全套。西藏摄政和噶伦等噶厦官员和札什伦布寺的僧俗官员，均向七世班禅献了礼品。接着札寺在日光殿上举行了隆重的噶卓，以示庆祝。

八月二十一日，八世达赖强白嘉措亲临札什伦布寺，受到札寺的隆重欢迎。八世达赖到达札寺后，首先在日光殿上与七世班禅见了面，七世班禅先向八世达赖磕了头，拜为师傅，于是八世达赖与七世班禅正式建立了师徒关系。达赖与班禅同住在札寺大拉让里面。

九月初七日，在札什伦布寺的益格穹曾宫内，举行了八世达赖给七世班禅剪发并取法名的典礼。八世达赖在举行了佛教仪式、诵经祈祷之后，用剪刀剪去了七世班禅的头发，换了法衣，取法名为吉总罗桑巴丹丹白尼玛确来南加巴桑布（简称丹白尼玛）。接着八世达赖又给七世班禅传授了近事戒。十月初一日，八世达赖辞别了七世班禅，取道江孜返回拉萨。

---

① 这里所说的"摄政"，即札什伦布寺的札萨喇嘛仲巴呼图克图。

据丹白尼玛的藏文传载：清乾隆五十年（1785年）正月，英国驻印度总督曾派代表阿札热苏尔更地前来日喀则，参加为七世班禅举行的坐床大典。荣赫鹏著的《印度与西藏》一书中说：1785年"孟加拉政府最漂亮之秘书科尔曼马可黎准备派往日喀则。而忽来所谓'国际上之顾虑'，政府遂将全部计划打消"。说明马可黎未能到达日喀则。由此推测，参加七世班禅坐床典礼的阿札热苏尔更地，可能是一个印度人。

对于七世班禅坐床一事，《清实录》中有如下记载：

> 乾隆四十九年（1784年）正月丁酉谕：前拟本年六月初四日仲巴呼图克图等迎请班禅额尔德尼之呼毕勒罕入寺，朕方欲遣员赉送赏贺物件，适据博清额等奏，仲巴呼图克图，绥绷堪布等称，据达赖喇嘛拉穆吹忠选得八月十三日系上吉之日，奏请改期迎请等语，深惬朕怀。班禅额尔德尼前世广溥格鲁派，诚切皈依，又感激朕恩，寻即转世。现据达赖喇嘛检查，应于八月十三日迎请入寺，是日值朕寿辰，允称祥瑞。除令赍送赏件侍卫改期启程外，此旨著交达赖喇嘛阅看，并传谕仲巴呼图克图、绥绷堪布知之。

清乾隆五十三年（1788年）正月，清高宗赏给七世班禅的父亲巴丹团柱以公爵的称号，后来又赏给顶戴。

七世班禅丹白尼玛生活的前一时期，清朝中央政权对西藏地方的统治达到它的全盛时期，《钦定二十九条章程》和西藏重大的政治制度与宗教制度就是这一时期制定的。但西藏地方开始遭受到外国势力的侵略，廓尔喀人攻入西藏，把札什伦布寺抢掠一空，幸亏当时清朝政府及时派兵入藏，将侵入西藏的廓尔喀人全部驱逐出境。

二、廓尔喀两次入侵西藏

廓尔喀人侵略西藏。前后两次，第一次是乾隆五十三年到五十四年（1788~1789年），第二次是乾隆五十六年到五十七年（1791~1792年），两次战争共历时五年。

廓尔喀原名巴勒布。后来，巴勒布国内的廓尔喀部落兴起，统一了全国，改国名为廓尔喀，其首领拉特纳巴都尔自称国王，以西藏地方官员征收廓商税收及其他事项为由，派兵2000余人侵入后藏，攻占了济咙、聂拉木、宗喀3个宗，并围困胁噶尔宗。八世达赖强白嘉措和驻藏大臣庆麟向清高宗上奏告急，请速派大兵入藏支援。清高宗即派理藩院侍郎巴忠，四川总督成德，成都将军鄂辉等人，率满汉官军3000人入藏支援。巴忠等人抵藏后，并未认真处理，而采取了将就了事的错误态度，只派噶伦丹津班珠尔前往议和，秘密答应每年由西藏方面赔偿廓尔喀元宝300锭（共合银9600百两），并给一张字据，廓方才撤出了占领的地方。而巴忠等人却向清高宗谎报"已将聂拉木、宗喀、济咙等地方次第收复"，"奏凯班师"。巴忠的这种错误做法八世达赖是不同意的。后来据福康安查奏，"巴忠过藏时，达赖喇嘛亦以应行进剿为言，巴忠未经允往，追许银和息时，达赖喇嘛示以此事所办冒昧，将来必有反复。可见达赖喇嘛能识大体，人尚明白，其办理错误之处，竟系巴忠与丹津班珠尔二人主意。"

当廓尔喀人于乾隆五十三年（1788年）第一次侵入后藏时，七世班禅业已六岁，到了受沙弥戒的年龄，驻藏大臣庆麟于七月二十八日到达札什伦布寺，一方面是请七世班禅到拉萨去，由八世达赖给他授沙弥戒；另一方面也是为了七世班禅的安全，令他离开札什伦布寺，到拉萨躲避一个时期。七世班禅乃于八月十一日到达拉萨，直赴八世达赖居住的夏宫罗布林卡，与达赖见了面，即居住在罗布林卡的噶桑颇章宫内。九月初三日，八世达赖和七世班禅俱从罗布林卡移居布达拉宫，为受沙弥戒作准备，主要是向七世班禅传授经典。

清乾隆五十四年（1789年）六月初四日，八世达赖与七世班禅同赴大昭寺，在释迦牟尼佛像前，举行了受沙弥戒的仪式。然后又一同回到布达拉宫。这次七世班禅在拉萨居住了将近两年时间。

乾隆五十四年（1789年）八月，"达赖喇嘛、班禅额尔德尼因巴勒布事竣，特遣堪布等来京谢恩"。"巴勒布也遣大头人巴拉叭都尔喀哇斯、哈哩萨野二名并小头人散番二十三名，于七月十五日抵札什伦布……伴送进京。"（《清实录》）从表面看，似乎廓藏之间的冲突已经胜利结束了，驻藏大臣乃于乾隆五十五年（1790年）二月十一日，同意七世班禅返回札什伦布。七世班禅行前向八世达赖、摄政、驻藏大臣等人告别，于二月二十三日返回札什伦布。

清乾隆五十六年（1791年），廓尔喀人就来讨取每年赔偿的300锭元宝，西藏方面不给，于是廓尔喀人第二次侵入西藏，占领了后藏许多地方，一直打到札什伦布寺，驻藏大臣保泰慌忙把七世班禅移到拉萨，幸免被俘。

当时八世达赖的弟弟罗卜藏根敦札克巴适在北京，经军机大臣询问，八世达赖的弟弟才把巴忠等人"调停贿和"的情况向清高宗揭发。当时巴忠随清高宗在承德避暑山庄，听到这个消息后，畏罪跳湖自杀，清高宗认为若巴忠"其身尚在，必将正法"。

这次促使廓尔喀人侵入西藏，抢掠札什伦布寺，有一个重要的原因，是因为六世班禅的遗产分配不均。六世班禅弟兄有几个人，一个是仲巴呼图克图，当时任札什伦布寺的札萨喇嘛，掌管札寺政教大权。另一个是沙玛尔巴，是噶举派噶玛巴第十世红帽法王，法名确珠嘉措（1738～1791年）。乾隆四十二年（1777年），六世班禅由西藏到达青海，次年又经内蒙古到达热河承德避暑山庄，为清高宗七十寿辰祝寿，沿途获得蒙藏头人和群众供献的金银财宝和牛羊马匹不可胜数。六世班禅在北京逝世后，其财物均由仲巴呼图克图运回西藏，除将一部分牛羊马匹交给札寺外，其珍贵财物均攫为己有。沙玛尔巴因隔于教派，未得分文，十分愤懑，遂萌叛国投敌的恶念，于乾隆四十九年（1784年），"前往廓尔喀地方，并未告知驻藏大臣，请领路引"（《清实录》）。沙玛尔巴到加德满都后，即向廓尔喀王告密，西藏防务空虚，札什伦布财富甚多，怂恿廓王出兵西藏，抢掠札什伦布寺。1788年廓尔喀人第一次侵入西藏，占领了聂拉木等三个宗，还带有试探性质，以便侦察西藏防务是否空虚。结果巴忠懦弱无能，以西藏每年给廓尔喀300锭元宝"贿和"。这就助长了廓尔喀人抢掠札什伦布寺的野心。

廓尔喀人第二次大举攻入西藏，直扑札什伦布寺时，事先仲巴呼图克图已得到消息，携带贵重财物于八月十九日弃寺潜逃，札寺没有了头头。这时七世班禅已由驻藏大臣保泰于八月十六日移到拉萨，全寺人心慌乱，剩下的僧俗官员就降神询问，降神之济仲喇嘛与札仓堪布喇嘛等"祷验龙单[①]言不可与贼拒战"。于是寺僧四散逃亡，只剩下了驻守日喀则的官军都司徐南鹏率领的官军80名，坚守日喀则宗的堡垒。

---

① "龙单"是占卜一类的预言。

八月二十日，廓尔喀1000余人进抵日喀则，占领了札什伦布寺，又来进攻日喀则宗堡垒，都司徐南鹏率众坚守，并施放鸟枪，打死敌军头人一名，士兵十余人，"贼见营官寨坚固难攻"，九月初七日才从日喀则和札什伦布寺撤退，仍驻扎在聂拉木等边境一带。

当时的驻藏大臣保泰和雅满泰见廓尔喀人大举侵藏，非常惊慌，竟向清高宗奏请"欲将达赖喇嘛、班禅额尔德尼称于泰宁"。清高宗批示："保泰、雅满泰二人不料其丧心病狂以至于此，竟是无用之物，瞀乱已甚，幸而达赖喇嘛坚意不从，倘误听保泰等之言，竟弃布达拉而去，尚复成何事体？……至保泰、雅满泰二人，遇廓尔喀滋扰之事即心慌胆落，懦怯已极，殊负朕恩。目下正当有事之时，暂将保泰、雅满泰革职，留彼效力赎罪。"清高宗同时命令四川总督鄂辉，成都将军成德带领官军入藏，驱逐廓尔喀人。

鄂辉、成德接到清高宗的命令后，"每日只行一站，并不趱程进发"。清高宗认为："若鄂辉、成德等行走迅速，早抵藏内，即可跟踪进剿，歼戮无遗。乃竟逗滞不前，坐失机会，其错误甚大，岂可复膺封疆专阃，鄂辉著革去总督，赏给副都统衔，驻藏办事，仍令舒濂帮办。成德亦革去将军，赏给副都统衔，在领队大臣上行走，听候福康安调度差遣。"（《清实录》）

清高宗撤了鄂辉、成德的职务以后，乃别选得力干将入藏办事。于是决定派嘉勇公福康安为大将军，超勇公海兰察为参赞大臣，派能征善战的巴图鲁侍卫章京100人，从黑龙江调勇敢善战的索伦、达呼尔兵1000名，命从西宁出口，经过青海草原，限40日内到达拉萨。同时命令四川总督孙士毅负责入藏部队的粮食与军饷的运输事宜。

福康安与海兰察抵达拉萨以后，即同达赖喇嘛、班禅额尔德尼及众噶伦等进行了会商。当时官兵已有17 000余名，粮食存储70 000余石，牛羊10 000余头，军饷约500万两，而侵入西藏的廓尔喀人不过四五千，清军占有绝对优势。根据清高宗的旨意，先将侵入后藏地区的廓人全部驱逐出境，然后由福康安、海兰察亲统大军由济咙攻入廓尔喀境，攻占阳布（加德满都），始准投降。

根据上述作战计划，福康安与海兰察即率大军前进，于乾隆五十七年（1792年）五月间，收复了聂拉木、济咙、宗喀各宗，侵入后藏境内的廓人被全部驱逐出境。七月间，清军深入廓尔喀境700余里，进抵距阳布20里的地方，廓尔喀王拉特纳巴都尔派大头人前来请求投降，放回了被抓去的噶伦丹津班珠尔以及汉兵王刚等人，缴出了从前"贿和"的合同，退还抢去的扎什伦布寺的财物（内有清高宗册封六世班禅的金册一份）等。因沙玛尔巴已服毒自杀，将其尸体及妻子儿女以及仆人等也送交福康安处理。福康安根据清高宗在"大雪封山"以前撤出部队的指示，接受了廓尔喀国王的投降书，要他写出以后"永不侵犯西藏地方的甘结"，并要他派大头目到北京"请罪"，廓王立即接受了全部条件，并派大头人噶箕第乌达特塔巴等前往北京，进贡的物品计有：

> 乐工一部，共十三名。驯象五只。番马五匹（鞍辔全）。孔雀三对。甲噶尔①所制亮轿一乘，暖轿一乘。珍珠佩一挂（珍珠六十四颗，宝石一块、绿宝石八块、银嵌钻花一块、小红间珠十四颗）。大珊瑚五颗。珊瑚串一挂（珊瑚珠一百零八颗，珊瑚间珠四颗）。另珊瑚串一挂（珊瑚珠一百五十二颗）。金丝缎五匹，银丝缎五匹，各色金丝缎四十匹。各色呢十五板。各色毡五板。象牙十只。犀牛角六只。孔雀尾二色。番枪十杆（内二杆有匣）。番刀八把（镀金五把、镀银三把）。番弯刀五把。小番刀十把。小番叉五把。花露二瓶。肉桂四篓。红花五篓。槟榔四篓。丁香十匣。草豆蔻一匣。

清高宗命将乐工13名在乾隆五十八年（1793年）春节前送到北京，"庶年节宴会，使朝觐各国共聆异方襟袽，更足以备太常而昭武烈"。驯象五只，将其中的一只赐给达赖喇嘛，另一只赐给班禅额尔德尼，其余三只与其他贡品均由青海草原送到北京。

这时新任驻藏大臣和琳已抵拉萨，他见前线战事顺利，乃向清高宗建议请七世班禅返回扎什伦布。经清高宗批准，七世班禅于乾隆五十七年（1792年）十月初九日，向八世达赖喇嘛与驻藏大臣和琳辞别，自拉萨启程，于十月二十一日安抵扎什伦布寺。十月二十四日，福康安自前线凯旋返回，路经扎什伦布寺，在扎寺日光殿上与七世班禅会晤，彼此换了哈达，七世班禅给福康安送了许多礼品，对他驱逐廓尔喀入侵者，收复后藏全部土地，表示感谢。

---

① 甲噶尔即印度。

福康安的"奏折"中,对于此次与七世班禅的会见,有很生动的描述。他说:

> 臣于途次闻班禅额尔德尼业回札什伦布,差官驰往候问。班禅额尔德尼先已专派岁本堪布远迎,致送食物,臣俱优加酬答。……此次凯施,班禅额尔德尼欲亲来迎接,因即差官再三阻止,实不敢当。……兹于十月初三日行抵后藏……于五日至经堂相见,彼此递哈达。……臣等察看班禅额尔德尼年甫十一龄,极有慧性,一切言语,并无他人在旁代述,而应对明敏,居然成人。……初六日,臣等自后藏启程,班禅额尔德尼先至十里之外,恭设方幄,俟臣等一到,向上恭请圣安……特行跪礼,敬递无量寿佛一尊、大哈达一方、恭祝万寿。臣等以其感恩知礼,面加赞扬,随派巴图鲁、侍卫数员,送回札什伦布。臣等始行启程。查班禅额尔德尼向来恭请圣安,敬谓圣恩,俱系向上端立合掌稽首,此次特行跪礼,实系班禅额尔德尼感谢圣主卫护格鲁派至意,借表诚敬之心,尚属知恩晓事。是以臣等于其跪接金册,跪请圣安,未便阻止。(《卫藏通志》)

福康安离开札什伦布后,于乾隆五十七年(1792年)十月十五日抵达拉萨,八世达赖在离拉萨十余里的地方,远道欢迎,这是前所未有的。据福康安"奏折"中称:

> 窃臣等于初六日自后藏启程,差官赴前藏问候达赖喇嘛,而达赖喇嘛先已差堪布喇嘛等来迎。据该堪布喇嘛禀称:……达赖喇嘛感谢大皇帝保卫深恩,至为真切,是以一闻大军回藏之信,先已下山,在布达拉十余里外甲木参罗布登庙内等候迎接。臣等当即差官驰往阻止,不敢远劳迎接,辞让再三,达赖喇嘛不肯即回。臣等于十五日行抵前藏,在甲木参罗布登庙内与达赖喇嘛相见……座谈多时。达赖喇嘛总系感仰恩惠,形于辞色。至一切善后章程,最关紧要,因本日甫经到藏,只将大意告知达赖喇嘛,尚未与详细讲论,察看达赖喇嘛感戴情形,一切唯命是听,断不至稍形格碍。

在处理廓尔喀侵藏事件的过程中,给人印象突出的是,清高宗赏罚严明,有功必赏,有过必罚,毫不留情。

在惩罚这次事件中犯有严重错误与罪行的人,以下几件是值得指出的。

第一，给予渎职的前驻藏大臣普福、俘习浑、雅满泰及四川总督鄂辉等"革职"并"枷号示众"的严厉处分。

奉上谕，本日（八月十四日）据孙士毅奏，廓尔喀差人恳求赏给俸禄地方一节①，系普福任内之事，经普福严行斥回，普福告之雅满泰，雅满泰告之俘习浑②等语，而伊三人总未奏及此事。若即以入告，朕必嘉其得体，而于廓尔喀亦必留心，另有所办。今普福到京后，并未奏闻，亦未告知军机大臣，殊不可解。此等关系边徼之事，隐匿不奏，断不便稍为宽宥……即传旨将普福革职拿问，解交刑部治罪。至俘习浑、雅满泰既经闻知此事，亦应据实奏闻，乃并未奏及，其昏聩糊涂，更不可解。将俘习浑、雅满泰著孙士毅监督，再各责四十板，以示惩儆。

又奉上谕，五十五年（1790年），廓尔喀呈进表贡，压搁不奏，现经福康安面加诘询，鄂辉虽辗转支饰，而此事系其主见，伊已百喙难辞。今福康安等并未按律定拟，请将鄂辉等解京治罪，试思解京后，交军机大臣，即复审明确，亦不值将此三人概行立置重典。若交部监禁，是伊等身获重谴，转得借此回京，安坐囹圄，殊不足以示儆。计此时鄂辉起解在途，亦距藏不远，着传谕惠龄、英善，接奉此旨，飞饬沿途，不拘鄂辉解到何处，即于该处截留，仍解回前藏，交与和琳将伊永远枷号，与俘习浑、雅满泰以为在藏不用心办事，以致诸番不妥，藏地不得安静之戒。

后来到了乾隆五十八年（1793年），因廓尔喀事件已经结束，清高宗才准鄂辉、雅满泰、俘习浑三人回京。但仍认为"鄂辉、雅满泰虽属怯懦，尚有可原，俘习浑糊涂不堪，竟欲将全藏与贼，其罪实重，理应正法，因念其祖父旧劳宽免，但不便赏给差使行走，俘习浑着发往黑龙江，交该将军委以苦差，效力赎罪。鄂辉、雅满泰著在拜唐阿上行走，朕于臣工功罪一秉至公，惟视其人之自取"。

第二，给予与驻藏大臣共同犯罪的噶伦索诺木旺札尔抄没家产的处分。驻藏大臣庆麟将廓尔喀"呈进表贡，隐匿不奏"一事，事先曾与噶伦索诺木旺札尔商量过的。等到驻藏大臣庆麟因此"革职治罪"的消息传到西藏，噶伦索诺木旺札尔畏罪服毒自杀。清高宗谕军机大臣："噶布伦索诺木旺札尔

---

① 此系廓尔喀第二次侵入后藏以前之事，此时才被孙士毅查出上奏。
② 俘习浑即前任驻藏大臣保泰，由清高宗下令改名。

畏罪服毒身死，虽已降旨将伊札萨克台吉职衔革去，不准伊子承袭，但其家产尚未查出归入达赖喇嘛商上。该噶布伦系首先起衅之人，若任其子孙坐享丰肫，不足以示惩儆，且其罪重于丹津班珠尔。著福康安等将索诺木旺札尔所有家产逐一查明，同沙玛尔等田庄财产一律归入商上，此项财产只应以公济公，作为新设番兵三千名每年经费之用。"

第三，对里通外国的沙玛尔巴给予抄没寺产并不准"转世"等严厉惩罚。据福康安奏，大军进抵西藏与廓尔喀边境时，俘获廓尔喀头目巴载巴拉哩，供称："沙玛尔巴患病数月，于十五日病死。"清乾隆五十七年（1792年）七月初八日，廓尔喀国王拉特纳巴都尔给福康安的投降书中说："沙玛尔巴原是个挑唆的坏人，若他尚在，就该把他拿出来正法，但他因做了坏事，已经阴间把他拿去了。他死后，曾叫噶布伦汉兵等看过……当时把尸首烧了，如今将沙玛尔巴的骨殖、徒弟、跟役并财物等项，送出来。"

沙玛尔巴已死，但其庙宇、喇嘛、谿卡、百姓还在。庙宇在拉萨西北的羊八井。驻藏大臣和琳接到清高宗将其财产全部没收的"圣旨"后，于八月初八日亲赴羊八井查抄沙玛尔巴的财产，并捉拿沙玛尔巴的管家依什甲木参。据和琳奏称：

> 沙玛尔巴久不在家，庙内红帽喇嘛约有一百余人，寨落牛羊及黑帐篷房百姓，皆系伊营官依什甲木参经管。……查得蟒缎、绸缎、布匹、松石、珊瑚、金银铜铁器具、佛像等项，为数不少，元宝只有二十个，计银一千五百两，元银四十三两，银钱三千八百四十二元，值银四百八十两，生金二两六钱，松石珊瑚等物，多系蛮妇首饰。……查有灌顶国师镀金铜印一颗，系属元明封赐，理合送部销毁。又有噶布拉一件，上有自然佛像，粘唐古忒字签记，藏中人等佥称，系山洞修炼人之物，不可轻得，佛前供奉，最有利益，臣谨装小木匣，随折呈进。……其依什甲木参一犯……跟役彭特敦珠卜一同解京。

八月十四日，和琳又向清高宗上奏：

> 红帽一教，本届喇嘛异端……而沙玛尔巴又为佛教罪魁……自无仍准其转世嗣继衣钵之理。……其徒众一百零三名……改为格鲁派，分与前藏各大寺堪布等严加管束。……再查沙玛尔巴家私……依臣愚昧之

见，不若全数归公，甚有裨益。……计山寨庄田，岁纳青稞等项，约值银二千三百余两，一概入官，仍于唐古忒僧俗内拣一人，充头人管理，按年征收，交纳噶布伦变价，解交粮务。……至羊八井有庙一座，共楼房七百七十八间，又僧房三百五十七间，又山下小庙一座，计三间，无从变价……合无仰恳皇上天恩，即将此庙赏与济咙呼图克图……附庙又有番民二百七十一名，专养牛羊，并不纳粮，素在庙内充当乌拉差使，可否亦交济咙呼图克图一并管辖之处，出自圣恩等因。

清高宗批准了和琳的各项建议，沙玛尔巴"自不应准其转世"。沙玛尔巴的财产"自当全数归公"。羊八井寺庙赏与济咙呼图克图，"所见甚是"。红帽喇嘛一百零三名分与前藏各大寺堪布严加管束一节，"所见亦是"。

又谕军机大臣："和琳奏，查抄沙玛尔巴等资产估变银六万四千余两，又各处庄田每年应得租银七千一百余两，遵旨赏给达赖喇嘛，足敷每年如绷、甲绷番兵等养赡之用，毋庸再从商上增补等语，已批该部知道矣。"

从以上的处理来看，清高宗对里通外国的罪魁祸首的惩罚，是很严厉的，并未因沙玛尔巴是六世班禅的弟兄而稍予宽容。

第四，对临阵逃跑的仲巴呼图克图的惩罚。"据绥绷堪布罗布藏凯木楚克禀称，仲巴呼图克图于贼未到之前，将细软物品搬至东喀尔藏匿。……一闻贼匪信息，即先期逃避，本应一并正法，但念系班禅额尔德尼之兄，姑从宽典，即著雅满泰拿解来京。"

乾隆五十七年（1792年）四月，清高宗又谕军机大臣：

仲巴乃前辈班禅之兄，非他人可比，贼匪侵扰札什伦布时，伊正当率领众喇嘛看守庙宇，乃于贼匪到时，孜仲喇嘛等求乞龙单，即向伊告知，伊反倡率众人逃避，其罪比孜仲尤重。盖札什伦布地方有班禅额尔德尼数辈塔座在彼，皆因伊首先逃避，以致塔上镶嵌物件俱被贼匪劫掠，此其忘背祖师，即为悖逆佛法……乃仲巴只为身谋，实为佛法所不容。本应即予正法，姑念伊系前辈班禅之兄，特加宽宥，但令解送来京，著在从前班禅额尔德尼所住德寿寺居住，实为法外之恩。

第五，对"祷验龙单"，妖言惑众的降神喇嘛的惩罚。奉上谕："其札什伦布庙内有孜仲喇嘛及四学堪布喇嘛在吉祥天母前占卜，妄称占得不可与贼接仗，以致众心惑乱，不复守御，皆行散去，致被贼匪占据等语，实为可笑可恨。……其情罪实属重大，著传谕鄂辉等到彼后，即查明占卜惑众之孜仲喇嘛及四学堪布喇嘛等系属何人，即行正法。""兹据鄂辉奏，查明该喇嘛等占卜者共有五人，内罗布藏丹巴一名，讯取确供，实系起意占卜妄言惑众之人，于审明后传集众噶布伦及各大寺喇嘛等眼同将罗卜藏丹巴剥黄处决。其罗布藏策登等四名，遵旨解京。"

第六，对七世班禅未能保护金册的批评。清高宗对于札什伦布寺没有保存他赏赐给六世班禅的金册一事，相当生气。

> 九月初十日奉上谕……金册系前辈班禅进京时，经朕特行赏给，其徒众人等，自应奉为世宝，谨守勿失。……此项金册，该喇嘛等不能协力防护，为贼抢去，致烦天兵远涉，代为剿捕，贼匪因震慑军威，知金册为天朝所赐，是以不敢销毁……于此可见贼匪尚知畏惧天威。兹据检出，送缴福康安等，宜面向达赖喇嘛、班禅及岁本堪布等详细谕知，以尔等不能保守金册，本有应得重罪，今思班禅年幼，仲巴已解京治罪，是以大皇帝加恩免其究治，仍将贼匪缴出金册，赏给班禅，俾在札什伦布安奉，嗣后尔等务宜加意保护，以冀永承恩宠，勿得再有疏虞，致干谴责，钦此。

这道"谕旨"对达赖、班禅及岁本堪布都进行了训斥，而且认为班禅等人"本有应得重罪"，只因班禅还年幼，"免其究治"。

福康安本来打算把廓尔喀缴回的札什伦布寺的财物，全部充公，以供军用，但清高宗没有批准。仍令由札寺全部领回，这是对七世班禅的"体恤"。谕军机大臣等："前次福康安等将廓尔喀缴回札什伦布物件开单进呈，当交军机大臣分别解京变价及留给驻防兵丁经费并给还札什伦布各款，发交福康安照办。今思济咙等处既不驻兵，无需军费。且廓尔喀前掠札什伦布物件，除零星抛散及伊手下人等隐匿外，现在缴回之物不过十分之一。此次军务所费币金不下巨万，亦何必计此区区耶？著传谕福康安等除已解京外，所有元宝、银器俱著赏还班禅商上。其应行变价者，亦毋庸变价，同缎匹等物一并赏还札什伦布，听其料理，以示体恤。"由此可见，廓尔喀从札什伦布抢去的财物，只归还了十分之一，对札寺造成的损失是很大的。

在这次战争中，清高宗对于立有大功的将军官员，予以重赏；阵亡的将士，予以优抚。以下几件事，也是值得指出的。

第一，在此次战争中，在军事上立了大功的，主要是福康安和海兰察二人，在后勤工作方面立了大功的是孙士毅。所以清高宗对这三个人予以特别的奖励。

"得旨，福康安著授为武英殿大学士兼吏部尚书，孙士毅著授文渊阁大学士兼礼部尚书。"又奉上谕："福康安著赏给一等轻车都尉，即令其子承袭。海兰察本系二等公爵，著晋封一等公。"又谕福康安"此次办理廓尔喀，跋涉险阻，艰苦备尝，藏功完善，著于'嘉勇'二字上再加'忠锐'二字。"

第二，驻藏大臣和琳等一批官员，在战争中办事认真，忠于职守，也都受到奖励。

驻藏大臣和琳"身到藏后，催办粮运，实心整顿，副都统衔兵部侍郎和琳升授工部尚书"。"又谕：驻藏大臣和琳著赏给世袭云骑尉，即令伊子良辅承袭，仍授为三等侍卫，在乾清门学习行走，以示鼓励。"

福康安等奏：道员林俊在后藏赶运军粮……不辞劳瘁，殊属奋勉，著加恩赏给按察使职衔。又和琳奏：松茂道倭什布派办台站塘汛及运送军粮军火等项，俱能遵照限期，驾驭番民，并无贻误，实为细心晓事等语。倭什布著加恩赏戴花翎，以示奖励。

大将军俱奏，大兵进剿以来，在擦木、玛噶尔辖尔甲、济咙、热索桥、胁布鲁、东觉、雅尔赛拉、博尔东拉等处地方打仗杀贼、攻克卡寨，将领备弁等带兵攻剿，奋勇出力者甚多，兹拣选得四川绥靖营游击张占魁升补甘肃甘州营参将，宁越营都司胡尚贤升补绥靖营游击，清溪营都司什格升补建昌镇标中营游击，维州协左营都司张志林升补建昌镇标中营游击，所遗都司、守备、千总、把总各缺，在军营人员坐补等因。

对于坚守日喀则宗堡垒的都司徐南鹏，清高宗"令其驰驿来京，以便垂询该处贼匪起衅及如何滋扰情形"，询问后，又命徐南鹏回藏，"随同打仗"。后来，又"奉上谕：徐南鹏从前贼匪扰至后藏时，所率兵丁，仅止八十名，即能抵御贼匪，保守官寨，颇为奋勇出力，今经堂上所供御容，于保泰启程后，即请至营官寨内，敬谨供奉，深知体制，甚属可嘉，徐南鹏著加恩超升参将，交福康安，遇有缺出，即行擢补，以示鼓励，钦此。"

第三，对战争中阵亡的将士，均予以优抚，并按其官职的等级，分别予以不同的待遇。"据福康安奏：前次进攻甲尔古拉、集木集时，都统衔护军统领台斐英阿、副都统阿满泰、二等侍卫英善、佐领棍德依俱各中枪身故等语。台斐英阿等身临行阵，夺隘攻坚，冲锋鼓勇，以致中枪阵亡，殊堪悯惜，台斐英阿著照都统例议恤，阿满泰著照副都统例议恤，英善、棍德依俱照例议恤。"又谕："予出师廓尔喀阵亡护军统领都统衔台斐英阿祭葬如例，谥'果肃'。"

又谕："出师廓尔喀阵亡副都统衔参领长春一员，协领策巴杰一员，委署护军参领额尔谨一员，佐领多尔济一员，都司伊鲁尔图一员，护军达春一名，祭葬赠恤如例，俱入祀昭忠祠。"

又谕："追予出师廓尔喀阵亡参领巴图尔一员，佐领定博鼐一员，防襟沙克都尔等二员，骁骑校库德勒等三员，委署笔帖式巴图一员，把总单世俊一员，参将衔土司甲太一员，守备衔土司江巴等二员，土千总生根等五员，土把总阿库等五员，土外委色郎等四员，领催巴彦都楞一名，土兵阿里思等三十一名，祭葬赏恤如例，俱入祀昭忠祠。"

三、清朝制定《二十九条钦定章程》及"金瓶掣签"制度

清高宗在这次战争中除了赏罚严明这一突出的政绩之外，还值得指出的另一重大政绩，即制定"善后章程"。对西藏的政治制度与宗教制度，俱令福康安、孙士毅、和琳、惠龄四人，与达赖、班禅两方面的重要僧俗官员，共同研究，拟出一套完整的处理方案，提请清高宗审查批准，"以期永远遵循"。于是就产生了有名的《二十九条钦定章程》。清朝治理西藏二百多年，基本上就是按《二十九条钦定章程》办事的。

拙著《达赖喇嘛传》中，全文转载了从藏文档案中译出的《二十九条钦定章程》，因此，我在这里想着重把清高宗制定的"金瓶掣签"制度，作较详细的补充和论述。

清高宗制定"金瓶掣签"制度，是对西藏宗教制度的一项重大改革。实行这项改革，也是由沙玛尔巴叛国一案引出来的。他亲眼看到六世班禅、仲巴呼图克图、沙玛尔巴都出自一家，而且都是由"降神"决定的，其中心有串通作弊之事，所以才制定了"金瓶掣签"制度。

乾隆五十七年（1792年）十一月壬子，高宗谕军机大臣曰：

> 向来藏内出呼毕勒罕，俱令拉穆吹忠降神附体，指明地方、人家寻觅，其所指呼毕勒罕不止一人，找寻之人各将所出呼毕勒罕生年及伊父母姓名一一记明，复令拉穆吹忠降神祷问，指定真呼毕勒罕，积习相沿，由来已久。朕思其事，近乎荒唐，不足凭信。拉穆吹忠往往受人嘱托，假托神言任意妄指，而藏中人等因其事涉神异，多为所愚，殊属可笑。此等拉穆吹忠即系内地师巫，多以邪术惑人耳目。而拉穆吹忠降神时，舞刀自扎，身体无害，是以人皆信之。此等幻术，原属常有。但即使其法果真，在佛教中已最下乘。若使虚假，则更不值一噱。其妄诞不经，岂可仍前信奉？福康安等现在整饬藏务，正应趁此破其积弊，莫若在藏即令拉穆吹忠各将其法试演，如用刀自扎等项果能有验，则藏中相沿日久，亦姑听之。若福康安亲加面试，其法不灵，即当将吹忠降神荒唐不可信之处对众晓谕，俾僧俗人等共知其妄，勿为所愚。嗣后出呼毕勒罕，竟可禁止吹忠降神，将所生年月相仿数人之名，专用金奔巴瓶，令达赖喇嘛掣签指定，以昭公允。

乾隆五十八年（1793年）三月辛丑……谕军机大臣曰："至藏内拉穆吹忠一事，前据福康安等续奏，亲加试验，俱不能用刀自扎，以舌舐刀。但若竟革去吹忠，势不能将前后藏略具聪明之幼孩追加试验等语。所奏尚属未当。吹忠等所习幻术尚不及内地之师巫，积习相沿，最为可笑。若仍由该吹忠等降神指认，伊等皆可听受嘱托，假托神言，任意妄指，虽由金奔巴瓶内签掣，而所掣之人仍不全无徇情等弊，不过系一二权势之人主谋，而吹忠四人内大约即系拉穆一人主持，其弊亦可概见。"清高宗的意思是，今后指定呼毕勒罕，不准拉穆吹忠等人插手，完全由"金瓶掣签"决定。

所以清高宗决定制造金瓶两个，一个放置在北京雍和宫，供内外蒙古活佛"转世"使用；另一个放在拉萨大昭寺，供西藏及青海、西康等地的活佛"转世"使用。

> 今朕送去一金瓶，供奉前藏大昭寺内，嗣后达赖喇嘛、班禅额尔德尼、哲卜尊丹巴、噶勒丹锡勒图、第穆、济咙等，并在京掌印大呼图克图及藏中大呼图克图圆寂，出有呼毕勒罕时，禁止拉穆吹忠看验龙单，着驻藏大臣会同达赖喇嘛、班禅额尔德尼将所出呼毕勒罕有几人，令将伊等乳名各书签放入瓶内，供于佛前虔诚祝祷念经，公同由瓶内掣取一签，定为呼毕勒罕，如此佛之默佑，必得聪慧有福相之真正呼毕勒罕，能保持佛教，朕尚且不能自主，拉穆吹忠更不得从中舞弊，恣意指出，众心始可以服。钦此。（《番僧源流考》）

乾隆五十七年（1792年）九月，清高宗特派御前侍卫惠伦等人把金瓶送到拉萨。据福康安奏称："御前侍卫惠伦、乾清门侍卫阿尔塔锡等恭赍金奔巴瓶来藏，于十一月二十日，敬谨赍到。臣等率同官员官兵及济咙呼图克图率领各寺呼图克图大喇嘛及噶布伦以下番目，远出祗迎。达赖喇嘛感谢圣恩，先期下山，在大昭寺等候，派喇嘛等各执香花幡幢导引，臣等与惠伦等恭送金奔巴瓶于向来讽诵伊罗尔经之大昭佛楼上宗喀巴前，敬谨供奉。达赖喇嘛率领僧众梵呗齐宣，极为诚肃。"清高宗朱批："好事，知道了，钦此。"

对于清高宗制定的"金瓶掣签"制度究应如何评价？从世界观的角度来看，"金瓶掣签"与"吹忠降神"并无本质上的区别。因为清高宗并不是无神论者，他也承认人死以后"灵魂"继续存在，而且还可以"投胎转世"，在这个佛教的"神不灭论"的基本观点上，清高宗与拉穆吹忠是一致的，并无分歧。

但是从政治的角度来看，就有重大的不同。拉穆吹忠"降神"特别是在决定达赖继任人选时"降神"，一般都是事先由西藏的大贵族暗中决定的，哪位贵族权大、钱多，拉穆吹忠就会被收买，就会指定这个大贵族，或与这个大贵族有亲密关系的家庭中出生的孩子，成为达赖的继承人。但往往发生下述情况，即几个大贵族势均力敌，各不相让，在这种情况下，争夺达赖的大贵族之间采取妥协的办法，即让达赖"转世"到西藏以外的地方，如九世达赖隆朵嘉措"转世"在西康邓柯地方，十世达赖楚臣嘉措"转世"在西康理塘地方，十一世达赖凯珠嘉措"转世"在西唐康定地方。只有十二世达赖"转世"在西藏。但是以上四世达赖的寿命都不长，九世达赖只活了11岁，十世达赖只活了22岁，十一世达赖只活了18岁，十二世达赖也只活了20岁。

班禅的情况与达赖的情况有所不同。在宗教上，达赖、班禅虽然平等，但实际上，正如笔者在本书"序言"中指出的，西藏地区的政教大权主要掌握在达赖世系，所以班禅一般都较长寿。对于这些情况，历任驻藏大臣都是清楚的，清高宗也是清楚的。

"金瓶掣签"的政治意义在于：它把指定由谁继任达赖和班禅的大权，由拉穆吹忠"降神"决定转移到清高宗制定的"金瓶掣签"决定，实质上，就是把决定达赖、班禅继任人选的大权，由西藏地方集中到清朝中央。这是清朝对西藏行使主权，使西藏宗教和政治上的最高领袖——达赖和班禅的任免大权，完全集中到清朝中央政权，从而更加明确了西藏地方与清朝中央的从属关系。

达赖班禅"灵童"的决定，也有没有经过"金瓶掣签"，而是"免予掣签"。但是"免"与"不免"的决定权，仍在清朝中央，仍在清朝皇帝。西藏地方只有请求之权，而无决定之权。

清高宗在西藏善后工作方面，对受战争灾祸的百姓，也做了一些救济。廓尔喀两次侵略西藏，日喀则以西的国土，一度全部沦陷，当地藏族人民遭受的损失是很大的，特别是廓尔喀人经过的地方，牛羊粮食均被抢去，不能抢走的粮食又被焚烧。清高宗特给达赖喇嘛赏银三万两，给班禅额尔德尼赏银一万两，专为救济受灾人民之用。在战争期间，曾在西藏购粮数万担，其担任运输粮食的"乌拉"，也全部付给报酬，并非无偿劳役。

1796年，清高宗退位，清仁宗当了皇帝，是年改为嘉庆元年。八世达赖和七世班禅特遣巴雅布堪布到北京致贺，清高宗为此又给八世达赖和七世班禅各写了一道"敕书"。清高宗给七世班禅的"敕书"中说：

> 朕抚临寰宇，惟期率土群生共享升平，宏敷教化。尔呼毕勒罕前世班禅额尔德尼能体朕护持格鲁派、惠爱遐方至意，皈心佛典，阐扬经谛，深可嘉尚。今尔呼毕勒罕特遣巴雅布堪布罗布藏札什前来，贺朕在位六十年大庆，呈递丹书克，览奏欣悦。朕仰蒙上天福佑，身甚康强，尔呼毕勒罕体候想亦佳善也。前因藏内事务噶布伦等措置乖方，致廓尔喀跳梁滋衅，朕特命大将军福康安率师平定，廓尔喀等倾心向化。复命尚书和琳革除积习，酌定章程，一切井然有序。又命松筠等驻彼，循守成规，办理诸事务期利济众生，俾藏地永臻宁谧。尔呼毕勒罕年龄加长，正当肄业经典之

时，尚不必索心公务，其恪遵朕旨，潜心佛法，追踪前世班禅额尔德尼，以冀长承慧业。本年朕传位嗣皇帝，改元嘉庆元年，然犹训政维勤，孜孜不倦。尔其仰体朕与嗣皇帝抚安全藏，爱育群生至意，用期永受恩施。钦哉勿替。今以尔使回藏特赐敕存问，并优加锡赉，交巴雅尔堪布罗布桑札什赍还。特谕。

七世班禅接到"敕书"，特命札什伦布寺的4000喇嘛诵念长寿经，祝清高宗长寿，贺清仁宗登基。

四、七世班禅与八世、九世、十世、十一世达赖的关系

嘉庆六年（1801年），七世班禅丹白尼玛年满19岁，应受比丘戒。因为八世达赖是他的师傅，应由八世达赖授戒。三月十五日，七世班禅及其侍从堪布一行启程前往拉萨，三月二十八日抵达，径赴布达拉宫，在日光殿上与八世达赖见了面，彼此换了哈达。班禅即居住在布达拉宫。四月十五日，为七世班禅受戒之日，八世达赖与七世班禅同赴大昭寺，在释迦牟尼佛像前举行了受比丘戒的仪式，由八世达赖强白嘉措担任授戒堪布，班禅的经师罗桑丹增担任勒罗，甘丹寺强仔曲结土登嘉措担任桑堆，阿旺札西担任堆郭哇，南木加札仓洛本噶桑团柱担任者巴保。还有念经喇嘛20人。受戒仪式圆满完成。八世达赖和七世班禅在大昭寺共住了13天，于四月二十八日同返布达拉宫。七世班禅又在布达拉宫住了20天，于五月十八日，辞别八世达赖，六月初一日安抵札什伦布寺。

嘉庆九年（1804年）八月，八世达赖强白嘉措患了重病，七世班禅听到这个消息，命令札什伦布寺全体喇嘛诵经祈祷，祝愿八世达赖之病早日痊愈。同时派了一位堪布前往拉萨，向达赖进行慰问。不幸八世达赖的病情日趋恶化，八月十八日，在布达拉宫逝世，享年四十六岁。摄政大拭呼图克图即派专人前来向七世班禅报告，并请班禅写一篇祈祷文告，祈祷达赖早日"转世"。班禅立即写了文告，派人送往拉萨，并在三大寺熬茶、放布施，

由三大寺全体僧众念经，祈祷达赖早日"转世"。

八世达赖逝世以后，就由噶厦和三大寺派出的代表，前往各地找寻八世达赖"转世"的"灵童"。结果在西康邓柯地方找到了一个"灵童"，系当地春科土司的儿子，生于藏历第十三饶迥的阴木牛年（嘉庆十年，1805年）十二月初一日。后因九世达赖11岁早亡，其家属在西藏站不住脚，仍回西康原籍，他们在西藏的田庄百姓被西藏大贵族索康所占有。

根据清高宗制定的"金瓶掣签"制度，九世达赖的选定，必须经过"金瓶掣签"的手续。于是就由七世班禅、摄政济咙呼图克图、三大寺代表、全体噶伦领衔，请驻藏大臣玉宁写了一道"奏折"，请他转呈清仁宗。认为在邓柯地方找到的这个"灵童"，确系第五世达赖喇嘛"转世"，请求免予"金瓶掣签"。驻藏大臣玉宁也向清仁宗奏请，认为经过种种征验，"实系第五辈达赖喇嘛复出无疑"，所以请求"俯允所请，免其入瓶掣定"。于是清仁宗就批准"免予掣签"，由邓柯土司之子继任为九世达赖喇嘛。嘉庆十二年（1807年）清仁宗为此下了一道"谕旨"说：

> 从前指称呼毕勒罕出世，率多牵强附会，或仅小著灵验，不足凭信。仰蒙高宗纯皇帝特赏金奔巴瓶，饬令书名封贮，诵经签掣，以防弊混。今达赖喇嘛甫逾二岁，异常聪慧，早悟前生，似此信而有征，洵为从来所未有。设当高宗纯皇帝时，亦必立沛恩施，无须复令贮瓶签掣。但此系仅见之事，且征验确凿，毫无疑义，嗣后自应仍照旧章，不得援以为例。

九世达赖被清仁宗批准以后，噶厦和驻藏大臣即派专人前往札什伦布寺，邀请七世班禅前来拉萨，给九世达赖剪发并取法名。是年十一月初十日，班禅自札寺启程，十一月二十九日到达拉萨，住在大昭寺特设的行宫里。

当时九世达赖的"灵童"还在拉萨附近的公堂寺。噶厦选择嘉庆十三年（1808年）二月十四日，为九世达赖剪发并取法名的吉日。是日七世班禅前往公堂寺，在该寺的萨苏切麦丹登且哇殿上，与九世达赖见了面，就给九世达赖剪去了发，取法名为罗桑丹白觉乃阿旺隆朵嘉措（简称隆朵嘉措），并给换了法衣。下一步就是举行坐床典礼，这还要一段时间做准备。三月二十五日，七世班禅前往热振寺朝佛。四月初六日又至甘丹寺朝拜宗喀巴灵塔。四月十八日返回札什伦布寺。

是年九月，九世达赖隆朵嘉措在布达拉宫举行了坐床典礼。七世班禅只派他的哥哥才旺和卓尼热布登二人前往拉萨，参加了坐床典礼，并代表七世班禅向九世达赖送了礼品，表示祝贺。清仁宗特从北京派遣都楞郡王、噶勒丹锡勒图呼图克图、侍郎及侍卫等多人前来拉萨，"看视坐床"，赏白银一万两，并批准九世达赖可乘坐前世达赖乘坐的黄轿，启用前世达赖使用的金印。

在九世达赖生活的这个时期，英国人混入西藏，直达拉萨，并且还居住了很长时间。这是西藏历史上，英国人第一次进入拉萨的一次重大事件。

据《清实录》载：英国人马吝（也译曼宁）于嘉庆十六年（1811年）带翻译赵金秀，以"朝佛"为名，潜入拉萨，当被驻藏大臣阳春发觉，向清仁宗奏请如何处理。清仁宗"谕军机大臣等：阳春等奏，噶哩噶达部落夷人马吝带同通事汉人赵金秀到藏朝佛。该大臣等察看马吝面貌与西洋人相似……显系托名朝佛，潜来窥伺……断不可任其久留藏中，著瑚图礼等即将该夷人驱逐出境……勿令再行混入。嗣后如有西洋一带夷人以朝佛为名前来藏地，即概行阻回，勿令入境，以杜萌乱。其汉奸赵金秀……随夷人深入藏地，甚属可恶，着解交常明严审，从重定拟具奏"。

《清实录》中所说的马吝，即英人荣赫鹏所著的《印度与西藏》一书中的曼宁（1772~1840年），此人未来西藏前，曾在英、法两国学过汉文，还到过广州，住了三年，在广东找到赵金秀，作他的随员一同入藏，由印度经帕里、江孜，而到拉萨。曼宁去拉萨，事先得到噶厦的同意。据《印度与西藏》一书载："曼宁抵江孜数日后，拉萨官吏对彼前往该地之请求已有复文至。为备护照并予供给转运给养。行近拉萨有一贵人乘马者来，其人下马与为礼，系拉萨当局派来迎候向导者。"

曼宁抵拉萨后，于嘉庆十六年（1811年）十二月十七日，前往布达拉宫，与九世达赖喇嘛隆朵嘉措会见，他给达赖送了瓷瓶两对、铜烛台一对、银饼30枚等，还有司米士香水若干及大量的南京茶。

曼宁见达赖时，行了三磕头礼，礼毕，坐于离达赖不远之垫褥上。曼宁估计当时九世达赖年约七岁。"具有良好教养与高贵儿童之朴素天真态度。"

曼宁还懂西医，他在拉萨时，"求治病者应接不暇，就诊者中藏人士皆有，而侦伺之举亦随之俱来。……然大体上彼殊未受虐待。彼仍淹留拉萨数月，朝谒大喇嘛数次。最后北京当局始有训令至，命彼仍遵原道归。彼于四月十九日离拉萨，一八一二年六月十日抵库赤哈尔"。

对于马咨（曼宁）入藏一事，我国有人认为此人不是英国派来的"侦探"，而是一名"学者"，他来西藏的目的，是为了了解西藏的"风土人情"，应该与波格尔等人区别对待。据现有资料来看，马咨虽在英国东印度公司做事，但入藏的确不是英国派遣，而是"私人探险家"的身份。但是他之所以取得驻藏大臣的同意，是因为他隐瞒了英国人的真正身份，而冒充是"噶哩噶达的夷人"。入藏的目的是为了"朝佛"。噶哩噶达即印度加尔各答，印度人到西藏朝佛，在西藏历史上是不禁止的，所以马咨很容易地取得了驻藏大臣的批准，是用欺骗行为，混入西藏的。他到拉萨以后，曾拜访驻藏大臣瑚图礼，驻藏大臣看他的面貌，眼睛与胡须的颜色，断定他不是印度人，而是冒充印度人的一个西洋人。他入藏的目的，显然不是"朝佛"，因而怀疑他是英国派来的侦探，是有道理的。于是奏请清朝政府批准，将他驱逐出境。他带来的随员赵金秀是广东人，即遭逮捕，先押解到四川，后来充军到新疆伊犁。

有人认为马咨是一个"学者"，是搞"学术"的，把他当作英国"侦探"，是不应该的。笔者认为世界上没有为学术而学术的学术，一切学术，都是直接或间接地为一定的政治，为一定的阶级利益服务的。马咨到西藏了解风土人情，正是英国侵略者所需要的重要情报，不管他本人的动机是什么。荣赫鹏在他所著的《印度与西藏》中，对马咨（曼宁）专门写了一章，并作了很高的评价，这不是证明马咨的入藏，正是符合英国侵略者需要的铁的事实吗？

嘉庆十八年（1813年），九世达赖年已九岁，到了受沙弥戒的年龄。因为七世班禅是九世达赖的师傅，沙弥戒应由班禅传授。噶厦特派卓尼冲夏吉仲和噶仲噶雪巴二人前来札什伦布，邀请七世班禅前往拉萨。九月初三日，七世班禅自札寺启程，九月十七日到达拉萨，仍住在大昭寺。九月二十二日，九世达赖从布达拉宫来到大昭寺，在释迦牟尼佛像前，七世班禅给九世达赖授了沙弥戒。十月十四日，七世班禅前往哲蚌寺讲经说法，并给许多僧侣授了比丘戒和沙弥戒。十一月十二日，离开哲蚌寺，返回札什伦布寺。

嘉庆二十年（1815年）二月，噶厦派遣专使前来札什伦布寺，向七世班禅报告，九世达赖隆朵嘉措不幸于是年正月十六日在布达拉宫逝世，享年只有十一岁。噶厦请求七世班禅写一文告，祈祷达赖早日"转世"。七世班禅即命札什伦布全体僧众为九世达赖逝世念经祷告。同时写了一篇祈祷文告，派卓尼罗桑热丹送往拉萨，向九世达赖遗体致祭，并向拉萨三大寺熬茶、放布施，为九世达赖逝世念经祈祷。

九世达赖只活了11岁，清仁宗感到意外。虽然赏银5000两，"在灵前燃灯念佛"，并决定由第穆呼图克图"领办达赖喇嘛事务"（出任"摄政"），但认为驻藏大臣玉宁前曾奏称：九世达赖经过种种"征验"，确为第五世达赖"转世"，"如果所称征验，俱属确实，自应长久住世，宣扬格鲁派，何以不能永年？可见前次玉宁所奏，多有不实，朕一时轻信，至今犹以为悔"。所以对十世达赖又请"免予掣签"，清仁宗对当时的驻藏大臣玉宁、珂实克两人"不先加驳回，实属错误，均著传旨申饬"。并指示十世达赖必须经过"金瓶掣签"的手续，才能"认定"。

1820年，清仁宗逝世，由清宣宗继位，次年改元道光。七世班禅派巴雅尔堪布一人，前往北京，向已故清仁宗致祭，向新皇帝清宣宗致贺。同时在札什伦布寺和拉萨三大寺熬茶、放布施，为旧皇逝世，新皇登基诵经祈祷。清宣宗为此给七世班禅颁发了一道"谕旨"说："玉宁等奏：班禅额尔德尼闻皇考仁宗睿皇帝大故，恭请朕安，呈进佛哈达并齐集各庙喇嘛至诚念经一折，班禅额尔德尼仰蒙皇考之恩，今闻升遐，即发至诚，齐集众喇嘛念经，仍欲遣堪布恭请朕安，甚属可嘉。赏赉班禅额尔德尼珊瑚小朝珠一串，椰子念珠一盘，大荷包一对，小荷包两个。……著玉宁等转行晓谕班禅额尔德尼等祗领赏项。"

九世达赖隆朵嘉措逝世以后，噶厦和三大寺即派出代表寻访九世达赖"转世"的"灵童"。结果在西康地方共找到了三个"灵童"。

道光元年（1821年）清宣宗"谕军机大臣……前据玉宁等奏理塘幼孩有灵异之迹。今察木多所属复出有幼孩二人，均有吉祥佳兆。前后共得三人，已符入瓶签掣之例。但系各该处具报之词，或恐言守其实，著照文干等所奏，将幼孩三名，令其亲丁师傅等携至前藏、文干等会同噶勒丹锡呼图萨玛第巴克什等确加试验。如均有灵异之性，即照例写签入瓶，对众讽经掣定，核实奏闻。若试验未确，仍令另行访查，俟灵异幼孩数足三人再行照例办理可也。将此谕令知之。"

这是达赖喇嘛"转世"的"灵童"，第一次按照清高宗制定的"金瓶掣签"制度，予以认定。

《番僧源流考》一书对"金瓶掣签"制度一般执行的情况，有如下的描述。

> 进门先按次入座，献清茶，次献酥茶，毕。令满印房人将原文呈阅，合对入掣牙签上所写满洲字、蒙古字、西番字名字年岁相符，又令送至达赖、班禅阅看后，将该入掣各本家之人唤来跪看签上名字、年岁有无舛误，祛彼疑心，后交满印房官人觌面，用黄纸包妥，供在瓶前。又俟番僧诵经，念至应将签入瓶时，喇嘛回请该帮办大臣，起立行至瓶前，行一跪三叩首礼毕，不起立，即跪将签双手举过额入瓶内，以手旋转二次，盖瓶盖，起立仍归旧座。其帮办大臣将签入瓶时，正办大臣在左傍侍立礼毕，同归本座。又俟念经至掣签时，仍系喇嘛回请正办大臣，亦行一跪三叩首礼毕，跪启瓶盖，用手旋转，掣签一枝。帮办大臣在左侍立，拆开黄纸，同众开看，唤掣得本家人跪听，令其观签后，又使满印房官人送至达赖、班禅前阅看，将签供设瓶前，又将未曾掣出之签拆阅与众人观看，又给各本家人观看，以除疑义，后用纸擦去。

十世达赖"金瓶掣签"的仪式，清宣宗命令由七世班禅主持。七世班禅乃于道光二年（1822年）正月初二日自札寺启程，正月十三日到达拉萨，住在达赖夏宫罗布林卡，与驻藏大臣文干、帮办大臣保昌共同决定，"金瓶掣签"仪式正月十五日在布达拉宫的皇帝牌位前举行。当时达赖的三个"灵童"都住在聂塘寺，作出决定后，由七世班禅、摄政、驻藏大臣等人亲赴聂塘寺，将三个"灵童"都带到布达拉宫。掣签仪式由驻藏大臣文干和帮办大臣保昌亲自执行，结果抽出西康理塘生的小孩为十世达赖，即由七世班禅剪去了头发，换了僧衣，并取法名为阿旺罗桑丹增楚臣嘉措（简称楚臣嘉措），同时给十世达赖授了近事戒。二月初三日，七世班禅又给十世达赖授了沙弥戒。三月初三日，七世班禅向十世达赖辞别，前往山南桑耶寺朝佛，五月十八日返回札什伦布寺。

道光二年（1822年）八月初八日，十世达赖在布达拉宫举行坐床典礼。七世班禅派他的哥哥康建堪布和卓尼多确二人为代表，前去拉萨参加坐床典礼，并向十世达赖致贺。清宣宗特命成都副都统苏冲阿和章嘉呼图克图前来西藏"看视坐床"。并谕"前世达赖喇嘛俱经赏用黄轿、黄缰、黄鞍坐，著加恩现在达赖喇嘛之呼毕勒罕仍准赏用"。"又谕……赏给前世达赖喇嘛之金印，该呼毕勒罕坐床时现经捧用，坐床后著加恩于谢恩折内仍前铃用。"

清宣宗又因七世班禅此次主持十世达赖的"金瓶掣签"甚佳，特下了一道"诏谕"以示奖励。"诏谕班禅额尔德尼：前因达赖喇嘛未出呼毕勒罕，降旨命尔加意访寻。……尔能仰体朕意，将呼毕勒罕寻得，可嘉之至。今特问尔好，颁给诏书，并赐蟒缎二端，闪缎一端，片金缎一端，八熊缎六端，大哈达五方，小哈达十方，到时祇领，特谕。"

道光六年（1826年），七世班禅仿达赖创建罗布林卡夏宫之例，在日喀则年楚河畔，也修建了一座夏宫，藏名贡觉林。事先曾向驻藏大臣报告并请示清宣宗。不久得旨批准，并赐寺名为"广佑寺"，还赐了"法界庄严"四字的匾额一块。贡觉林周围树木很多，又在年楚河畔，风景秀丽。后来的历代班禅夏季就住在这里。

道光十四年（1834年），噶厦派人来请班禅前往拉萨，给十世达赖楚臣嘉措授比丘戒。这时楚臣嘉措已满18岁。班禅接受了邀请，于二月二十四日自札什伦布寺启程，三月初五日抵达拉萨，住在罗布林卡的噶桑颇章宫内。三月初八日，七世班禅前往布达拉宫，在日光殿上与十世达赖见了面，并与驻藏大臣、摄政等人会晤，共同决定四月初七日为十世达赖受比丘戒的吉日。四月初七日，七世班禅与十世达赖同赴大昭寺。初八日在大昭寺的释迦牟尼佛像前举行了授比丘戒的仪式，一切皆按喇嘛教的规定，圆满完成。四月二十二日，七世班禅向十世达赖辞别，五月十三日安抵札什伦布寺。

道光十七年（1837年）十月，噶厦又派专人前来札寺向七世班禅报告，十世达赖不幸于是年九月初一日在布达拉宫逝世，享年二十二岁。噶厦请求七世班禅写一篇文告，祈祷达赖早日"转世"。班禅听到这个消息，非常悲痛。除了写祈祷文告外，命令札寺全体僧众念经祈祷，给全寺僧众熬茶、放了布施。并派专人前往拉萨，向十世达赖遗体致祭，向三大寺熬茶、放布施、诵经祈祷。《清实录》中也只有一句记载："道光十七年……命驻藏大臣关圣保往奠故达赖喇嘛，并赏赉如例。"

至于十世达赖楚臣嘉措究竟是怎么死的，《清实录》中有如下记载："至达赖喇嘛颈上受伤，流血不止，该诺门汗知而不办，其中情节尤属可疑。仍著该大臣会同班禅额尔德尼等提集全案人证逐一严讯，取具确切供词。"清宣宗与驻藏大臣琦善明知这个案子很难查清，所以后来清宣宗

"谕军机大臣等：……其达赖喇嘛圆寂缘由，现无罅漏可寻，著即毋庸再行根究"。

五、七世班禅两次受赐金册，奉旨摄政八个月

道光十八年（1838年），清宣宗派人特从北京给七世班禅赍送金册一份，系用满、蒙、汉、藏四种文字，共13页，净重235两。据七世班禅藏文传记中记载，金册大意是：所有札什伦布所属的宗豀、庄园、百姓，永归班禅管辖，任何人不得攘夺、侵占。七世班禅接奉金册后，向东方叩头谢恩，并向清宣宗写了奏折，托付驻藏大臣转呈。与此同时，驻藏大臣松廷正式通知札什伦布寺，说是"奉上谕"。从今以后札什伦布寺的五品以上的僧俗官员的任命，除报请驻藏大臣转奏清朝皇帝批准外，并赏给顶戴。同时通知札寺，第一批赏给顶戴的人员是德穹巴尼玛团柱和业仓巴团柱培结，二人都赏给四品顶戴，马官团柱才仁赏给五品顶戴。

十世达赖楚臣嘉措逝世以后，又由噶厦和三大寺派出代表，前往各地访寻十一世达赖"转世"的"灵童"。又在西康地方找到了四名"灵童"。道光二十一年（1841年），清宣宗下了谕旨，仍由"金瓶掣签"决定。

> 谕军机大臣等，据孟保等奏，查验呼毕勒罕出世幼子四名均有灵异情形一折。达赖喇嘛之呼毕勒罕出世，现据咨称查验幼子四名均有灵异切结。著孟保等即译咨噶勒丹锡呼图萨玛第巴克什，并咨行四川总督，饬将各该处幼子令该亲丁师傅携至前藏，由该大臣等照例会同班禅额尔德尼及噶勒丹锡呼图萨玛第巴克什等面加试验，并令识认前世达赖喇嘛所用什物后，缮签入瓶，对众掣签，俟掣定何人，再行奏明办理，将此谕令知之。

道光二十一年（1841年）二月，驻藏大臣和噶厦根据清宣宗的"旨意"，又派堪布嘉样丹巴前来札什伦布，邀请七世班禅前往拉萨，主持掣签、剪发、取法名等仪式。五月初三日，七世班禅自札什伦布寺启程，五月十二日抵达拉萨，仍住在罗布林卡的噶桑颇章宫内。经与摄政和驻藏大臣共

清帝册封七世班禅的金册

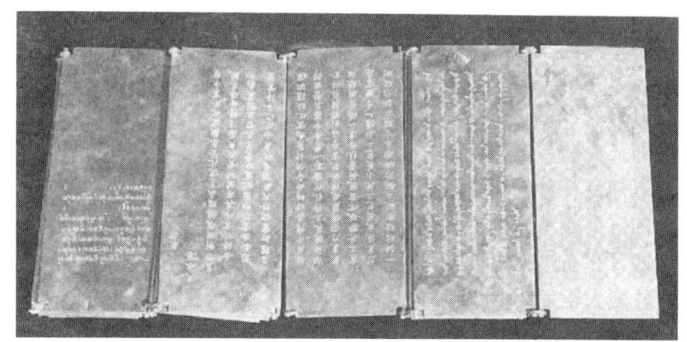

清帝册封七世班禅的金册

同商量,选定五月二十四日在布达拉宫内清朝皇帝牌位前,举行"金瓶掣签"仪式,由驻藏大臣孟保和帮办大臣海朴执行。掣签的结果是西康泰宁（藏名噶达）的那个孩子,当选为十一世达赖喇嘛。

当时候选的四个"灵童"均住在离拉萨不远的公堂寺。"金瓶掣签"决定后,六月初一日,七世班禅和摄政、驻藏大臣、全体噶伦、三大寺代表一行到达公堂寺,向众人宣布了"金瓶掣签"的结果,然后就由七世班禅剪去了被认定为十一世达赖的头发,换了僧衣,并取法名为阿旺噶桑丹白卓麦凯珠嘉措（简称凯珠嘉措）。然后就将十一世达赖迎接到布达拉宫居住,选择吉日举行坐床典礼。

九月初六日,七世班禅辞别了十一世达赖、摄政、驻藏大臣等人,返回了札什伦布寺。

道光二十二年（1842年）四月十六日,在布达拉宫举行了十一世达赖喇嘛坐床典礼。清宣宗特派成都副都统什蒙额和章嘉呼图克图前来拉萨"看视坐床"。赏白银一万两，作为坐床的费用。并颁给金册一份，即着章嘉呼图克图"驰驿赍往"。七世班禅也派代表前去拉萨参加坐床典礼，给十一世达赖献了哈达和礼品，表示祝贺。

　　道光二十四年（1844年）六月，七世班禅忽接驻藏大臣琦善来信，要他急赴拉萨，有要事面商。噶厦同时派来颇本巴龙，负责七世班禅沿途照应事宜。六月二十九日，七世班禅即由札什伦布启程，到达拉萨后，居住在罗布林卡的噶桑颇章宫内。驻藏大臣琦善即向七世班禅传达了清宣宗的"圣旨"，要他代理摄政，掌办商上事务。七世班禅当时年已62岁，坚持不接受这项任命。琦善劝他还是接受为是，因为这是"圣旨"，不能违抗的。七世班禅才勉强接受了，但提出只代理几个月，要驻藏大臣早日物色接班的人选。

　　原来的摄政是噶勒丹锡呼图萨玛第巴克什，因被驻藏大臣琦善"弹劾"，清宣宗即谕（军机大臣）："该诺门汗噶勒丹锡呼图萨玛第巴克什现在掌办商上事务，如果实有狂妄贪奸各情，于格鲁派大有关系。著琦善会同班禅额尔德尼，并率同第穆、济咙呼图克图、呼征诺门汗等，逐款确查，据实参办。其商上事务著照议准令班禅额尔德尼暂行兼管，第穆、济咙、呼征三人并令随同学习，俟一二年后，由该大臣会同班禅额尔德尼酌保一人掌办商上事务，将此谕令知之。"

　　此次查办的结果是共没收前摄政家藏白银144 000余两，分别赏给前后藏各寺庙，"以示优恤"。又没收大米278石，麦、豆、青稞共6946石，著赏给前后藏"番官兵丁，俾得均沾惠泽"。

　　道光二十四年（1844年）八月初六日，噶厦举行了噶卓，庆祝七世班禅新任摄政。八月十二日，七世班禅赴布达拉宫，会见了十一世达赖。并向达赖表示，本人现在年老体弱，不能胜此重任，因奉大皇帝"圣旨"，不得不勉为其难。但只能暂摄数月，请达赖早遴人选，以便交卸，仍返札什伦布，修静养性，了此天年。

　　前摄政噶勒丹锡呼图萨玛第巴克什被撤职后，驻藏大臣查封了他的全部财产，并将前摄政加以拘禁。前摄政属于色拉寺麦札仓，麦札仓的全体喇嘛即将前摄政劫到色拉寺居住。为此驻藏大臣琦善请七世班禅出面调解。七世班禅乃请基巧堪布和拉萨三大寺的代表开会决定，共抓到人犯211人，除情节严重者交朗仔辖、雪勒空处理外，其余180名，"回寺拘管"，才算和平了结。

道光二十五年（1845年）正月，驻藏帮办大臣瑞元前往后藏一带地方"巡边"，途经札什伦布寺时，札寺的僧俗代表向帮办大臣递了公禀，要求七世班禅仍回札什伦布寺主持教务。驻藏帮办大臣返回拉萨后，即向清宣宗上了一道"奏折"，内称班禅久住拉萨，引起后藏僧俗人民的心境不安，可否即让班禅仍回札寺，所任摄政一职，拟由热振阿齐图诺门汗接替。不久就接到清宣宗批准的"回旨"。

三月二十六日，七世班禅和新任摄政热振阿齐图诺门汗同赴布达拉宫见了十一世达赖，七世班禅即将摄政大印当面交给了热振阿齐图诺门汗，辞去了摄政职务。总计七世班禅于道光二十四年（1844年）八月初六日代理摄政职务，至道光二十五年（1845年）三月二十六日辞去摄政职务，前后还不到八个月。刘家驹著的《班禅大师全集》中说代理藏王三年，是不准确的。四月初三日，七世班禅向十一世达赖、新任摄政、驻藏大臣等人辞别，返回札什伦布寺。

道光二十六年（1846年），七世班禅接到清宣宗赏赐的金册一份，金印一颗。还有哈达、荷包、宫扇、珐琅碗碟、鼻烟壶及绸缎等很多礼品。《清实录》中有如下记载：道光二十五年（1845年），"谕内阁：理藩院奏请换赏班禅额尔德尼金册一折……著该衙门于本年三月内赶办完竣，即交该堪布等敬谨赍回，由驻藏大臣转交祗领。"

刘家驹著的《班禅大师全集》中载有这份金册的内容，全文如下：

> 奉天承运皇帝诏曰：朕抚临华夏，亿兆登春，敷宏化于寰中，广善缘于方外，其有阐明格鲁派，矢励清修者，胜果即彰，新纶宜沛，惟尔妙宣会觉，慧本前生，谭奥义于名经，衍灵机于机典。溯自化身示现，迄今净业坚持，用示懋嘉，特颁册命，仍封尔为宣化绥疆班禅额尔德尼，主持札什伦布一带寺宇，尔其督率部众，秉乃宗传。严戒律于兑方，普沾利济，辑麻祥于震旦，共乐皈依。兹随册赍往哈达一、鹅黄辫绿松石一、豆花大荷包二、小荷包二、玉罐一、牙丝宫扇一、银胎珐琅碗二、银胎珐琅五寸碟二、铜胎珐琅烟壶一、鹅黄蟒缎一、鹅黄（绒）缎一、花锦二、红绛绒二，尚其祗受，无懈恭勤，钦此！"

这份金册中，加了"宣化绥疆"四字，据《清实录》载，道光二十二年（1842年）"以剿办番夷捐资助赏，加封班禅额尔德尼宣化绥疆封号"。

道光二十六年（1846年），十一世达赖年满八岁，应受沙弥戒。是年二月十九日，七世班禅应摄政和噶厦之请，前往拉萨，三月十一日抵布达拉宫，当天即与十一世达赖见了面。四月初七日，为十一世达赖受沙弥戒的吉日，十一世达赖与七世班禅同赴大昭寺，由七世班禅担任授戒堪布，在释迦牟尼像前给十一世达赖授了沙弥戒。五月初一日，七世班禅前往甘丹寺朝拜宗喀巴灵塔，并讲经说法。五月二十日返回拉萨。五月二十九日，七世班禅向十一世达赖、摄政、驻藏大臣辞别，十一世达赖在布达拉宫日光殿上设宴为七世班禅饯行，并希望不久即可见面。六月三十日，七世班禅返回札什伦布寺。

道光三十年（1850年）三月，驻藏大臣穆腾额专程前来札寺，通知七世班禅，清宣宗已于是年正月逝世，新皇帝咸丰已登基。七世班禅即命全寺僧众诵经祈祷，同时派人去拉萨，向三大寺僧众熬茶、放布施。并派巴雅尔堪布一人前往北京，向清宣宗致祭，向咸丰帝祝贺。

六、西藏人民开始反对英国侵略者的斗争

这时西藏进入了反帝斗争的新时期。由于英国侵略者在侵略祖国沿海及内地的同时，积极侵略西藏，西藏人民和全国各族人民一道，开始了伟大长期而又艰苦的反对英国侵略者的斗争。

英国侵略者侵略西藏是有计划、有步骤的。它的第一步是先把与西藏接壤的国家与地区一一征服，这些国家和地区就是廓尔喀（尼泊尔）、不丹、哲孟雄（锡金）和拉达克。因为这些国家与地区有的原是清朝的藩属，按规定的限期到北京进贡，也同时向达赖、班禅奉献礼品。所以英国征服这些国家与地区，实际上就是征服西藏的外围。在清代早期的官方文献和西藏的藏文文献中，一般都把英国称为"披楞"，道光二十六年（1847年）十二月丁丑的一道"上谕"中，才明确指出："披楞即英吉利国"。此后所引资料中，如有"披楞"一词，就指的是英国。

当时英国侵略者还不是直接进攻西藏，而是直接进攻廓尔喀（尼泊尔），但因廓尔喀与清朝的关系友好，英国进攻廓尔喀之前，不能不考虑清朝会作出什么反应。早在嘉庆七年（1802年），英人即开始向廓尔喀进攻，廓尔喀国土六处被英军占领。当时清朝政府与驻藏大臣还认为"披楞乃么么小国，何能为患"。后来廓尔喀在英军进攻面前节节失败，请求清朝援助。清仁宗又认为"披楞在廓尔喀西南，与唐古忒不通闻问，素无仇隙，岂有越境远来与唐古忒构衅之理。……所言实不可信"。

嘉庆二十年（1815年），廓尔喀被英军打败，廓王又向清朝要求赞助军饷。清仁宗又认为"廓尔喀与披楞互相争斗，自取败衄，天朝岂能过问。乃屡次渎求赏助金银，并向达赖喇嘛、班禅额尔德尼等求为帮给口粮，殊为贪诈"。

从这些资料来看，清朝政府当时不仅没有帮助尼泊尔抵抗英国的侵略，反而训斥尼泊尔要求中国援助是"殊为贪诈"。这样，廓尔喀在英军大力压迫之下，只好向英国屈服了。清嘉庆二十一年（1816年），廓尔喀与英国订立了萨格里条约，除给英国割地三处外，并承认英国可在加德满都常驻代表。

廓尔喀与英国签订条约以后，即向驻藏大臣喜明报告："现在与天朝进贡。若投诚披楞，就不容我与天朝进贡。"清仁宗认为廓尔喀人"实属狡诈"。又说："尔国与披楞或和或战，即或竟投诚披楞，天朝总置不问，但届至贡期，仍当按例进贡。"

英国征服了廓尔喀以后，即向北侵占了克什米尔地方，藏人叫作森巴，然后唆使森巴向清朝藩属拉达克地方进行侵略。拉达克本是阿里三围之一，原为西藏地方。固始汗统一西藏以后，拉达克即归达赖喇嘛管辖。道光八年（1828年），拉达克部长敦诺普纳莫札尔"因拿获逃至彼处逆回一百余名"有功，由清宣宗赏给五品顶戴、花翎，并赏大缎二匹。小头目萨莫赏给金顶、蓝翎，并赏宫绸二匹。道光九年（1829年），拉达克部长"呈进奏书、哈达、花绸谢恩"。清宣宗谕军机大臣："尔部落原不应呈递奏书，兹经本大臣据情奏闻大皇帝嘉尔恭顺，姑准呈进，此乃格外施恩，并示体恤之意。"

不久，英国占领了克什米尔，接着侵占了拉达克。道光二十一年（1841年）英国又唆使克什米尔人与拉达克人勾结在一起，派兵3000人侵入西藏阿里地区,深入1700余里,占领了噶达克、如妥、达巴、补仁、杂仁等六个宗。当时我国正值第一次鸦片战争时期,清朝中央政权早已腐败无能,不可能抽出兵力去支援西藏。当时的驻藏大臣孟保,即派噶伦才丹多吉和代本比喜,带领前藏鸟枪番兵300名,士兵1000名,前往阿里反攻。驻藏大臣并将从内地运来的劈山炮22门,交付使用。接着又派如琫2名,甲琫4名,定琫20名,前后藏番兵500名,作为后续部队,"兼程前往"。道光二十二年(1842年),"驻藏大臣孟保等奏:森巴大头目倭色尔蚕食侵占边外大小部落,实属强横。兹复带领贼众抢占唐古忒营寨数处,并敢屡次抗拒官兵,洵为此案渠魁。现经该大臣等札饬噶布伦等带兵四面夹攻,将倭色尔杀毙,又歼毙大小贼目四十余名,贼匪二百余名,余贼纷纷溃散,逃往贼寨"。又谕内阁:"歼毙贼首倭色尔,并拿获勾结滋事之拉达克贼目四十余名,投降者八百三十六名,及几汤克复未及两月,即将夷贼所占之达坝噶尔等处营寨地方一千七百余里全行收复,现在边境肃清,孟保、海朴督办军务调度有方,葳功迅速,均著交部从优议叙。"

这次战争的主力部队乃是藏军,而战功也只是收复了被敌人侵占的阿里地方。至于拉达克地方,则被英国人占领,拉达克部长也不再向清朝皇帝进贡了。

英国在侵占了清朝藩属拉达克的同时,又把魔爪伸向清朝的另一藩属,即哲孟雄(锡金)。

嘉庆十七年(1812年),哲孟雄部长还承认是中国藩属,因躲避英国人的侵略与压迫,要求在西藏境内给予一块居住地方,竟遭到驻藏大臣的拒绝。据《清实录》记载:"谕军机大臣等:阳春等奏,接据哲孟雄部长来禀,恳将唐古忒庄子赏给一所,俾资居住,并求差派汉番官员前往分断界址。经伊等严行驳斥……所办甚是。哲孟雄部落并非藏属,因畏惧廓尔喀侵欺,虑及日后不能保守疆土,禀求在唐古忒居住。伊现尚存日呢杵、冈多二处地方,并非失土无归。……著传谕瑚图礼等,此次哲孟雄部长既经驳斥之后,或仍怀贪鄙,再行渎禀……俱当严词檄谕,绝其妄想。"

道光十五年(1835年),廓尔喀与哲孟雄之间因边界发生纠纷,双方都请求驻藏大臣出面调解,清宣宗指示驻藏大臣关圣保,认为这是"蛮触相争,该大臣等惟当严饬所属汉番官,慎守卡伦,严密防范,不准一人擅出边界,至酿事端,是为至要"。而对于双方的争执如何解决,采取了置之不理的态度。于是廓尔喀、哲孟雄都请求英国出面调解，英国驻印总督即派格兰德氏出面"调解"，乘机派兵入境将廓尔喀侵占的铁来、摩兰两地夺过来，归还给了哲孟雄。交换条件是哲孟雄把大吉岭及附近山地割让给英国，作为"避暑地"，英国则答应每年给哲孟雄部长英金三百镑，作为"年俸"。但驻藏大臣请示清宣宗批准，仍准哲孟雄部长八年来藏"瞻礼"一次。

英国在西藏界外的侵略步步深入以后，就直接把魔爪伸向西藏。开始以"通商定界"为借口，于道光二十六年（1846年）十二月，派人向阿里噶尔本递了一份"洋禀"。据《清实录》载："谕军机大臣，前据耆英奏，英国请与西藏定界通商，业经正言拒绝，当有旨著该督坚守成约，勿为摇惑。兹据琦善奏称：据唐古忒西界堆噶尔本营官禀报，有披楞人投递洋禀。据来人口述，系披楞战胜，森巴已经归附，并将所属之拉达克、克什米尔分与管辖，欲向唐古忒交易，定有章程，令人前往会议等语。与该督前奏大略相同。本日已降旨令琦善严密防范，并著晓谕该国以办理洋务系钦差大臣之事，应由该商自赴广东与耆英商办。著该督仍遵前旨，申明条约，毋任狡执。俾知条约坚明，五口通商之外不得再生枝节，是为至要。"

道光二十七年（1847年），"又谕军机大臣等，耆英奏，英人请与西藏定界通商业经正言拒绝一折，并密陈侦察情及酌办情形等语。西藏地方本有一定界址，毋庸再行勘定，通商一事，更有原立界约，自应永远遵守"。

清朝政府初意想用置之不理的态度对付英国。但后来英国又致书广东总督耆英，说英国已派官员前往后藏，要西藏方面也派官员前来谈判。清宣宗这才被迫指示驻藏大臣："现在屡次渎请，未便置之不答。著琦善、斌良、穆腾额商派妥员前往访查，如该国实有洋官来至后藏，即眼同确查加治弥耳（克什米尔）向与西藏通商旧界，详慎办理。"

以上只是英国武装进攻西藏前的试探行动。这时清朝政府已处于日益腐败的后一时期，经过鸦片战争以后，对外采取了丧权辱国的屈服政策，西藏是中国的一部分，在西藏施行的对外政策也不例外。

这时七世班禅也到了他的晚年时期，身体日益衰退，常患腿疾，行动不便。札什伦布寺的僧俗官员，对七世班禅的健康非常关心，除精心治疗外，并命念经喇嘛昼夜诵经祈祷。

清文宗和驻藏大臣也对七世班禅的健康非常关心。驻藏大臣穆腾额于咸丰元年（1851年）转交清文宗的"敕书"内称："穆腾额等折内所称班禅额尔德尼患腿疾，举动艰难，朕心殊深惦念。班禅额尔德尼年老，且患腿疾，必须安心调理。著穆腾额等转谕班禅额尔德尼知之，以副朕期念之意。"（《清实录》）

咸丰三年（1853年）正月十四日，七世班禅丹白尼玛因久病不愈，于是日天未明在札什伦布寺的拉让内逝世，享年七十二岁。七世班禅逝世后，札什伦布寺全体僧众念经祈祷其早日"转世"。同时派人前往拉萨向十一世达赖、摄政、驻藏大臣报告，转奏清文宗，并请十一世达赖写一文告，通知全藏僧俗民众。又在三大寺熬茶、放布施、诵经祈祷。清文宗接到七世班禅逝世的奏折后，"命驻藏帮办大臣谆龄往奠故后藏班禅额尔德尼茶酒，赏银五千两治丧"。"其后藏事务，暂令札萨克喇嘛朗结曲丕代办矣"。又指示驻藏大臣穆腾额："现在班禅额尔德尼系在后藏涅槃，与

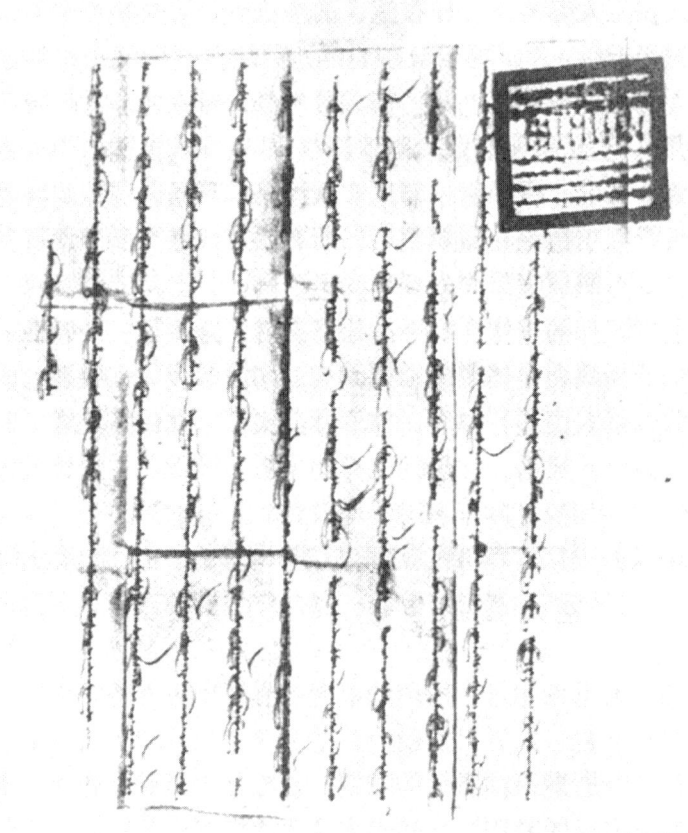

七世班禅给清道光皇帝的奏书

前辈班禅额尔德尼在京涅槃者不同，著穆腾额等即将向来班禅额尔德尼在藏涅槃后，所有派人代办及所奉恩旨并赖谕各事宜，查明成案，详晰开单，迅速具奏，毋稍疏漏。"

七世班禅的遗体在札寺拉让防腐后，陈放了一个时期，十一世达赖、摄政、全体噶伦、三大寺，均派代表前来致祭。同时让前后藏僧俗民众进行悼念，并奉献金银，以供建造灵塔之用。最后将遗体盛入灵塔，和历代班禅的灵塔一同供养在大经堂内。

七、七世班禅为维护祖国统一和团结作出了重大贡献

综观七世班禅丹白尼玛的一生，有几个方面的贡献，是值得一提的。

第一，七世班禅所处的时期，是札什伦布寺自建寺以来，遭遇到空前灾难的时期，廓尔喀人的两次侵入，目标都是札什伦布寺。不仅札寺本身遭到重大破坏，札寺所属的百姓，更遭到敌人的残酷蹂躏。幸亏七世班禅领导有方，辛勤工作，再加上国家的补助、支援，到七世班禅晚年时，札寺本身与札寺所属的百姓，基本上治好了灾难带来的创伤，恢复到灾前的水平，这是七世班禅的重大贡献。

第二，七世班禅一生经历了清高宗、清仁宗、清宣宗和清文宗四个皇帝的统治，和他共事的驻藏办事大臣前后有37人，帮办大臣有39人（其中有些帮办大臣后来升任办事大臣）。

七世班禅始终坚定地站在承认西藏是中国领土的立场，站在西藏地方隶属于清朝中央的立场，对历代皇帝的态度都是很恭顺的，对历任驻藏大臣是很尊重的，凡是札寺的大事，都通过驻藏大臣请示皇帝批准；清朝皇帝要他办的事情，他都尽力办理。所以历代皇帝与历任驻藏大臣对七世班禅都是很信任的。这是七世班禅在维护祖国统一与民族团结方面的重大贡献。

第三，七世班禅是八世达赖的徒弟，又是九世达赖、十世达赖和十一世达赖的师傅，他和这几代达赖的关系都是很友好。七世班禅很注意搞好与达赖集团的关系。道光二十四年，清宣宗命令七世班禅为西藏摄政，他

开始不愿担任，后来因为不能违抗"圣旨"，勉强担任了八个月。根据七世班禅的德才，他完全有资格担任摄政，但他为了照顾达赖与班禅两大世系的关系，不愿插手达赖集团的内部事务，这种态度是明智的，所以七世班禅一生与达赖及其集团的关系是友好的。这是他对巩固西藏内部的团结方面的重大贡献。

第六章
八世班禅丹白旺修

八世班禅

一、八世班禅短暂的一生

八世班禅法名丹白旺修,系后藏托布加谿卡竹仓村人。生于藏历第十四饶迥之木兔年(清咸丰五年,1855年)八月初八日。父名丹增旺杰,母名扎西拉姆,其家庭是当地的一个小贵族。八世班禅出生与十一世达赖逝世是同一年。十一世达赖凯珠嘉措是清咸丰五年十二月十五日在布达拉宫逝世的,只活到18岁。十一世达赖逝世后,驻藏大臣满庆照例向清文宗上了"奏折"。清咸丰六年(1856年)清文宗"谕军机大臣等,满庆奏达赖喇嘛圆寂,将商上事务暂交呼图克图掌管一折。据称呼征呼图克图人尚稳妥,从前曾代办商上事务数年,均无舛错,现因达赖喇嘛圆寂,该大臣已将一切事宜令该呼图克图暂行代管。惟以后商上事务该呼图克图掌办能否胜任,著满庆悉心查看,再行具奏"。

这样,噶厦、摄政、三大寺又派出代表,前往各地找寻十一世达赖"转世"的"灵童"。札什伦布寺则同样派出代表到各地找寻七世班禅"转世"的"灵童"。

根据八世班禅丹白旺修的藏文传记载,七世班禅"转世"的"灵童"是咸丰六年(1856年)找到的。当时共在后藏找到了三个"灵童",由札什伦布寺派苏本堪布巴丹西热前往拉萨向驻藏大臣报告,驻藏帮办大臣赫特贺即向清文宗写了"奏折"。

咸丰六年(1856年)十二月二十日,清文宗"谕内阁:赫特贺等奏,班禅额尔德尼呼毕勒罕现访得灵秀二童等语。七世班禅涅槃将及四载,今据赫特贺等奏称访得知觉异常灵妙二童,实属祥瑞,朕心快悦。著照所奏,即照定例将此二童之名入于金瓶内,唪经敬谨掣签,以定呼毕勒罕。俟掣定后由驿驰奏"。

本来找到七世班禅"转世"的"灵童"是三名,但其中一个"灵童"的父母临时决定不参加"金瓶掣签",因此只剩下两名。于是驻藏大臣满庆和帮办大臣赫特贺即通知札什伦布寺,命令他们将找到的"灵童"连同他们的父母同来拉萨,以便举行"金瓶掣签"仪式。于是,托布加谿卡的丹增旺杰夫妇带了他们的小孩，还有一个拭古夏白夫妇也带了他们的小孩，一同到达拉萨。札什伦布寺的札萨喇嘛英萨诺门汗、前世班禅的苏本、森本、却本等三大堪布，还有札寺僧俗官员数百人，也同时到达拉萨，以便参加"金瓶掣签"仪式。

"金瓶掣签"仪式在布达拉宫皇帝牌位前举行。按法定手续，将两个"灵童"的名字写在象牙签上，投入金瓶，然后由札寺来的喇嘛和三大寺的喇嘛若干人，念了"金瓶经"七天。掣签之日，摄政、噶伦等僧俗官员齐集布达拉宫，掣签仪式由驻藏大臣赫特贺、满庆亲自主持，开瓶掣签，掣出的是托布加豁卡丹增旺杰的孩子的名字，就被认定为八世班禅。按过去旧例，由札什伦布寺派卓尼一人，穿白衣、骑白马，前往"灵童"在拉萨的住所（功德林拉让）向他本人及其父母报告喜讯，同时前往札什伦布寺，向全寺僧众报告掣签的结果。为此，噶厦专门举行了一次噶卓，庆祝八世班禅掣签手续圆满完成。噶卓完毕，即将八世班禅由功德林拉让移到罗布林卡达赖夏宫。次日，由摄政呼征阿齐图呼图克图担任堪布，给八世班禅剪了发，换了僧衣，并取法名为曲结札巴丹白旺修巴桑布（简称丹白旺修）。随后，八世班禅丹白旺修由札什伦布寺的数百僧俗官员护送，离开拉萨，摄政和全体噶伦均在坚杂鲁丁地方搭了帐篷欢送。札寺僧俗官员决定，八世班禅先住在仁布宗所属的强均寺内，以便选择吉日，迎接到札什伦布寺举行坐床典礼。

对于八世班禅掣签一事，《清实录》中记载：

> 又谕：赫特贺等奏，详查班禅额尔德尼呼毕勒罕所遗幼子等掣签定拟奏闻一折。本年（1857年）十一月二十三日驻藏大臣等亲往布达拉山会同呼征阿齐图呼图克图，色呼本诺门罕率僧俗人等唪经，由金瓶内掣出番民丹择旺杰之子拉木结旺堆嘉木参①之名签，拟定为呼毕勒罕。……实为祥瑞之事，朕心实深喜悦。著赏给该呼毕勒罕大哈达一幅，珊瑚数珠一串，玉如意一柄……以副朕广兴格鲁派之至意。

十一世达赖凯珠嘉措死后，噶厦和三大寺的代表，也在前藏找到了十一世达赖"转世"的"灵童"三名，向驻藏大臣满庆等人报告转奏，清文宗批示："满庆奏请达赖喇嘛之呼毕勒罕灵异幼童三名一折。自达赖喇嘛涅槃已及二年，兹据满庆奏称，其颖悟异常显著灵异幼童三名，实属祥瑞之事，朕

---

① 此系八世班禅的乳名。

心悦慕。著照所请,即遵成例将此三幼童之名入瓶,敬谨掣定呼毕勒罕,由驿奏闻。"

咸丰八年(1858年)正月十三日,仍在布达拉宫皇帝牌位前,由驻藏大臣满庆主持,举行了"金瓶掣签"仪式,抽定朋错测旺之子明珠尔丹测加木错为十二世达赖喇嘛。后因十二世达赖20岁早亡,其家属与田庄被大贵族拉鲁并吞,遂与拉鲁合为一家。

十二世达赖经抽签认定后,即由摄政呼征阿齐图呼图克图担任堪布,为"灵童"剪了发,换了僧衣,并取法名为阿旺罗桑丹贝坚赞成烈嘉措(简称成烈嘉措)。

对于十二世达赖"金瓶掣签"的结果,清文宗也下了一道"谕旨":"满庆奏,查验达赖喇嘛之呼毕勒罕出世之幼子掣定奏闻一折。本年正月十三日,驻藏大臣会同呼征阿齐图呼图克图、堪布喇嘛率同众喇嘛唪经,由金瓶将番民朋错测旺之子明珠尔丹测加木错之名掣出。定呼毕勒罕之时,因班禅额尔德尼之呼毕勒罕尚未及岁,不能命名,是以呼征阿齐图呼图克图按佛道伊师达赖喇嘛之呼毕勒罕,即以阿旺罗布藏丹贝加木灿琛呼加木错命名,甚属吉祥,朕心不胜欣悦。惟该呼毕勒罕年甫三岁,现住布达拉山附近寺内,著呼征阿齐图呼图克图留心善事,俟及岁后应坐床之一切事务,著满庆妥为办理,照例具奏"。同年十月,清文宗又正式批准"呼征阿齐图呼图克图办理商上事务甚属妥协,著照所请"。

咸丰十年(1860年)七月初三日,十二世达赖在布达拉宫举行了坐床大典,清文宗特派理藩院司员二人将颁赐的"敕书"、"赏赉等件","驰驿赍往",赏白银一万两,为坐床费用。并著驻藏大臣满庆、恩庆"前往看视"。八世班禅也派代表前来拉萨,向十二世达赖献了哈达、礼品,表示祝贺。

同年十月初二日,为八世班禅坐床典礼之日,摄政呼征阿齐图呼图克图和驻藏帮办大臣恩庆前来札什伦布寺主持,清文宗也派理藩院司员二人,前往札寺,赍送"敕书"、"赏品"等件。也赏赐白银一万两,作为坐床经费。当时八世班禅年满五岁,已到了受沙弥戒的年龄。清文宗"又谕内阁:……班禅额尔德尼呼毕勒罕现届坐床,又值受戒之期,达赖喇嘛尚属年幼,未能前往。前班禅额尔德尼披剃更取法名时,经呼征阿齐图呼图克图前往办理,甚属吉祥。仍著派令前往札什伦布照料坐床、受戒,以示朕振兴格鲁派之至意"。

十月初三日,为八世班禅举行坐床大典并受沙弥戒的吉日,札寺全体僧俗官员齐赴贡觉林夏宫，迎请八世班禅赴札什伦布寺，坐床大典在札寺日光殿上举行，摄政、驻藏帮办大臣、噶伦以及札寺全体僧俗官员共千余人参加了坐床典礼。八世班禅在未登宝座之前，先面向东方，跪接了清朝皇帝的"敕书"及礼品等，然后向东方行了三跪九叩首礼，向皇帝表示"谢恩"。礼毕，才登上宝座，接受了摄政、驻藏帮办大臣、噶伦以及札寺僧俗官员献的哈达和礼品。札寺即在日光殿上举行了噶卓，表示祝贺。

十月初七日，为八世班禅受沙弥戒之日。受戒仪式在札寺大经堂内释迦牟尼佛像前举行，由摄政呼征阿齐图呼图克图担任受戒堪布，一切按喇嘛教规定，圆满完成。

十月十九日，驻藏大臣、摄政、噶伦等一行辞别了八世班禅，返回拉萨。

八世班禅受沙弥戒以后，经驻藏大臣呈请清文宗批准，任命噶青罗布藏丹巴坚参为八世班禅的经师，"留心教习经典"，并赏给诺门罕名号。

这时我国正处在第二次鸦片战争时期，英法联军攻入北京，火烧了圆明园，清文宗逃到承德避暑山庄，不久在承德逝世。据《清实录》载：

> 满庆等奏，达赖喇嘛、班禅额尔德尼、慧能呼征阿齐图呼图克图闻大行皇帝升遐，不胜哀恸，具呈请安，呈进佛尊、哈达，聚集僧众念经修福等语。实属可嘉。……颁赏达赖喇嘛珊瑚念珠一串，椰子念珠一串，大荷包一对，小荷包四个。颁赏班禅额尔德尼玻璃小朝珠一串，菩提念珠一串，大荷包一对，小荷包四个……

接着清穆宗当了皇帝，改元同治。实际上是慈禧太后"垂帘听政"，所以以后的所谓"上谕"，都是按慈禧太后的意见办的。西藏仍按旧例，达赖、班禅各派巴雅尔堪布一人，前往北京祝贺，接到"上谕"，要他们"二十七个月以后再行来京"。

同治三年（1864年），十二世达赖成烈嘉措年满八岁，到了受沙弥戒的年龄。因八世班禅也还年幼，不能充当授戒堪布，乃由摄政与噶厦决定，由甘丹池巴罗桑钦热旺觉担任十二世达赖受沙弥戒的堪布，并决定是年四月十三日，为授戒之日。

八世班禅派遣代表前往拉萨致贺。为十二世达赖受沙弥戒，清朝政府下了一道"谕旨"表示祝贺。"谕旨"说："满庆等奏达赖喇嘛从伊正师傅罗布藏青饶旺曲受格隆小戒，呈进佛尊、哈达等物一折。本年四月十三日达赖喇嘛从伊正师傅受格隆小戒，实为吉祥之事，朕心实为喜悦。……著加恩赏给达赖喇嘛黄哈达一个，椰子念球一串，玉碗一个，大荷包一对，小荷包一对，著满庆接奉此旨，谕知达赖喇嘛照数祗领。"

光绪元年（1875年）四月驻藏大臣和噶厦派人前来札什伦布，通知八世班禅，清穆宗已逝世，新皇帝是清德宗。同时也通知八世班禅，十二世达赖喇嘛成烈嘉措已于是年三月二十日在布达拉宫逝世，只活了20岁。噶厦请求八世班禅写一文告，祈祷达赖早日"转世"。八世班禅即在札什伦布寺和拉萨三大寺向全体僧众熬茶、放布施，进行祈祷。对于十二世达赖的逝世，《清实录》中没有文字记载。只记载光绪元年（1875年）十一月，"西藏办事大臣希凯奏，请以济咙呼图克图阿旺班垫曲吉坚参代办商上事务。允之。"清光绪三年（1877年），"驻藏办事大臣松溎奏：济咙呼图克图掌办商上事务一年期满，恳请赏给敕书。得旨，现在达赖喇嘛之呼毕勒罕未经出世以前，所有商上事务著该济咙呼图克图敬谨掌办，并加恩赏给达善名号，俟前辈达赖喇嘛章禅赍送布彦时再行发给敕书。"

清光绪元年（1875年），八世班禅年满21岁，到了受比丘戒的年龄。札什伦布寺决定，由普觉活佛担任授戒堪布。四月十五日，授戒仪式在札什伦布寺的益格穹曾殿上举行，噶厦特派苏本堪布作为代表，驻藏大臣也派代表，同来札寺送了礼品，表示祝贺。八世班禅受了比丘戒以后，对宗喀巴创立的格鲁派的教义并不用心学习，他感兴趣的是"宁玛派"的教义，因此引起札什伦布寺的喇嘛，特别是铁桑林札仓的全体喇嘛的反对。据八世班禅的藏文传记载，经札寺札萨喇嘛一再解释，一场风波才告平息。对于这次事件，《清实录》中也有记载："光绪二年（1876年）驻藏办事大臣松溎奏：班禅额尔德尼惑习宁玛派，现令具结改悔。得旨，著随时察看，妥慎处理。"

十二世达赖成烈嘉措逝世以后，又由噶厦和三大寺派出代表前往各地找寻十二世达赖"转世"的"灵童"。光绪三年（1877年），在前藏达布地方找到了一个"灵童"，噶厦与三大寺的代表共同认定确系前世达赖"转世"，恳请清朝政府免予"金瓶掣签"。据《清实录》载：光绪三年（1877年）六月，"驻藏大臣松溎奏请将访获灵异幼童可否免其掣瓶即作为达赖喇嘛之呼毕勒罕一折，得旨：工噶仁青之子罗布桑塔布克甲木错①即作为达赖喇

---

① 此系十三世达赖的乳名。

嘛之呼毕勒罕，毋庸掣瓶。"

光绪三年（1877年）十二月十七日，噶厦特派噶觉布娃前来札什伦布，邀请八世班禅前往拉萨，给十三世达赖的"灵童"剪发并取法名。八世班禅接受了邀请，即于是年十二月二十一日启程，光绪四年（1878年）正月初四日抵达拉萨，住在罗布林卡的噶桑颇章宫内。当时十三世达赖还住在公堂寺。正月十一日，八世班禅在摄政、驻藏大臣、全体噶伦、三大寺代表等多人陪同下，到达公堂寺，在该寺大经堂内给十三世达赖剪了发，换了僧衣，并取法号为阿旺罗桑土登嘉措鸠差旺觉却勒南巴甲娃巴桑布（简称土登嘉措）。仪式完毕，噶厦就在公堂寺的大经堂内举行噶卓，表示庆祝。

三月初九日，八世班禅离开拉萨，前往热振寺、拉姆寺、甘丹寺朝佛，讲经说法。三月二十八日返回拉萨。四月十五日，向十三世达赖、摄政、驻藏大臣等人辞别，返回札什伦布。噶厦特派噶觉布娃护送八世班禅直到札寺。

十三世达赖剪发并取法号以后，即由公堂寺移住到日加三丹林寺，等到举行坐床典礼以后，才能进住布达拉宫。坐床必须事先请示清朝政府批准。据《清实录》载：光绪五年（1879年）"以达赖喇嘛之呼毕勒罕坐床，赏给黄哈达一方、佛一尊、铃杵一份、念珠一串，并赏给伊父工噶仁青公爵。准达赖喇嘛之呼毕勒罕钤用金印及黄轿、黄车、黄鞍、黄缰并黄布城"。批准十三世达赖之父戴用宝石顶戴花翎。同时任命通善济咙呼图克图阿旺班垫曲吉坚参为十三世达赖的经师，沙布咙普尔觉罗布藏楚臣坚巴勒佳木撮为副经师，还给四川总督丁宝桢下了一道命令，"著丁宝桢于司库内提银一万两，派员送至西藏，交色楞额给领"，作为十三世达赖坐床的费用。

光绪五年（1879年）六月十三日，十三世达赖由日加三丹林寺迎接到布达拉宫。坐床典礼就在布达拉宫的日光殿上举行。八世班禅特派仔恰南加团柱等人为代表，参加了十三世达赖的坐床典礼，并送了礼品，表示祝贺。

光绪八年（1882年），十三世达赖年满六岁，到了受沙弥戒的年龄。因当时八世班禅正在患病，不能前来拉萨，噶厦乃决定并由驻藏大臣转呈清朝政府批准，即由正经师通善济咙呼图克图担任授戒堪布。十三世达赖受沙弥戒仪式于光绪八年（1882年）正月十三日在大昭寺内释迦牟尼佛像前举行。据《清实录》载：光绪八年（1882年）四月"又谕……本年正月十三日，达赖喇嘛由伊正师傅受持格隆小戒，实为吉祥之事，朕甚悦之。达赖喇嘛嗣后尤当专学经咒，善守格鲁派，永承眷爱之恩。著加恩赏给黄哈达一个，椰子念珠一串,玉碗一件,玉盒一件,大荷包一对,小荷包二对,由色楞额晓谕颁赐"。

二、西藏僧俗大农奴主之间的斗争

八世班禅丹白旺修生活的这一时期,正是国内太平天国革命战争和第二次鸦片战争时期,也是西北、西南的少数民族发动武装起义的时期。这一时期,西藏僧俗大农奴主之间又发生了争权夺利的尖锐斗争,而驻藏大臣及其部下偏袒一方,卷进了旋涡。

事件开始发生在同治元年(1862年)。当时的摄政是呼征阿齐图呼图克图,他与哲蚌寺罗赛林札仓的堪布之间有矛盾,以"克扣布施"为名,将其予以革退。该堪布与罗赛林札仓的僧众不服,"甚至各集兵众互相抵御"。哲蚌寺的僧众又联合甘丹寺的僧众向驻藏大臣满庆递了"公禀",要求撤换摄政,而摄政又向驻藏大臣要求"追究罗赛林属喇嘛多人"。"经满庆等分饬两造不得妄肆,惟当静候谕旨办理,两造貌不听信。哲蚌寺的僧众竟从布达拉宫的军械库内取出炮位、药铅,调集前后藏、江孜番营官兵药铅、所属百姓等,围攻惜德寺(即摄政在拉萨的住所)"。"该僧俗等同室操戈,不受汉宫约束,经满庆等面嘱萨迦喇嘛向两边劝解,并札调已辞噶布伦汪曲结布来藏理说,而两造均知防兵人少,藏台乏饷,肆行无忌。以致藏中汉兵、汉民俱恐误遭杀害"(以下均见《清实录》)。

在摄政与哲蚌寺的斗争中,驻藏大臣满庆曾派粮务委员李玉圃、游击唐怀武、把总马腾蛟等"查办",而李玉圃等人又"偏徇哲蚌寺",更助长了反摄政势力的气焰。摄政呼征阿齐图呼图克图势力不敌,战斗进行了一天。到了晚间,呼征阿齐图呼图克图带了摄政的印信"潜逃",不知去向。于是驻藏大臣满庆即向清朝政府弹劾呼征阿齐图呼图克图。清朝政府认为:呼征阿齐图呼图克图"自咸丰八年掌办商上事务,不思维持地面,辄因布施小事激怒众僧……实属辜恩怙恶,有玷格鲁派,所有从前赏给阿旺伊喜楚称嘉木参慧能名号、广衍格鲁派呼征阿齐图呼克图敕印及黄缰等件,均著一一注销,不准再令转世。仍著理藩院衙门,沿边各省督抚、口外将军、大臣、蒙古王公，一体查拿究办，追出携带之掌办印信图记送交西藏，以免招摇"。同时批准"即以汪曲结布协理西藏事务，并赏给诺门罕名号"。

同治二年（1863年），"潜逃"之西藏摄政呼征阿齐图呼图克图到了北京，向清朝政府控告驻藏大臣满庆等人偏袒哲蚌寺僧众闹事。清朝政府特派文祥会同都察院堂官"审办"。据呼征阿齐图呼图克图供称，驻藏大臣满庆曾受汪曲结布贿银元宝80个，因此互相勾结，陷害呼征。又供称满庆受贿80个元宝，是由张喇嘛从中传递，现张喇嘛已死，无凭提证。呼征"多系一面之词，未可凭信"。与此同时，四川总督骆秉章也给清朝政府上了一道"密奏"，谈到呼征阿齐图呼图克图离藏以后，"合藏兵民皆为不平"等语。清朝政府对这件事怎么处理呢？于是一面特派福济、景纹二人赴藏"查办"，一面命令将李玉圃调来北京，与呼征"对质"。而四川总督骆秉章的"密奏"中又替呼征辩护，说"汪曲结布即系前充噶布伦之璧喜，历来把持藏务，现复由配所潜回，勾结李玉圃，簧惑满庆札调，借得明目张胆，必欲屠灭呼征呼图克图。"清朝政府的"上谕"也认为"汪曲结布与李玉圃狼狈为奸，满庆等事事受其挟制，代为蒙混奏请，实堪痛恨"。"著满庆、恩庆即行传知该粮员，务即迅速来京质对，毋任迟延"。同时催促福济、景纹迅速赴藏"查办"。

但这两条"上谕"均无人执行。一方面是满庆等人并不派遣李玉圃来京"对质"，另一方面是福济、景纹迟迟不从四川启程。后来，福济始终未去西藏，景纹直到同治四年（1865年）才到西藏，换满庆回京。这时呼征阿齐图呼图克图已在京病故，因此也不再需要李玉圃到京"对质"。满庆也没有受任何处分，而汪曲结布反而因"抚绥僧俗，全藏安静，办理甚为安协，著满庆等传旨嘉奖"。同治三年（1864年），汪曲结布病故，经满庆奏请清朝政府批准，由罗布藏青饶汪曲办理商上一切事务，并赏诺门罕名号。

呼征事件未结束前，拉萨又发生了色拉寺麦札仓的僧众抢夺革职待审的总堪布事件。同治三年（1864年），色拉寺喇嘛吐多卜降巴纠集色拉寺麦、结、阿巴三札仓的僧众数千人，将已被捕之总堪布劫走。满庆束手无策，咨请噶厦协助办理。噶厦即将首犯吐多卜降巴送交驻藏大臣，清朝政府命令驻藏大臣满庆"先将该犯吐多卜降巴羁禁，俟福济、景纹到藏后，再行请旨办理"。

同治四年（1865年）十二月，景纹、恩庆到了拉萨，就将吐多卜降巴提出审讯。"该犯吐多卜降巴于买巴札仓众喇嘛攒集传唤之时，不能弹压僧众，将罗布藏称勒拉木结擅行接回色拉寺院。次夜复敢纠集僧众七百余名，各佩枪刀器械，晋藏搬运财物，已属不法。迨衅端已成，经达赖喇嘛同满庆等数次札谕，令将已革总堪布及为首滋事之人交案惩办，该犯不肯交人，并派兵筑卡，率众抗拒，更属目无法纪。该犯现已确实供认，实属罪无可逭，吐多卜降巴一犯即就地正法，以昭炯戒"。

清同治十年（1871年），甘丹寺又发生了一件事，"达尔汉总堪布班垫顿柱勾通噶勒丹寺喇嘛阿丹及扎萨克喇嘛札克巴协捻，折窝喇嘛策忍桑结，谋令诺门罕呼图克图辞退协理商上事务，并定计密差喇嘛分往各处，将已革赎罪之普隆噶布伦彭错策旺夺结父子、池扪戴策期美多结、大昭仓储巴江洛拉旺彭错、通巴戴璋朗结顿柱及现参催果噶布伦密玛策忍等六人先后谋死。班垫顿柱旋因畏罪潜回甘丹寺，噶布伦策忍旺曲听信该总堪布之言，私离职守，同往甘丹寺集众抗拒，不遵札调"。这次事件发生后，驻藏大臣恩庆、德泰向清政府上奏，清朝政府命令驻藏大臣"派拨番营官兵将该犯等拿获，会同达赖喇嘛讯明确供，定拟具奏"。

驻藏大臣恩麟、德泰接到"谕旨"后，即调派番兵包围了甘丹寺，"生擒喇嘛阿丹及已革噶布伦策忍汪曲等二十五名，并将班垫顿柱枪毙。……在逃从逆人犯……务获究办，毋任漏网。投诚之喇嘛僧众，仍责成各该寺领袖喇嘛妥为管束，不再滋事端。"

呼征事件，正法吐多卜降巴事件，以及击毙班垫顿柱事件，是发生在哲蚌、色拉、甘丹三大寺的三大著名事件。先后经历了十年时间。这些事件虽然从表面上看，是寺院内部的纠纷，实质上背后都有僧俗大农奴主操纵，仍是西藏僧俗大农奴主之间争权夺利的斗争。

三、英国加紧对西藏的侵略

八世班禅生活的这一时期，英帝国主义者侵略西藏的活动日益加剧。英国以"通商交易"为借口，先要在西藏边界上打开缺口（口岸）。而历史上西藏与印度进行贸易的道路，主要是由西藏的帕里，经过布鲁克巴（不丹）的噶伦堡，或通过哲孟雄（锡金）的大吉岭，这是大道。英国要打开通往西藏的大道，自必先征服不丹，取得噶伦堡，同时征服锡金，取得大吉岭，这就打开了侵略西藏的大门。同治四年（1865年），英军首先向不丹发动了军事进攻，侵占了不丹的甲昔、巴桑、卡栋桑等地方。不丹法王向驻藏大臣求援，"欲求唐古忒于兵目、财帛三项内帮助一项，以御披楞及披楞头目禀称欲借路赴藏"。驻藏大臣满庆向清朝政府奏请如何处理。清朝政府认为："披楞即系英国。……而唐古忒番众又不愿彼国之人至藏贸易传教，是巴（布鲁克巴）属求助、披楞赴藏两事均属窒碍"。清朝政府拿不出主意，只令"该大臣等务须细心斟酌，妥筹至善，即将办理之法备细奏闻"。

不丹与英国的战争开始时期，不丹人进行英勇抵抗。据景纹奏称："杀伤披楞数千人，已成不解之仇，现在披楞大股出动，号称数十万，（1866年）三月中旬可齐抵隘口，意在报复前仇。"清朝政府只让景纹"委员先赴隘口，劝谕披楞与布鲁克巴罢兵息争。"

这场战争的结果是不丹失败了，被迫订立了"新曲拉条约"（共十条），把不丹的许多地方割让给英国，其中包括了入藏必经之地噶伦堡。英国同意每年补偿不丹五万卢比①；印商到不丹贸易，不丹不得收税……

英国在征服不丹之前，已向哲孟雄施加了压力。哲孟雄本来已在清道光十五年（1835年）被英国军事征服，割让了大吉岭等地方给英国。后来英国在大吉岭设县，派知事一人管理，引起了哲孟雄国王及人民的不满。清道光二十九年（1849年），哲孟雄人把英国派来的大吉岭知事加以拘捕，并把他和一名英国"旅行者"菲加亚，一同处以死刑。于是英国首先停止了给哲孟雄每年300英镑的补助金。清咸丰十年（1860年），英国派可罗冷尔戈那为统帅，率英军数千人大举进攻，占领了哲孟雄首都他母笼。哲孟雄兵败媾和，订立了城下之盟，条约内容主要是：锡金允许英人自由贸易；允许英国在锡金境内修筑道路；"并代谋英与西藏交通便利诸事"；而英国给哲孟雄的津贴则由300英镑增加到1200英镑；大吉岭则归英国直接管辖。

英帝国主义占有了噶伦堡与大吉岭之后，就在当地修筑道路，为日后向西藏进行军事侵略预作准备，这就必然引起了西藏僧俗的不安和恐惧。光绪五年（1879年），由掌办商上事务通善济咙呼图克图领衔，向驻藏大臣松溎上了一道"公禀"，要求转呈清朝政府，坚决反对披楞前来西藏"通商贸

---

① 卢比是印度的货币单位名称，尼泊尔的货币单位亦称卢比。

易",更不准"来藏游历"。从这件涉外事务的处理上,更加暴露了西藏僧俗人民与清朝政府之间在政治上的重大原则分歧:西藏僧俗人民坚决反对英国侵略,而清朝政府不支持西藏僧俗人民的反帝斗争。对于通善济咙呼图克图"本应惩办,暂从宽免"。驻藏大臣松溎亦因办理不善,"著交部议处。"

英帝国主义者在侵略不丹和哲孟雄方面取得胜利的同时,怂恿廓尔喀(即尼泊尔)人发动了第三次侵入西藏的战争。本来乾隆五十七年(1792年)清军击败了廓尔喀人对西藏的第二次入侵以后,廓尔喀国王向清军投降,具了"永不犯藏"的"甘结",约有五十二年廓尔喀与西藏之间和平相处,没有发生大的冲突。自从清道光二十年至道光二十二年(1840～1842年)第一次鸦片战争失败,割地赔款,允许五口通商以后,廓尔喀对西藏(也是对中国)的态度逐渐改变了,开始向西藏提出无理要求,进行试探。道光二十四年(1844年),据驻藏大臣孟保等奏,廓尔喀国王"来禀",要求把聂拉木和济咙两个宗,"十年归西藏管理,三年归该国管理"。清宣宗认为这种要求"实属谬妄","著该大臣等正词晓谕"。这次的无理要求没有得逞。到了咸丰二年(1853年),廓尔喀又要求与西藏分界,把记尔巴与甲玉两处地方划给廓尔喀。这次清朝政府让步了。据军机大臣与理藩院奏,"议复驻藏大臣穆腾额等奏:查廓尔喀与唐古忒分界章程,以漳木铁索桥为界,其小路附近札木曲河之外,有记尔巴及甲玉两处,归唐古忒管理,此次所争边界即系此地。现拟将此二外地方嗣后归廓尔喀管辖,以息争端。所有小路立石墙作为鄂博,并令各具甘结,查办尚为周密,应如所奏办理。从之。"

廓尔喀人的目的,实际上并不是要这两块小地方,而是试探防务的虚实及驻藏大臣的态度。他们得到这两处地方以后,即于咸丰五年(1855年)以数万精兵大举入侵,二月初六日攻占了济咙,二月十九日攻占了聂拉木,三月十四日攻占了宗喀,接着又攻占了后藏的绒辖和阿里的补仁。廓尔喀人第三次侵略西藏的战争就正式爆发了。

这时内地正处在太平天国运动时期,清朝政府接连收到驻藏大臣赫特贺告急的"奏折"以后,命令他亲赴后藏协噶尔,"察看廓夷实在情形"。另外要四川省想法派出3000名官兵支援西藏。但成都将军乐斌等以"藏地寒冷,进剿非时"搪塞了事。

驻藏大臣赫特贺接到"谕旨"以后,要噶厦派一噶伦同他前往后藏,噶厦就派噶伦策垫一同前往，同时从前后藏抽调了西藏民兵七八千人，堵截廓尔喀人向日喀则进犯。赫特贺与噶伦策垫到达协噶尔后，即派人与廓尔喀大头人噶厦联系，愿出白银15 000余两，作为赔偿，劝令廓尔喀人撤出强占的五个宗，廓尔喀方面不答应，噶伦策垫乃率领藏军与廓尔喀人打了一仗，夺回了聂拉木。但廓尔喀人毫不示弱，增派七八千人"由约木卡拉蹋崖直扑聂拉木"，于是聂拉木又复失陷。

清咸丰六年（1856年）三月，赫特贺和噶伦乃向廓尔喀人求和，订立了十条和约，主要内容是：西藏每年以一万卢比付给廓方；西藏不准向来藏贸易的廓商征税；廓尔喀政府在拉萨常驻代表一人；廓尔喀商人可在拉萨设立商店；西藏政府不准审讯廓商之间的案件，等等。这是西藏与外国订立的第一个不平等条约。条约订立以后，廓尔喀人才从聂拉木等五个宗撤军回国。

驻藏大臣赫特贺向清朝政府的"奏折"中，却讳败为胜，说："廓番"有"罢兵求和之意"。他也接受了过去巴忠的教训，在奏折中没有提到由西藏方面每年赔偿廓方一万卢比的条款。只说："至廓尔喀短收税课阿乃银钱一万元，唐古忒按年补交一节，据噶布伦查明此项银两为该夷应收之款，每年愿由商上交给承领。此项银两虽出自商上，不致有伤国体"。清朝政府竟批准了这项不平等条约，并认为"赫特贺办理此案，调度尚合机宜，著加恩赏加都统衔，并赏戴花翎。满庆虚衷商办，持以镇静，著加恩赏戴花翎，并交部议叙"，所有"办理廓夷边案"出力人员，均"升叙有差"。

廓尔喀人第三次侵入西藏的战争，持续了两个年头，即咸丰五年至六年（1855~1856年）。

八世班禅自受了比丘戒以后，身体就不很健康。从清光绪六年（1880年）起，就经常不在札寺居住，多在藏北甲错地方的温泉沐浴，治疗疾病。清光绪八年（1882年），八世班禅病情加重，食欲不振，精神萎靡，札寺僧官请他回到札什伦布治病，他不愿回寺，而于是年五月初六日，由温泉移居到托卜加豁卡，在他的故居养病，但病势日益加重。延至七月十五日逝世，只活了27岁。八世班禅逝世时，身边只有苏本、森本、却本三大堪布，他们立即派人前往札什伦布寺，向札萨喇嘛报告了八世班禅逝世的经过。札萨喇嘛立即率领札什伦布的僧俗官员数百人前往托卜加豁卡，用黄轿把八世班禅的遗体运回札什伦布寺，防腐以后，供奉在则加神堂里面，供札什伦布寺所属的寺属喇嘛与宗豁百姓前往祭悼（藏语叫做"冬加"）。同时派人前往拉萨，向十三世达赖喇嘛、摄政、驻藏大臣报告了情况，请驻藏大臣向清朝皇帝转奏。又请十三世达赖喇嘛写了一篇文告，祝愿八世班禅早日"转世"。在札什伦布寺和拉萨三大寺向全体僧众熬茶、放布施，每人给藏银一两。又给西藏、西康、青海各地977个寺庙的48 342名僧众熬茶、放布施，每人布施藏银五钱。

十三世达赖、摄政和驻藏大臣等接到报告后，由噶厦派遣拉恰、噶喜台吉、堪布更登达丹等人前来札什伦布，向八世班禅的遗体致祭，献了千灯供养。

清光绪八年（1882年）十一月，清朝政府派驻藏大臣色楞额"往奠班禅额尔德尼，赏银五千两治丧，及妆蟒缎、哈达等物，并御用蜜蜡念珠一串、沉香朝珠一盘、经一卷，传谕札萨克喇嘛罗卜藏顿柱将藏内一切事宜敬谨代办"（《清实录》）。陪同驻藏大臣来札什伦布寺的，还有噶伦多喀娃。

按过去旧例，班禅遗体要造一座金塔盛殓。光绪十一年（1885年）金塔落成，即将八世班禅的遗体移入金塔之内，供养在札寺岭则金殿内。清朝政府发了一道"上谕"："班禅额尔德尼为后藏喇嘛僧众表率，深谙经典，阐兴格鲁派，现徒众修理金塔工竣，于四月初八日入葬金塔，询属祥瑞，朕心甚为畅慰，念切殊深。著加恩赏给白哈达一个，念珠一串，用副追念勤奋喇嘛之至意。特此交色楞额转饬该徒众祗领，献于班禅额尔德尼金塔之前。"（《清实录》）

第七章
九世班禅曲吉尼玛

九世班禅

一、九世班禅坐床受戒

九世班禅法名曲吉尼玛，系前藏塔布地区噶夏村人，生于藏历十五饶迥之水羊年（清光绪九年，1883年）正月十二日。没有父亲①，母名当琼措姆，是一个哑巴。家庭非常贫穷，母亲给贵族放牧牛羊。九世班禅是在他外祖父家中长大的。九世班禅还有一个弟弟，后来出家当了喇嘛②，九世班禅被认定后，他的母亲也出了家，当了尼姑。

八世班禅丹白旺修逝世后，札什伦布寺派出代表多人，四出找寻八世班禅"转世"的"灵童"，结果在西藏地方找到了三个"灵童"，九世班禅就是其中之一，他的乳名叫仓珠嘉措。根据"金瓶掣签"制度，应从三个"灵童"中选定一人。当时的驻藏大臣是文硕，他就向清朝政府请示。光绪十三年（1887年）十一月，文硕接到清朝政府的批示："谕内阁，文硕奏访获班禅额尔德尼之呼毕勒罕聪颖幼童三名请旨一折。班禅额尔德尼转世已届五年……著照所奏，即遵定例将三幼童之名，入于奔巴金瓶内唪经，敬谨掣签定为呼毕勒罕，俟掣定后，由驿奏闻。"（《清实录》）

驻藏大臣文硕即命札什伦布寺将寻获的三个"灵童"，都送到拉萨，择定光绪十四年（1888年）正月十五日，在布达拉宫皇帝牌位前面，举行掣签仪式。掣签之前，由摄政第穆呼图克图、甘丹池巴、札什伦布寺札萨喇嘛等人亲临会场，参加唪经。然后由驻藏大臣文硕将三名幼童之名抄写于象牙签上，投入金瓶，用象牙筷子从中抽出一名，是塔布地区的仓珠嘉措的名字。于是就认定从塔布找到的这个幼童是九世班禅。当天在布达拉宫的日光殿上，九世班禅拜十三世达赖土登嘉措为师，剪了头发，取法名为吉总罗桑曲吉尼玛格勒南结巴桑布（简称曲吉尼玛）。然后，札什伦布寺前来拉萨的僧俗官员即将曲吉尼玛迎回札什伦布寺，住在贡觉林夏宫，以便选择吉日，举行坐床典礼。驻藏大臣文硕则将掣签结果向清朝政府写了奏折。

---

① 一说九世班禅的父名达贝，下落不详。
② 后来成为策觉林呼图克图。

光绪十四年（1888年）四月二十五日，文硕接到"上谕"："本年正月十五日由驻藏大臣亲往布达拉山，会同第穆呼图克图、苏勒诺门罕罗普藏敦珠，率领喇嘛徒众唪经，由奔巴金瓶掣出仓珠嘉措之名，定为呼毕勒罕。当日天气清和，诸事吉祥，阖藏众僧不胜欢感。……朕心实深嘉悦。著加恩赏给呼毕勒罕大哈达一方，珊瑚珠一串，玉如意一柄……交该大臣传谕该第穆呼图克图等并阖藏众喇嘛等，将该呼毕勒罕妥为照料，以副朕振兴格鲁派之至意。"（《清实录》）

光绪十八年（1892年）正月初三日，为举行九世班禅坐床典礼之日，清朝政府特派新任驻藏大臣有泰前来札寺主持，十三世达赖和噶厦也派摄政第穆呼图克图作为代表，前往致贺。并在坐床大典举行以后，由摄政第穆呼图克图担任授戒堪布，给九世班禅授了沙弥戒。因为当时十三世达赖自己还没有受比丘戒，还没有给九世班禅传授沙弥戒的资格。

在九世班禅举行坐床典礼之前，驻藏大臣有泰向清朝政府上奏："班禅额尔德尼之呼毕勒罕坐床吉期，例颁敕书，请由驿驰递，其恩赐各物请饬各省派员护送，以期迅速。"又奏："札萨克请遵照佛规，饬令第穆呼图克图依期赴札什伦布寺院，照料呼毕勒罕坐床、受戒、传经。"清朝政府批示："均如所请行。"

九世班禅没有父亲，是依靠外祖父养大的，因此，驻藏大臣有泰又奏请封九世班禅的外祖父期美汪布为公爵。清朝政府封其为辅国公，但"只授本身，毋庸袭替"，以示与亲生父亲有所区别。

为了祝贺九世班禅坐床，清朝政府特赐白银一万两，由四川总督骆秉章由"司库提领"，"派员迅速解往"。

九世班禅坐床以后，特派堪布罗布藏荣垫前往北京，向慈禧太后和清德宗"谢恩"。

光绪二十八年（1902年），九世班禅年满19岁，应受比丘戒。此时十三世达赖年已26岁，已受了比丘戒，经札什伦布寺向十三世达赖、摄政第穆呼图克图和驻藏大臣请示，经各方同意，九世班禅在札寺僧官护送之下，前来拉萨，于是年四月十五日在大昭寺释迦牟尼佛像前，由十三世达赖担任授戒堪布，给九世班禅授了比丘戒。五月初十日，九世班禅返回札什伦布寺。

二、积极参加两次抗英战争

九世班禅曲吉尼玛从出生到受比丘戒这一时期，正是英帝国主义者向西藏地区进行军事侵略的时期，也是西藏僧俗人民进行英勇的抗英战争时期。第一次抗英战争发生于清光绪十四年（1888年），当时英国人占领了哲孟雄（锡金），已与西藏接壤，西藏方面为了阻止英人入侵，在西藏与哲孟雄接壤的隆吐地方，构筑了一道防线，不准英人逾越。英帝国主义者诬称藏人在隆吐构筑防线，越过了西藏境界，限令在1888年以前撤除，西藏方面坚决反对。为了表示西藏僧俗人民的抗英决心，光绪十三年（1887年），西藏三大寺、札什伦布寺、西藏地方政府的七品以上全体官员，向驻藏大臣文硕上了一道公禀，声明"纵有男尽女绝之忧，惟当复仇抵御，永远力阻，别无所思"。当时的驻藏大臣文硕忠于职守，站在西藏人民一边，全力支持他们的抗英正义斗争。但是当时的清朝政府执行对外屈服政策，命令驻藏大臣文硕通知西藏噶厦、三大寺和札什伦布寺，要他们接受英帝国主义者的无理要求，撤除在隆吐山口构筑的防线。

三大寺、札什伦布寺和西藏地方政府的全体官员拒绝执行这种丧权辱国的命令，驻藏大臣文硕也不同意清政府的这种对外屈服的态度。光绪十四年（1888年）一月，清朝政府首先对文硕予以"申斥"，责备他"殊属昧于事情，不顾大局"。三月，清朝政府下令将文硕予以"革职"，说他"并不禀遵谕旨"，"殊属胆大妄为"。同时任命长庚为驻藏大臣。

文硕被革职以后，西藏人民的抗英斗争并未停止，光绪十四年（1888年）三月二十日，英军向隆吐防线发动了进攻，由于英军用的是新式武器，而藏军用的还是弓箭刀矛和火枪，优势显然在英国方面。虽然藏军进行了英勇抵抗，但是损失惨重，隆吐防线被英军攻占。

是年六月，藏军3000人向隆吐又举行了反攻，仍被打败，伤亡更大。于是藏军被迫放弃了隆吐。这就是西藏近代史上的第一次抗英战争。

在第一次抗英战争中，达赖方面与班禅方面的态度是完全一致的。达赖方面是由三大寺带头出面，班禅方面是由札什伦布寺带头出面。开赴前线的藏军中，也有班禅管辖地区的民兵。

第一次抗英战争失败后，清朝政府又撤换了驻藏大臣，由有泰接任，并命令他前往藏印边境与英国议和。达赖方面派了公爵噶伦伊喜洛布旺曲、噶伦札西达吉，候补噶伦罗藏伊喜春丕、商卓特巴才丹旺曲多吉参加谈判。班禅方面派了札什伦布的商卓特巴索朗旺结参加谈判。有泰完全遵照清朝政府的丧权辱国的政策办事，得到清朝政府的嘉奖，认为："有泰抵藏后布置一切，均尚中肯"，要他迅速前往藏印边界"与英国面议"。

是年十一月初十日，有泰一行到达仁青岗地方。英国派贝尔为代表，约有泰到哲孟雄境内的纳塘地方会晤，而不准西藏方面的人员参加。贝尔见有泰时，首先提出"哲孟雄归英国保护"，接着要西藏方面"赔偿兵费"，英国商人要到江孜贸易等。

经有泰一再力争，贝尔才同意哲孟雄国王"其向来是何礼节，均当照旧"（即纳贡照旧），赔偿兵费一事可以免除，唯通商必须进行，如江孜不行，可以退到帕里。有泰回来后，一面向清朝政府报告谈判的结果，一面命令噶厦就"撤兵"、"定界"、"通商"三事，讨论后提出答复。经过将近一年的讨论，西藏方面认为："撤兵"、"定界"二事可以同意，"通商"一事，"我藏番实属万难，万不得已，遵谕通商，惟咱利以内洋人断不可来"。这就是说，不准英国人进入藏境，只在印藏边界进行贸易。

光绪十六年（1890年）二月二十日，有泰作为中国全权代表前往印度加尔各答，会晤了印督兰斯顿，于1890年2月27日订立了《中英会议藏印条约》（即中英关于西藏的第一个条约），共计八条，其中关于"通商"一事，以"容后再议，务期彼此均受其益"，拖了下来。"藏印条约"正式承认哲孟雄属于英国，后来连"纳贡照旧"也没有办到。

"藏印条约"除了"通商一事，容后再议"之外，边境双方居民游牧和印藏双方因公交涉两事，也是"俟查明情形后再为议订"和"俟后再商另订"。这就为英国进一步侵略西藏留下了后路。

光绪十七年（1891年）十一月，英方提出要求有泰前来印度，解决"通商"、"游牧"、"交涉"等三件大事。清光绪十八年（1892年）有泰先到札什伦布寺，参加了九世班禅受沙弥戒的典礼，然后于正月十二日前往仁青岗，接到英方代表贝尔提出的三条书面意见，有泰转交达赖、班禅的代表进行讨论。二月二十日，摄政第穆呼图克图给驻藏大臣有泰来了一封"公禀",表示三大寺、札什伦布寺对英方所提三条不能接受。而英国方面表示他们所提意见,"无可增删"。于是会谈陷于僵局。是年九月,有泰因患病在仁青岗逝世。清朝政府又派奎焕为驻藏大臣,与英人继续交涉,对英方提案略有修改,于光绪十九年(1893年)十月二十八日,在印度大吉岭订立了《中英会议藏印条款》,即所谓"印藏续约"九条和"附约"三条。中国方面的全权代表是四川越隽营参将何长荣,税务司赫政(英国人),英国方面的全权代表是英国驻哲孟雄的行政长官贝尔。

"印藏续约"的主要内容是允许英国商人到西藏境内的亚东贸易,对英国的侵略又在外交上作了重大退让。而这种退让完全是由驻藏大臣奎焕一手包办的,事先并未取得达赖方面和班禅方面的同意。

光绪二十一年(1895年),西藏内部发生了一次重大的政治事件,即摄政第穆呼图克图暴亡,由十三世达赖亲政。按喇嘛教的惯例,新达赖"转世"以后,先要学习经典,到18岁时才能亲政,在达赖未亲政前,西藏政教事务由摄政掌管。光绪二十一年(1895年)十月,第穆"因病"请求"辞退",当由驻藏大臣奎焕向清朝政府上奏,批示是:"谕军机大臣等……第穆呼图克图既据奏称因病力求辞退,著即准其所请,所有藏番政教两务即归达赖喇嘛掌管。"光绪二十二年(1896年)十月,驻藏帮办大臣讷钦又奏:"达赖喇嘛接办藏务,并授格隆大戒,例应免呈递贡品。报闻"。为什么十三世达赖在清朝政府批准亲政以后,迟了一年,才掌了权?这里就发生了十三世达赖与摄政第穆呼图克图之间的一场生死斗争。据十三世达赖的藏文传记载,摄政第穆呼图克图名义上是"辞退"了,实际上仍操纵着大权,并进行诅咒,想把十三世达赖害死。据说有一天第穆呼图克图之弟傲布才仁给十三世达赖送了一双靴子,达赖穿上以后感到身体不适,就请乃迥降神询问,乃迥说第穆呼图克图送的靴子里面有鬼,达赖把靴子拆开检查,果然发现里面藏有达赖生年月日的符咒,可使十三世达赖早日死亡。于是十三世达赖就逮捕了第穆呼图克图之弟傲布才仁进行审讯。当晚第穆呼图克图即在他的丹吉林寺暴亡,死时年仅45岁。对于第穆之死,西藏社会上有种种不同的传闻,也无法进行进一步的考查。

第穆呼图克图逝世后,十三世达赖就完全掌握了西藏的政教大权。当时他面临着英帝国主义者军事侵略的进一步威胁,英人已放出了进攻拉萨的狂言。对于抵抗英帝国主义的侵略,十三世达赖的态度是明确的,他决心领导西藏僧俗人民进行第二次抗英战争。

对于抵抗英帝国主义的侵略，九世班禅的态度也是明确的，他决定和十三世达赖采取一致行动，领导札什伦布寺所属的全体僧俗人民，共同进行第二次抗英战争。

十三世达赖与九世班禅共同反抗英帝国主义军事侵略这一事实，在英国侵略军统帅荣赫鹏著的《印度与西藏》一书中，有明确的记载。英国侵略军进至吐纳时，荣赫鹏与达赖方面及班禅方面的代表会面，"拉萨方面及日喀则方面各将军……各据胡床，坐于室之南面，正对三喇嘛，余等坐于右方，日喀则两将军一代表坐于左方"。这里所说的拉萨方面的将军就是达赖派来的代表，日喀则方面的将军，就是班禅派来的代表。说明当时达赖领导的僧俗人民与班禅领导的僧俗人民，是在一起并肩战斗的。

第二次抗英战争，双方从光绪二十九年（1903年）就已开始接触，而且班禅方面首当其冲。是年四月十六日，英印政府向清朝政府建议，在西藏的干坝庄进行中英谈判，以解决"定界"和"游牧"问题。派荣赫鹏为正使，怀特为副使，并决定英国代表带领英军200人为护卫，"同时更备援军于锡金。倘中藏两方代表皆不果来，或前者虽来而后者不至，我代表即应直趋日喀则或江孜，藉以敦促拉萨代表之前来"。（荣赫鹏著：《印度与西藏》）所谓"干坝庄"就是康巴宗，属于班禅管辖的一个宗，地处西藏与锡金的边境，并不是交通要道。英国提出要在康巴宗举行谈判，显然是对班禅施加压力，藉以分化达赖与班禅之间的团结。但英国的诡计没有得逞，班禅方面并未动摇抗英的决心，而与达赖方面采取一致行动。

英国向清朝政府提出以干坝庄（康巴宗）为谈判地点以后，清朝政府在英国人的武力侵略面前，表现得软弱可欺，未征求达赖方面和班禅方面的意见，即向英国表示同意以康巴宗为谈判地点，并要噶厦派出代表参加谈判。这就进一步造成了噶厦与驻藏大臣之间的关系恶化。光绪二十九年（1903年）七月，驻藏大臣有泰派委员何光燮前去康巴宗，噶厦方面只派了两名低级官员。英国方面先派副使怀特率英军200人，由鄂康诺大佐指挥，于当年七月七日侵占了康巴宗，正使荣赫鹏也于七月十八日到达康巴宗。

怀特到达康巴宗时，噶厦派来的两名低级官员出面阻止，对英国军队深入西藏境内提出抗议，要他们退回到印藏边境，才能举行谈判。何光燮也来劝说怀特退回到边境的嘉冈地方。但怀特对此毫不让步，坚持要在康巴宗举行谈判。双方立即形成僵局。噶厦的两名官员更进一步指出：举行谈判，英方只来代表及随从数人即可，不应带领众多英军入境。

荣赫鹏在《印度与西藏》一书中说："此辈所谓代表者，嗣后在干坝庄更不与吾人接触。……余向政府陈报此番会晤结果时，声言与怀特皆认此番交涉势须旷日持久，且似有武力解决之必要，政府应早为之所。"

当时九世班禅已看清战争迫在眉睫，如战争在他所管辖的康巴宗发生，则札什伦布寺的百姓的财产必受重大损失，乃派一代表前来康巴宗，劝说英军退到印藏边界。

荣赫鹏在《印度与西藏》一书中说："班禅喇嘛忽派代表谒余，渠之政治势力虽不逮达赖喇嘛，而其精神上之威权，则正相伯仲。该代表声称：彼等奉命前来敬告吾人者，即以吾人此番莅临干坝庄，致班禅喇嘛与拉萨当局之间大起纷扰，拉萨当局谓吾人越境事，应由班禅喇嘛负纵容之责，故班禅为避免此种纠纷计，惟有恳余退出边境。"怀特拒绝了班禅代表提出的建议，班禅的代表遂返回札寺。

八月二十一日，班禅又派一"长老"前来，说班禅喇嘛最近召开了一次会议，决定再派代表前来，仍劝英国人退回边境。而且对他们的建议"坚持甚力"。并怀疑英国人"来意不善"。荣赫鹏仍拒绝班禅代表的建议。班禅代表在康巴宗期间，与噶厦派来的代表往来密切。

八月三十一日，荣赫鹏与怀特获悉藏军2600余人已集中于康巴宗，占领了帕里与日喀则间一带的高原及界岭。荣赫鹏认为："彼等目前即抱定消极妨碍之政策，决定在西藏境内不与我人谈判，一任我人长此坐困于干坝庄，如必欲前进，即以武力抗拒之。彼等深恐吾人得寸进尺，如今岁任我来干坝庄，来年或更在日喀则，又一年将直捣拉萨，故毋宁决心自始即予以阻遏也。"

十月十一日，荣赫鹏前往西姆拉，与英印政府研究向西藏大举军事进攻的计划。并通知英国驻北京的公使萨道义，向清朝政府指出，干坝庄谈判失败，责任完全在中国方面。并称："进攻西藏实为万不得已之举。"清朝政府于十一月六日向英国政府提出抗议，反对英国人向西藏进攻。俄国政府听到英国要进攻西藏的消息后，也表示不能不过问此事。于是英国政府于七日通知俄国大使，"英当局因鉴于藏方不法之行动，决定将使节向前推进，进入藏境，惟此一行动，并非'有意并吞甚或永久占领西藏领土之表示，盼勿误会云'"。随后，荣赫鹏命令怀特率领护卫部队从干坝庄撤退，改道由春丕谷进攻帕里，进攻部队共约1000余人，备有大炮和新式武器。在装备方面，英军较藏军占有绝对优势。于是就爆发了光绪三十年（1904年）的第二次抗英战争。

三、十三世达赖被迫前往外蒙古，九世班禅被迫赴印

1904年1月4日，英军攻占春丕，六日攻占帕里。在骨鲁地方英军遭到藏军的猛烈抵抗，但藏军终遭失败。四月十一日英军进抵江孜，在此双方又发生了激战，江孜堡垒被毁，藏军损失很大，英国人的死伤也不少。这就是西藏历史上有名的江孜保卫战。后来，英军又派来了增援部队，即向拉萨进发，八月三日占领了拉萨。十三世达赖在英军抵达拉萨的前夕，从布达拉宫出走，经过青海，前往外蒙古。驻藏大臣有泰出面接待荣赫鹏，并派人给英国侵略军送了许多食物表示"慰劳"。

英军占领拉萨之时，西藏地方政府的高级僧俗官员全部躲藏了起来，荣赫鹏找不到进行谈判的对象，于是乃利用驻藏大臣有泰出面，与三大寺和噶厦的官员之间往来奔走，终于迫使三大寺与噶厦官员于1904年九月初七日，在布达拉宫签订了"拉萨条约"，共计十条，其内容主要是将江孜、噶大克和亚东开为商埠。西藏给英国赔偿兵费750万卢比，分75年还清。在未还清期间，英国在西藏春丕地方驻兵。有泰未请示清朝政府批准，先擅自让英藏双方在条约上签了字。西藏方面签字的是：摄政甘丹池巴、三大寺代表和噶厦全体噶伦。值得注意的是，两次抗英战争，班禅方面都是积极参加了的，但"拉萨条约"上英方没有强迫扎什伦布寺的代表签字，这里面包含了政治阴谋，即给班禅留了面子，以便为下一步拉拢班禅留了余地。

"拉萨条约"签字后，荣赫鹏即率英军于1904年9月22日从拉萨撤退，抢走了四十余驮西藏的珍贵文物。荣赫鹏途经江孜时，令鄂康诺大佐率英军60名留在该地，名义上是为了筹办开埠事宜，实际上则是为了下一步强迫班禅赴印。

荣赫鹏经过春丕时，又留了一部分英军驻扎该地，打算占领75年，要等

西藏方面付清了"赔偿"的兵费之后才撤退。

当时的清朝政府认为:"拉萨条约"有损中国主权。光绪三十年(1904年)八月四日电复有泰,指出西藏是中国领土,"光绪十六年、十九年两次订约,系中英两国派员议定,此次自应仍由中国与英国立约,督饬番众随同画押,不应由英国与番众经行立约。"

光绪三十一年(1905年)正月,清朝政府派唐绍仪为全权代表,前往印度加尔各答,与英印政府进行谈判,印督态度非常蛮横,对"拉萨条约"毫无修改之意,唐绍仪在印度待了一年,没有任何结果,因病请假回国。光绪三十二年(1906年)清朝政府又改派张荫棠为全权代表继续与英国进行谈判,先在印度加尔各答,以后又移到北京。这时英国才做了一点让步,赔偿的兵费由750万卢比,减为250万卢比,但仍要分25年偿还。张荫棠代表清朝政府提出,赔偿的250万卢比,由中国政府偿付,不必由西藏地方负担。同时偿还期限可在三年之内全部付清,不必拖到25年。英国人开始还不同意,最后才让步,于光绪三十二年(1906年)四月二十七日,在北京订立了"中英关于西藏的第二次条约",共有八条,把"拉萨条约"作为"附约","彼此允认切实遵守"。这次条约签订后的第三年,即1908年,中国政府付清了250万卢比的"赔偿",英军才撤出了春丕谷。

在中英两国进行第二次订约谈判期间,英帝国主义者同时正在进行另一项政治阴谋,即强迫九世班禅赴印度,与英国皇太子会晤,企图迫使九世班禅向英国屈服,充当英国在西藏的代理人。但这个政治阴谋由于九世班禅的坚决反对而未能得逞。

第二次抗英战争期间,九世班禅始终是和十三世达赖站在一边,派札什伦布寺的苏本堪布参加指挥作战。在吐纳战役中,这位苏本堪布被英军杀害,以身殉国。

英军占领拉萨时,十三世达赖为了避免被英军俘获,是被迫出走的。而驻藏大臣有泰向清朝政府的奏折中,"弹劾"十三世达赖"平日跋扈妄为,临事潜逃无踪,请褫革达赖喇嘛的名号","并请旨饬令班禅额尔德尼暂来前招,主持格鲁派,兼办交涉事务"。清朝政府回电:"著即将达赖喇嘛名号暂行革去,并着班禅额尔德尼暂摄。"来往的电报都是有泰托荣赫鹏由印度拍发和收转的。

九世班禅是有政治远见、顾全大局的。他考虑到在十三世达赖离藏期间，由他代理达赖的职权，只会增加十三世达赖与他本人之间的隔阂，对西藏内部的团结是很不利的。因此，九世班禅接到有泰的通知以后，给有泰回复了一封信，说明"后藏为紧急之区，地方公事须人料理，且后藏距江孜仅二日程，英人出没靡常，尤宜严密防范，若分身前往前藏，恐有顾此失彼之虞"。因此没有接受要他前去代理达赖职务的要求。有泰即向清朝政府上奏："后藏地方紧要，恳准将班禅额尔德尼留于后藏，以资震慑。"（《清实录》）

英帝国主义者趁十三世达赖逃亡的机会，命令留驻在江孜的鄂康诺大佐于光绪三十一年（1905年）九月二十四日，率领英军50余人，突然到达日喀则，借口他不日即将回国，特来向九世班禅告辞。九世班禅还是很有礼貌地接待了鄂康诺。在接见时，鄂康诺突然提出"该国①今年有一大会，该国王太子均往，欲一见班禅，请班禅于十月束装往印"。

班禅当即回称："我往印度不难，但须禀陈钦宪，奏知大皇帝殊批照准，方可起程，否则难以从命。该英员即称，该国有信，不去不行，请细思之等语。"

九世班禅和派驻后藏粮务范启荣、都司马友龙等，立即向驻藏大臣有泰报告，请示如何处理。有泰束手无策，一面通知班禅，就以未奉清朝皇帝批准，绝对不能前去印度为由，进行推辞；一面电告当时在印度进行谈判的张荫棠，要他就近"询问英使毋得越礼寻衅"。但鄂康诺坚持要班禅赴印，并恫吓说"若不按照甲噶尔②国王替身来函理事，恐致藏英失和，尔等侍从人众须详细筹议"。当时英军刚从拉萨撤退不到一年，鄂康诺警告班禅若拒绝赴印，即有"英藏失和"的危险，就是以英军要占领日喀则和札什伦布寺进行威胁。

在这种危急情势面前，九世班禅致有泰的信中说明："若不去恐后藏地方札什伦布寺院均不能保全，若其去时，则我未奉到钦宪批饬，将来大皇帝降罪，必不能宽。惟后藏之安危所系，生灵之性命所关，为我班禅一人，致使全局震动，此心实所不安。"因此决定"我拟勉强一行，生死不问，若我班禅自此违背大皇帝恩德，即死在九幽地狱之中，不得超生。请烦婉禀钦宪转奏，朝廷谅我苦心，则我班禅感德矣。"

---

① 指印度。
② 甲噶尔即印度。

九月二十九日，鄂康诺又见九世班禅，盛气凌人地说："我们英国亦是大国，外无似此一般大国。俟国王替身函到再递，须照信理事甚好，若不照信理事不好。"言毕而去。

当班禅决心赴印之时，仍致函有泰，请派一名驻后藏的文武官员陪同前往。班禅于光绪三十一年（1905年）十月十二日自日喀则起程，后藏粮务范启荣只陪送到江孜即返回日喀则。九世班禅经过靖西时，"据靖西文武禀报，卧克纳①带领马队随行，与押无异"。

班禅到印度后见英皇太子时，鄂康诺要班禅跪拜，"班禅未从，当称我只在大皇帝前跪拜，其余不行。仍行执手常礼"。

当时张荫棠尚在印度，班禅派札萨喇嘛往见，"印使②当责其不应来，能推缓十日，则此事不行矣。该札萨克喇嘛当即回称卧克纳威逼情形，已请地方文武禀陈两位钦宪③洞鉴，班禅恐动兵衅，只得舍命前来，还求大人做主。印使当即回答，班禅如能做主，十七日即便起程，不得逗留，使英人另生枝节。如英人强留不允，自有本大臣主持。如虑夫马一切为难，应用一万八千，即在本大臣处支用。如临期不走，本大臣则唯尔问之"。

当时清朝政府外务部"已电达驻印钦使及印督等，班禅来印赴会则可，若逼令干预藏事，即令班禅亲自画押，盖用印信，均作为废纸"。

"是以班禅此番虽赴印洋，英储及印督均未得提及公事，始谋未遂，不得不厚礼送归"。

九世班禅一行于是年十二月初十日返抵江孜，英军70余人护送。在江孜休憩了两天，英军又派30余人护送，于十二月十五日返回札什伦布寺。驻藏大臣有泰即将班禅赴印经过向清朝政府写了奏折。清光绪三十二年（1906年）一月十二日，清朝政府"谕军机大臣等……该喇嘛班禅额尔德尼此次前赴印度，并未奏准，擅行出境，实有不合，现已启程回藏，念其情词恭顺，尚属出于至诚，著即准其回藏，照旧恪供职守"。九世班禅即向清朝政府"上表谢恩"。表文中说："伏思大皇帝施此高厚鸿恩，实属生生世世，皆难图报。"

对于九世班禅这次被迫赴印，张荫棠的奏折中也有如下叙述。他说：

---

① 卧克纳即鄂康诺。
② 印使即张荫棠。
③ 指驻藏大臣。

班禅这次赴印，"其端发自英员卧克纳希图邀功，该英员虚声恫吓，挟制班禅偕伴起行，途中不离左右，防闲甚严。见英储时，欲使班禅跪拜，班禅不从，与之对抗，未稍屈节，英人亦无可奈何。班禅与英储、印督会晤，问答之词，均系酬应，未尝一言提及藏事。英人无机可乘，其谋不遂，仍令送还。卧克纳徒有接应之劳，而威逼情形，业已登诸报章，闻彼政府亦颇不以此为然。"从张荫棠给清朝政府的奏折来看，班禅这次被迫赴印，并未做丝毫有损主权的事情。

九世班禅回到札什伦布寺后不久，英国派其驻锡金行政长官贝尔于清光绪三十二年（1906年）九月六日访问札什伦布寺，多次会见了班禅，在日喀则停留约两个月，于是年十一月六日返回印度。贝尔这次到日喀则，显然也是为了拉拢班禅。贝尔在其著的《西藏之过去与现在》一书中，对这次访问有专章叙述。贝尔了解到，"盖班禅固有其地域，惟小于达赖所辖，并宜奉达赖为共主。彼之权力能统辖三县，而日喀则不在其中者。"贝尔又了解到"拉萨与札什伦布之间，妒忌甚深，但西藏人必谓大喇嘛自己毫无敌意，惟其部下互相倾轧。……以吾观之，其部下之敌视，较其主更为激烈"。贝尔这次到札什伦布，从班禅方面没有得到什么好处。

清光绪三十二年（1906年），清朝政府感到西藏事情非常复杂，驻藏大臣有泰办事不力，特派五品京堂副都统衔张荫棠为钦差查办藏事大臣，由海道前往西藏，于十月十二日到达拉萨。张荫棠在西藏办了一件大快人心的好事，即揭发了驻藏大臣有泰媚外乞怜、卖国求荣的种种罪行。清朝政府根据张荫棠的参奏，先将有泰"著先行革职"，以后加重处分，"罚往军台效力赎罪"。帮办大臣联豫升为办事大臣，另派温宗尧为帮办大臣。有泰手下干了坏事的满汉官员，根据情节轻重都受了不同的处分，这一措施得到了西藏僧俗人民的一致拥护。

四、十三世达赖入京朝觐

光绪三十三年（1907年）六月，张荫棠查办藏事完毕，仍取道印度回京复命。九世班禅事先来到江孜藏传佛教寺庙，张荫棠到江孜后，即与九世班禅会晤。九世班禅请求批准到北京，向慈禧太后和清德宗"面陈藏事"。张荫棠答应向清朝政府转达。后来，清朝政府批示："班禅额尔德尼吁请陛见，具见悃忱。""著俟藏务大定后，再行来京陛见"。可见班禅要来内地是早有这个愿望的。

十三世达赖到达外蒙古以后，即通过清朝政府库伦办事大臣德麟向清朝政府代奏，请求援助抗英。光绪三十年（1904年）十一月，清朝政府"又谕军机大臣等，电寄德麟，电悉，达赖喇嘛被难逃出求救，请为代奏等语。著德麟迅即派员迎护到库①，优加安抚，以示朝廷德意"。同时又从北京特派延祉前往库伦，负责达赖喇嘛的一切迎护事务。当时十三世达赖的名号虽已"革除"，但因达赖喇嘛在蒙古人民中威信很高，蒙古王公对清朝政府"革除"达赖名号一事非常不满，所以清朝政府对已"革除"名号的十三世达赖，仍然表示尊重。

当时西藏僧俗群众对清朝政府"革除"达赖名号一事，更是非常不满，驻藏大臣有泰也感到这事办得很不妥当，乃向清朝政府请求"开复达赖名号，以顺番情"。清朝政府的批示是："著俟达赖喇嘛由库伦启程后，再降谕旨。"

光绪三十一年（1905年），清朝政府又"谕军机大臣等……英人带兵入藏，并未侵占地方，该达赖喇嘛本不应携印潜逃，自离职守。……现在西藏业已平靖，一切照常，该达赖喇嘛即可早日回藏，仍承恩眷"。这道"谕旨"把英军侵略西藏说成是"英人带兵入藏，并未侵占地方"，公然替英国侵略者开脱罪责，并把达赖的避难说成是"携印潜逃，自离职守"，仍替自己的错误政策辩护。

光绪三十二年（1906年）四月，十三世达赖由库伦启程返藏，九月抵青海塔尔寺。陕甘总督升允向十三世达赖转达了清朝政府的"奉旨款留，暂不回藏"的"上谕"。因此，十三世达赖就在塔尔寺等候"谕旨"。

光绪三十三年（1907年），清朝政府命令十三世达赖先到山西五台山朝佛，然后"赴京陛见"。十三世达赖即于是年十一月离开塔尔寺，清光绪三十四年（1908年）正月十八日到五台山，在此停留了约半年。七月二十七日，清朝政府特派军机大臣和山西巡抚前来五台山，敦请十三世达赖入京

---

① "库"即当时外蒙古的首府库伦。

"陛见"。八月初四日，十三世达赖到达北京，受到妥善的接待，仍令住在五世达赖和六世班禅居住过的黄寺，光绪帝在中南海紫光阁为十三世达赖设宴洗尘。不仅"开复"了"名号"，而且加封为"诚顺赞化西天大善自在佛"，并决定给达赖每年"廪饩银"一万两，由四川藩库按时拨付。

在北京停留期间，十三世达赖数次与慈禧太后和清德宗会晤，据十三世达赖的藏文传记载，当时十三世达赖要求他直接向慈禧太后和清德宗"奏事"，没有批准，仍要他有事必须通过驻藏大臣"代奏"。接着清德宗与慈禧太后相继逝世，溥仪做了皇帝，改元宣统。经清朝政府批准，十三世达赖即于是年十一月二十八日离京，十二月二十九日抵塔尔寺。清宣统元年（1909年）四月十五日，又自塔尔寺启程，八月初二日到达西藏北方的重镇纳曲。九世班禅曲吉尼玛从札什伦布寺远道前来纳曲，欢迎达赖回藏。

十三世达赖于宣统元年（1909年）十月三十日返抵拉萨，驻藏大臣联豫在札什城表示欢迎。十一月初一，举行了回宫仪式。

五、十三世达赖被迫逃亡印度，九世班禅拒绝暂摄藏事

十三世达赖回藏以后，与驻藏大臣发生了尖锐的矛盾，而矛盾的焦点，则是川军入藏问题。十三世达赖未抵拉萨之前，联豫即奏请由四川调2000名官军入藏，得到清朝政府的批准，即派钟颖为协统，率2000名川军入藏。

按道理讲，联豫要求清朝政府派官兵入藏，清朝政府批准，是正当的。因为西藏是大清帝国的领土，迭遭英帝的侵略，为了保卫边疆，巩固国防，中央政权应该派遣军队进驻西藏。但是西藏是少数民族地区，进驻西藏的军队，应该是经过训练、军纪严明的正规部队。而统率部队的军官，又应该是受过正规军事教育，而且在军界很有名望的将领。事情正坏在这个关键问题上，清朝政府犯了严重错误。统率进藏部队的人，不是军人而是文官。据说钟颖是四川的一个候补道，根本不懂军事。他临时从四川的无业游民、地痞流氓，而且大部分是哥老会（当地称作袍哥）中，招募了2000人，编为步兵三营，马队一营，炮队一营。这些人平日毫无军事训练，又不习惯纪律约

束，钟颖本人又不会带兵，所以1912年拉萨陆军发生兵变，祸根就在这里。

宣统二年（1910年）正月初三，"川军前队抵拉萨，联豫派卫队欢迎之。卫队归途开枪，击毙巡警一名，大昭寺之济仲大喇嘛于琉璃桥畔饮弹而亡，卫队又向布达拉开枪乱击，僧众亦有带伤者，一时全城震动，人心不安，达赖恐遭危险，即挈其左右逃往印度。"（朱绣著《西藏六十年大事记》）

对于十三世达赖逃亡印度的经过，在作者写《达赖喇嘛传》时，未掌握足够的第一手资料，因而缺乏分析。试想十三世达赖在他逃亡印度以前，曾两次领导西藏僧俗人民与英帝国主义进行了殊死斗争，战争失败后，又为了避免被英敌俘虏，不辞万里辛苦，到外蒙古库伦避难。十三世达赖与英帝国主义者可以说是死对头。现在忽然来了一个一百八十度的大转弯，由昨天的生死冤家，忽而投入敌人的怀抱，这是一个较有骨气、较有血性的普通人，也很难做出的事。何况十三世达赖以西藏僧俗人民领袖的身份，以反抗英帝国主义者侵略的统帅的身份，忽而向英帝国主义者卑躬屈膝地投靠，这从普通的人之常情来判断，也是很难讲得通的。因此，十三世达赖之逃亡印度，投靠英帝国主义，是在当时的形势逼迫之下，不得已而采取的行动。

川军进驻拉萨以后的纪律之坏，出乎十三世达赖的意料。川军一入拉萨，沿途开枪，击毙巡警一名，又在琉璃桥畔杀了济仲大喇嘛。更糟糕的是，川军向十三世达赖居住的布达拉宫开枪乱击，这就使十三世达赖失去了生命的安全，不得不仓皇出走。可见十三世达赖离开布达拉宫，是临时决定的。

离开布达拉宫以后，又到哪里去躲避呢？十三世达赖事前毫无思想准备。据当时的驻藏大臣联豫给清朝政府的奏折中说："不意该已革达赖内怀愧惧，闻大兵将至，即于次日夜间下山潜逃，闻其本意，欲赴后藏，旋因有人唆使，中途变计，逃往印度。"这里所谓"后藏"，就是札什伦布寺，也就是逃到九世班禅那里躲避。这是有一定道理的，因为十三世达赖是九世班禅的师傅。但是到了札什伦布寺以后又怎么办呢？班禅虽然在宗教上、政治上与达赖平等，但实际上并没有多大的力量，如果联豫派遣川军追到日喀则，班禅无论如何是保护不了十三世达赖的。所以即使无人"唆使"，十三世达赖也会考虑到这一后果，所以逃往后藏的这一计划很快被否定了。

后藏既不能去，那么又应该到哪里去呢？应该到北京去，向清朝中央政权控告驻藏大臣联豫与川军入藏后的种种罪行，在北京打官司，或者还有打赢的可能，最坏也可在北京找到一个安身之地。驻藏大臣联豫给清朝政府的奏折中说：他曾派左参赞罗长裿去印度大吉岭，劝说十三世达赖回藏，十三世达赖给罗长裿说："所以来大吉岭者，初意欲航海赴北京耳。"

十三世达赖既然想去北京，在当时条件下，只有从海道直赴北京是条捷径，走这条路不需要很多人，当时达赖只带重要官员六人，侍卫十余人，完全够用。需要一笔路费，这在达赖来说是不成问题的。成问题的是：沿途要经过印度、新加坡、中国香港，都是英国的殖民地，而英国是仇敌之国，当时与英国的关系虽有所改善，但是否让他过境？是否在印度被扣留？这都是事先无法估计的。所以十三世达赖到了亚东以后，就停留下来，一面探听英国政府的态度，一面观察西藏形势的变化。如果当时联豫不派川军追赶，十三世达赖很可能就在亚东停留下来。由于驻藏大臣联豫紧追不放，川军很快就到了帕里，帕里的英国人用电话通知了十三世达赖，这才迫使十三世达赖连忙离开亚东，逃到了印度大吉岭，受到英国官员的"热诚接待"。

十三世达赖到印度后，本拟前往北京，但正在这时，驻藏大臣联豫"弹劾"达赖的奏折到了北京，清朝政府不分青红皂白，又下令"革除"了十三世达赖的名号，这一打击对达赖是很大的，它堵塞了十三世达赖前去北京的道路。因为十三世达赖被"革除"名号以后，就成了一个普通的喇嘛，如去北京，不仅不会受到隆重的接待，而且根据联豫奏折中列举的"罪状"，达赖抵京后很可能要加以逮捕，下到刑部监狱，"从重治罪"的。所以他对罗长裿只淡淡地说，他之所以未去北京，是因为"名号既革，无颜前去"。

从以上的分析来看，十三世达赖的逃亡印度，清朝政府错误的民族政策应负主要责任。

十三世达赖出走以后，清朝政府又根据驻藏大臣联豫的建议"并著驻藏大臣迅即访寻灵异幼子数人，缮写名签照案入于瓶中，掣定作为前代达赖喇嘛之真正呼毕勒罕，奏请施恩，俾克传经延世，以重教务。""革除"达赖名号，并命另觅灵童的"圣旨"发布以后，不仅在西藏引起极大的震动，即在内外蒙古、青海、四川、云南、甘肃等地蒙藏群众中引起强烈的反感。

但清朝政府不愿收回成命，只令驻藏大臣联豫派人前去印度，设法劝说十三世达赖回来。联豫即派左参赞罗长裿于宣统二年（1910年）八月十二

第七章　九世班禅曲吉尼玛

日前往印度大吉岭。"达赖寓于大吉岭山后,地名巴伦布。……九月八日下午,与已革达赖见面……达赖言谈狡狯,谓番众欲拒川军,而彼禁之。番众欲投英国,而彼阻之。所以来大吉岭者,初意欲航海赴北京耳。名号既革,无颜前去。现承劝我回藏,固所甚愿,但藏中政教两端,更改之事,必须仍复旧观,今宜一一提议,叙入正式公文,作为善后办法。……十月六日,联大臣电示,外务部电开,达赖既不受劝,即可饬罗道回藏。十月十五日由大吉岭东旋,十一月一日回到拉萨。"(《联豫驻藏奏稿》)

联豫同时向清朝政府请示,由九世班禅"暂摄藏事",以代替达赖,得到清朝政府的批准。联豫即给九世班禅一信,要他速来拉萨。九世班禅只得前往,联豫即向班禅宣布"圣旨",要他"暂摄藏事"。九世班禅婉言谢绝,并向联豫建议,应开复达赖的名号,使其早日回藏。联豫感到班禅辞意非常坚决,乃又向清朝政府请示。宣统三年(1911年)二月十六日,清朝政府"谕(军机大臣)等,电寄驻藏办事大臣联豫,此次班禅来见为已革达赖乞恩一节,现在达赖是否确系悔过安分自愿回藏?如班禅与达赖消除从前意见,为彼求复执掌,似可乘机体察情形,酌量筹商。……至留班禅在前藏暂掌教务一节,已革达赖所属之噶布伦一切人等是否悦服,彼此可以相安,著驻藏大臣就近详慎酌核,从长计议,再行详细奏明,候旨办理"。

联豫还想勉强九世班禅"暂摄藏事",不让他回去;九世班禅则坚决谢绝,因此在拉萨停留了几个月,最后还是让班禅返回了札什伦布寺。班禅回寺后,派了专人赴印度大吉岭,给达赖送了许多东西,表示慰问。

六、入藏川军兵变与藏军包围拉萨

这时西藏波密地方发生民变,联豫派钟颖率两营川军前去镇压。另将一营川军派往江孜与日喀则驻防。在拉萨只有卫队80人,马队和炮队100余人。同时四川也正闹路潮,接着就发生了辛亥革命,川军多是四川人,消息灵通。清宣统三年(1911年)九月二十三日,川军中的哥老会互相串联,发动了兵变。

拉萨川军兵变,最初是由哥老会的一个头目、当时任右参赞钱锡宝的戈什①严步云发动的。目的是抢劫驻藏大臣衙门的饷银,再向拉萨商人勒索一笔钱,作为路费回川。兵变的当天晚上,就将驻藏大臣衙门的18万两饷银抢劫一空,又向西藏商上要白银8万两,并要求支应乌拉,以便回川。噶厦表示同意,照数交付。九月二十五日,乱兵将驻藏大臣联豫劫往札什城兵营,并推举李治平(驻藏大臣衙门的兵备处书记官)、范金(标部书记官)二人为"总参谋",以为首领。当时钟颖已从波密调回拉萨,他手下还有一部分亲兵,命令他们将李治平和范金二人处死,兵变暂时得以平息,联豫又返回驻藏大臣衙门。这是第一次川军兵变。

接着内地的辛亥革命成功,清帝宣布退位,成立了"中华民国",次年元旦,孙中山先生在南京就任了临时大总统。与西藏关系最密切的四川省,也爆发了革命,杀了四川总督赵尔丰,公举尹昌衡为四川都督。这些消息很快就由印度传到西藏。驻拉萨的川军多为四川人,又多为哥老会,于是在1911年10月又发生了第二次川军兵变。事先,驻藏大臣联豫已感到情况不妙,他本人是满族人,听说四川杀了赵尔丰(汉军旗人),他也怕自己性命难保,乃秘密写信给九世班禅求他保护,班禅就给拉萨哲蚌寺的大堪布写了信,要他负责联豫的安全。所以第二次川军兵变发生后,联豫将驻藏大臣的印信交给钟颖代理,自己逃到哲蚌寺躲藏起来了。乱军就推何光燮(联豫的秘书)为副都督。成立了"公议局",推汪文铭(马队营管带)为局长,哥老会则公开成立了"大同保障总公口",由郭元珍(联豫的戈什长)为头目。这样,就由何光燮、汪文铭、郭元珍三人代替了驻藏大臣的职权。

与此同时,镇压波密民变的两营川军也参加了兵变。本来镇压波密民变是联豫命令钟颖率川军两营去执行的。由于钟颖不懂军事,连吃败仗,联豫即将钟颖调回拉萨,另派左参赞罗长裿前去指挥,波密民变旋即平息。这时波密川军听到拉萨川军兵变,立即响应,杀死了罗长裿,一小部分由波密前往昌都,由那里回了四川老家。大部分则退回到拉萨,与拉萨的川军会合在一起。

当时联豫派往波密的还有一营士兵,由谢国樑率领。谢是湖南人,在钟颖之前已到西藏,联豫派他就地招募士兵组成一营,由谢国樑负责训练。钟颖率领的川军入藏后,谢国樑的这一营士兵也归钟颖指挥,参加了平息波密

---

① 戈什,满语,即为担任警卫与侍从的官员。

的战争。但波密川军兵变时，谢国樑的这一营没有参加，仍由谢国樑率领返回拉萨。据谢国樑著的《藏事略述》一书载称："民国元年一月，国樑辞职出藏，钟颖派兵至打郎，截击之，随从俱亡，国樑避居达木，眷属行李，概被掳掠。……三月，番兵总统中译青木侦知国樑在达木，派兵围之，达木总官固山达竭力保护，被击而亡。乃劫国樑回拉萨，逼充番兵总司令，国樑不忍自残同胞，坚不许，劝令息战讲和。……十一月，达赖回拉萨，国樑谒达赖于布达拉宫，达赖捧国樑之手加于额。……因说达赖曰：今日中国，改良政制，造成共和，五族人民，利权平享，想亦佛爷所赞成。……佛爷宜派员赴北京，陈述是非，妥筹善后，巩固国基。达赖称善。……民国二年二月，达赖送国樑出藏，至江孜，接陆兴祺电……因袁大总统有电致班禅，无从转达也。……因绕道至后藏札什伦布，谒班禅，宣袁大总统慰问电意，班禅开会欢迎。……托国樑代转内向意志。国樑留数日，起程回国。……英驻哲孟雄长官，先接达赖公文，嘱其保护……并派兵沿途护送，十月国樑回京，详细呈报"。

谢国樑的这段自述，与《西藏六十年大事记》等书所载大有出入。《大事记》说："时商上以川军杀戮过甚，招募士兵万余，以谢国樑为统领，日与钟颖酣战。"《泣血辑存》中也说谢国樑"及事败乃投于番，转劝番起兵攻川军，且亲率之。以数万众围至经年，全军几于尽没"。从谢国樑自述来看，这个人还是很重视汉藏团结。并不愿任"番兵总司令"攻击川军，与十三世达赖和九世班禅的关系也很友好。谢国樑的《藏事略述》一书，难免有为自己辩护的成分，一面之词，未可尽信。但全面来看，特别是他后来回到北京，仍努力从事恢复西藏地方与中央政权的隶属关系，维护汉藏民族团结等实际行动来看，对这个人还是应该肯定多于否定，是比较公正的。

与波密川军哗变的同时，驻防江孜和日喀则的川军也宣布响应，并派出代表数十人，前来拉萨向联豫索饷。于是共推"副都督"何光燮到哲蚌寺劝说联豫回衙。宣统三年（1911年）十二月二十六日，四川解送的饷银到达拉萨。十二月二十七日联豫从哲蚌寺返回拉萨市，仍由他主持藏事。给波密和江孜、日喀则的川军发了饷银，形势有所稳定。

但是川军的旧习未改，他们得到饷银以后，在拉萨吃喝嫖赌，无恶不作，完全暴露了这一伙人的地痞流氓的本来面目，钟颖不会带兵，也无法约束。右参赞钱锡宝看见形势不妙，乃呈请辞职，取道印度回国。据谢国樑的《藏事略述》记载：当时"有袍哥二十余股，推郭姓为首领，拉萨秩序紊乱，法纪荡然"。在这种情况下，拉萨的大贵族纷纷把自己的财产和家眷移住色拉寺（因色拉寺离拉萨市最近）。川军为了抢掠拉萨贵族的财产，于1912年二月初五日包围了色拉寺，这就惹下了大祸。色拉寺有喇嘛5500人，而且大部分都有武器，川军"围攻两昼夜，不克，退守拉萨，各路番兵筑长围以逼之，枪弹之声，昼夜不绝"。（《藏事概述》）

围攻色拉寺是不是钟颖的命令，无文献可考。但他当时是川军统领，至少有严重的失职之罪。

色拉寺喇嘛和藏军包围了拉萨以后，形势日益恶化，"公议局"与"大同保障总公口"都无法应付这个局面，仍请联豫与钟颖出来主持。于是钟颖下令解散了"公议局"与"大同保障总公口"，并将汪文铭和郭元珍处死，联豫也下令将何光燮处死，以平民愤。但是形势仍未好转。最严重的是噶厦下令拉萨附近的藏民不准卖粮给川军，川军的食粮发生困难，如再僵持下去，就有饿死的危险。当时传说四川都督尹昌衡与云南都督蔡锷率领大军援藏，但远水不解近渴。拉萨从1912年二月初八日被围，至是年六月十九日，约有四个多月，城内食粮已经断绝，正如《藏乱始末见闻记》一文中所说的："开战之先，汉人毫无准备，以为有钱可恃，不知被围后，食物无出，牛马驴骡均食尽，遂致大困。"

1912年6月19日，尼泊尔国驻拉萨代表噶尔丹奉国王之命，出面进行调解，迅速达成和议，川军向藏方交出枪支弹药；藏方允许川军由海道返回，并允许支应乌拉。驻藏大臣仍照旧驻藏，卫队准留枪二十支。于是拉萨城围始告解除，川军开始向印藏边境亚东转移，由那里出藏，取道印度回国。

1912年8月，"中华民国"新任大总统袁世凯下令，任命钟颖为驻藏办事长官，仍留西藏。联豫"准即回京，面询一切"。联豫即于是年八月四日离开拉萨，取道印度回国。噶厦还给联豫支应乌拉，并未刁难。

联豫走后，钟颖仍留在拉萨，但卫队只有数十人。噶厦方面宣称：他们只承认驻藏大臣，不承认办事长官，也要钟颖离开西藏。当时北京北洋政府也有命令，要钟颖坚守岗位，不准擅自离开。这样，钟颖与噶厦方面的矛盾又尖锐化了。1912年八月十一日，藏军第二次包围了拉萨。这次包围的时间不长，只有两月光景，因钟颖留下的卫兵不多，再加上食粮仍很困难。九月底,尼泊尔驻拉萨代表噶尔丹又出面调解,十月六日达成协议,钟颖及其卫队交出枪支弹药,藏方也允许钟颖及其卫队取道印度回京。1913年四月二日,袁世凯下令免去钟颖的驻藏办事长官职务,由陆兴祺"护理驻藏办事长官"。

陆兴祺是印度爱国华侨,设天益号在印经商,对于藏事非常关心,常向北京外务部反映西藏情况。对由西藏取道印度回国的驻藏官兵,在经济上给予不少帮助。因此,四川都督尹昌衡与原任西藏江孜关监督马师周与史悠明向北洋政府建议,任命陆兴祺为"护理驻藏办事长官",但对这一任命,不仅噶厦方面不承认,印度政府也设置了障碍。北洋政府曾命他在印度租一处房子,挂出"护理驻藏办事长官公署"的牌子,印度政府也不允许。所以陆兴祺在印度担任这个职务约十余年,始终未能入藏。

拉萨第二次被围解除以后,钟颖即赴春丕谷,拟由那里取道印度回国。当他到达春丕谷时,发现尚有川军400余人,家属300余户,因路费等问题无着,不能回去。原先驻防江孜和日喀则的川军,与藏方达成协议,川军交枪一支,藏方即给80卢比,因此大部分川军已走了。剩下的川军是由拉萨来的,他们的枪支由钟颖统一交给藏方,藏方未给枪费。实际上这些川军本来有钱,都在拉萨花光了。钟颖见此情况,就留在亚东,向北洋政府请求拨款以资遣回。当时的北洋政府财政非常困难,拖了再拖,从1912年十一月,一直拖到1913年四月。藏方委托英国派江孜商务委员麦克唐纳前来提出警告,如在15天之内不走,藏军就要武力驱逐。钟颖不得已,乃率川军于1913年四月二十一日从春丕谷出发,四月二十五日到印度噶伦堡,由护理驻藏办事长官陆兴祺负责分批送回内地,一直到1915年才遣送完毕。钟颖也于是年到达北京,被左参赞罗长裿的儿子控于大总统袁世凯,"以乱藏罪名,鞫得实,诛之。"(《西藏篇》)

七、九世班禅欢迎十三世达赖回到拉萨

在拉萨的川军尚未解决以前,十三世达赖即于1912年藏历五月初五日从大吉岭启程回藏,九世班禅听到这个消息后,即从札什伦布寺专程来到江

孜，表示欢迎，并拟与十三世达赖面谈一些问题。十三世达赖从帕里通过英国人办的电话，与在江孜的九世班禅通了话，达赖告诉班禅，他不来江孜，请班禅到热隆寺会晤。班禅与达赖在热隆寺会晤的详情，没有文献可查。《西藏六十年大事记》中说："班禅迎于江孜，达赖恶其助汉，罚银四万两，班禅向英官麦冬梁处借债呈交，从此嫌隙日深矣。"这段记载似不足为据。在十三世达赖与九世班禅的传记中，都无这样的记载。而《大事记》所说的英官麦冬梁即麦克唐纳，他著有《旅藏二十年》一书，也没有班禅借银四万两的记载。

十三世达赖从热隆寺又转移到桑顶寺，因拉萨战事尚未结束。他在桑顶寺住了两个月，于是年八月二十九日离开桑顶寺，十二月十六日到达拉萨，举行了隆重的入城仪式。

十三世达赖到达拉萨之时，国内政局已发生新的变化，孙中山先生辞职，袁世凯当了大总统，1912年七月十九日，北洋政府设立了蒙藏事务局（民国三年五月改为蒙藏院，隶属国务院），任命蒙古喀喇沁王爷贡桑诺布为总裁。十三世达赖主动给贡桑诺布写了一封信，派蒙籍喇嘛罗布桑东珠尔为代表，前往北京。信中略称："前因教务由京回藏，振兴教务，竭力整顿。嗣以革去名号，暂居大吉岭。去冬川省事起，藏中至今未靖，意欲维持佛教，请转呈妥商"。这封信原署日期不详，但它发表在当年的《东方杂志》九卷五号，大概写于1912年八九月之间。

袁世凯见到十三世达赖来信以后，即于1912年十月二十八日发表了恢复十三世达赖名号的命令。该命令称："现在共和成立，五族一家，前达赖喇嘛诚心内向，从前误解自应捐释，应即复封为诚顺赞化西天大善自在佛，以期维持格鲁派，赞翊民国，同我太平。此令"。

在"开复"十三世达赖名号的同时，也加封了九世班禅，加封令是1913年四月一日颁发的。全文如下："大总统令，据班禅额尔德尼电称，久仰中邦，实沾德惠。凡在我属汉边官军民等，借饷筹食，无微不至等语。该额尔德尼实赞共和，效忠民国，维持藏事，备著勤劳。本大总统实深嘉慰。应即加封致忠阐化名号，以彰民国优待忠勤，尊崇格鲁派之意。此令"。

九世班禅接到加封命令后，向袁世凯写信表示感谢。全文如下：

"癸丑年，番三月二十五日，陆委员兴祺专人至招，蒙大总统加封致忠阐化名号，谨在扎什伦布寺内，恭设香案，敬叩祗领跪谢。致忠阐化班禅额尔德尼谨呈。"

十三世达赖接到"开复"名号的命令以后，即通过护理驻藏办事长官陆兴祺，给袁世凯转去一电，电文内称："无量福大总统钧鉴，兴密，迭奉电示，汉番善后事宜在大吉岭会商一节，与英商妥，即行派员等因，待候至今，尚未见示。如何速复是祷。达赖喇嘛衹呈。"

达赖要求北洋政府派人到印度大吉岭进行谈判，是反映了当时西藏形势的迫切需要。当拉萨川军兵变，包围色拉寺失败，反而被藏军反包围以后，西藏靖西通知马师周等人即由印度致电四川都督尹昌衡告急，请求速发援兵入藏。陆兴祺也由印度致电北洋政府和四川都督尹昌衡，云南都督蔡锷，要求速由川滇出兵援藏。四川都督尹昌衡即向北洋政府提出请求，由他亲自统帅一支劲旅赴藏支援。他在1912年五月十二日致袁世凯电文中称："藏亡则边地不守，边失则全国皆危。""目前办法，无外两端，派遣川滇各边劲旅，星夜赴援。"蔡锷亦于是年五月六日致袁世凯的电中说："查藏卫西藩，关系大局，一有破裂，则滇川有覆亡之虞。……坐视危疆，焦急万状，并请迅为筹处，以挽危机。"江孜关监督史悠明也从印度致电北洋政府蒙藏事务局："拉萨蛮兵，近已增至数万，围攻汉军益急，大局存亡，只在旦夕，恳促川军兼程进援，迟则不可挽救。"在上述情势逼迫之下，北洋政府乃命尹昌衡率领川军入藏支援，四川都督由胡景伊代理。同时命令云南都督蔡锷由云南中甸向康区进兵，以与川军配合。尹昌衡与蔡锷接到命令后，立即采取了行动，川军越过金沙江，到达了察木多，拟由中路直达拉萨。滇军也进入康区，攻克了乡城，拟由南路经波密进军拉萨。

八、英国干涉西藏地方内政，西姆拉会议及其前后

英帝国主义者看到川滇两军进展顺利，立即出面进行干涉。英国驻华公使朱尔典于1912年八月十七日，向北洋政府外务部提出五条"抗议"：

（一）中国不得干涉西藏内政；

（二）中国官吏不得在西藏地方行使与内地行省同样之行政权；

（三）中国除驻藏官员卫队外，不得派遣军队驻扎藏境；

（四）关于西藏问题，中英两国另以新约定之；

（五）中国如不承认以上各款，英国即不承认民国政府，且经印度入藏之交通，亦须暂时断绝。

对英国政府明目张胆地干涉中国内政的这种蛮横态度，北洋政府也感到难以接受，乃答复英国："中国派军队入藏，乃中国之内政，英国不得干涉。""至于民国政府之承认与否，当以民国政府能否确立为断，与西藏问题风马牛不相关也。"

但英国政府一再提出要求，要北洋政府派遣代表到印度大吉岭召开西藏会议，并主张西藏方面也要派代表参加。北洋政府在英方压迫之下，不得不命令四川都督尹昌衡与云南都督蔡锷停止向西藏进军，同时也向英国表示同意举行谈判，派陈贻范和胡汉民二人为中国方面的全权代表，由于英方反对胡汉民，乃改派王海平为副代表。西藏方面则派伦青霞扎等人为代表，英国方面派印度外务大臣麦克马洪为全权代表，以驻锡金行政长官贝尔为顾问。当时九世班禅通过陆兴祺，向北洋政府要求也派代表参加谈判，陆兴祺向国务院反映了班禅的要求，但班禅方面并未被允许派遣代表参加会议。

会议原定在印度大吉岭召开，后来又改在印度西姆拉召开。"西姆拉会议"从1913年十月十三日开始，到1914年七月三日正式破裂，共历时八个月又二十天。

"西姆拉会议"以英国提出的"折中"方案为基础，进行谈判。"折中"方案的换文中还承认"西藏为中国领土之一部分"。但主要内容是把我国藏族居住的所有地区划为"内外藏"两部分，"内藏"包括青海、甘肃、四川、云南等省的藏族居住地区，由中国政府直接管辖；"外藏"则包括西藏与西康地区，中国政府"承认外藏自治"，"不干涉其内政，而让诸藏人自理"，"但中国仍派大臣驻拉萨，护卫部队限三百人"。中国全权代表陈贻范未经请示批准，即擅自在草约上签了字。签字消息公布后，引起全国各界人士强烈反对，北洋政府乃命令陈贻范拒绝在正约上签字。英国即宣布英藏两方签字，中国未签字，不得享受条约上的权利。

不久，第一次世界大战（即所谓"欧战"）爆发，西藏问题搁置下来。1915年六月二十八日，北洋政府派外务部参事顾维钧往见英国公使朱尔典，提出了继续谈判西藏问题的三条意见。

（一）如能将现在列入换文内之西藏为中国领土一层，改入正约，则中国可预备允许将察木多划归自治外藏,其余仍照去年中国末次提议之界限办理,察木多(境)内所有中国军队官员,预备一年内撤退。

(二)在察木多、江孜、札什伦布、亚东、噶大克及将来开为商埠之处,设中国佐理员,其职务及卫队与英员相等。

(三)正约内加入自治外藏承认中国宗主权一项。

朱尔典表示中国政府所提各条"万难商议"。并表示:"现在因欧战方殷,各方面均无暇及此。西藏问题若长此不决,恐于欧战告竣后,中英两国因之而起不愉快之事,须请留意。"这次谈判就此结束。

不久,国内发生了袁世凯称帝与护法战争,内战接连不断,西藏问题也就顾不上管了。但西藏地方政府乘国内混乱的机会,于1917年九月,派藏军向驻防昌都等地的川军进攻。据《西藏六十年大事记》载:"民国六年九月,类吾齐炮队余金海,因割草与藏番开衅,遂擒藏兵二名,解于昌都,边军统领彭日升未询理由,率而斩之,藏人愤甚,自此发生战争矣。"1918年1月,类吾齐失陷。二月十九日恩达县失陷,接着德格、邓柯、石渠、白玉、宁静等县,相继失陷。四月三日,藏军包围了昌都,守军统邻彭日升"函请噶布伦停战议和,噶布伦复函云,先缴械,别无异议"。四月十六日彭日升缴械投降,昌都知事张南山反对投降,投河自杀。川军投降后,原议定允许回川,但后来藏方变了卦,彭日升等人全部被解送到拉萨,由海道返国。这时英国副领事台克满到达昌都,要求边军分统刘赞廷到昌都,与噶伦降巴登达会晤,由英国人从中"调停",结果于1918年十月十七日达成"停战协定"四条,双方的军队在原地停战,停战期限为一年。并声明"此系停战退兵之条件,并非正式之和议条件"。从此川军驻守甘孜,藏军驻守德格,这就是藏军第一次向东扩张。

1919年英国又派驻川边副领事窦锡孟来北京,敦促英使朱尔典向北洋政府提出重开西藏问题谈判的要求。五月三十日,英国驻华公使朱尔典向中国政府提出修改"西姆拉会议"条约的两条意见:

(一)取消内外藏之名称,照原议划归内藏之地分而为二,将巴塘、理塘、打箭炉、道孚、炉霍、瞻对、甘孜诸地划归中国,德格以西划入西藏。

(二)照原议用内外藏之名称,将巴塘、理塘、打箭炉、瞻对、甘孜等地划为中国内地,昆仑山以南当拉岭以北之地,划为内藏,中国不设官,不驻兵。德格划归外藏。

当时北洋政府表示，英使所提两条意见"万难承认"。十二月三日，英使又向外务部催促"从速开议"，北洋政府置之不答，谈判又告停顿。

九、西藏地方与北洋政府的关系

这里有必要谈谈在"西姆拉会议"之前与"西姆拉会议"之后，西藏地方与北洋政府之间的关系。自从袁世凯恢复了十三世达赖的名号，十三世达赖也回到拉萨，重新执政。由于驻藏大臣已经撤销，联豫本人也早已离开西藏，北洋政府委派的驻藏办事长官陆兴祺又由于英国阻挠未能借道印度入藏。这是一方面的情况。

但是另一方面，西藏地方又承认西藏是"中华民国"的领土。最明显的事实是：1913年，袁世凯仿照西方国家的政体，组织参众两院。参议院的议员和众议院的议员中，均有西藏地方的名额。达赖、班禅各方均有自己的参议员和众议员。1913年五月十五日，北洋政府的西藏选举事务所，发表了西藏当选为参众两院议员的名单。"前藏"（达赖方面）当选的参议员是顿柱罗布等五名，候选参议员是白马仁钦等五名。"后藏"（班禅方面）当选的参议员是江赞桑布等五名，候选参议员是阿旺曲札等五名。"前藏"（达赖方面）当选的众议员是一喜讬美等五名，候选众议员是乌勒吉等五名。"后藏"（班禅方面）当选的众议员是阿旺根敦等五名，候选众议员是罗森公爵等五名。西藏（包括达赖与班禅两方面）议员参加"中华民国"的参众两院，这一事实说明，西藏地方与"中华民国"北洋政府之间是存在隶属关系的。

还有一点需要补充说明，从清代起，达赖委派重要僧官长期驻在内地，一是北京雍和宫的堪布和黄寺的达赖喇嘛，二是山西五台山的堪布，三是承德布达拉宫（即普陀宗乘之庙）的堪布，这些堪布的地位都很高，一般都是四品。这三个堪布还带有翻译、秘书等侍从人员。他们都是轮换制，过几年要换一次，任免都由达赖决定，但必须经过中央主管部门批准。这些人在内地的供给，由中央主管部门按月发给。班禅在承德札什伦布寺（即须弥福寿之庙）派堪布一人、翁则一人、格贵一人，都是高级僧官。还有从西藏选派的念经喇嘛20人。这些人的任免也是由班禅决定的，其供给也同样由内地承担。上面讲的那些参议员和众议员，大部分都是从留住内地的人员中选派的。因为当时内地与西藏的交通基本断绝，来往多经过印度，当时英帝国主义者的政策是破坏汉藏团结，把西藏地方从中国分裂出去。因此西藏选派代表参加参众两院也很困难。

根据现有档案来看，西藏参众两院的议员更换了多次。1917年，北洋政府召开临时参议院会议，出席会议的参议员有罗桑班兑、厦仲阿旺益喜、罗布桑车珠尔等。其中罗桑班兑是达赖方面的众议员，厦仲阿旺益喜是班禅方面的众议员，罗布桑车珠尔是十三世达赖1913年派来的驻京代表。

根据以上的历史档案来看，西藏地方与"中华民国"北洋政府之间的隶属关系，如与清朝政府统治时期比较，是很不正常的。而对这种很不正常的关系，英帝国主义者还不容许继续存在下去，尽可能进行破坏，使其进一步恶化。

在此期间，北洋政府曾两次派代表到西藏，向十三世达赖进行"疏通"。一次是1919年派鄂罗勒默札布郡王入藏，《西藏史地大纲》一书中提到"与达赖十三世商榷，先允驻藏办事长官陆兴祺入驻拉萨办事；但达赖十三世坚持须俟中英间一切问题完全解决后始能准陆氏入驻拉萨，此时碍难遽允。政府对之亦无如之何"。第二次也是1919年，北洋政府通过甘肃督军张广建，派遣朱绣、李仲莲及宁玛派喇嘛古浪仓等由青海赴藏，"与达赖联络感情"。朱绣一行于1919年八月抵拉萨，住了八个多月，于1920年四月离开拉萨，返回甘肃。

朱绣等到拉萨后，见了十三世达赖，达赖"以事关重大，非得三大寺及大众商议，不能解决"。旋由达赖、班禅、三大寺、四噶布伦，各派代表于拉萨大众公所商议办法。是时停战期满，藏军由各处征兵，实行内犯。……1920年三月，拉萨会议屡经双方讨论，结果仍依民国七年暂行停战条件，盼加修改，取消停战期限，并声明川藏两军赓续停止战争，暂以雅砻江为界，嗣后川藏两军非奉大总统及达赖喇嘛之命令，不得前进，所有各事，静候中英藏三方面特派全权代表，在拉萨或察木多会议解决。这就是朱绣一行赴拉萨的成果。

朱绣一行由拉萨启程返回之时，十三世达赖设宴饯行，席间十三世达赖表示："余亲英非出本心，因钦差逼迫过甚，不得已为之。此次贵代表等来藏，余甚感激，惟望大总统从速特派全权代表，解决悬案，余誓倾心内向，同谋五族幸福。至西姆拉会议草案，亦可修改云云。"

达赖的这一段话有几点意思是明显的。第一，他"亲英非出本心"，乃是因驻藏大臣"逼迫过甚"。第二，他表示"倾心内向，同谋五族幸福"。第三，"西姆拉会议"的草约，他并不坚持，可以考虑修改。这种态度还是友好的。

朱绣临行前，九世班禅从札什伦布寺"送来藏字公文一件及礼物多种，其倾向共和之心较达赖殆有过之"。这是朱绣等人的感觉，认为九世班禅的态度比十三世达赖更为友好。朱绣等人回甘肃后，将达赖和班禅的信件、礼品以及他们的报告送交北洋政府。当时正值直皖战争时期，对西藏问题只好束之高阁。

1921年一月十五日，英国继任驻华公使艾尔斯顿访我外交总长颜惠庆，声称："中国政府令甘肃地方长官对西藏试怀柔之策；一面将西藏问题交涉延期，此种办法殊非妥善，望从速开议。"颜惠庆答以"甘肃官宪之西藏怀柔云云，纯为个人之行动，亦不过以彼个人之交谊而止，在政府固无法可加阻止，英国更无置喙之理由。此案尚未达解决之时机，犹盼暂缓谈判"。

可见朱绣一行到西藏的活动，英人非常注意。朱绣一行离开拉萨不久，英国即派其驻哲孟雄行政长官贝尔，于1920年十一月到了西藏，整整住了一年，于1921年十一月，才离开拉萨。贝尔在他著的《西藏之过去与现在》一书中，对他这次赴西藏之使命与活动，有很详细的叙述。他住在罗布林卡附近的一所别墅里面，和十三世达赖常有往来。

贝尔与达赖所谈的问题中，扩充西藏军队，唆使向内地扩张，以破坏汉藏民族之关系，是其此次来藏之主要目的。他自己承认"吾常与达赖密谈，所论问题甚多。有时论及西藏自卫之实力。一次随便询吾意见，吾言西藏军队仅五千人，殊不足用。吾意财政准备充裕时，当逐渐增至一万五千左右"。为了扩充军队，贝尔又向十三世达赖建议向贵族、寺庙征收重税。此事传出以后，引起了贵族与寺庙，特别是三大寺的反感，几乎酿成驱逐贝尔的事变。三大寺中，哲蚌寺反对最强烈，十三世达赖亦不能不慎重。所以贝尔虽然在拉萨待了一年时间，他的阴谋并未完全得逞。

1922年正月，据《西藏史地大纲》一书中记载，十三世达赖"曾派敦柱汪结来京，陈述愿服从中央之意。同年十一月，敦柱汪结又代表达赖来京，谒见黎大总统①，本可乘此恢复旧交，实行亲善，卒以英人之挑拨离间，未有结果"。

十、九世班禅与十三世达赖失和及其出走内地

自十三世达赖返回拉萨以后，达赖与班禅之间的关系，渐趋恶化。这也有一个过程。1915年，达赖在日喀则设立了基宗（相当于内地的行政专员公署），任命僧官罗桑团柱、俗官木霞二人为基宗。基宗的职权很大，他们除管辖达赖在后藏的所有宗豀之外，也管辖班禅所属的四个宗和所有豀卡，这就侵犯了班禅的固有地位及职权。因为在清代，班禅和达赖在宗教上、政治上都是平等的，都归清朝皇帝直接领导。班禅的地区也归驻藏大臣直接监督。现在把班禅的辖区完全划归达赖派的基宗管辖，这就大大贬低了班禅的固有地位及其职权，这是班禅绝对不能接受的。第二是设立了基宗以后，即向班禅所属的百姓征收与摊派军粮、税款与乌拉。特别是噶厦要班禅辖区的百姓承担百分之二十五（即四分之一）的军粮②，这显然是班禅辖区的僧俗民众所不能接受的，也是承担不起的。这两件事引起了班禅与达赖之间的关系日趋恶化。1916年，九世班禅向十三世达赖写了一封信，除了申诉札寺的痛苦之外，班禅要求前往拉萨与十三世达赖面谈。十三世达赖给九世班禅回了一封信，对他要求来拉萨面谈一事表示赞同，但又说他现在公务很忙，提议推迟到次年会晤。班禅只好服从。到了1917年，十三世达赖又突然宣布他要"闭关坐静"三年，在此期间，谢绝一切来访的客人，班禅也不例外。

1919年春，经达赖同意，允许班禅前去拉萨会晤。这次班禅到达拉萨时，噶厦方面的接待非常冷淡，达赖只派了一个代表在尖杂鲁丁表示欢迎，噶厦也只派了一些次要的官员参加欢迎仪式，噶伦等重要官员只在大昭寺门口，即班禅的行宫门前站班欢迎。班禅于当天下午去罗布林卡见了十三世达赖。班禅这次在拉萨住了不长的时间，即返回札什伦布。会谈的结果如何？在达赖和班禅的传记中都无记载。但在英人麦克唐纳著的《旅藏二十年》一

---

① 黎大总统即为黎元洪。
② 四分之一的军粮共为1万斮，约合25万市斤。

书中，有些可供参考的记载与论述。

"1919年初，我接到班禅大师一封信，告诉我说，他将赴拉萨；回程时，取道江孜，与我再行会晤。并说他这次到拉萨去，是由于达赖的请求。"

班禅由拉萨返回后的第二天早晨，班禅到了英国驻江孜商务委员公署，与麦克唐纳在私人会客室内举行了会谈。"从他的谈话当中，得知他对他自己的前途，毫无把握。拉萨政府极力用税务一件事压迫他，他们认为班禅欠拉萨政府的税太多了。班禅说达赖喇嘛的大臣，将对他很不利，当他最近到拉萨时候，在他同拉萨政府中间，只能得到问题的暂告解决。这时，他似乎很觉失望，我也没法安慰他。他表示他绝无力量可以供给拉萨政府所苛索的税，因为他管理的藏省，断难筹出这样大的款项。……虽然我在当时，不能完全明了他所说的话，就后来的事实证明，我很洞悉在那时，他已经认为逃出西藏，为最妥善。"

据九世班禅传记载，促成班禅出走的直接原因是，1923年十一月，达赖命令札什伦布寺的几个负责官员前往拉萨，这几个官员到拉萨后，未经审问，即被投入监狱。他们的侍从立即逃回札什伦布寺，向九世班禅作了如实汇报。九世班禅感到这是大祸临头的先兆，如不逃走，势将危及自己的生命安全。于是立即做了决定，向内地出走。但他怕日喀则基宗发觉，做了必要的安排。1923年十一月十五日夜，九世班禅率领侍从15人，向北出走，无人知晓。三日之后，即十一月十八日晚，九世班禅的苏本堪布罗桑坚赞、却本堪布旺堆诺布、森本堪布甘丹绕结、古觉堪布罗桑班丹、仲译钦冒王乐阶、大卓尼钟苏郎、僧噶桑结甲错、苏德巴罗桑旺丹、医生罗桑郎吉、马官泽旺、厨师普布次仁及侍从100余人乘月色逃出，追赶班禅，疾行五日夜，才会合在一起，直向藏北羌塘前进，由那里越唐古拉山脉，即入青海境内。

班禅一行出走数日后，噶厦派驻日喀则的基宗才发现，因当时日喀则与拉萨不通电话与电报，基宗立即派人星夜前往江孜，通过英国办的邮电局，向噶厦报告了班禅出走的情况。十三世达赖立即命令仔本龙厦、代本崔科率领骑兵1000人，向北追捕班禅。按一般的行程，由日喀则前往青海，应走东北方向，经过纳曲，越唐古拉山，这是正道。所以追兵向那曲方向星夜赶跑。而九世班禅却没有走正道，由日喀则向正北方向前进，经过藏北羌塘无人区，直达青海境内。所以追兵一直追到唐古拉山，正遇大雪封山，只好扑空而归。十三世达赖即派古觉大堪布罗桑丹增为札什伦布寺的札萨喇嘛，代

第七章　九世班禅曲吉尼玛

理班禅的职务，管理札什伦布寺的政教事务。班禅所属的各宗宗本，各豁卡的豁本，也全部换了噶厦派去的官员，于是班禅辖区完全由噶厦直接统治。

九世班禅一行逃出西藏，进入青海境内以后，虽然脱离了军事上被捕捉回的险境，却又陷入了食粮缺乏，面临饿死的绝路。因为班禅一行仓促出走，只带了足够的金银以充路费，却未带足够的食粮。他们进入青海境内以后，是一个无人区，没有牧民，买不到任何东西，金银毫无用处。沿途虽有少量的野牛、野马和野羊，但见人就逃走，很难捕获。而喇嘛们受了沙弥戒与比丘戒，禁止杀生，所以班禅一行都不会打猎。而要走出青海无人区，大约需一个月的时间，食粮显然是不够的，捕到的野牛、野马、野羊又很少，解决不了多大的问题。只好宰马充饥，而没有了马，在草原上又难以行走，只有坐以待毙。

正在绝望之时，忽然在子聪草坝遇到外蒙古哲布尊丹巴的佛师孝珠堪布及哲布尊丹巴的苏本堪布罗桑图丹一行由西藏返回外蒙古，由这里路过。他们有大批的骆驼，载着充足的食物，与班禅一行相遇，会合在一起，食物全部由他们供给。于是正如刘家驹写的《班禅大师全集》中讲的："得借明骆千里足，送佛苍中原。"这一巧遇才使班禅一行人脱离了被饿死的绝境。

十一、九世班禅在内地活动情况，国民政府与西藏的关系

1924年三月二十日，班禅一行到达甘肃省极西部的安西县。从札什伦布寺到安西县，共走了四个月零五天。从此与外蒙古的同行者分手，孝珠堪布一行，由此继续向北前进，即进入外蒙古境内，班禅一行则在安西县停留下来，得到安西县长的热情接待，并立即电告兰州督军陆洪涛，陆洪涛又立即向北京北洋政府的大总统曹锟报告。

北洋政府得到九世班禅到了甘肃的消息以后，开会研究接待事宜。决定按清朝乾隆时清高宗接待六世班禅的前例和规格，隆重欢迎班禅到京。因黄寺年久失修，不能居住，决定中南海瀛台为班禅的行辕。指定蒙藏院总裁贡桑诺尔布等筹办招待事宜。同时电复陆洪涛，命他派人护送班禅先

由安西到达兰州，听候命令。班禅一行沿途供应，均由当地政府负责。陆洪涛即电安西县长亲送班禅来兰州，并决定由兰州派出一部八人抬的轿子，前往凉州供班禅乘坐。班禅抵凉州后，即改乘八抬轿继续前进，于1924年五月四日到达兰州。甘肃督军陆洪涛率领官员、军队数千人在兰州郊外迎接。班禅经过的街道皆用黄布铺路，雷坛寺行辕内用黄缎饰壁，在各街上扎了彩色牌坊，"备极庄严"。北洋政府大总统曹锟特派李乃芬为"迎护专员"，率卫队百人由北京前来兰州欢迎，并宣布大总统赐给九世班禅"致忠阐化"的封号。

这时我国北方发生了直奉战争，冯玉祥发动政变，率领国民军占领了北京，大总统曹锟下了台，由段祺瑞出任临时执政。冯玉祥又电请孙中山先生北上，共商大计。孙中山先生接受了邀请，离开广州，取道上海前往北京。班禅由兰州到北京，要经过陕西省。这时陕西省正在内战，国民军的杨虎城与李虎臣两部被吴佩孚的刘镇华部队围困在西安城内。1924年八月，班禅由兰州东下，到西安不能前进，班禅派大卓尼钟苏郎与作战的双方首领接洽，"均以大师爱护祖国，远道来京，竭诚欢迎，各方地方官员负责送出防线。沿途尸骸遍野，大师恻然动情，为诵经超荐。"（《班禅大师全集》）

九世班禅曲吉尼玛讲经

九世班禅在西安停留期间，发表了一份向全国各方面的领导人呼吁停止内战、团结救国的通电。因为这是班禅到内地以后，第一次公开表示他的政治态度的宣言，具有历史意义，兹将全文照录如下：

北京段执政、参众两院、各部院、张总司令①、卢总司令、冯总司令②、胡副司令、孙副司令、王聘卿、熊秉三、孙慕韩、汪伯唐、赵次珊、王幼山先生、天津黎宋卿先生③、徐菊人先生④、梁任公先生⑤、严范孙先生、张敬舆、孙伯兰诸先生、上海孙中山先生、吴子玉先生⑥、康更生、岑云阶、章太炎诸先生、南通张季直先生、广州胡展堂先生⑦、汕头陈竞存先生、南京齐巡阅使、武昌萧巡阅使、杭州孙巡阅使⑧、天津李总司令、济南郑督理、太原阎督军、吉林吴总司令、黑龙江张总司令、安徽王督理、江西蔡督理、西安刘督军⑨、兰州陆督军、新疆杨督军⑩、湖南赵省长、云南唐总司令⑪、贵州刘总司令、热河米都统、察哈尔张都统、绥远马都统⑫、重庆杨督理、邓省长、各报馆、各法团、各师旅长、各省议会、章嘉呼图克图及内外蒙古呼图克图、内外蒙古各汗王公均鉴：

共和布政，五族归仁，布岭萨川⑬，同隶禹甸。班禅此次由藏入觐，跋涉艰辛，行抵西安，时越两稔，比闻政局变更，全国震撼，段公出肩钜任，诰告革新，中道闻风，同深欣幸！惟款款之愚，有不得已于言者。我国值风雨飘零之际，正危急存亡之秋，亟应速息内讧，力图上理。乃者烽烟未靖，风鹤频惊，同室操戈，既贻煮豆燃萁之诮；渔人伺利，将成摘瓜抱蔓之非。唇既亡而齿自寒，皮不存而毛焉附？非惟中原锦绣，同蹈陆沉，且虞边塞藩篱，亦供刀俎。忧心焦虑，惴惴滋深。

---

① 即张作霖。
② 即冯玉祥。
③ 即黎元洪。
④ 即徐世昌。
⑤ 即梁启超。
⑥ 即吴佩孚。
⑦ 即胡汉民。
⑧ 即孙传芳。
⑨ 即刘镇华。
⑩ 即杨增新。
⑪ 即唐继尧。
⑫ 即马福祥。
⑬ "布岭"即布达拉山，"萨川"即拉萨川。

> 班禅身受国封，与同休戚，年来受外界之刺激，见沿途闾里之萧条，知战祸不可再延，元气亟宜休养，所望彻底觉悟，共保和平，免阅墙之纷争，谋根本之建设。俾共和真谛，广被重藩；劫后残黎，稍苏喘息。谨为虔奉馥香，同祝国祚灵长于无既矣！班禅额尔德尼。

通电发表的时间，原件只有年月，没有日期。据《班禅大师东来十五年大事记》一书记载，班禅的这个通电是1924年十二月二十九日从西安发出的。

九世班禅到西安时，山西督军阎锡山派代表前来欢迎，刘镇华派部队送至潼关，由风陵渡过黄河，改乘汽车至太原。阎锡山率官员与军队数千人在郊区欢迎，并鸣礼炮致敬，住在新建的宾馆作为行辕。这时临时执政段祺瑞派其长子段宏业为代表，偕同蒙藏院代表图桑诺布、蒙古王公杨桑巧及章嘉呼图克图等人，至太原迎接班禅赴京。阎锡山则挽留班禅在太原休息一段时间，过了阴历年以后再走。

1925年二月二日，班禅一行从太原起程，改乘火车赴北京，路局特备专车。抵北京时，车站两旁有执政代表、蒙藏院官员、雍和宫喇嘛等，军民共数万人。班禅即住于中南海的瀛台行辕。次日，谒见临时执政段祺瑞，"报告藏务及东来使命"，段祺瑞答以"一俟国内安定，藏事当可迎刃而解等语"。班禅到北京后，内外蒙古的王公和僧俗群众"来膜拜者，源源不绝，无日无之，而多则五六次，少则一二次，供养之盛，得未曾有"。前后来京蒙古族不下数万人。

1925年二月一日，北洋政府召开善后会议，邀请西藏地方也派代表参加。达赖指派顿柱旺结为代表，班禅指派罗桑坚赞为代表，护理驻藏办事长官陆兴祺也派朱清华为代表，参加了善后会议。班禅还给善后会议各代表写了一封信，提出"各本公心，通盘计划，福国利民，实系乎此"。但这次会议讨论的是军事、财政，以及组织国民会议等事，西藏问题根本没有提上日程。会议期间，孙中山先生于三月十二日在北京病逝。

当时班禅感到解决西藏问题为期遥远，乃应浙江巡阅使孙传芳的邀请，于1925年四月五日由北京南下，段执政派达寿、祺诚武、熙钰，蒙藏院派李铣等八人陪同，乘专车经南京、上海而达杭州，在灵隐寺等寺庙朝佛，并给许多善男信女"灌顶"。

班禅一行在杭州做完佛事后，于四月十六日离开杭州返回上海，又由上海改乘轮船，于五月九日前往南海普陀山朝佛。当时普陀山各佛寺共有僧人1400余人，班禅给僧人"摩顶"，并放布施，每僧得银元二枚。临别时，又给普陀寺留大洋3000元，"并嘱永远生息，为香火之奉"。五月十五日返回上海，由上海改乘火车返回北京，又由北京乘火车到大同，由那里改乘汽车前往五台山朝佛，在五台山佛寺内"闭关坐静"21天，共住了三个多月，给五台山各寺僧众也像普陀山一样，放了布施。

七月末，段祺瑞派敏珠尔呼图克图和董士恩为专使，前往五台山迎接班禅来京，仍住在中南海瀛台行辕。八月一日，段祺瑞命内务总长龚心湛为册封正使，蒙藏院总裁贡桑诺尔布为册封副使，持金册金印，亲赴瀛台，颁给班禅"宣诚济世"的封号。

金册全文如下：

> 惟民国十有四年八月一日，临时执政曰：慧性聿昭，早弼两仪之化，群生普度，宜超九命之荣。矧瞻赡部之多虞，冀莫奠封而无阻，设非崇以嘉誉，何由表厥丰功。班禅额尔德尼，教莞龙池，经持鹫岭，青邱玄漠，曾树仪型，天竺灵迦，更窥深奥，莲心功著，檀塞望崇，诚恐鹅出蛇封，难伸宏济，惟望麟生凤集，同我太平。用是一意输忱，多才冀善，期蠕动环飞之适，康义黔黎，登河清海晏之庥，光华期斯。盖公忠赞治，缜密纤筹，忱愫鉴兹，奖嘉用亟。特颁册印，加给宣诚济世封号。於戏！绥疆褒绩，往编曾励夫前修，施众安人，有夏共歌夫兹佛：实至名归，往大乃勋，永昭无斁。

次日，班禅亲往执政府致谢，当晚段祺瑞在怀仁堂为其设宴洗尘。

与册封的同时，临时执政批准班禅在京设立办事处，以福佑寺为处址。班禅即任命罗桑楚臣为处长，开始办公。班禅同时派旺堆诺布前往西宁，组织班禅驻青办事处。又派阿旺金巴前往成都，组织班禅驻川办事处。并派福康安赴印度，组织班禅驻印办事处。这三个办事处均于次年前后成立。

这时国内又发生内战，张作霖与吴佩孚联合，共同把冯玉祥及其部队挤出北京，移住察哈尔、绥远、甘肃一带。临时执政段祺瑞也在这次内战中下台。张作霖入京，自称"大元帅"，代行国家元首的职权。同时与吴佩孚共同反对南方的北伐军，并在北京逮捕屠杀中国共产党创始人之一的李大钊同志。当时广东方面自孙中山先生逝世后，蒋介石上台，自任北伐军总司令，联合冯玉祥、阎锡山、李宗仁共同北伐。不久发动了"清党"，屠杀共产党人，破坏了第一次国共合作。

班禅在这种政治形势下，感到住在北京很不适宜，乃应东部蒙古王公之请，移住沈阳。张作霖对班禅还很客气，同意他到沈阳，并指定沈阳黄寺为班禅行辕。1926年十月十日，班禅离开北京前往沈阳，受到省长莫德惠及蒙古王公和群众数千人的热烈欢迎。

1927年五月十三日，班禅应蒙古杨王之请，前往达拉罕旗，给当地蒙旗群众"放头"（即"摩顶"），来者数万人。九月又应蒙古突厥突王之请，到可学所马寺讲经说法，受到当地蒙古族群众热烈的欢迎。

1928年三月，国民党在南京成立国民政府，由谭延闿任主席。班禅即派苏本堪布罗桑坚赞和朱福安为代表，前往南京表示祝贺，即与国民政府正式建立了联系。这时北伐军已进军到华北，张作霖于六月二日通电下野，退出北京，返回沈阳，六月四日火车行抵皇姑屯时，被日本人预先埋置的炸弹炸死。北伐军进驻北京。南京国民政府改组，由蒋介石出任主席。张学良也列为国民政府委员。这时从表面上看，全国实现了统一。国民政府成立了蒙藏委员会，主管蒙古与西藏的事务。同时批准班禅在南京设立驻南京办事处，由班禅任命罗桑坚赞和朱福安为驻南京办事处正副处长。

这一年，班禅继续在东部蒙古各地进行佛事活动。四月，由亲王杨桑巧为施主，在东蒙古锡王庙举行了第一次时轮金刚法会，参加法会的蒙古族群众十七万余人，"供养"的金、银、驼、马、牛、羊无数。七月，又由东蒙古十旗王公为施主，在东蒙札萨图阿布寺举行了第二次时轮金刚法会，参加法会的蒙古族群众约八万四千余人。就在这一年，经张学良批准，班禅在沈阳设立了驻奉天办事处，任命巴西堪布为处长。

1929年，国内又发生了内战，蒋介石为一方，冯玉祥、阎锡山、李宗仁为另一方。班禅又发出呼吁和平的通电，电文中说："从国民政府成立以来，合全国为一家，结十余年纷争之局，愿从此救众生倒悬之苦，发仁王爱国之心。"

四月十五日，班禅应内蒙古索盟长及十旗王公之请，由他们为施主，在锡林郭勒盟贝子庙举行了第三次时轮金刚法会，参加法会的蒙古群众约七万人。会后，班禅又到各旗各庙讲经说法，直到九月，张学良派李少白带汽车

第七章　九世班禅曲吉尼玛

十五辆，迎接班禅返回沈阳，仍寓黄寺行辕。这时蒋冯阎李之间的内战，已经结束，全国表面上又告统一。十三世达赖主动命令他派驻北京雍和宫的堪布贡觉仲尼和派驻五台山的堪布罗桑巴桑，先后到南京见蒋介石，表示达赖诚心内向，不亲英人，不背中央，愿迎班禅回藏。蒋介石也给达赖写了亲笔信，托贡觉仲尼带回面交达赖。

贡觉仲尼是一个重要人物，后来成为十三世达赖驻国民政府的总代表，曾多次谒见蒋介石。此人是1924年由达赖直接派到北京的。他从西藏来北京时，带有侍从人员十名。公开的职务是雍和宫堪布，实际上是十三世达赖和噶厦的代表，经常与北洋政府的蒙藏院接洽办事。他到北京以后，于1924年一月十六日，递了一份报告给蒙藏院，呈报到京日期，并附履历，"鉴核备案"。

从现有的档案中，我们查到1930年蒋介石致十三世达赖的一封信和十三世达赖给蒋介石的回信，与贡觉仲尼有关，照录如下。

蒋介石致十三世达赖的信：

> 达赖大国师法鉴：径覆者，罗藏娃楚称丹增来京面陈棍专员（即贡觉仲尼——引者注）此次赴藏，荷大国师不时延见，礼遇优渥，具见倾诚内向，尊重中央之盛意，闻之曷胜欣慰。中央政府誓遵总理扶植国内民族之遗教，以力谋藏民今后之福利。现在棍专员也已到京，所有西藏各问题已令蒙藏委员会马委员长妥为商办矣。先此布覆，顺颂慧祺。

蒋介石的信是九月十八日发的。

九月二十二日，十三世达赖复电蒋介石，全文如下：

> 南京国民政府蒋主席钧鉴：接元电雍札棍却仲尼转递函品，并面陈详情，彼此均感。我亦祝祷世界和平，中藏终须联络，特诵平安经典。藏事已蒙委蒙藏委员马福祥代理，欢慰我怀。达赖喇嘛叩养印。

国民政府在派遣贡觉仲尼的同时，又派遣文官处一名女职员刘曼卿于1929年七月，取道西康前往拉萨。刘曼卿系西康藏族人。她到拉萨后，待了三个月，达赖接见两次，态度都还友好。当时正值发生第二次藏军向东扩张之时，十三世达赖向她表示："至于西康事件，请转告政府，勿遣暴厉军人，重苦吾民，可派一清廉文官接收，吾随时可以撤回防军，都是中国领土，何分尔我。"十三世达赖承认西藏是中国领土，这一句话还是很重要的。刘曼卿回来后，写了《康藏轺征》一书。

1930年，尼泊尔政府与西藏地方政府之间，突然发生了冲突，据说起因于噶厦政府要向拉萨尼泊尔商民征一些税，尼商拒不纳税，达赖命令噶厦拘捕了几个尼泊尔商人，于是尼泊尔政府下令全国动员，要大举向西藏进攻。十三世达赖致电蒋介石，请国民政府予以援助，并盼进行调解。国民政府乃派蒙藏委员会参事巴文骏前往尼泊尔调查。据《西藏史地大纲》一书记载："巴氏抵尼，备受礼待，尼藏之争，亦已消释。迨巴氏返京时，曾带来尼国馈赠国府之礼物多种，中尼邦交，因此渐睦。"

蒙藏委员会派巴文骏赴尼泊尔的同时，又派谢国樑偕同秘书谭云山前往拉萨，借调解尼藏纠纷为名，与达赖商谈西藏地方政府与国民政府之间的隶属关系正常化的问题。谢国樑原系清末驻藏官员，和十三世达赖关系友好。当时谢国樑任国民政府蒙藏委员会专门委员。谢国樑行前，国民党中央政治会议第二百二十次会议，修正通过了蒙藏委员会拟具的关于解决西藏问题的十一条原则，全文如下：

第一条　中藏应该恢复原来密切之关系。

第二条　西藏不得与中国以外之各国发生政治关系。

第三条　西藏与他国旧订之约，得提请国民政府处理。

第四条　达赖应欢迎班禅回藏。

第五条　达赖应将占领西康各县完全交还国民政府。

第六条　西藏外交及军政重大事项，应由国民政府负责办理。

第七条　国民政府承认西藏有完全自治权。

第八条　达赖、班禅在西藏政教上之权利，概仍其旧。

第九条　国民政府派专员常川驻藏，达赖、班禅应负保护全责，并予以种种便利。

第十条　西藏得派专员常川驻京，并由国民政府酌给办公费。

第十一条　此次尼藏交涉，概由国民政府秉公办理。

谢国樑于1930年五月从南京带病出发，十一月行抵距拉萨一日路程叫做朗的地方，突然逝世，未能完成任务。他带的国民政府致噶厦的十一条解决西藏问题的意见，由他的秘书谭云山带回南京，交还蒙藏委员会。

九世班禅听到尼泊尔扬言进攻西藏的消息之后，即拟返回西藏抵抗尼泊尔的入侵。向国民政府要求拨步枪5000支，子弹250万发，军装5000套，并按月发军饷10万元。"如果中央限于环境，一时不能顾及，则由其自行筹划进行。"

国民政府对班禅提出的要求，交由外交、内政、军政三部共同研究，拟定了三条解决办法。

（一）由中央选派熟悉藏事之大员二人，分驻前后藏，办理外交及重要政务，并节制驻藏军队，一面制定办事大员公署组织条例，将来关于整理藏事的一切规划，由中央交该大员等执行，或由该大员等拟具办法呈准施行。

（二）为将来推行新政，实施中央一切计划而无阻碍起见，似应由班禅亲自请求国民政府，声明所有西藏之外交军事悉听中央主持，关于政治上之改革计划当商承驻藏办事大员。

（三）班禅如能照第二项办法正式声明，自可酌予援助，准予派兵护送回藏。至其所请成立卫队，拨发枪械，或由其自行筹划，应否照准，或仅就沿途保护，应呈请陆海空司令核定办理。

当时，正是康藏纠纷爆发之时，班禅回藏问题又遭搁浅。

康藏纠纷，是1930年西康甘孜所属大金、白利两寺因争产发生纠纷，当地川军站在白利一面，当地藏军站在大金一面，于是川军与藏军发生冲突。1931年，达赖派遣贡觉仲尼等20人到南京，筹建西藏驻京办事处，同时向蒋介石建议，派大员前往调解大金与白利事件。蒋介石即派蒙藏委员会委员唐柯三前往，并加派蒙藏委员会专门委员刘赞廷协助办理。当时川军奉国民政府之命，退守炉霍，双方议定让出甘孜，以作缓冲。乃川军甫退，藏军即占领了甘孜，同时占领了瞻化。

1931年，玉树所属的甘丹寺与得塞台寺之间发生了土地纠纷。西藏方面又乘机出兵，向青海省的玉树等县进攻。藏军一度侵占了昂谦，包围了玉树。但是这次藏军却吃了大亏，青海马步芳不久即由西宁派遣大量骑兵前来支援，藏军大败，不仅被侵占的青海省境内之地完全收复，而且青海骑兵乘胜南下，进入康区，克复了藏军侵占的石渠、邓柯等县。于是西康军事形势发生了重大变化，侵占甘孜等地的藏军害怕后方联络路线被青海骑兵切断，立即仓皇由甘孜、瞻化、德格等地撤退到金沙江以西。

1932年十月八日，川军代表邓骏与藏军代表，订立了"岗拖协定"，双方以金沙江为界，停止战争。1933年六月十五日，青海代表与西藏代表也签订了"停战和约"，"兹后青藏两方，各守疆土，不得侵犯"。

以上两次战争，就是藏军的第二次向东扩张。这次藏军向西康、青海扩张时，其军火由印度供给。据《西藏史地大纲》一书载称："复据各方消息，此次达赖内犯，所有战具，皆系印度孟买兵工厂所制，且前线复有英人为之指挥。"当时国民政府外交部曾为此事命令中国驻英大使向英国外交部提出质问，英外交部答复说："西藏购械事，（一）系根据1921年《印藏条约》，印度不得不供给西藏军火；（二）以后供给军械时，当严厉限于治安与自卫之用；（三）中藏纠纷如中政府同意，英政府愿调解。"中国驻英大使答以"中藏纠纷系我内政，谢绝调解"。

在此期间，九世班禅仍在内蒙古各地进行佛事活动。1930年八月，又以内蒙古索王为施主，在西乌珠穆沁旗举行了第四次时轮金刚法会，参加法会的蒙古旗群众约五万余人。

十二、九世班禅受封

1931年二月，张学良派汽车把班禅接回沈阳，因国民政府有命令，请班禅前往南京参加国民会议。五月四日，班禅抵达南京，蒋介石派贺耀祖为代表，各部院会长官及市民、学生数万人，在下关热烈欢迎。海军鸣炮致敬。班禅的行辕设于南京三元巷的蒋介石总司令部。五日，由考试院院长戴传贤陪同，在国府觐见蒋介石主席。接着又拜会胡汉民以及各部院会长官。当天，班禅参加了国民会议，在会上致了简短的祝词，内云："班禅蒿目边情，倾诚内款，思起政府之远图，迅解藏民于涂炭，南北驰驱，心力交瘁。……伏望诸公宏纾伟议，整顿边疆，本总理济弱扶倾之训，巩国家主权领土之基，重张上国之声威，勿弃西方之宝藏，是则班禅所额手称庆，虔心祷告者也。"

五月十日，班禅在南京新亚细亚学会第三次会员大会上作了一次重要讲演，题目是"西藏是中国的领土"。他说：

> 西藏为中国的领土一层，想诸位对于中藏历史都有深刻研究与认识，毋庸多赘。兹略举其荦荦大者：如当藏王松赞干布之时，曾迎娶唐之文成公主为妻，迄至藏王默瓦葱时，复与中朝之金城公主结婚；此时中藏关系之融洽，与夫血统之混合，已达相当程度。元代曾尊封西藏之贵族卓根却吉帕巴为国师，并以西藏之土地，嘱其管理。至明代实为西藏之大施主。达赖第五世、班禅第六世，曾相继至中原朝觐大皇帝，清时准噶尔人之侵略西藏，清帝派兵援助削平之后，即派驻藏大臣于拉萨，并率相当兵力保护达赖、班禅，捍卫国土。以上所举，可资证明西藏为中国领土。言至此，余有两点感想，可向各位报告：（一）西藏是中国的领土，如被帝国主义者侵略，可无异于自己的门户被人拆毁，不免有唇亡齿寒之忧；（二）如何使蒙藏与中国团结成整个的民族？要做到这两点，须先做许多工夫，上自中央政府，下至全国国民，一致努力。

班禅的这篇讲话，不仅从历史上肯定西藏是中国领土，而且希望西藏地方早日恢复与国民政府之间正常的隶属关系，中国境内的各民族团结起来，共同抵抗帝国主义的侵略。这也正是他到内地，奔走了多年，所希望达到的目的。

七月一日，国民政府册封九世班禅为"护国宣化广慧大师"，定年俸为12万元，并颁玉册玉印。

玉册全文如下：

> 广纳赤宙，知微亦复知彰，化溥黔甿，有德斯能有众。班禅额尔德尼，抚辑藏服，翊戴中央，敷教元黎，效忠党国，实阐真如之妙谛，懋膺无上之殊荣，允宜授予护国宣化广慧大师称号，朗烛意珠，奉扬麻命，德意普遍，布三民五权之宏规，法铎昭乘，章六度万行之妙运，祗服懋典，益邕宗风。国民政府主席蒋中正。中华民国二十年七月一日。

七月八日，班禅离开南京，返回东北，前往东蒙古呼伦贝尔，驻于海拉尔都统衙门，继续给当地蒙古族群众讲经、"放头"。不久，发生了"九一八"事变，日军侵占了东北，蒋介石采取"不抵抗主义"，命令张学良率部撤入关内。班禅恐被日本人扣留，乃决定由海拉尔迅速西行，经外蒙古旷野，疾行12日，抵达内蒙古之东乌珠穆沁旗，始脱险境。是年十月，应德王之请，前往绥远省的德王府。当时四川金川地区藏族内部发生纠纷，班禅乃派贡敦札西为班禅驻康定办事处处长，负责调解金川的藏族内部纠纷。

1932年三月，班禅应乌兰察布盟盟长云王之请，前往绥远省贝勒庙（即百灵庙），同时决定在归绥（即今呼和浩特）设立班禅驻绥远办事处，任命丁旺多吉为处长。班禅从百灵庙向全国发出通电，严正声讨日本帝国主义对我国的侵略。电文中说：

> 近闻暴日不顾公理，蔑视盟约，仗其武力，攻我热榆，揆彼用心，无非欲实现其大陆政策之阴谋。现我军民时至忍无可忍，官兵义师前仆后继，为自卫而抵抗，为正义而舍身，救国热忱，中外咸钦！班禅目击时艰，忧愤无已，虽身属空门，而于救国图存之道，何敢后人，除召集当地蒙藏喇嘛千余，自三月一日起，在百灵庙虔诵藏经，广施供养，建立法坛，祈祷和平，并追荐前方阵亡将士，借佛力之加被，弭战祸于无形。

这篇电稿充分表现了班禅抗日救国的一片热忱。

是年七月，由云王及各旗王公为施主，班禅在贝勒庙举行了第五次时轮金刚法会，参加法会的蒙古群众约37 000余人。这是九世班禅在内蒙古地区举行的最后一次时轮金刚法会。十月，班禅又应段祺瑞之请，到达北京。由段祺瑞、吴佩孚、朱庆澜等人为施主，于十月二十二日在故宫太和殿举行了第六次时轮金刚法会，参加法会的各族群众约10万人。

十一月四日，国民政府蒙藏委员会委员长石青阳特派委员李培天等人来北京，敦请班禅前往南京。十二月十二日，班禅乘火车到达浦口，国民政府新任主席林森及各院部会长官亲赴车站欢迎，设行辕于军事委员会委员长蒋介石的陵园官邸。十四日，班禅谒中山陵，敬献花圈。接着即晋谒林主席和蒋委员长及各部会长官。十二月二十四日，国民政府任命班禅为西陲宣化使，班禅在国民政府礼堂举行了西陲宣化使就职典礼。国民政府委员张继监誓。国民政府主席林森致"训词"，略谓"西陲与中央往日原有隔阂，今后望宣化使能以中央意志，宣导西陲，共同努力，置国家于磐石之安。宣化使启节西行时，更望沿途以宗教力量，阐扬总理的三民主义，推行遗教"。班禅的答词由秘书长刘家驹译读，略谓"班禅辱蒙政府任为西陲宣化使，自惭樗栎之材，无济时艰，但救世之愿，未敢稍懈，今聆训诲，欣感无已，自当竭尽忠诚，宣扬德意，振导祥和，团结五族，以报中央"。

十三、九世班禅回藏被阻

蒋介石这时有意解决班禅回藏问题,但不知十三世达赖与三大寺、噶厦的态度如何。乃令班禅派遣安钦呼图克图和王乐阶由南京出发,经印度前往拉萨,进行试探,并做解释说服工作。安钦呼图克图和王乐阶即于是年十二月十二日自南京出发。行前蒋介石赠路费2万元,表示鼓励。

1933年一月十二日,班禅在南京停留期间,应戴传贤、石青阳、居正、贺耀祖、黄慕松、叶恭绰等人之请,在南京城东宝华山之护国圣化隆昌寺举行"灌顶"三日,参加者约300余人,外有各寺和尚200余人。二月十七日班禅经北平返回绥远百灵庙。

当时国民政府以达赖的代表贡觉仲尼、阿旺札巴、阿旺坚赞、曲批图丹等人均在南京,是洽商西藏问题的极好机会,就要求达赖、班禅双方都书面提出解决西藏问题的意见,以便会商讨论。班禅方面三月间就提出了解决西藏问题的十六条意见和三条先决条件。十六条意见全文如下:

(一)解决藏事以恢复中央西藏间固有之统属关系为原则。

(二)西藏与任何国家和地方所订条约,凡未经中央批准,一概无效。

(三)前藏、后藏、西康应划清界限,树立界石,永资信守。前后藏以干巴拉为界,前藏西康以丹达山为界。

(四)驻康藏军限期撤退,并早日成立西康省政府。

(五)前藏政教由达赖主持,后藏政教由班禅主持。

(六)政府派大臣二人分驻前藏后藏办事。

(七)西藏军事、外交统归中央主持。

(八)中藏人民往来应绝对自由,不能稍加限制。

(九)为前藏所逮捕拘押之后藏官民,一律释放,恢复自由。

(十)前藏没收后藏官民之财产,一律发还。

(十一)班禅未回藏以前,由政府给予适当名义,并指定青海或西康适宜地方驻锡,兼为其徒众居住生活之地点。

（十二）班禅前往青海或西康时，由政府遴派大员护送，并通知蒙古各盟旗长官及各呼图克图自由欢送。

（十三）班禅年俸请照前政府规定之每年十万元成案，由中央拨给。

（十四）班禅未回藏以前，由政府按月拨发办公费五万元，至回藏之日为止。

（十五）班禅成立卫队两团，所有枪械等费，在未回藏以前由政府发给。

（十六）政府发给班禅无线电机五架，分设各处以通消息。发给长途汽车二十辆，以利交通。

同时，班禅方面又提出先决条件三项："一、以后凡汉藏各界人等及班禅需要物品，准许自由出入藏境。二、后藏人民除后藏正供外，不得有额外苛派等情事。三、前被拉萨监禁之班禅亲属亚西贡觉古旭即行释放来京。"

九世班禅曲吉尼玛与国民政府官员戴传贤合影

达赖方面对国民政府要他们提出书面意见，迟迟不作答复。直至五月，贡觉仲尼等人才向国民政府呈上"西藏三大寺僧俗官员及民众全体之宣言"一份，内容历数班禅"罪状"，并对班禅进行人身攻击①。同时向国民政府提出以下四项要求："一、对于班禅名号印册及新授职位，即予收回成命。二、班禅储藏军火，请予分别没收查禁，并将班禅暂留北平。三、对于俸银及招待费速予取消。四、班禅各地办事处迅令裁撤。"

班禅堪布会议厅的官员，见到达赖方面的上述"宣言"后非常气愤，也发表了历数十三世达赖的"十大罪状"的宣言②，予以还击。

据刘家驹著的《班禅大师全集》载称，堪布会议厅批评十三世达赖"十大罪状"的宣言，事先并未请示九世班禅批准，事后九世班禅表示不赞同这种做法。可见九世班禅还是头脑比较冷静，能够顾全大局的。

国民政府看见达赖、班禅双方意见距离很大，乃将西藏问题的解决暂时搁置下来。

十四、十三世达赖圆寂，热振出任摄政，贡被拉事件和龙厦事件

班禅返回绥远百灵庙后，又在西部蒙古各旗、各庙讲经、说法、"放头"，并将历年内蒙古各地布施的驼、马、牛、羊万余头，分给各盟旗寺庙，以作喇嘛的"供养"。当时德王等人受日本人的诱惑，倡议"蒙古自治，大师闻之，恐此举影响团结，一再开导，嘱加审慎，劝先选代表向中央商承一切，以免为国际利用"（《班禅大师全集》）。同时又派罗桑坚赞、刘家驹前往庐山，向蒋介石报告内蒙古形势危急。蒋介石即派黄绍竑前往内蒙古了解情况。这时忽然听到一个不幸的消息，十三世达赖突然于是年1933年阳历十二月十七日在拉萨逝世。大家感到非常意外，因为当时十三世达赖只有58岁，平日身体很健康，不应过早"圆寂"。

十三世达赖逝世以后，西藏噶厦即电南京国民政府报告。电文如下：

---

① 全文可参看拙著《达赖喇嘛传》。
② 全文可参看拙著《达赖喇嘛传》。

"西藏驻京办事处鉴：达赖佛座于藏历亥月三十日（原注：即国历十二月十七日）下午七时半圆寂，藏中事务暂由司伦及噶厦负责处理，希安供职，并呈报中央，详情容后另电知照。西藏司伦、噶厦印。"

按照西藏旧规旧例，达赖逝世以后，在新达赖"转世"及"亲政"之前，须由摄政代行达赖职权。西藏三大寺、司伦、噶厦等僧俗官员召开大会，会上提名可以担任摄政的有三个人，一是甘丹池巴米娘·益喜旺对，二是热振呼图克图土丹益西丹巴坚赞，三是达赖经师普觉活佛土丹江巴次成。这三个候选人是大家一致同意的。但三人中由谁当选，并不是用投票方式由多数决定，而是在布达拉宫的菩萨像前，举行宗教仪式，由甘丹池苏江巴曲折念经祈祷后，进行占卜以决定人选，占卜的结果是热振得到吉兆。于是全体会议就决定由热振出任摄政，并于1934年一月二十六日用大会名义，致电国民政府。电文如下：

西藏驻京办事处鉴：至尊无上达赖佛之职权，在佛未转世及转世后未登座期间，现经大会公举热振呼图克图代理。热振呼图克图自幼灵异昭著，智慧第一，道行学问，全藏信仰。此次大会一致推举，并向布达拉宫帕却洛格学瑞菩萨像前虔诚占卜，最为吉祥。所有全藏政教大权，决定迎请结泽热振呼图克图总摄。至军事政治一切事宜，仍由司伦、噶厦负责办理。特此电知，并即转报中央为要。西藏司伦、噶厦、益仓及僧俗官民全体大会印。

国民政府行政院于1934年一月三十一日回电如下：

西藏驻京办事处贡觉仲尼处长及诸代表，并转西藏司伦、噶厦、益仓及官民全体均鉴：三十日行政院会议议决，即日呈请国民政府以热振呼图克图代摄达赖佛职权，深信热振呼图克图必能益闳智慧，敷施教化，巩固中央，以副翊教保民之至意。特电知照。

国民政府还开会决定了以下四件大事：一、追封十三世达赖喇嘛为"护国弘化普慈圆觉大师"，并颁给玉册、玉印。二、在南京举行隆重的追悼十三世达赖的大会，并敦请九世班禅前来参加。三、特派参谋本部次长黄慕松为专使，入藏致祭。四、拨给西藏噶厦治丧费五万元。

班禅听到十三世达赖"圆寂"的消息后，立即电达国内各寺院，共诵大经，追荐致哀七日。电文如下：

> 顷据京电，骇悉达赖大师于本月十七日圆寂，噩耗传来，哀痛欲绝，众生不幸，我尤独伤。前岁曾遣安钦呼图克图入藏，正欣追随有日，忽闻大师解脱，宇宙顿晦，回望西土，弥益怆怀，除呈请政府从优追封，隆典祭悼外，仰各寺处于奉文日起，致哀七日，停止娱乐宴会，并通知喇嘛寺庙整理委员会，转知当地各寺院喇嘛，一律虔诵大经，追荐祈祷呼毕勒罕早日转世，以维藏局，而慰众生。

同时，班禅自己捐献大洋73 200元，以供西藏、青海、西康、内蒙古各地寺庙喇嘛诵经费用。计西藏40 000元，西康15 000元，青海10 000元，哲盟1000元，呼盟1000元，昭盟800元，呼伦贝尔600元，锡盟2000元，乌盟1200元，伊盟1400元，阿拉善旗200元。

接着，班禅接到国民政府来电，请他到南京参加追悼十三世达赖的各项活动。

班禅遂于1934年一月二十四日到达南京，设行辕于申家巷五号杨公馆。

二月十四日，南京各界举行了隆重的追悼十三世达赖喇嘛大会。与会者约二千余人。国民政府特派汪兆铭主祭，叶楚伧陪祭。国民政府主席林森派参军长吕超、行政院长褚民谊、立法院代表梁寒操、司法院代表谢冠生、考试院代表戴传贤、监察院代表郑螺生致祭。北平、山东、山西、河南、陕西、察哈尔、安徽、湖北、广东、云南、青海等省均派代表参加。会场设于考试院。追悼大会自上午八时起，至下午五时始毕。

汪兆铭在追悼大会上致悼词，文曰：

> 维中华民国二十三年二月十四日，国民政府谨荐馨香，致祭于护国弘化普慈圆觉大师达赖喇嘛之灵曰：昆仑之西、恒水之源，代生圣哲，法统是传。宏惟大师，抚期应世，定慧夙成，道真默契。爰跻法座，大阐宗风，天人供养，卫喀钦宗。二谛圆融，一明朗彻，咒钵生莲，谈经点石。方期慧命，为寿无量，安边宏教，护国绥边。觉路爰开，灵山遽返，花雨晨飞，金棺夕掩。度生乘愿，悲智无涯，还依双树，更陨三车。慧日常明，心灯不息，式荐苾芬，灵兮来格。尚飨！

每次祭毕，由西藏驻京代表贡觉仲尼、阿旺坚赞等分别答礼。

是日追悼大会分三处进行，班禅率领喇15人，在远明楼诵藏经祈祷，共10日。首都各寺高僧48名，在鸡鸣寺诵汉经追荐，共三日。

南京举行隆重的追悼十三世达赖"圆寂"之时，噶厦常驻南京办事处的四个代表——贡觉仲尼、阿旺扎巴、阿旺坚赞、曲批图丹联名写了一篇《达赖事略》，约有3000字，对十三世达赖的一生，作了比较详细的介绍与评论，其中有三段很有意义。

> 英军入寇西藏。谚云道高一尺，魔高一丈，不幸安如乐土之西藏，遂启强邻之窥伺，时年戊子（即光绪十四年）英人偶以细故，借口兴兵，进犯藏境，斯役英军中途被挫，志未得逞。甲辰（即光绪三十年）后大举入寇，是役虽因寡不敌众，强弱异势，而血战经年，英始直逼城下，达赖不忍拉萨佛地横被顽敌枪炮所毁，而尤以人民遭其涂炭为虑，遂离开拉萨，取道藏北，入驻中土，经青甘蒙晋而达北京，时达赖二十有九也。

这一段话说明达赖领导西藏僧俗人民进行过两次艰苦的抗英战争。

"达赖之维护国权。西藏自达赖由印回秉政教，二十年来，日臻隆盛，外人既羡其治理，复觊觎其富藏，拉萨都市，恒不断外人踪迹，是皆不惜多方甘言利诱，欲遂其私，幸达赖善运智慧，应付有方，苦心孤诣，未堕术中，虽因川衅与中土久未续交，但全藏之领土主权，幸皆完整无缺，而复于今日得以与中央相见也。"

这一段是说明十三世达赖维护了西藏的领土主权完整，没有被外人占有。

> 达赖怀念中央。民国创造，政体革新，达赖远处西陲，耳闻以五族共和为建国之基，藏人当亦不敢自外，方惊喜中，而中土则累年战争不息，边徼之西藏，中央当未遑兼顾。惟时达赖自思，政体既已革新，中枢政治当不似清季摄政王时代之暗昧，虽只致力于藏中政教之治理，实未尝一日忘情于中央。恒思乘机恢复旧有关系，以符五族共和建国之真谛也。……民国十七年，蒋总司令北伐完成，莅临故都，偶游雍和官，感中央与西藏关系中断日久，绝非国家之福，而以戎马倥偬中，即遣代表持文入藏慰问，达赖固自喜出望外，私幸宿愿可偿，藏众尤惊喜若

狂。故代表在藏备受隆重待遇，达赖遂亦派遣代表入都，重图团结，虽其间川藏稍生隔阂，然无碍大体，从此中央与西藏逐渐日臻亲切矣。

这一段叙述，说明十三世达赖拥护国民政府，主张恢复中央与西藏旧有的隶属关系。

国民政府蒙藏委员会驻藏办事处处长孔庆宗，曾写了一篇回忆录①，对十三世达赖有一段分析与评论，颇有参考价值，录之如下：

> 达赖喇嘛颇称精悍……其内心则常觉接近祖国以延续其对西藏之封建神权统治，终较沦入英国外教之殖民统治为得策。加之西藏广大爱国力量对他也不无影响，所以在他一生中有不少事实说明他既不易为亲帝上层分子所左右，亦不全受英帝国主义所衔勒，长期对祖国抱若即若离的犹豫观望态度。这种态度也与祖国当时反动政府的民族歧视政策和对帝国主义的软弱屈从、认为不足恃等因素有极密切之关系。

孔庆宗的评论还是比较客观的。十三世达赖毕竟不是一个完人，他一生犯了不少严重错误，但应该基本上肯定十三世达赖喇嘛是西藏近代史上具有反帝爱国思想的领袖人物。

九世班禅这次到达南京，除了参加追悼十三世达赖的各项活动之外，国民政府还选举他担任国民政府委员，并在南京举行就职宣誓仪式。班禅是1934年一月二十四日到达南京的，当天下午，接到国民政府文官处公函，内称：

> 径启者：案奉国民政府主席发下中央执行委员会公函漾字第六七号内开：第四届中央执行委员会第四次全体会议议决，选任班禅额尔德尼为国民政府委员。除分函外，特函奉达，即希查照。……文官长魏怀。

二月二十日，在国民政府大礼堂，举行了班禅出任国民政府委员的就职典礼。班禅在大会上讲了话，大意如下：

> 班禅历代以来，受国家优礼，惟以承佛祖之教泽，奉国家之法令，上弘下化，饶益众生为务。……数年以来，班禅屡次受政府之厚遇，此

---

① 孔庆宗《黄慕松入藏纪实》文史资料选集第九十三期。

次又蒙中央选任为国民政府委员，今后益当竭尽至诚，仰体总理天下为公之心，推行主义，弘扬大法，以期国家之统一，建设人民之幸福，促进世界之和平。……

班禅在南京停留期间，1932年派往西藏的安钦呼图克图、王乐阶及后藏僧俗代表丁杰佛等一行56人到达南京，向班禅报告说：噶厦欢迎班禅早日回藏，并答应班禅回藏后，将札什伦布寺的政教大权仍交回班禅。班禅又派安钦呼图克图、王乐阶等一行，由海道二次入藏，在西藏筹备迎接事宜。三月八日，英国驻华公使贾德干及领事波朗特、参事台克满等，忽来谒见班禅，提议班禅"由海道回藏"，即由印度回藏。班禅没有回答。

三月九日，上海闻人王一亭、屈映兴、冯仰山、关炯之、杜月笙、黄金荣、张啸林等人作为施主，发起在杭州举行时轮金刚法会。请班禅到杭州主持。四月十四日，杭州灵隐寺的僧人却非、月涛、圣裔、惠宗等代表五千余名善男信女，前来南京，欢迎班禅速莅杭州主持法会。班禅即于四月十五日到达杭州，在灵隐寺举行了第七次时轮金刚法会，参加法会者约七万余人。

法会完毕后，班禅又应上海市长吴铁城等人之请，于五月二十二日前往上海，住于外交大楼。六月三日，上海举行了有三十万人参加的欢迎大会，班禅在大会上讲了题为"蒙藏为中国重要国防"的演说，强调"蒙古和西藏是中国西北最前线的国防，地广人稀，蕴藏甚富，想各位都极明了，外人曾有'秘密宝库'之称。……班禅为恢复汉藏感情，不辞劳苦，东驰西奔，迄今十有一年，期以五族早日团结，同登极乐。西南重要国防，吁请及早注意，努力建设，区区诚意，仍愿贯彻始终。政府对余亦可谓仁至义尽，初则授以护国宣化广慧大师名号，继则特任西陲宣化使，近又选任国府委员，这都是五族平等维护宗教的表现。……此次重来大上海，又蒙热情接待，此种隆情优遇，实令人永远难忘，此后当格外为国宣化……以报国人和政府盛意。"

七月三日班禅离开上海回南京，十四日乘飞机返北平，八月十一日乘专车赴绥远，积极做回藏的准备，将住在百灵庙的职员及其家属分批向宁夏转移。班禅本人则带领侍从堪布等人到伊克昭盟、阿拉善旗等地讲经说法，进行宣化。

1935年一月二十六日，班禅到达阿拉善旗定远营，行辕设在达王府。

就在这里宣布成立了西陲宣化使公署。二月二日,班禅的胞弟、前藏的策觉林呼图克图到达宁夏,班禅特赴宁夏迎接,同至达王府。弟兄十多年没有见面,这次会晤,倍感亲切。

下面我们要谈一下黄慕松入藏致祭十三世达赖的经过。黄慕松入藏是分两批走的,他派蒋致余、王良坤、巫明远等由海道先到拉萨,与噶厦共同议定黄慕松入藏致祭的有关事宜。黄慕松本人则于1934年四月自南京出发,同行者有刘朴忱、陈敬修、林东海、李国霖、高长柱等官员,并带一百瓦无线电台一架,五月七日离开成都,取道西康,八月二十八日到达拉萨。噶厦按清代驻藏大臣同样的规格,隆重接待了中央的致祭代表。

1934年九月二十三日上午,在布达拉宫举行了册封十三世达赖为"护国弘化普慈圆觉大师"的典礼,并颁发了玉册、玉印。玉册全文如下:

> 雪山肇迹,作狮吼于三空,若水诞灵,与鹫峰为一脉。达赖喇嘛护持正教,翊戴中华,溥化乌斯,宏敷象教。宜追赠护国弘化普慈圆觉大师封号。於戏!德音渐被,共伊克昭庙以常新,法统绵延,并阿耨达山而共峙。式颁册命,用示荣褒。

十月一日,又在布达拉宫举行了致祭十三世达赖的仪式。册封致祭完毕后,噶厦通过西藏驻京办事处,向国民政府表示感谢。电文如下:

> 国民政府主席林钧鉴:窃代表等顷奉西藏噶厦电开:达赖佛座圆寂后,中央特派黄专使册封致祭,专使已于藏历七月十九日安临拉萨,具仰中央对藏亲爱之意,至深且厚,感激莫名。藏中正本和平意旨极力进行。此次结泽热增司伦噶厦及烈参以上官员,复蒙中央咸加厚赉,仰该代表等一并转呈谢悃。等因奉此,肃电转呈,伏乞钧鉴。西藏代表贡觉仲尼、阿旺坚赞、曲批图丹谨同叩。

黄慕松又按旧规旧例,给三大寺及各大寺庙的喇嘛熬茶、放布施,给三大寺每一喇嘛大洋二元。据说这次黄慕松的入藏经费共用大洋40万元。

黄慕松在拉萨停留了约三个月,曾与噶厦多次商谈中央与西藏的关系问题。据《黄慕松自述》一书中的"使藏纪程"记载:"(1934年)十月六日……上午八时半,往访泽墨噶伦,询问要点有二:(一)五族共和,共同建设中华民国,西藏是否诚意合作?答云:如满蒙各族参加,西藏亦可加入。（二）西藏对于中央之政治关系如何？答云：对外可用整个力量，但内部则宜继续昔时檀越关系，若内地人欲揽夺藏人之权，则万难办到。至于西康问题，为全藏人最渴望解决者，曷先商议，并希望中央对于地方官吏，尤宜严加考核。余答以中央之立场，吾人应相当明了，惟中藏之政治关系，不先行解决，则内地与边区人士均难释虑，何能求边界问题之解决？伊允从长计议。"

黄慕松即将与噶厦谈话的情况，向行政院发电报告。十月二十日，"奉行政院皓电，指示如交涉无眉目，可作归计。自当斟酌情形遵办"。

1934年十一月六日，噶厦向黄慕松提出书面答复十三条，承认"对外西藏为中国之领土，中国政府须答应不将西藏改为行省。""西藏可住中央政府代表官一员，但主仆从人数二十五人，此外不得另派官兵。""新旧替换时往来皆由海道，不得取道西康"，等等。

黄慕松在"使藏纪程"中说："巫参议转达噶厦对于中藏关系之建议十三项，征求余之意见，余以各项均为片面义务，且于领土主权，毫无是处，婉词谢绝，今后再商可耳。"

黄慕松"使藏纪程"又载："十一月九日……四噶厦来访，挽留多住几日，再商中藏问题。余告以必须西藏明了共存共荣之原则，而后始有商量余地，否则留此何益？并申言中藏除对外必须一致外，对内有不必一致者，如允许西藏自治，不干涉西藏政权，不改变西藏现制是也。有仍应一致者，如外交、国防、交通及重要官员之任免等，均须由中央政府统筹办理，但西藏当然可派员参加中央，盖中央政权早经开放也。至于西藏既得自治权能之允许，中央当然须派一大员驻藏，代表中央执行国家行政，监督地方自治，然非干预西藏自治范围，则可声明者。四噶厦请余备一说帖，以备提交国民大会，余从之。"十一月十日，黄慕松把他谈话的要点，写一"说帖"，送交噶厦，要他们"考虑后从速见复"。

十一月十三日，黄慕松"奉行政院电令，停止商询中藏问题，着从速返京云云"。

十一月十六日，噶厦送来复函，条文共有十项，但内容与前十三条基本相同。"经全体职员会商后，仍呈报中央请示，而行期不得不暂缓矣"。"十一月二十二日……奉行政院马电，令即返京报告，并留刘总参议驻拉萨办事，月拨经费三千元。自当遵办。"

十一月二十五日，黄慕松先赴布达拉宫"朝山"，然后与摄政热振、司伦朗敦会晤，表示辞别，并告以将留刘朴忱常驻拉萨，"诸事可由刘总参议代陈。热振对于留员一节，甚为满意，盖恐余去后，藏民将不满政府之所为，得一职位较崇者继续其事，可以缓和人心也。谈及班禅回藏问题，余告以海道断难办到，惟不多带卫队，取道青康，藏方须确予安全之保障，并回藏后不特一切照旧，且宜尽力优待。二人咸以为然，允认保障之责"。

黄慕松遂于1934年十一月二十八日离开拉萨，取道印度返回南京。总参议刘朴忱、参议蒋致余等以专使行署留藏人员名义，留在拉萨，并留下一百瓦电台一部，以便通信联络。1935年一月，刘朴忱在拉萨堕马而死。蒋致余则一直留到1937年才离开西藏，由电台台长张威白以参议名义，代管专使行署事务。

黄慕松入藏时，英国也派驻锡金行政长官威廉逊以"致贺热振代理法王"为名带了一批人，于1934年八月到了拉萨，也带有无线电台。英国人后来看到黄慕松留了专使行署与电台未撤，他们也在拉萨设立了"英国人使团"，并设立了门诊所，给藏人治病，由饶依巴都·诺布顿柱（哲孟雄藏人）主持工作。

十三世达赖逝世以后，西藏发生了两次震动人心的事件，一是贡被拉事件，一是龙厦事件。作者在写《达赖喇嘛传》时，都曾提到，因过于简略，有必要在这里作些补充说明。

贡被拉事件与十三世达赖之突然死亡有关。十三世达赖本来年纪也不很老，而且身体强壮，是不应早死的。贡被拉是十三世达赖晚年最亲信的一个侍从，日夜不离左右。所以在当时也是很有权威的头面人物，被称为"尖赛"，就是"红人"的意思。据最近发表的一些重要回忆录记载，十三世达赖当时只是患了流行性感冒，由达赖的保健医生强巴治疗。过了七八天，病情没有好转，于是请"乃均"降神，神汉就说达赖应吃"治感冒的感冒灵十四味"。当时保健医生认为不应吃这种药，但因为是神汉的"神话"，不敢反驳，只托词说他没有带来。贡被拉就说他有这种药，于是出门不久返回，拿着"感冒灵十四味"，就给达赖灌下吃了。神汉立即还原为普通人，抓起小布袋，逃之夭夭。达赖服药后不久，立即死亡。从生病到死亡只有九天。达赖逝世后，贡被拉才向司伦和噶厦报告，司伦和众噶厦非常吃惊，立即下令逮捕了贡被拉、保健医生强巴和降神的神汉三人，怀疑达赖是这三个人谋杀的。因此，准备判处贡被拉死刑，其余二人也要严刑处罚。后来大家感到证据不足，只是达赖患病后，贡被拉未向噶厦报告，又擅自请"乃均"降神，"私献邪药"，这两条罪状是可以成立的。因此噶厦于1933年十二月二十九日决定将贡被拉放逐到工布则拉宗地区，财产全部没收。保健医生强巴以"未尽职"的罪名被放逐到达朗宗。神汉"乃均"交哲蚌寺终身监禁。十三世达赖突然逝世，究竟是医疗事故，还是政治谋杀？很难判断，因为现在当事人都死了，无法再做进一步的考查。这次事件发生在十三世达赖刚死，热振尚未任摄政之时，即在1933年十二月至1934年一月之间。

龙厦事件发生时，热振已任摄政。龙厦是大贵族，曾到过英国，担任过仔本、马基（藏军总司令）等重要职务，十三世达赖对他是很信任的。据了解内情的人回忆说，热振出任摄政以后，龙厦暗中在僧俗官员中进行串连，组织了一个秘密团体，叫做"吉求贡吞"，据说在一张誓约上签名的有八十余人，一半是僧官，一半是俗官。据龙厦后来自己供认，他只是想进行一定程度的政治改革，主张噶伦由选举产生，每四年选举一次，并且直接从西藏大会的候选人中选任，等等。但实际上矛头对准的是当时的赤门噶厦，想把他搞下台。事情被参加者噶雪巴告了密，司伦朗顿就把龙厦传去审问，龙厦见情势不妙，连忙从靴筒中取出一张纸条吞入腹中，当即逮捕搜身，又从另一靴筒中搜出一张纸条，上面写着有关赤门·罗桑旺杰的咒语①。民国二十三年（1934年）五月十日，噶厦决定把龙厦关到布达拉宫夏钦角监狱里，判处挖去双目、财产全部没收。同案人有几个也判处流放，大部分判处不同的罚金。

这次事件，究竟是龙厦与赤门之间争权夺利的斗争，还是像龙厦说的，想搞一点"政治改革"？很难判断。这次事件发生在1934年五月至1934年六月之间。

1935年，国民政府册封热振呼图克图为"辅国普化禅师"。命令全文如下：

> 热振呼图克图阐扬道化，世著令名，自达赖圆寂，综摄全藏政教，翊赞中央，抚绥地方，丕绩懋昭，深堪嘉尚。着给予辅国普化禅师名号，以示优隆。此令。（1934年五月二十九日）

---

① 西藏迷信传说，用这种咒术可使被咒者死亡。

热振接受册封后，曾电国民政府致谢。电文云：

> 中央以不佞忝膺民选，摄行藏政，笃念诚顺，宠赐册印，待遇优渥，民众欢欣。不佞已召集僧俗官员，征询意见，拟请将册印交敝代表邮藏，由蒋参议①转交接受。再蒋参议深悉藏情，办事努力，所有中藏一切善后事宜，仍请电饬当局，迅向蒋参议接洽，以竟全功。不佞于本日首途往朝南海，占验达赖转世何方，并以奉闻。（1935年六月二十二日）

十五、九世班禅返藏继续受阻

本来，十三世达赖已逝世，九世班禅应该顺利地回藏了，其实不然。达赖逝世以后，班禅回藏的阻力更大了。因为热振很年轻②，缺乏政治经验，压不住台，亲帝分离势力更加嚣张起来。

1935年三月十九日，班禅致函国民政府的蒙藏委员会委员长黄慕松，提出了他的回藏计划。要点如下：

（一）藏案近况。自派安钦佛、王乐阶等二次入藏现已数月，叠接函电，卫藏交涉，大体就绪，轻骑回藏，亦无不可。惟闻中藏悬案尚无具体答复，民族感情，未见融洽，有负班禅来华倾诚祖国五族共和之初志，是有望于执政诸公恩威并济，早定方针，以期解决，而免久悬。

（二）宣化步骤。班禅自奉命宣化，即拟径赴西陲，奈斯时国难方殷，边防危殆，是以移缓济急，先事内蒙宣化，大小盟旗均皆亲往。宏法利生，克尽己职。尚幸内蒙各王公贝子、佛寺堪布、大喇嘛等，深明大义，拥戴中央，共御外侮，社会生活，咸歌乐业，甚堪告慰锦注耳。惟惭西陲宣化尚未普及青康各地，兵燹连年，民不聊生，急待视察，力予救济，若径行回藏，不特有负中央使命，且令众生失望，亦非我佛普度宏愿。故拟克日入青转康，被灾之寺庙倡助修复，流离四野之喇嘛，

---

① 蒋参议即蒋致余。
② 热振生于1914年，卒于1947年，享年三十三岁。当选为摄政的那一年，只有20岁。

竭诚招抚，寺产僧纪，严加整饬，民众痛苦，力图苏救，开诚宣化，团结五族，用报国恩于万一。但上陈各事，并非空口宣化所能奏效，尚希中央酌拨赈款，分散民间，以示党国爱抚边民之至意。

（三）建设计划。若欲国防之巩固，民族之融洽，必先从事建设，以维民生，利其交通，用资联络，振兴教育，藉开民智。查青康卫藏，建设毫无，交通梗塞，文化落伍，设不幸而一旦国防有变，处处掣肘，援救无方，审势度情，不寒而栗，班禅此次回藏，拟先开辟青康卫藏长途汽车公路，以应急需。继在重要各县，架设电台，分置邮局。并饬各宗豀兴办小学，教授藏文，以养其读书习惯，再由而加授中文及科学常识，按期选派青年留学内地，以资深造。此项开办经费，预计约在百万，尚望政府及早筹拨，以便着手进行，共策久远。若能再饬交通、教育两部，酌派专家技师协同办理，尤所欢迎。

（四）回藏必需。去岁班禅入京请示回藏机宜，路线决定取道青海，其他必需各项，曾开节略，函请蒙藏委员会转呈蒋委员长，并蒙许以届时拨发等因，兹急待实现者：一、请中央简派得力大员护送回藏，此事不独关系国际观瞻，中央威权，且班禅今后之宣化建设，诸待指导，咨询有自，俾免陨越。二、此次回藏，交通不便，两月路程，所需数千骑驮，全系牛马人力运输，对于前次呈请补助入藏旅费，亦望早日决定，以利遄行。三、班禅无论采取何种方式入藏，必须略备卫队，以策安全，而扬国威，切盼政府选派武装整齐，军纪严明之队伍来青，用壮行色。

1935年四月二十日，班禅及其侍从堪布等人，自宁夏乘飞机抵达兰州，甘肃省主席朱绍良等人亲到机场迎接。五月二十日，班禅一行又由兰州乘飞机到达西宁，青海省主席马步芳也亲到机场迎接。班禅与马步芳商谈了取道青海回藏问题，马步芳表示赞同。然后班禅径赴塔尔寺，给全寺三千喇嘛熬茶，放了布施。

六月十八日，国民政府行政院对班禅回藏一事作出了决定，全文如下：

> 查班禅额尔德尼回藏一事，迭经蒙藏委员会斟酌各方情形，妥为筹划进行。兹已据该会报告，对于班禅函称藏案近况及宣化建设等事项，及班禅入藏旅费概算等意见，复经本院第二一〇次会议决议三项办法在

案。现在班禅业已行抵青海，所有回藏应需经费、护送卫队及派遣大员护送入藏各端，亟应先行决定，经提出本院二一七次会议决定：

一、关于经费事项：前据班禅驻京办事处呈送班禅回藏旅费概算共为一百六十余万元，经饬据蒙藏委员会核为八十万元，另加预备费二十万元，业予指令照拨，并饬该驻京办事处改编概算由院函送主计处在案。

二、关于卫队事项：前经本院二一〇次会议决定，准其酌带卫队回藏，其数目由蒙藏委员会核定。兹据该驻京办事处所送概算，列卫队官兵共五百人，核与实际需要尚属相当。

三、关于派员护送事项：班禅曾一再请求简派得力大员护送入藏，蒙藏委员会意见亦以前清顺治九年第五辈达赖到京，曾派郡王迎送，民国十三年班禅入京时，曾派敏珠尔、董士恩为迎护专员。此次班禅回藏，关系国际视听、中央威信，且指导今后宣化建设事宜，按诸事实，宜由中央简派得力大员护送。

正好班禅第二次派到西藏去的安钦呼图克图和王乐阶于八月十六日由西藏返抵西宁，即向班禅报告称："藏政府亟盼佛驾早回，已派定僧俗官员及三大寺堪布不日来青欢迎，后藏代表已率侍佛工役三百人，均已首途东下，望佛不带蒙汉官兵，径回后藏，以免前藏政府之阻难。"这就给班禅回藏计划泼了冷水，因为"不带蒙汉官兵"，就是不准班禅带领必要的卫队，不准国民政府派员护送，只要班禅本人回藏，其后果如何，自不难设想。

反对班禅带"蒙汉官兵入藏一事"，达赖驻京办事处也于1935年九月间，向蒙藏委员会提出："欢迎班禅回藏，但须不派仪仗队，若班禅须护送，可由藏方派兵至边界迎接。"同年十二月下旬，噶厦又直接致电蒙藏委员会云："在中藏和平未解决前，请勿再派汉蒙官兵越界护送班禅进藏。"

十月二十七日，噶厦派堪穹·襄礼巴及三大寺代表等，取道玉树来塔尔寺，一方面表示欢迎班禅回藏，另一方面也劝班禅"轻骑回藏，勿带蒙汉官兵"。同年十一月九日，英国驻华公使贾德干向国民政府外交部提出"抗议"，谓派遣卫队入藏，"乃违反了西姆拉条约第三条"。十二月二十三日，英国使馆秘书稗德本给国民政府外交部一份备忘录，反对班禅带领卫队入藏，并说这是噶厦的意见，噶厦请他们转告云云。

班禅方面、噶厦方面、国民政府方面、英国方面，在班禅回藏问题上争论的焦点是：班禅回藏准不准带蒙汉官兵？从表面上看，似乎只是一个卫队问题，而其实质是西藏与中央的从属关系问题，也就是中国对西藏地方的主权问题。

在这个原则问题上，班禅的态度是非常坚决的，毫不让步。国民政府也不承认"西姆拉条约"，并认为班禅必须带一部分卫队入藏。而噶厦表示如班禅带蒙汉官兵入藏，则不仅不供应乌拉，而且不惜"以武力抗拒蒙汉官兵入藏"。班禅致黄慕松的电中说："窃思班禅个人回藏，达赖在时即经欢迎。而迟迟未归者，即欲达到恢复汉藏旧有关系之初旨。且查噶厦函中各件，不过为一二当局之私见，绝非民众公意。我公知之有素，毋庸顾虑。班禅仍拟依照原定计划，开春入藏。望中央一秉成案，以期贯彻。倘明春行抵藏边，万一藏方有武力拒绝汉兵入藏之时，想善后策划，中央定有成竹。"

九月二十一日，由朱绍良转来蒋介石致班禅的一封电报，内称："请佛依照原定计划，早日入藏，一切自有中央主持。"班禅又应塔尔寺池巴之请，由他们为施主，于1935年八月十三日至九月十五日，在塔尔寺举行了第八次时轮金刚法会，参加的蒙藏各族群众约五万人。

这时国民政府行政院已决定任命蒙藏委员会委员诚允为护送班禅额尔德尼回藏专使，成立了专使行署，任命马鹤天为行署参赞，高长柱为行署参军。诚允接受任命后，即前来塔尔寺，与九世班禅及其堪布会议厅的官员见了面，共同研究护送班禅入藏的诸问题。同时交通部、参谋本部测绘总局也派人前来，拟随同班禅入藏。

1936年六月十五日，班禅应嘉木样呼图克图之请，由青海塔尔寺前来甘肃拉卜楞寺，欢迎十分隆重。参加欢迎者有：护送班禅回藏专使诚允及行辕全体成员，拉卜楞寺保安司令黄正清，由拉萨刚到拉卜楞寺的哲蚌寺前任堪布昂旺堪却，色拉寺前任堪布罗桑根却，甘丹寺前任格贵邓珠嘉措，以及由印度回来的班禅驻印办事处处长福康安，等等。远道前来欢迎的蒙藏群众有数万人，盛况空前。

九世班禅到了拉卜楞寺以后，于民国二十五年（1936年）七月四日，举行了第九次时轮金刚法会。这是班禅到内地以后，举行的最后一次时轮金刚法会，也是他一生举行的最后一次时轮金刚法会。这次法会由嘉木样呼图克图为施主，参加法会的蒙藏群众约6万余人。

八月十二日，班禅接行政院来电，护送专使诚允辞职照准，遗缺由赵守钰继任。赵守钰带来仪仗队300人，配备有新式武器，以保卫班禅的安全。八月二十一日，班禅偕同专使赵守钰等同时离开拉卜楞寺，向青海省的玉树进发，以便准备从那里启程回藏。八月二十七日至黄河南亲王住地，亲王率蒙古族僧俗群众数千人排队欢迎。在这里，西藏噶厦代表多仁台吉等20余人前来欢迎班禅，又明确提出"勿带蒙汉官兵入藏"。

同一时期，英国驻华大使贾德干一再向国民政府外交部提出强硬"抗议"，"反对中国官兵之入藏"。黄慕松留在拉萨的蒋致余也来电报告："在英方唆使下，藏方局势难免不有酿成重大事故之虞。"班禅也向蒋介石发了一封电报，内称："查班禅回藏，洵为内政问题，倘噶厦果允英人请求，将开外人干涉内政之恶例，于西藏前途影响至大，务祈设法消弭。"

国民政府根据以上情况，作出两项决定：

一、中藏问题乃内政问题，毋庸英国代为建议。

二、中国政府正在设法促进班禅与拉萨间为和平回藏商洽，绝不致引起西藏之不安。

一方面，国民政府外交部即将以上两条，告知了英国驻华新任大使许阁森。另一方面，国民政府又决定，仪仗队护送班禅到达后，即行撤回。令蒙藏委员会通知藏方。

1936年十二月十八日，班禅一行到达玉树。"军民数千，冒雪欢迎"。班禅将行辕设在玉树寺的甲拉颇章宫内。

1937年五月七日，噶厦派出寻访十三世达赖"转世"的"灵童"的代表纪仓佛与凯墨色二人率领代表团到达玉树，请求班禅指示十三世达赖"转世"的地点与"灵童"姓名，大师即作了指示，"并加派策觉林佛、安钦佛两人，襄助一切"（《班禅大师全集》）。西藏方面还因1932年与青海打过仗，恐马步芳怀恨在心，故意刁难，恳求班禅给马步芳写信，予以"疏通"。班禅即给马步芳写了一封很诚恳的信，请他大力协助，早日访得十三世达赖"转世"的"灵童"。

1937年八月一日，噶厦又派堪穹·降巴曲旺前来欢迎，仍提出班禅回藏"不带蒙汉官兵"的老问题。班禅即向国民政府报告，内称："派员交涉数月，均以限制中央人员入藏，究应如何？请示机宜。"这时国内形势发生巨大变化，"七七事变"以后，日本帝国主义者发动了大规模的侵华战争，国民政府在全国人民压力之下，不得不实行第二次国共合作，并号召全国各族人民进行抗日战争。对于护送班禅回藏问题，开始尚未动摇，命令赵守钰仍按原定计划进行。班禅一行乃于1937年八月十八日离开玉树，前往青海与西藏边境的拉休寺，在这里要等候西藏方面的乌拉前来承担运输任务。但三十九族的千百户前来向班禅报告，说他们"奉藏政府的命令，大师入藏经过时，不准供应乌拉"。

噶厦给欢迎代表也来了密电，提出了九个问题，其中最主要的是"中央护送官兵如到达藏界，不便退回，而大师又不便在玉树久住，可照中央曾经许可到藏后即行撤回之办法，其路线由黑河径赴后藏，在五个月内全部撤回，撤回时改走海道。此事希望大师于入藏前有负责表示，并须请国际担保。……望迅速电告，以便预作准备。……若在各项问题未能解决前，大师率中央官兵履入藏境，或问题解决后，中央官兵不守径走后藏之约，而欲来至拉萨时，吾人必以武力拒绝之"。

八月十九日，英国大使许阁森照会国民政府外交部，内称："准印度政府送来西藏噶厦致江孜英国商务委员原函影印称：中藏问题未解决以前，吾人不准备令中国官员及仪仗队入藏，而中国尚在坚持派遣中。兹为公共和平起见，请求英国政府向中国政府促进吾人之抗议等语。本大使甚盼此项文件，能将外交部对于西藏政府，请求英国政府斡旋此事之怀疑，得以祛除。并请中国政府对其行动，不再坚持。"

当时蒋介石正在依赖英美的财政与军火的支援，进行抗战，不敢得罪英国。因此，蒋介石突然改变了态度，由支持班禅早日回藏，改变为班禅暂缓回藏。1937年八月十九日，国民政府通过行政院，发布了如下的命令：

"本院第三二五次会议决议：抗战期间，班禅应暂缓入藏，先暂驻政府指定地点。除电饬赵专使守钰转告，并函达军事委员会及重庆行营知照暨令行外交部外，合行令仰知照。此令。"

蒙藏委员会根据行政院的命令，致电护送专使赵守钰说："抗战期间，中英关系，必须顾虑，仪仗队入藏，恐起纠纷。班禅如必须入藏，则须俟藏方有确实回音，且派队到境相接，一切妥善后，方可决定。"蒙藏委员会并电嘱赵守钰，"挽劝班禅，务以大局为重，暂缓启行"。

班禅对于蒋介石突然决定要他"暂缓回藏"，感到非常意外，当即向护送专使赵守钰表示：班禅"决不舍中央官兵入藏，亦不愿入藏后受藏政府限制而疏远中央"。

但是要班禅接受"暂缓回藏"的决议，是相当困难的，一方面是班禅本人希望早日回藏；另一方面是一切准备工作均已就绪，且已到达了西藏边境，实难突然停止回藏。因此，班禅决定再做最后的一次努力，以便使蒋介石收回成命，仍支持他早日回藏。但问题的关键在于噶厦不同意班禅带"蒙汉官兵入藏"。

为了争取解决这个难题，1937年九月一日，班禅堪布会议厅、护送专使行署与噶厦代表多仁台吉、堪穹·降巴曲旺以及三大寺代表等人，召开了一次联席会议，达成了如下的协议：

（一）中央所派官员及仪仗队随同大师到藏，休息五月后，即行撤退。

（二）在大师西进途中，双方不得谈判前后（藏）所未解决之一切问题。

（三）中央官员及大师到达藏境，噶厦应从速支付乌拉。

噶厦代表没有再提"国际担保"，但要求班禅给一"字据"。后来堪布会议厅答应由他们写一"字据"，噶厦代表也表示同意。

以上三条意见，请噶厦在十日之内答复。1937年九月二十五日，噶厦来了回电，内容也是三条：

（一）仪仗队在藏只准休息两个月，并得由海道撤回。

（二）行辕与仪仗队到藏后，须服从前藏政府命令。

（三）所有保证字据，须经大师签字盖章。

这封回电实际上就是拒绝班禅回藏。班禅接到噶厦回电后，给国民政府蒙藏委员会写了一封信说："查来电（指噶厦来电——引者注）含意甚广，毫无欢迎诚意，反欲使班禅与中央断绝关系，听彼指挥。班禅东来十有五载，谬荷中央依畀、殊遇优渥，心切五族团结，共安边防，冀报党国于万一，宁愿牺牲个人，力全大局，不愿中央威信陷于隳堕，即遵院令，暂缓西行，以待将来。"

于是班禅乃决定在抗战期间暂不回藏。同时向国民政府提出了以下三项要求：

（一）请中央指定西康甘孜为驻锡地点，并令西康当局切实保护。

（二）行辕人员众多，经费不敷，在抗战期间，不便请益，原定每月经费四万元，请予优待维持原状。

（三）拟明年（1938年）四月入藏，请中央不分武力、和平，完成护送成案。倘届时抗战仍未结束，须顾虑外交，则请密咨班禅商同专使，自行设法回藏。

班禅决定暂缓回藏后，即于1937年十月八日离开拉休寺，十月十二日重返玉树，仍将行辕设于玉树寺的甲拉颇章宫内。噶厦代表和三大寺代表即从拉休寺径回西藏。

当时日军已侵占了北京、天津、上海等大城市，抗战形势日趋严重，班禅即从玉树捐献三万元，购公债二万元，并动员行辕全体同仁踊跃捐款，汇集前方，慰劳抗战将士及救济伤兵与难民，并在玉树寺诵经祈祷抗战早日胜利。

十六、隐忧成疾，圆寂玉树

班禅回藏被阻以后，即感身体不适。1937年十一月四日，饮食难进，每食即吐，左肋剧痛，不能安卧，而且日趋严重。延至十二月一日二时二十五分，在玉树大寺甲拉颇章宫内"圆寂"，享年五十四岁。九世班禅从1923年十一月十五日逃来内地，于1937年十二月一日逝世，在国内各地流浪了整整十四年零十五天。九世班禅的不幸逝世，不仅是他个人的悲剧，也是西藏人民（特别是后藏人民）的悲剧。这个悲剧的发生是有其必然性的，关键在于班禅回藏的那个时候，西藏地方与祖国的关系很不正常，西藏地方政府与国民政府的隶属关系尚未恢复，因此，即使当时没有发生抗日战争，九世班禅也是不大可能回藏的。因为阻碍班禅回藏的势力很大，不仅有西藏的亲帝分离势力，还有他们的后台老板英帝国主义。噶厦方面还提出，班禅回藏以后，要服从拉萨政府的命令，也就是说，不允许恢复班禅固有的地位和职权，班禅本人及其地区的人民继续要受噶厦的统治，这是九世班禅绝对不会接受的。这就是九世班禅奋斗了十五年终于未能回藏的必然性。

九世班禅从患病到逝世不满一月，他临终时头脑很清醒，留下了"遗嘱"，全文如下：

> 余生平所发宏图，为拥护中央，宣扬佛化，促成五族团结，共保国运昌隆。近十五年来遍游内地，深蒙中央优遇，得见中央确对佛教尊崇，对藏族平等，余心甚慰，余念益坚。此次奉派宣化西陲，拟回藏土，不意所志未成，中道圆寂。今有数事切函如下：后藏政务前已委定罗桑坚赞为札萨喇嘛，所有宣化使职亦着由彼暂代，在未到职前，印信暂交丁杰佛，并由堪布会议厅及回藏设计委员六人①共同负责事宜，请示中央，听候处理。至宣化使署枪支，除卫士及员役自卫者外，其余献于中央，共济国难，待余转生，再请发还。又关于历代班禅所享权利，应早图恢复。最后望吾藏官民僧俗，本中央五族建国精神，努力中藏和好，札萨喇嘛及各堪布，尤宜善继余志，以促实现，此嘱。（《边疆人物志》）

班禅逝世后，班禅行辕堪布会议厅立即致电国民政府蒙藏委员会报告，电文如下：

> 班禅大师近感国难严重，回藏使命复生障碍，奉命转康，隐忧成疾，医药罔效，遽于国历十二月一日上午二时五十分，即藏历十月二十九日，在青海玉树行辕甲拉颇章宫内圆寂，谨电奉闻。善后事宜，敬候示遵。

当时抗日战争正处于防御阶段，国民政府已由南京迁到四川重庆。接到班禅行辕的电报后，即于1937年十二月二十三日，国民政府追封九世班禅为"护国宣化广慧圆觉大师"。命令全文如下：

> 国民政府委员西陲宣化使护国宣化广慧大师班禅额尔德尼，觉性圆明，志行精卓，早岁翊赞统一，懋著功勋，比年阐教西陲，勤宣德化，

---

① 班禅生前曾指定吁堆诺布、丁杰佛、刘家驹、尧西恰哲、敏苏、拉敏益喜楚臣等六人为"设计委员"，研究今后回藏方案（参看刘家驹著《班禅大师全集》）。

边民感戴，称颂翕然。方期兼程回藏，振导祥和，永资秩式。乃以忧国积劳，遽尔圆寂，眷怀勋勋，震悼弥深！应予特令褒扬，追赠护国宣化广慧圆觉大师封号，并着给治丧费一万元，特派考试院院长戴传贤前往康定致祭，用示国家笃念殊勋之至意。此令。

班禅行辕堪布会议厅接到这项命令以后，全体人员抬着九世班禅经过防腐的遗体，于1937年十二月二十五日离开玉树，前往西康甘孜县，住在甘孜寺的香根拉让，一面按旧例诵经49日，一面等候国民政府行政院关于善后处理的具体指示。

1938年五月二十五日，堪布会议厅接到蒙藏委员会的公函，转告行政院的以下九项决定：

>案奉行政院二十七年五月十九日汉字第二一七一号训令内开：案奉国防最高会议秘书处函开：准函送蒙藏委员会呈拟班禅圆寂善后办法，转请核定一案，经交财政专门委员会审查去后，兹据报告称：本案经审查结果，认为行政院所拟办法尚需补充，兹经修正如次：
>
>（一）西陲宣化使公署即行裁撤。
>
>（二）班禅行辕保留，办公费依照再度紧缩通案发给。
>
>（三）班禅年俸停发。
>
>（四）班禅驻京办事处保留，仍照再度紧缩发给经费。
>
>（五）班禅驻京办事处附设补习学校，由教育部及蒙藏委员会会同查明，拟具办法呈核。
>
>（六）西陲宣化使公署无线电台，其原由交通部发给者，仍由交通部处理，余由班禅行辕拟具办法呈核。
>
>（七）护送专使行署，俟戴院长赴甘孜致祭后，即行结束，仪仗队亦即于同时撤回，行署及仪仗队经费，均就原有核定数目统筹核拨。
>
>（八）其余各项均照蒙藏委员会原拟办法办理。
>
>（九）行政院拟拨三万元犒慰班禅随侍人员照发。

当时国民政府本来决定班禅堪布会议厅的职员及其家属全部移居西康康定（即打箭炉），但堪布会议厅行至甘孜以后停留下来，国民政府也就同意他们暂住甘孜。1938年八月五日，由国民政府考试院院长戴传贤为致祭专使,偕同总参赞向育仁、秘书长许崇灏、秘书陈伯稼等六十余人到达甘孜,下榻孔撒香根精舍。八月八日,由戴传贤代表国民政府致祭。八月九日,考试院全体职员致祭,八月十日,由唐英师长代表西康建省委员会致祭。戴传贤即将带来的三万元交给堪布会议厅,代表国民政府向堪布厅全体人员表示慰问。八月二十三日,戴传贤完成致祭任务,离开甘孜返回四川。戴传贤在甘孜共住了十八天。护送班禅回藏专使赵守钰、参赞马鹤天、参军高长柱以及仪仗队三百人,随同戴传贤同时离开甘孜。当时因国难严重,对九世班禅的追悼活动,也只能从简。

九世班禅逝世,护送专使及仪仗队撤回以后,堪布会议厅仍拥有一批枪械,虽然班禅的"遗嘱"中嘱将枪械捐献给中央,但实际上,上交的并不多,大部分仍在堪厅掌握之中,以为自卫之用。因此与驻防甘孜的川军一三六师八一五团发生了武装冲突,酿成了当时震动全国的"甘孜事变"。

早在戴传贤为中央代表,前来甘孜致祭九世班禅之时,甘孜当地的香根活佛与甘孜原土司德钦旺姆(女)向戴传贤提出请求,将甘孜、德格、瞻化、邓柯、白玉、石渠六县,划为班禅行辕驻地。戴传贤因此六县系西康建省委员会的辖地,没有允许。

当时原甘孜土司德钦旺姆正与班禅行辕卫队的分队长伊喜多吉恋爱。戴传贤走后不久,1938年十二月,德钦旺姆即与伊喜多吉结婚,引起了当地一部分人的反对,向西康省主席刘文辉控告,刘文辉又向国民政府反映,国民政府听了一面之词,决定将德钦旺姆在官寨内拘禁一年,此事暂时被压了下去。

1939年十二月,德钦旺姆拘禁一年期满,要求释放。班禅行辕堪布会议厅也支持德钦旺姆的要求,并谓婚姻自由,当局这样处理是不对的。由于堪布会议厅支持,反对的一方更坚持不释放德钦旺姆,更不许德钦旺姆与班禅卫队的分队长结婚。于是德钦旺姆、香根活佛与班禅行辕秘书长刘家驹等人秘密串连,发动了当地的居民、喇嘛和班禅行辕卫士队,共有武装三千余人,由班禅行辕军务处处长罗友仁指挥,包围了甘孜县政府与八一五团团部,要求立即释放德钦旺姆,并将甘孜县长与八一五团团长撤职。双方于1939年十二月七日发生激战,因当地驻防川军只有三个连,县府即被攻占,县长章家麟逃到喇嘛寺避难。八一五团团部被围七昼夜,团长章镇中派团部指导员徐斌、县府秘书董智明、科长官遗堂为代表,与班禅方面进行谈判,和平解决甘孜事件，当即达成协议五条：

（一）送德钦旺姆出官寨。
（二）缴械后团长、县长由行辕负责，绝无生命危险。
（三）团部官兵、县府人员一律护送到炉（霍）。
（四）不回炉者、团部官兵编入保安队，县府人员分派拉敏县府任职。
（五）双方签字遵守。各执签字书一纸，以为凭证。

据说和平协议达成以后，八一五团团长章镇中"遂往班禅行辕以求暂时安全，殊知中途即遇该辕一人，持黑色药一包，强迫咽下，沿途侮辱，不堪其苦，十六日晨，章团长竟以死闻。"①

班禅行辕占领甘孜以后，委拉敏为甘孜县长，刘家驹为保安司令，德钦旺姆为副司令。

与此同时，刘家驹等人与瞻化、炉霍的当地藏族上层串连，占据该地。由班禅堪布会议厅委任两个堪布，一为炉霍县长，一为瞻化县长。这样，甘孜、瞻化、炉霍三个县连成了一片。

"甘孜事变"发生后，刘文辉一面向国民政府报告，请中央派员前来调查，另一方面即集中兵力向甘孜方面进攻。班禅行辕堪布会议厅也派拉敏·益喜楚臣、计晋美、何巴顿等人到重庆，向国民政府报告"甘孜事变"的经过和他们的要求。

毕竟刘家驹不是军人，而且临时组织起来的3000民兵，都是"乌合之众"，不是正规军的对手。1940年二月六日，川军收复甘孜，班禅行辕的全体人员又抬着班禅的遗体，从甘孜撤出，仍转移到青海玉树。"甘孜事变"就这样结束了。前后只有两个月时间。

班禅堪布会议厅一行退到玉树以后，面临一个亟待解决的问题，即九世班禅遗体的处理。按过去的旧规旧例，班禅的遗体应盛入金塔，在札什伦布寺长期供奉。但当时拉萨当局不准班禅回藏，对其遗体如何对待，尚难判断。所以班禅堪布会议厅即向国民政府报告，请求向拉萨当局交涉，准将九世班禅的遗体运回札什伦布寺。1940年，适逢拉萨当局邀请国民政府派遣大员前往拉萨主持十四世达赖的坐床大典。国民政府派蒙藏委员会委员长吴忠信前往拉萨，他利用主持十四世达赖坐床大典的机会，与噶厦方面交涉，允

---

① "甘变经过"见《康导月刊》二卷八期。

将九世班禅的遗体运回札什伦布寺。噶厦当即表示同意，并决定由噶厦派出官员前往玉树，与班禅堪布会议厅的官员共同研究处理。

1940年四月十八日，噶厦派的官员嘉色巴等人到达玉树，传达了噶厦的命令，要他们由玉树直接护送班禅遗体径回札什伦布寺，不许绕道拉萨。堪布会议厅乃决定派秘书长王乐阶、卓尼强巴朗达、列赞巴礼俄等400余人，于是年十一月四日自青海玉树护送九世班禅的遗体回藏。事先国民政府派赵守钰前来西宁，与马步芳研究后，决定由青海派骑兵一个营，护送到青藏边境纳曲附近的坚桑卡地方，再由西藏方面派来的官员与藏军接受护送任务，直赴札什伦布寺。

1941年二月四日，即藏历铁蛇年正月初八日，"灵柩在数万僧俗官民香班膜拜悲喜交集之中，到达札什伦布寺……修建宝塔，永资供养，大师的法身，继历代佛堂而一灯常明，大师之勋绩，光中藏史册将千载不朽！"（《班禅大师全集》）

九世班禅的一生，是坎坷的一生，也是斗争的一生。九世班禅不仅佛学造诣极深，而且政治上也很成熟。从他的一生经历来看，早期与十三世达赖共同领导了抗英斗争，晚年又积极从事抗日斗争，可说是一位勇敢的反对帝国主义的战士。至于他对祖国统一、民族团结的维护，更是始终一贯，坚持到死，在西藏宗教上层人物中是难能可贵的。因此，我们可以毫不夸张地说，九世班禅额尔德尼曲吉尼玛，是西藏近代史上一位杰出的反帝爱国领袖人物。

班禅的遗体运回西藏以后，班禅行辕堪布会议厅的官员以及他们的家属，约四百多人，由玉树移到青海香日德。香日德在青海省中部，是蒙藏牧民游牧的地区，有些群众，也有一所小藏传佛教寺庙。这个地方是乾隆四十五年（1780年），由清高宗赐给六世班禅作为"驻锡及放牧牛马骆驼之地"（《班禅大师全集》）。他们把住地安置以后，下一步的任务，就是按照喇嘛教的旧规旧例，找寻九世班禅"转世"的"灵童"，也就是十世班禅额尔德尼。

第八章
十世班禅确吉坚赞

十世班禅

一、灵童的寻访与坐床

十世班禅法名确吉坚赞，系青海省循化县①温都乡人。生于藏历十六饶迥之土虎年（1938年）正月初三日。父名公布才旦，母名索南卓玛，是当地的一家藏族农户。自从九世班禅于民国二十六年（1937年）在青海玉树逝世后，班禅行辕堪布会议厅就派出僧俗官员四处找寻九世班禅"转世"的"灵童"，噶厦也命令札什伦布寺在西藏地区找寻九世班禅"转世"的"灵童"。1941年，堪布会议厅派出的僧俗官员找到了循化县的这个"灵童"，乳名官保慈丹，找到时年已三岁。经过堪布会议厅进行占卜、降神、辨认前世班禅用过的东西等等宗教手续，认为确系九世班禅"转世"的"灵童"，就把他从循化县接到西宁塔尔寺"供养"，并于1944年二月十六日用班禅行辕堪布会议厅札萨喇嘛罗桑坚赞的名义，给国民政府行政院院长蒋介石写了一个报告：

> 窃查农历正月十五日在塔尔寺举行决定班佛正身庆典一案，前以东电呈请吴委员长②鉴核转呈在案。兹于十五日上午十一时，依照宗教仪式，由僧众等执持仪仗奏乐整队，恭迎灵童官保慈丹到金瓦寺，叩拜宝贝佛后，即举行决定正身庆典，是日参加者有青海省政府代表及青海各大活佛、蒙藏王公千百户，并各方僧（俗）代表等约十万余人。……此虽系蒙藏民族信仰宗教领袖之真诚，实亦系得获班佛真正化身，故有此圆满之结果也。兹谨将举行决定班佛正身日期及详情，理合来电呈报，伏乞电鉴核准为祷。

蒋介石接到电报后，没有表态。因为当时西藏也正在找寻九世班禅"转世"的"灵童"，按清朝规定的制度，达赖、班禅逝世后，其"转世"的"灵童"之决定，要经过"金瓶掣签"的手续，并由中央政府派遣大员主持。

1947年，噶厦通知札什伦布寺，说他们也找到了两个班禅"灵童"，要

---

① 现名循化撒拉族自治县。
② 即国民政府蒙藏委员会委员长吴忠信。

第八章 十世班禅确吉坚赞

九世班禅转世灵童官保慈丹,即十世班禅额尔德尼·确吉坚赞

札寺派人去青海塔尔寺,将青海找到的"灵童"送到西藏来,以便举行"金瓶掣签"仪式,决定究竟哪个孩子是真正的"灵童"。札什伦布寺即派九世班禅的秘书长王乐阶到塔尔寺,转达了噶厦的通知。班禅行辕堪布会议厅举行会议,经过讨论,一致决定:

一、在青海省循化县找到的"灵童",经过各种宗教手续的审查,确系九世班禅"转世"的"灵童",毋庸举行"金瓶掣签"仪式,已呈报国民政府行政院。

二、在西藏地方与中央的从属关系未恢复前,堪布会议厅决定暂不护送班禅"灵童"回藏。

1948年,王乐阶仍回西藏,即将堪布会议厅的两项决定转告噶厦。

1949年六月三日,国民政府代总统李宗仁颁发了承认青海"灵童"并免予"金瓶掣签"的命令。全文如下:

"青海灵童官保慈丹,慧性澄圆,灵异夙著,查系第九世班禅额尔德尼

转世，应即免予掣签，特准继任为第十世班禅额尔德尼。"

十世班禅既经国民政府批准之后，获得了继承九世班禅职权的合法地位。按喇嘛教的手续，必须接着举行剪发、取法名和受沙弥戒等宗教仪式。堪布会议厅事先已邀请甘肃拉卜楞寺当时最有声望的喇嘛拉科仓·吉美陈烈嘉措前来塔尔寺，给十世班禅剪了发，换了僧衣，并取法名为罗桑成烈伦珠确吉坚赞（简称确吉坚赞），并给十世班禅授了沙弥戒。

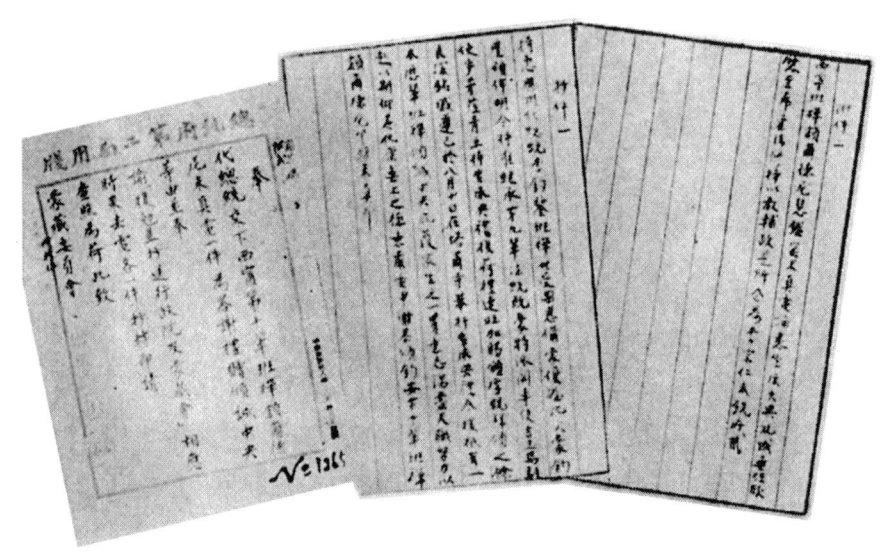

国民政府总统府代总统李宗仁就班禅坐床典礼代写信给行政院、蒙藏委员会

1949年八月十日，国民政府特派蒙藏委员会委员长关吉玉为专使，青海省政府主席马步芳为副专使，参加在西宁塔尔寺举行的十世班禅坐床典礼。马步芳因事未能参加，委派马继融为代表。坐床典礼在塔尔寺普观文殊殿举行，参加者有青海省政府官员、蒙藏各大活佛、千百户头人等，共约4000余人。关吉玉代表代总统李宗仁，给十世班禅送了390两重的黄金一块，表示祝贺。

坐床典礼举行之后，十世班禅向代总统李宗仁发电表示谢意。电文中说：

> 班禅世受国恩，备蒙优渥。此次蒙政府颁布明令，特准继承第九辈法统，现承特派关专使吉玉、马副专使步芳莅青主持坐床典礼，复荷礼遇有

加，赐颁厚贶，国恩浩荡，良深铭感。遵于八月十日在青海塔尔寺举行坐床典礼，今后只有一本历辈班禅倾诚中央，爱护众生之一贯意志，竭尽天职，努力以赴，以期仰答优助之德意。肃电申谢，敬乞垂鉴。

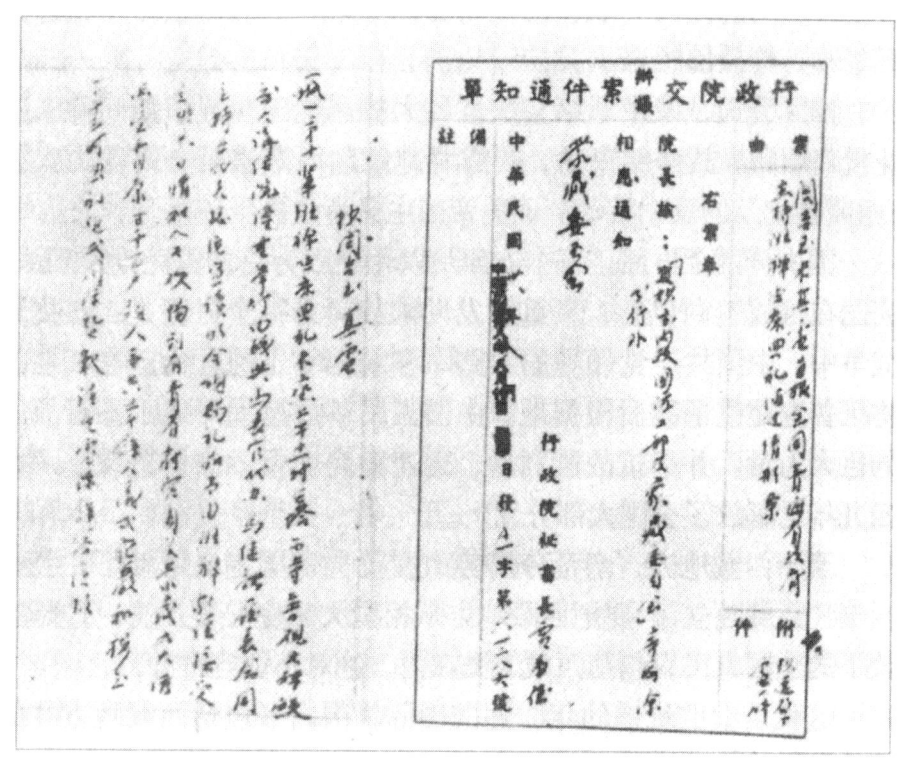

1949年9月11日，国民政府行政院明令官保慈丹为十世班禅呼毕勒罕

至此，十世班禅确吉坚赞完成了政治上和宗教上继承九世班禅曲吉尼玛的地位和职权的一切合法手续。然后，就由嘉雅佛担任经师，传授佛经。

此时国际方面，发生了第二次世界大战。英国在战争期间并未停止侵略西藏，战争结束后，更露骨地策动西藏亲帝分离势力大搞"西藏独立"的反动活动。而美帝国主义者也插了一手。

国内分两个方面：一个方面是以蒋介石为首的国民党反动派，妄图在抗战胜利以后，又重新发动内战。另一个方面是在抗日战争中，中国共产党领导的八路军和新四军迅速壮大起来，在沦陷区普遍建立了敌后根据地。中国人民革命运动形成了不可战胜的巨大力量。并于抗战胜利后，迅速粉碎了反动派的进攻，1949年已解放了全国大部分领土。

至于西藏地方，亲帝分离势力在英美帝国主义策动下，公开叫嚷"西藏独立"，要把西藏地方从祖国大家庭分裂出去。这是解放了的全国人民，包括西藏人民在内，绝对不能容许的。

这就是十世班禅幼年时期的国际、国内（包括西藏地方）的总的发展趋势。

二、吴忠信主持十四世达赖坐床

下面我们先从十四世达赖的找寻经过与坐床说起。

十三世达赖逝世后，噶厦于1937年派纪仓佛等一行前来青海寻访十三世达赖"转世"的"灵童"。经过了长时间的寻访，才于1938年在青海省湟中县的祁家川（藏名当采）的一户藏族农民家中，找到了乳名拉木登珠的一个孩子，认为是十三世达赖"转世"的"灵童"。

青海"灵童"寻获以后，西藏摄政热振呼图克图致电国民政府蒙藏委员会委员长吴忠信，电文全文如下：

> 达赖大师转世之化身三灵儿，已蒙转电青海省政府，督促纪仓佛速将西宁所选灵儿送来拉萨，良深感慰。所有中央派员参加办法一则，业经与司伦、噶厦商议，三灵儿迎到后，举行掣签典礼之际，为昭大信，悦遐迩计，中央应当派员参加，但目前中央驻藏长官现有张咨议①在此可以参加，抑或另行派员入藏，二者孰是，可于届时当再行呈报相商。至于各佛卦内所示，今年若不将三灵儿齐迎入藏，于达赖本身实有不祥之兆，因此事关系重大，任肩难当，恳请先将在青之灵儿，饬令青海省政府催促纪仓佛，随同启程进藏为感。特电奉复，敬候示遵。

根据西藏摄政热振呼图克图的请求，国民政府乃令青海省主席马步芳派兵护送青海灵童入藏，并拨发护送费十万元。马步芳即派马源海师长率骑兵一营，于1938年七月一日自西宁出发，送至那曲返回。噶厦给蒙藏委员会并转呈蒋介石的电报中说："青海灵儿一行人等于藏历六月一日由青海首途，

---

① 张咨议即张威白。

沿途毫无险阻，于八月七日到达那曲，二十五日安抵拉萨，驻锡罗布林卡格桑颇章宫殿。所有应行大小礼节均已办理妥善，至于剃发、赠号（即命名）并受戒以及坐床等各典礼，自当诹吉继续举行，随即次第呈报，谨电肃呈，噶厦叩。"

1938年十二月二十八日，国民政府发布命令："特派蒙藏委员会委员长吴忠信会同热振呼图克图主持十四辈达赖喇嘛转世事宜。"对国民政府派遣吴忠信入藏一事，噶厦"极表欢迎"。国民政府就制定了吴忠信"入藏谈话要旨十一条"。主要内容是："西藏为中国领土之一部，但中央不将西藏划为省区，可按照特等地方自治，允许西藏维持其政教制度。""中央应在拉萨设驻藏办事大员，代表中央宣达意旨，并体察地方情形，随时具报。""西藏得在国民政府所在地设立办事处，负联络之责。西藏人员经中央依法遴选者，得在各院部会及所属机构任职。""西藏治安，应由西藏负责维持，但如受外国侵犯或遇其他重大事变，请求中央援助时，中央当尽量予以援助"，等等。

吴忠信一行取道印度，于1939年三月从南京出发，同年十二月十五日到达拉萨。这时发现拉萨只有一个"灵儿"，即青海找到的拉木登珠。而且已拜热振呼图克图为师，剪了发，取法名为丹增嘉措（简称），并宣称此系"民众大会"通过的，不能改变。这样，由吴忠信主持"掣签仪式"一事，就成了一句空话。而且噶厦的这种做法也不符合清朝政府规定的制度。在清朝，有的达赖（如九世、十三世）也免予"金瓶掣签"，但批准权在皇帝。现在皇帝没有了，批准权应在国民政府。

吴忠信感到此事关系到国家主权问题，不能迁就，但"灵童"只有一人，使吴忠信感到非常为难。经与热振、司伦、噶伦等人再三交涉，才提出"灵儿"是否确系十三世达赖"转世"的"化身"，要由吴忠信"看视"一番才能决定的折中办法，否则，"中央代表即不惜立即离藏"。最后达成协议，允许吴忠信"看视"。但青海"灵童"已由热振剪发、取法名，并再无第二"灵童"可以选择，实际上已造成了十三世达赖"转世"的"灵童"已经找到的既成事实，迫使吴忠信不得不承认。

在吴忠信"看视"之前，热振用个人的名义给吴忠信写了一封很长的信，反复说明青海"灵童"确系十三世达赖"转世"的"化身"，最后并说："兹遵乃冲大神所示，庚辰年坐床为吉，谨诹定正月十四吉日，举行坐

第八章 十世班禅确吉坚赞

床典礼，拟请转呈中央核示祇遵为荷。"①

吴忠信乃于1940年一月二十八日，向国民政府蒙藏委员会写了如下报告：

> 据西藏摄政热振呼图克图来函略称：第十三辈达赖转世一案，迭经观海、降神，及僧俗官民大会公认青海觅得之灵童拉木登珠种种灵异，确系十三辈达赖化身，应请免予抽签，并照旧例剃发受戒，前经电呈中央在案。兹拟择期夏历正月十四日，即国历二月廿四日举行坐床典礼，请转呈中央核夺等情。忠信复查所述灵异各节，均属确实，拟请转呈国府颁布命令，准以该灵童拉木登珠继任第十四辈达赖，俾得及时筹备坐床典礼，以昭郑重。再该摄政来函原文甚长，未能全叙，容俟另文补足备案。合并陈明。

国民政府根据吴忠信的报告，即于1940年二月五日公布命令如下：

> （一）青海灵童拉木登珠慧性湛深，灵异特著，查系第十三辈达赖转世，应即免予抽签，特准继任为第十四辈达赖喇嘛。此令。
>
> （二）拉木登珠业经明令特准继任第十四辈达赖喇嘛，其坐床大典所需经费，由行政院转饬财政部拨发四十万元，以示优异。此令。

这样，十四世达赖取得了国民政府批准"免予掣签"的合法手续。

下一步又出了举行坐床典礼时吴忠信的座位问题。按噶厦的安排，把吴忠信放在热振一起，比达赖要低一级；吴忠信认为这也有关国家主权的大事，至少要按清朝时代的驻藏大臣的规格待遇，即和达赖坐在平等地位。在这个问题上因吴忠信的态度很坚定，噶厦又做了让步，让吴忠信坐在清代驻藏大臣的座位上，才算圆满完成了十四世达赖的坐床仪式。

十四世达赖举行坐床典礼以后，噶厦于1940年三月八日，致电国民政府主席林森，军事委员会委员长蒋介石，表示感谢。电文如下：

> 主席林、委员长蒋钧鉴：十四世达赖佛慈念众生，化身早临，僧俗群众，皆大欢喜。乃于藏历正月十四日升布达拉宫宝座，举行大典。承中央特派代表蒙藏委员会吴委员长亲临，并赠赐礼品，祥瑞十分，感戴

---

① 热振原信可参看吴忠信著的《西藏纪要》。

无际。至于中日战事，现正由三大寺及各寺喇嘛大举祈祷，祝祷中央胜利。特肃恭请钧安。噶厦公叩。

吴忠信这次入藏，还有一项任务是给摄政热振呼图克图补发金印与授予采玉二等勋章①。仪式于1940年二月十五日在热振拉让举行。热振于二月十七日致电国民政府主席林森："敬领之余，肃电叩谢"。

吴忠信这次入藏，本想利用主持十四世达赖坐床的机会，同噶厦商量解决一些重大政治问题。吴忠信在他著的《西藏纪要》中说："在藏办理各案现已完毕，而对藏之重大政治问题，又不能作进一步之商榷。""其对交通问题尚不肯放松，对其他较大问题，自无法可以商谈"，遂决定于1940年四月十四日仍取道印度，返回重庆。

在离藏前，本想把黄慕松1934年离开西藏时，留在拉萨的专使行署，改为正式机构，经请示行政院，决定改为驻藏办事长官公署。当吴忠信向热振提出时，热振当即表示："此等重大事件必先交僧俗民众大会解决，预计万难通过，届时徒损中央威信，本人心殊不安。"吴忠信又请示行政院如何处理？行政院批示："专使行署改称蒙藏委员会驻藏办事处，即委派孔庆宗为办事处处长，张威白为副处长。对藏取通知方式而不取洽商方式，以免其表示拒绝意见反成僵局。"根据行政院上述批示，即向噶厦通知上述办事处已于1940年四月一日成立，正副处长已正式就职。噶厦既未表示同意，也未提出反对意见。但后来噶厦有事需要和国民政府交涉时，一般都通过噶厦驻京办事处，并不通过蒙藏委员会驻藏办事处。

蒙藏委员会驻藏办事处在黄慕松的专使行署基础上成立以后，在西藏也做了一些工作，一是设立无线电台，与内地可以直接通报。规定噶厦向内地通报免费优待。该台的设立，对旅居西藏的内地商人，免去了要通过英国电报局的麻烦。二是设立拉萨小学校。入校学生主要是长期居住在拉萨的汉族和回族的商人和手工业者的子弟，直接教授汉文，学生最多时有二百余人。三是设立拉萨测候所，记录拉萨的气象变化。

以上三个机构虽和办事处在一处正作，但各有它们的上级，电台属交通部，小学属教育部，测候所属中央气象局。

---

① 册封热振为"辅国普化禅师"是1935年十一月就已决定的，册封的金册金印本交护送九世班禅的专使赍往，后因九世班禅在青海逝世，册封热振的金册金印存在蒙藏委员会那里，这次交由吴忠信带到西藏，是补发性质，并非新封。

三、美英公开支持西藏分离势力

吴忠信到达西藏不久，英国派驻锡金的行政长官古德，也于1940年二月到达拉萨，名义上是前来祝贺十四世达赖坐床，实际上是另有任务。古德不是第一次到拉萨，据黎吉生著的《西藏简史》一书记载，在古德担任英国驻锡金行政长官期间（1936～1944年），可以随时到西藏活动。第一次到拉萨是1936年，他刚担任英国驻锡金长官不久，还带着两个英国官员，一个就是黎吉生，一个叫尼姆，是个军官。同时还带到拉萨一部电台。古德这次在拉萨停留了五个月，才返回锡金，临行前，将英国驻拉萨使团团长饶依巴都调回印度，留黎吉生接任饶依巴都的职务。黎吉生是英国人（有时译作里卡逊，有时译作理察森），既了解西藏情况，也懂藏文藏语。黎吉生与西藏亲帝分离势力关系极为密切，他们搞的"西藏独立"活动，都是由黎吉生根据英帝国主义者的指使而策划的。

这次古德到拉萨，名义上是祝贺十四世达赖坐床，但因西藏旧例，达赖坐床从来没有外国人参加过。对古德的座位如何安排，噶厦感到为难。经过他们研究以后，古德的祝贺改在次日举行，与吴忠信没有见面。古德这次到拉萨的任务，黎吉生在《西藏简史》中讲得很露骨："一般谈论，都说摄政定期从中国人那里收到大批金钱，这引起人们的焦虑，怕他会中计谋，而对西藏的地位作让步。"一句话，就是怕西藏地方政府和国民政府恢复正常的从属关系。吴忠信离藏以后，古德仍留在拉萨，支持亲帝分离势力，策划新的政治阴谋。第二年（即1941年），西藏发生了把热振从摄政位置上赶下来的事件。

关于热振下台，黎吉生在《西藏简史》中说：

"到1941年二月……有一件事情中国人认为是不吉之兆——即热振的辞职，因为，中国人在他身上抱着很大的希望。这位摄政神经紧张，有些不成熟，反复无常，特别喜爱金钱，他被认为是亲汉的。"所谓"亲汉"，就是证明热振具有反帝爱国思想。

热振辞职时，他本人向蒋介石发了电报，时间是在1941年一月十六日，电文中说："兹以本衲摄理藏政七载有余，仰承钧座维护，诸事甚为顺利。本衲任内，惟一大事为寻访达赖转生，现已蒇事，兹以本衲身体精神诸多羸弱，政务殷繁，更兼才疏学浅，深感不胜。乃向达赖喇嘛及三大寺藏政府大会辞职，大会决议通过，准卸仔肩。继任人选，亦已由大会公推现任达赖云蒸①打札佛继任，谨电呈报，并候钧安。"

打札继任摄政以后，也于1941年十一月十八日给蒙藏委员会委员长吴忠信发了电报，内称："迩者西藏摄政热振呼图克图已辞职，其接替之人，业经达赖喇嘛及西藏大会会议决定，一致推举微末为西藏摄政，再再敦请，无法推卸，特诹吉于藏历一月一日宣布就职，特电奉闻，并烦请转呈蒋委员俯赐存查为荷。"

黎吉生在《西藏简史》中认为摄政热振"是由于日益不得人心而辞职的"。这里所谓"不得人心"就是不得亲帝分离势力的人心。热振被迫下台以后，并不甘心，的确曾派人去找过蒋介石，但无结果。夏尔孜·益西土丹写的回忆录中有一段记载："一天，热振活佛对我说……我曾派了两名康巴商人，即加奔布和拉卡布到内地，请求蒋介石为我重新执政一事，给予不论任何形式的援助，然而没有得到明确的答复。"②

热振下台以后，按西藏旧例，应由其他各大呼图克图（如功德林、丹吉林、策满林等）中选择一个担任，轮不到打札。因为打札只是一个小活佛，曾担任过热振的经师，后来又担任了十四世达赖的经师，在西藏无政治地位，又无政治经验。西藏亲帝分离势力把他扶上摄政的宝座，无非是因为对他容易控制，便于利用。

打札继任摄政以后，西藏的政治形势急转直下，西藏亲帝分离势力在英国的策划之下，公开打出了"西藏独立"的旗号，1942年成立了"外交局"，并把蒙藏委员会驻藏办事处，与英国、尼泊尔等外国驻拉萨使团同等看待，要他们今后与噶厦交涉事务，都要通过"外交局"。

1942年七月七日，噶厦给蒙藏委员会驻藏办事处处长孔庆宗一封信："汉官孔处长勋鉴：西藏公共会议以理由呈请摄政新设藏政府对中国及他国办理外务人员之机关，已经照准，并任札萨索康及贡觉仲尼大喇嘛二员主管其事，其他办事职员已经派定。经于藏历五月二十三日正式成立机关，今后

---

① "云蒸"是达赖经师的称呼。
② 夏尔孜·益西土丹的回忆录载于《西藏文史资料选辑》第二辑。

汉藏间事无巨细，请径向该机关洽办。希查照。"

孔庆宗接到这个通知后，感到事态严重，即向蒙藏委员会呈报情况，并提出处理意见。电文中说：

> 查外交局性质系与外国治办事件之机关，今噶厦告知须向该局洽办一切事件，是视中央为外国，视西藏为独立国；如我予以承认，则前此国际条约所订西藏为中国领土之文无形失效，而西藏与外国所订明密各约，未为中央所承认者，无形有效。事关重大，中央似宜明电噶厦不承认该局，中央驻藏官员仍然照旧与噶厦接洽一切事件。

蒙藏委员会接到孔庆宗的电报后，即向行政院请示如何答复，行政院于1942年八月一日发出如下训令：

> 藏方为处理地方涉外事务而有设置机构之必要，应遵守下列两事：（甲）有关国家利益问题，即政治问题，必须秉承中央意志处理；（乙）中央与西藏一切往还接洽方式，仍应照旧，不得经由上述外务机构。

蒙藏委员会亦将以上训令，通过西藏驻重庆的办事处转告噶厦。1942年八月十九日，噶厦给吴忠信回了一封电报，仍坚持原议。电文中说："藏政府新设外交局……乃呈请藏王兼征询西藏僧俗民众大会一致同意……现经成立，无法变更。……今后一切事务，均须向该机关接洽，并请令知孔处长遵办为祷。"

国民政府看到西藏亲帝分离势力如此猖獗，也十分恼火。乃由蒋介石亲自出马，于1943年五月十二日，召见西藏驻京（重庆）办事处的负责人阿旺坚赞，由蒙藏委员会秘书周昆田陪同接见。蒋介石向阿旺坚赞提出了以下五条意见：

（一）协助修筑中印公路；
（二）协助办理驿运；
（三）驻藏办事处向藏洽办事件必与噶厦经洽，不经外交局；
（四）中央人员入藏，凡持有蒙藏委员会护照者，即须照例支应乌拉；
（五）在印华侨，必要时须经藏内撤。

"如西藏能对此五事遵照办到，并愿对修路、驿运负保护之责，中央军队当不前往，否则，中央只有派军队完成之。"

当时太平洋战争已经爆发，日本帝国主义者不仅占领了我国沿海一切口岸，而且已占领了越南和缅甸，中国与外界的联系，只靠一条滇缅公路，也有随时被日军切断之危险。为了保证外援物资，特别是军火的内运，国民政府在民国三十年（1941年）就提出了修筑中印公路的计划，从四川西南部穿过西藏东南部，沿洛希特河谷进入阿萨姆。英国虽原则上同意修筑，但要国民政府事先征得噶厦的同意。噶厦则表示坚决反对，并通知孔庆宗，"勘量中印公路事……民众大会已决议，绝对不赞成测量队入藏"。蒋介石为了争取外援，没有放弃原议，这次召见阿旺坚赞时，当作首要任务提了出来，要噶厦"遵照办到"。

噶厦对蒋介石提出的五条要求，于1943年六月十四日通过西藏驻京办事处，给国民政府军事委员会发了一个代电，略称："窃代表等前次晋谒委员长蒋，恭奉面谕五项，遵已转电噶厦在案。兹奉噶厦电开：来电所呈委座面谕五项，均已详悉，自应速即遵复，上纾眷虑。惟以西藏向例，关于重要事项，必须藏中僧俗官民同意，拟俟询商后，再行奉答。仰该代表先行转呈等因，除电陈委员长蒋外，谨电转呈，伏乞鉴核。"后来噶厦对蒋介石提出的五项要求一直未作正面答复，但也未再强迫驻藏办事处进"外交局"，照旧与噶厦直接接洽。

蒋介石为了贯彻他的上述五条意图，特别是为了修筑中印公路，决定改组蒙藏委员会驻藏办事处，于1943年十月十八日，调回孔庆宗，另派军事委员会委员长侍从室的沈宗濂继任孔的职务。

沈宗濂一行原定16人，其中有两人名义上是"专员"，实际上是公路局的工程师，入藏的任务就是勘测修筑中印公路的西藏段的路线。

当时由重庆修筑公路经西藏到印度，必须经印度政府批准，而英国又以英藏之间有条约为理由，事先必须取得噶厦的同意。噶厦审查名单以后，只同意十四人入藏，不同意两个公路局工程师入藏。

为了争取两个工程师入藏，沈宗濂于1944年七月一日亲到锡金首府岗都，会见了英国派驻锡金的行政长官古德。古德告知沈宗濂："阁下同行人员进藏事，吾人已十分尽力，只因印度与西藏有约，由印入藏人士非经藏方同意，不能签证。此次藏方只同意14人，故不能再加，假使需要多人进藏，应先征藏方同意。"沈回答说："西藏为中国地方，中央派员前往地方，无征求同意之理。贵国对于过境签证，有如此曲折，实不可解。"沈宗濂还向古德声明："西藏为中华民国领土之一部分，无可置议。"古德则认为："余以为解决西藏问题，西姆拉会议已有良好基础。"沈宗濂又回答："所谓西姆拉协定者，中国政府并未批准，当然不能作为根据。"沈宗濂与古德会谈毫无结果，又去找印度政府外交部长卡罗爵士，谈到西藏问题时，卡罗爵士只承认中国对西藏有"宗主权"。沈问："宗主权"与"主权"有何不同之处？卡罗约沈一同查阅《大英百科全书》，"检出宗主权之定义，极富伸缩性，看不出与主权有何明显的区别。最后卡罗说：总而言之，当国家实力强大时，宗主权可说是与主权相等，并无分别，否则就另当别论了"[①]。后来由于第二次世界大战结束，日本投降，中印公路就没有再提。

国民政府在改组驻藏办事处的同时，加强了在西藏地方的特务组织与特务活动。这些特务由好几个单位派遣来藏，但总的系统属于军统（即军事委员会调查统计局）。

1942年，戴笠在兰州办了一个"兰训班"，训练了一批特务。是年三月，戴笠亲到兰州，从兰训班挑选了五个人，组成一个小组，由胡明春任组长，配备了两部电台，五支手枪，还有密码本、器材等，以"商人"的名义，从青海进入西藏，要他们在拉萨、日喀则、江孜、山南、昌都等地建立秘密电台。沈宗濂任驻藏办事处处长后，认为胡明春留在西藏不合适，给戴笠发了一个电报，于1946年将胡调回内地。另建国防部保密局拉萨情报站，由肖崇清任站长，下设日喀则、山南、昌都三个组。对外则以办事处官员名义作为掩护。这些特务在西藏的工作，主要是搜集噶厦和英国驻拉萨使团的情报。

沈宗濂担任蒙藏委员会驻藏办事处处长以后，还想做点事情，直接向蒋介石提出了一些建议。蒋介石让戴传贤和陈布雷用他们两人名义，回沈一电，大意是维持现状，不宜多事更张。1945年抗日战争胜利，国民党决定召开国民大会，沈宗濂就劝导噶厦派遣代表向中央祝贺胜利，并参加国民大会，他自己也乘机离藏。

于是噶厦就和英国驻拉萨的使团团长黎吉生商量后决定，派出一个所谓

---

① 陈锡璋：《西藏从政纪略》（《西藏文史资料选辑》第三辑）。

"慰问同盟国代表团",由僧官札萨喇嘛绒伯伦·土丹桑培为代表团团长,俗官凯墨·索南旺堆为副团长,团员有凯墨·次旺顿柱,翻译是益西达吉和强俄巴·多吉欧珠。为了出席国民政府召集的国民大会,经国民政府批准,西藏代表可派十人。因此除上述代表团的五人外,又增加了五人,他们是:曾谆·土丹参列、堪穷·土丹桑布、曾谆·土丹次丹、翻译土丹桑格、强巴阿旺。

这个"代表团"先到印度向英美政府表示"慰问",然后去南京向国民政府表示"慰问"。这种活动,是经过黎吉生与西藏亲帝分离势力精心安排的,他们把中国与英、美并列为"慰问"对象,表示西藏是一个"独立国家"。这时古德已退休,由霍金森(一译霍根森)继任英国驻锡金行政长官,他在岗都热烈欢迎了西藏"代表团",并陪他们到新德里,向英国驻印度总督维瓦和美国驻印大使,送了达赖和摄政打札的信件和礼品,表示"慰问"。然后在印度与沈宗濂、嘉乐顿珠、彭错札西等人会合,一行共30人,于1946年四月四日同乘飞机直达南京。向蒋介石同样送了达赖和摄政打札的信件和礼品,表示"慰问"。因为国民大会决定在1946年的十二月才能召开,所以他们只好住在南京等候。

出席这次国民大会的,还有班禅堪布会议厅派遣的代表仲且·诺云、计晋美、拉敏·益西楚臣、次仁顿珠、何巴敦、宋志书等六人。

对于国民政府召开的国民大会,噶厦指示他们的代表可以参加,但在决议内容里,力争不写关于西藏的事宜。噶厦还通过昌都总管,直接给"代表团"送来了一封信,只准团长副团长收阅。据强俄巴·多吉欧珠写的回忆录中透露:"西藏地方政府责成昌都总管派专人送往南京的西藏民众大会给国民代表大会的报告书,其内容本来只能是两位札萨团长知道。可是,在戴学廉和刘秘书翻译时,被我看到了。报告的内容大体是:中国与西藏的关系是施主与受施者的关系。汉藏的语言、文字、服饰、习惯都各不相同。长江上游康定以西的地方都要划归西藏。在选任达赖和班禅转世灵童时,中央政府不得干涉等等。"[1]这份"报告书"赤裸裸地暴露了西藏亲帝分离势力搞"西藏独立"的政治阴谋。

这封"报告书"交由蒙藏委员会转呈国民政府,得到的答复是:"政

---

[1] 强俄巴·多吉欧珠:《西藏地方政府派代表团慰问同盟国和出席南京国民代表大会内幕》(《西藏文史资料选辑》第二辑)。

府已成立了以蒙藏委员会委员长为首的小组,专门调查解决此事。""代表团"在南京共住了一年多时间,回藏时,蒋介石还接见了他们,给达赖和摄政打扎写了回信,赠送了礼品。"代表团"成员堪穹·土丹桑布、曾谆·土丹次丹、翻译强巴阿旺三人留在西藏驻南京办事处工作,嘉乐顿珠留在南京学习,其余的人于1947年四月初乘飞机到印度,待了三个月,七月底回到拉萨。沈宗濂留在南京没有回藏,他的工作由陈锡璋代理。后来,国民政府曾任命熊耀文为蒙藏委员会驻藏办事处处长,但他没有到职,蒙藏委员会就任命陈锡璋为副处长兼代理处长。

1947年三月,西藏亲帝分离势力在黎吉生唆使下,又派出了一个"西藏代表团"出席了在印度新德里召开的"泛亚洲会议",更猖狂地表演了一出西藏是"独立国家"的丑剧。兹据当年参加这个会议的西藏代表桑颇·单增顿珠和贡噶坚赞写的回忆录,补叙如下:

> 1946年,英国驻拉萨的商务代表负责人黎吉生,唆使噶厦政府外交局总管索康索巴·旺清次登向噶厦报告说,即将在印度新德里召开泛亚洲会议,黎吉生先生已接到邀请西藏代表出席会议的请柬。黎吉生先生说,如果西藏政府这次派代表出席会议,就能体现出西藏是一个独立国家。从目前的世界形势来看,如今正是搞西藏独立的大好时机,务必要派出代表出席会议。英国政府也表示将为西藏的独立活动予以各方面的支持。[①]

打扎摄政立即决定任命桑颇·才旺仁增为"代表团"团长,洛桑旺杰为副团长,团员有桑颇·单增顿珠等,共八人,于藏历火猪年(1947年)一月六日从拉萨出发。

"代表团"启程后,黎吉生又通过"外交局"向摄政打扎建议,"作为出席这次会议的一个国家,西藏代表团应该带上一面国旗备用,于是噶厦又匆忙赶制了一面藏军平时用的雪山狮子旗,作为国旗,派人专程送给已抵达亚东的代表团"。

这次会议是印度国大党召开的,会议主持人是尼赫鲁。在会议厅悬挂的国旗中,居然有西藏代表团带来的"雪山狮子旗",而且,在主席台后墙上

---

① 《西藏代表团出席泛亚洲会议真相》(《西藏文史资料选辑》第二辑)。

悬挂的巨幅亚洲地图上，竟将西藏划在中国疆界之外。当时中国国民政府也派一个代表团参加会议，团长郑彦棻看到西藏"国旗"与亚洲地图，即向尼赫鲁提出了抗议。据中央社1947年三月二十四日电称："尼赫鲁答郑氏称，渠本人直至当时尚未察觉此事，允于今日更正。据中央社记者本日所知，该地图已加更正，将西藏划入中国版图云云。"但"雪山狮子旗"是否取掉，并未提到。

这次会议，共开了十天（从1947年三月十四日至二十三日），在会议期间，英国驻印总督马温巴顿几次接见"西藏代表团"，表示特有的"热情"。

四、热振被害与"驱汉事件"

这个"西藏代表团"回到拉萨不久，西藏又发生了一次重大的政治事件，即"热振事件"。"热振事件"发生在1947年四月至五月之间（即藏历二月至三月之间），斗争非常激烈（主要是藏军与色拉寺结札仓的喇嘛之间），双方死了不少人，这次斗争最后的结果是：结札仓的喇嘛失败，热振被害。

据说事件的导火线是热振拉让的一位雍乃活佛给摄政打札送了一匣"礼品"，当时打札不在场，打札的侍从官收了"礼品"匣子，后来发现匣子中冒烟，即掷出室外，突然爆炸了，原来匣子内藏着一颗定时炸弹，幸未伤人。

于是摄政打札认为这是热振要谋杀他的严重事件，立即下令逮捕了热振拉让的负责官员和有关官员，他们是热振札萨江白坚村，卸职热振札萨嘉阳德烈，卡德活佛格桑图登，以及彭康公札西多吉，彭康色贡布次仁，雍乃活佛在被捕前开枪自杀了。同时命令噶伦索康旺清格来和拉鲁次旺多吉率骑兵二百人，前往藏北热振寺逮捕热振，于藏历二月二十日捉到拉萨，关押在布达拉宫前边的夏钦角监狱里面，由打札和噶夏指派堪仲大喇嘛土丹诺桑、堪仲崩塘·土丹群佩、堪仲阿旺朗杰、仔本鲁康娃·次旺饶丹、仔本夏格巴·旺秋德丹以及三大寺堪布等十余人，共同审讯。前后审讯了三次。据说审讯的问题，就是热振拉让给摄政打札送炸弹进行谋杀的问题，热振认为这是别人干的，他毫不知情。第三次审问时，拿出了从热振拉让处搜出的一封信，是热振给自杀身死的雍乃活佛的，热振承认"摄政打札越来越损害热振拉让的做法，是不能容忍的"。"至于送炸弹这件事，我一无所知。"①

藏历三月二十八日（1947年5月8日），热振生了病，看守的官员向噶厦作了汇报。不久，雪仲格桑阿旺和堪穷青饶诺布来到牢房，给热振诊脉后说，"患了中风病，要服阿格尔三十五"。当天下午四点钟左右，雪仲格桑阿旺送来了一个小包，里面有三颗丸药，要看守的官员给热振用肉汤服下去。热振服药后，病情越来越严重了，似乎想吐又吐不出，有气无力地挣扎到深夜一点十分左右逝世。显然，热振是西藏亲帝分离势力用毒药毒死的。传说中的"炸弹"一案，是不是西藏亲帝分离势力陷害热振的政治阴谋，现在还无材料查明。但我们应肯定热振是西藏反帝爱国的一位领袖人物。

据陈锡璋写的《西藏从政纪略》中说："热振入狱时，蒙藏委员会致噶厦一电，主要大意有：热振活佛维持中央与西藏地方的关系，立有大功，请予宽待等语。我当即亲送噶厦。当时的首席噶伦然巴·土丹恭杰面称：一定从宽处理。随后蒙藏委员会又先后致噶厦两电，大意与第一电相同。"

1947年八月十五日，印度宣布独立，尼赫鲁出任印度政府总理。但是英国驻拉萨的使团只换了国旗，并未换人。英国驻拉萨使团团长黎吉生仍为印度驻拉萨使团的团长。英国驻锡金的行政长官霍金森换了达雅尔。他们继续支持西藏亲帝分离势力进行"西藏独立"的阴谋活动。1947年十月十八日，黎吉生唆使噶厦组织了一个"商务考察团"，由仔本夏格巴·旺秋德丹任团长，团员有节康堪穷和邦达养丕，翻译为代本索康。名义上是"考察商务"，实际上是要求英美帝国主义者公开承认西藏是"独立国家"。这个"考察团"带了西藏自制的"护照"。

1947年十二月十七日，西藏"商务考察团"一行到达印度加尔各答。十二月二十七日，夏格巴向加尔各答《政治家》报（英国人办的英文报纸）发表谈话，以此次系奉藏政府命，与印政府商讨藏印商务问题，并俟赴德里后，分访中美大使馆及英专员云。当时中国国民政府驻印大使是罗家伦，他于十二月二十一日访尼赫鲁，告以：一、英方军火运藏尚有在印

---

① 夏尔孜·益西土丹：《我当过前摄政五世热振活佛的狱卒》（《西藏文史资料选辑》第二辑）。

未运者，请查明禁阻；二、请勿承认西藏自发护照。尼赫鲁答称：英印政权交替时，在印购军火甚易，此事容或有之，彼不知情，当调查。至护照事，则藏人入印向无护照，赴英护照系由英驻印高级专员签证，不归印政府办理。尼赫鲁还说：西藏为中国自治领土，英人所承认者为在西藏之宗主权。罗家伦说："自治领土非独立国家之谓，西藏之自治权以中国宪法所赋予者为限。"

尼赫鲁表示印政府不会继续英国政策。

西藏"商务考察团"要去美国，必须得到美国驻中国的大使签证。所以夏格巴一行于1948年二月到达南京。国民政府也不同意这个"西藏商务考察团"到英美等国去"考察"，所以不给他们发护照。但夏格巴在南京与美国驻华大使司徒雷登秘密商妥，由美国驻香港的总领事在西藏自制的"护照"上签证，于是年七月七日飞抵美国旧金山，夏格巴就向新闻界发表谈话谓："此行来美，拟与美方谈判，以西藏牦牛尾交换美国机器，并拟往美京谒见美总统。"又说："西藏与中、苏、印毗邻，若予一国以特权，势难不予其他二国，故只得对三国一律排斥，但希望与美国建立更优良之关系"等语。夏格巴居然把西藏与中国、苏联、印度并列，实际上就是把西藏说成是中国之外的另一"独立国家"。

当时国民政府外交部以美国驻香港总领事事先未征询我国政府意见，即行签证西藏政府自发证件，不但违反国际通例，并有损我对藏主权，乃由叶次长于七月十二日向美驻华大使馆提出下述口头声明与质询：

（一）西藏当局对外无独立办理外交之权，其所发旅行证件，不能替代中国护照；

（二）夏格巴等在美无权与美政府洽商事件；

（三）美驻香港总领事于发给夏格巴等入境签证前，何以并未通知我驻香港郭特派员；

（四）美政府对于西藏素以承认中国之主权为原则，此次接受西藏地方当局所发证件，中国政府颇为诧异，如此非美驻港总领事私人之错误，是否为美政府变更其对西藏态度之表示，此点盼美政府予以说明。

美国驻华大使馆人员答称："美国向来承认中国在西藏之主权，且美国亦无变更其对西藏立场之意。至所询各点向国务院查明后再答复云云。"

当时国民政府发电驻美大使顾维钧，要他把国民政府对这个"商务考察团"的态度转告美国政府。顾维钧就找美国国务卿马歇尔转达了国民政府的态度。马歇尔回答说："美对西藏，拟完全尊重中国意见办理。"

所以后来夏格巴要见美国总统，顾维钧说此事要由中国大使馆与美方交涉，并由顾维钧陪同夏格巴谒见美国总统。夏格巴后来通知顾维钧，他们决定不见美总统，所携函件照片，由美国国务院转递。顾维钧曾问函件是何内容，夏格巴答复说："奉达赖喇嘛之命，函件须面递。"不肯告诉内容。是年八月九日，夏格巴一行赴纽约，待了三个多月，于十二月一日乘英船"伊丽莎白皇后号"赴法国，在法停留一星期转往英国，到达伦敦时，受到英方的特殊接待，并拟谒见英国首相与英皇。国民政府驻英大使郑天锡向英国外交部提出抗议。据郑天锡向外交部的报告说：当时英外交部常务次长借口："英与西藏曾签有拉萨协定，向有往来，故对之不能不加以礼遇。……当注意我方交涉各点，并允与政府再作商讨，惟不能允前议有所变更。"最后表示"该团拜会绝无政治作用"。"西藏考察团"来英国前，曾在南京英国大使馆予以签证。国民政府驻英大使馆段参事曾到英外交部，责以英大使馆不应签证。对方答复说："依英国惯例，对于国籍不明者如请求签证，不需要当地政府之护照，只需其本人之宣誓书即予以签证"。段参事当驳以"西藏为中华民国领土，绝非国籍不明者可比。对方无言以对，仅云事已如此，微示歉意"！

该"考察团"在英国停留了约二十天，又经法国赴瑞士，停五天，又到意大利首都罗马，由那里乘飞机回到印度孟买，然后返回拉萨。这次"商务考察团"的目的，本想在外交上获得美国和英国承认西藏是"独立国家"。但是当时中国政治形势已发生了巨大变化，全国解放即将到来，美英帝国主义者虽然暗中支持西藏亲帝分离势力大搞独立活动，但考虑到中国政治形势，也未敢公开表示支持。

1949年国内政治、军事形势继续发生重大变化，国民政府迁到广州。这时西藏亲帝分离势力预感到对他们更加不利，竟干出了所谓的"驱汉事件"。黎吉生著的《西藏简史》中说："1949年七月，西藏政府要求中国驻拉萨的官方代表团和一些商人离开西藏。……西藏人害怕的是，假如代表团的一些人员，即使不是全部，仅仅为了他们的饭碗而效忠于毛泽东的话，那么，西藏就面对着一个在拉萨的共产党的据点了。"

土丹旦达写的回忆录说："黎吉生把西藏'外交局'局长札萨柳霞·土登塔巴，札萨索康·旺钦次登叫去，出主意说：拉萨有许多共产党的人，留他们在这里，将来就会充当内应，把解放军引进来。两个札萨马上把此事报告了噶厦和摄政，就发生了'驱汉事件'。"①

陈锡璋写的回忆录说：

> 1949年七月八日，噶厦派员请我去有要事面谈。我去到那里，在座的有三噶伦，即然巴、索康和噶雪巴，还有基巧堪布。由首席噶伦然巴首先发言，大意是共产党和国民党内战甚烈，国民党的军队或官员走到哪里，共产党就追到哪里，藏政府对贵处人员的安全，实在不敢负此重责。现在西藏民众大会决议，西藏政府对国民政府暂时断绝政治关系，而宗教关系还是存在的。请你并转告其他机关准备于两星期之内启程赴印，噶厦已派定一名乃兴（引导员）和一名代本（军官），带领军队妥为照料和护送至印度边境。……我说，我即电蒙藏委员会请示，俟得复电，当再答复。然巴说：国民政府方面，噶厦已直接去电通知，你不必再行去电，现在所有电报邮件均已封锁，你也无法通信了。……我由噶厦出来，时已傍晚，只见办事处和我的住宅均有藏兵把守，同时交通部无线电台亦为藏兵把守，并由噶厦派员将发电机拆卸。②

噶厦于1949年七月九日向国民政府代总统李宗仁发了一封电报，主要是说："西藏僧俗大会特请中国代表及随员、无线电报员、学校教员、医院工作者及一切其他可疑之人，必须在规定期内，各自返回其原籍，以免妨碍现在中国与西藏间之法主与檀越关系。"

国民政府当即回了一份电报，予以驳斥。电文内称："此次噶厦既无事实根据，复未来电呈报，竟片面通知各该驻藏人员全体撤退，于法于理，殊多未合前议。迅再通知该驻藏人员仍回拉萨执行任务，以保持中央与西藏之固有关系，并对在藏汉民特加保护，是为至要。"

噶厦对国民政府来电置之不理，催促驻藏办事处全体人员，再加上国防部保密局的全部特务及其家属，共约二百余人，分三批前往印度。第一批七

---

① 土丹旦达：《关于和平解放西藏办法的协议签订前后》（《西藏文史资料选辑》，纪念西藏和平解放三十周年专辑）。

② 陈锡璋：《西藏从政纪略》（《西藏文史资料选辑》第三辑）

月十一日启程,第二批七月十七日起程,第三批七月二十日启程,藏军一直押解至西藏与印度边界。

五、新华社发表关于西藏问题的社论

对于这次"驱汉事件",中国共产党通过新华社于1949年九月三日发表了一篇社论,题目是:《决不允许外国侵略者吞并中国的领土——西藏》。全文如下:

> 七月八日西藏地方当权者驱逐汉族人民及国民党驻藏人员的事件,是在英美帝国主义及其追随者印度尼赫鲁政府的策划下发动的。英、美、印反动派勾结西藏地方反动当局举行这个"反共"事变的目的,就是企图在人民解放军即将解放全国的时候,使西藏人民不但不能得到解放,而且进一步地丧失独立自由,变为外国帝国主义的殖民地奴隶。这一个阴谋事变和最近美帝国主义妄图吞并台湾的阴谋是同出一辙。一百多年来英美帝国主义就一贯地图谋侵略和吞并西藏。英帝国主义在1860年首先侵占了西藏的外藩哲孟雄。1888年和1904年又两度发动过侵略西藏的战争。美帝国主义自第二次世界大战结束之后,亦积极图谋侵略西藏。美帝国主义曾派遣间谍到西藏活动,力图经过西藏的若干上层分子,取得对西藏的实际统治权。中国人民对于英、美、印侵略者的侵略活动,早已密切注意,而且深深地记住了他们与中华民族为敌的罪行。
>
> 英、印反动派为了吞并西藏,竟敢妄想否认西藏是中国领土的一部分,这是侵略者在白昼说梦话。任何人找遍中外公开出版的地图和关于中国内政外交的文件也无法找出任何的根据。西藏是中国的领土,西藏民族加入中国各民族大家庭,与汉族及中国境内其他民族发生兄弟的关系,已有悠久的历史。西藏民族与汉族及中国境内其他各民族的友谊,曾经受过英、印侵略者和汉藏两族反动分子的损害。但是西藏的爱国人民正在逐步认识到,毛泽东的新民主主义及中国共产党和中国人民解放

军扶助少数民族的政策，乃是西藏人民的救星。中国的任何少数民族与汉族人民的分裂，必将沦为帝国主义国家的殖民地奴隶，西藏人民是决不愿做殖民地奴隶的，他们在1888年和1904年两次英勇抗击英帝国主义的侵略，就是最好的证明。

这次英、印侵略者唆使西藏地方当局，以"反共"作为借口，发动变乱，企图浑水摸鱼，更是极端冒险的蠢事。不错，国民党反动派是应该从中国领土上驱逐和消灭的，但是中国人民自己在中国共产党领导下所进行的革命斗争，与任何外国无干，与任何反共分子无干，中国人民已经在很大部分的土地上消灭了国民党反动势力，而且不久的将来，就会在全部国土内把他们扫荡得干干净净。中国共产党是中国劳动人民的政党，是中华人民共和国的领导者，全中国人民都公认和信赖中国共产党的这种领导地位。在今天，谁要反对中国共产党，谁要反对中国人民解放军，谁就要冒和国民党一样被扫灭的危险。中国共产党是主张少数民族的自治，尊重各民族的宗教信仰、文化习惯的，凡是知道内蒙古解放区和甘肃已解放的回民区情形的人，已经不再有怀疑了。外国侵略者在西藏散布反共的谣言，借以欺骗恐吓西藏当局，其目的是想使他们陷于极端危险的地步，这难道还不明白吗？

中国共产党所领导的四百余万中国人民解放军必须解放中国各民族，即不但解放汉族人民，而且解放中国境内各少数民族人民。中国人民解放军已经解放了大多数汉族人民和内蒙古人民，正在解放回族人民，并即将解放藏族和西北、西南、华南其他各族人民，使他们永远摆脱帝国主义和国民党的压迫和穷困悲惨的地位。中国人民解放军必须解放包括西藏、新疆、海南岛、台湾在内的中国全部领土，不容一寸土地被留在中华人民共和国的统治以外。西藏是中国的领土，绝不允许任何外国侵略；西藏人民是中国人民的一个不可分离的组成部分，绝不允许任何外国分割。这是中国人民、中国共产党和中国人民解放军的坚定不移的方针。任何侵略者如果不认识这一点，如果敢于在中国领土上挑衅，如果敢于妄想分割和侵略西藏和台湾，他就一定要在伟大的中国人民解放军的铁拳之前碰得头破血流。我们警告这些侵略分子立即在西藏和台湾的面前止步，否则他们就必须担负他们这种行为所引起的一切后果的全部责任。

六、十世班禅致电毛泽东

1949年十月一日,成立了中华人民共和国中央人民政府,毛泽东担任了主席。中国人民解放军于九月间解放青海后,十世班禅即派计晋美向中国人民解放军接洽,表示热忱的欢迎和拥护。十月一日,十世班禅致电毛主席和朱总司令:

> 北京中央人民政府主席毛,中国人民解放军总司令朱钧鉴:钧座以大智大勇之略,成救国救民之业,义师所至,全国腾欢。班禅世受国恩,备荷优崇,二十余年来,为了西藏领土主权之完整,呼吁奔走,未尝少懈。第以未获结果,良用疚心。刻下羁留青海,待命返藏。兹幸在钧座领导之下,西北已获解放,中央人民政府成立,凡有血气,同声鼓舞。今后人民之康乐可期,国家之复兴有望,西藏解放,指日可待。班禅谨代表全藏人民,向钧座致崇高无上之敬意,并矢拥护爱戴之忱。班禅额尔德尼叩。十月一日。

1949年十一月二十三日,毛主席和朱总司令给班禅复电如下:

> 接读十月一日来电,甚为欣慰。西藏人民是爱祖国而反对外国侵略的。他们不满意国民党反动政府的政策,而愿意成为统一的富强的各民族平等合作的新中国大家庭的一分子。中央人民政府和中国人民解放军必能满足西藏人民的这个愿望。希望先生和全西藏爱国人士一致努力,为西藏的解放和汉藏人民的团结而奋斗。

为了争取西藏的和平解放,中央决定从西北和西南派人入藏,劝说噶厦派员前来北京进行和平解放的谈判。1950年,西北军区就组织了一个"劝和代表团",由十四世达赖的大哥当采活佛任团长,夏日仓活佛和先灵活佛为副团长,迟玉锐为秘书,带十五瓦电台一部,机要员和报务员三人。该团共由八人组成,于1950年七月自西宁出发,到达西藏那曲即被噶厦官员扣留,并将电台与自卫手枪没收。在那曲滞留了四十余日后,噶厦准许当采活佛等人前往拉萨，而派藏军一个班，押解迟玉锐等四个汉族干部前往山南乃东宗，在那里加以软禁。当采本人与十四世达赖晤面后即赴印度。其他成员仍留在拉萨①。

西南军区于1950年六月派遣格达活佛入藏进行劝说工作，行至昌都被阻。

格达活佛法名洛桑丹增扎巴，1903年生于西康甘孜县白利乡一户藏族农民家中，三岁时，被认定为白利寺前世活佛"转世"的"灵童"，迎至白利寺"供养"。19岁去拉萨学经，曾见过十三世达赖喇嘛。1935年，红军北上抗日，二、四方面军在甘孜建立了博巴政府②，格达活佛当选为博巴政府的副主席。在格达活佛影响之下，白利寺送给红军青稞134石，豌豆22石，马15匹，牦牛19头。红军北上后，格达活佛又通过他的关系，使红军伤病员3000余名得到妥善安置。1949年十月一日中华人民共和国成立时，格达活佛和当年和他一起参加过博巴政府的夏克刀登、邦达多吉，派人到北京向毛主席致敬。1950年六月西南军政委员会成立，格达活佛被任命为西南军政委员会委员并兼任西康省人民政府副主席。当时全国政协特邀格达活佛前去北京参加全国政协会议，但他为了早日争取西藏的和平解放，决定先去拉萨，向十四世达赖与噶厦进行劝说工作，要他们早日派代表团来北京谈判。格达活佛于1950年七月十日离开甘孜，七月二十四日到达昌都，即被藏军阻挡，不得前往拉萨。格达活佛于1950年八月十三日去找英国驻"昌都电台台长"福特，想通过他打电报给噶厦，福特表示可以，并送茶给格达活佛喝，格达喝茶后，即感到不适。藏方把格达活佛软禁起来，不准随从人员接近。八月二十一日，噶厦驻昌都总管拉鲁派医生前来"诊治"，付药一剂，格达活佛服药后，即不能言语，次日（八月二十二日）突然逝世，享年四十七岁。藏方即将格达活佛尸体火化，将其随行人员押送拉萨。西南军政委员会闻悉格达活佛逝世的消息后，于1950年十一月二十五日在重庆市举行了隆重的追悼大会，参加者八百余人，邓小平、王维舟、李达、张际春、梁聚五等亲临会场致哀，《新华日报》发表了社论，题目是《西藏一定要解放——悼念格达

---

① 西北派来的"劝和代表团"的迟玉锐等四个同志，1951年二月二日，噶厦始允许他们到达拉萨，并发还了被没收的电台和自卫手枪。这时昌都早已解放，十四世达赖和噶厦已派"西藏地方政府代表团"前往北京，举行和平解放西藏的谈判。迟玉锐是由中央军委联络部派出的，他们四人是西藏和平解放前第一批到达拉萨的中国人民解放军的干部。后来，中央军委联络部由于迟玉锐在"劝和代表团"的工作中立场坚定，给他记了大功一次。

② 博巴是藏族的自称。

活佛》。西南军区司令员贺龙写的悼词中,赞扬格达活佛"生的伟大,死的光荣"。西南军政委员会主席刘伯承送的挽联是"具无畏精神,功烈允垂民族史;增几多悲愤,追思应续国殇篇"。西藏和平解放以后,格达活佛的骨灰才送回白利寺。

鉴于西北、西南入藏劝说工作都行不通,西藏亲帝分离势力气焰还十分嚣张,在昌都地区集中了十个代本的兵力,约八千余人,加上征调的民兵,据说有两三万人,决心阻止中国人民解放军进驻西藏。党中央乃决定从四川、云南、青海和新疆同时向西藏进军,而以张国华为军长、谭冠三为政委的第十八军为进军西藏的主力部队,目标首先是彻底消灭集中在昌都的藏军主力,解放昌都,把西藏亲帝分离势力的反动气焰打下去,才能谈到西藏的和平解放。

十八军为了围歼昌都之敌,作了周密的战略部署,分为北中南三路,北路由邓柯渡金沙江,经过青海八汤草原,与西北军区的骑兵支队会合,向南经类吾齐直达恩达,切断昌都之敌向西退路。南路由康定经理塘、巴塘,占领宁静①,然后再向西北经八宿直达恩达,与北路解放恩达之部队会师,形成对昌都的大包围圈。主力部队则从中路由甘孜直扑昌都。

1950年九月,北、中、南三路同时到达前线。北路由五十二师一个步兵团和西北军区骑兵支队组成,由五十二师副政委阴法唐和一五四团团长郄晋武指挥,九月二十一日自邓柯渡过金沙江,经过青海八汤草原,直达囊谦,与西北军区孙巩支队长领导的骑兵支队会师,十月十八日占领了恩达,切断了昌都敌人的退路。十一月十日继续西进,十一日夺取了嘉玉桥,次日攻占了洛隆宗,全歼守敌,七代本普隆·札巴次登被我军俘虏。

南路由五十三师之一五七团、师炮兵连、工兵连组成,由五十三师副政委苗丕一指挥,于十月十一日进抵宁静时,驻守该地的藏军第九代本在德格·格桑旺堆的率领下起义,十月十八日致电西南军政委员会主席刘伯承,恳转毛主席并朱总司令。电文中说:

> 西藏人民在帝国主义及反动当局的长期统治压迫下,深受痛苦,无法解脱。解放军这次进军西藏的目的,已由各地亲友来信知悉,是为帮助西藏人民从帝国主义侵略势力下解放出来,使西藏人民回到中华人民

---
① 现名芒康。

共和国的大家庭来。……因此，我们毅然脱离反动阵营，回到自己的大家庭里来，与解放军携手为解放西藏人民而奋斗。目前更希望所有西藏官兵速与解放军合作……务盼勿走歧路。

当天，刘伯承就给格桑旺堆拍了回电。内称：

> 你们深明大义，毅然举起义旗，站到人民方面来，使宁静得以和平解放，人民生命财产免遭无谓的伤亡和损失，闻讯之余，甚为欣慰，特电慰问。并希力求进步，以自己的模范行动，号召藏军官兵站到中华人民共和国祖国的大家庭中来，积极协助人民解放军胜利解放西藏。

第九代本的起义，给聚集在昌都地区的藏军官兵精神上很大的打击，呈现土崩瓦解之势。南路我军乘胜前进，于1950年十月十九日进至左贡、田拖、帮达一带。

中路为十八军五十二师主力，由一五五团、一五六团军炮兵营组成，由五十二师师长吴忠指挥，十月五日亦自邓柯渡江，是为进攻昌都的主攻部队。另由军侦察营、工兵营、五十四师炮兵连组成一支佯攻部队，由岗拖强渡金沙江，把敌人的主力吸引到自昌都至岗拖这一条战线上来，使昌都防务陷于空虚。这支佯攻部队亦于十月七日自岗拖渡江，驻守在岗拖的敌军组织严密的火网阻挡我渡江部队，经过两个多小时的战斗，守敌才向昌都逃跑。

这时由邓柯渡江的五十二师主力部队于十月十四日到达生达，守敌第三代本全部被歼灭。为了防止昌都之敌西逃，一面命令郄晋武率领迁回的部队与西北军区骑兵支队迅速抢占恩达，断敌西退之路；一面令一五六团九连为先遣部队，以急行军的速度，十月十九日上午进抵昌都，占领了昌都城东的山头，控制了整个市区。昌都守敌见大势已去，只好放下武器投降，昌都获得解放。

在昌都解放之前，噶厦派驻昌都的总管率领藏军2600余人，向西逃窜，当他们到达恩达时，受到解放军的阻击，不能前进，乃折向南，躲进了拉贡拉以东的竹角寺山沟里。当五十二师参谋长李明率领骑兵支队和一五四团二营的部队于十月二十一日到达竹角寺时，发现敌人正在森林中进行祈祷，我军迅速占领有利地形，将敌人全部包围起来，并用藏语向敌人喊话，宣传我党我军的政策。在我军强大政治攻势与军事压力之下，昌都逃敌2600余人和英印特务均放下了武器，向我人民解放军投诚。

昌都战役从我军发起进攻之日算起，历时18天，经过大小20余次战斗，全歼敌第三、第八、第十等三个代本，大部或部分歼灭敌第二、第四、第七等三个代本，起义有一个代本（第九代本），共消灭敌军500余人，生擒四品以上军官20余人。此外，还俘虏英国人两名，印度人两名。我军除将四品以上军官及英印特务加以看管外，其余俘虏全部当场释放，对持枪投降者，发路费大洋五元，空手投降者发路费大洋三元，个人的东西全部发还，有眷属的还带走了自己的马匹。

七、西藏和平解放

昌都解放以后，根据中央制定的少数民族地区实行民族区域自治的政策，成立了昌都地区人民解放委员会。解委会既不同于军事管制委员会，也不是正式的区域自治政府，它是实现西藏民族区域自治雏形的政权组织。这个政权组织在我党领导下吸收藏族各界代表人士参加，由王其梅任主任，阿沛·阿旺晋美、帕巴拉·格烈朗杰、帮达多吉、呼图克图罗登协饶、降央白姆、平措旺杰、格桑旺堆、惠毅然为副主任。向昌都、察雅、江达、拉多、贡觉、洛隆、硕督、类吾齐、邓柯、八宿、三岩、左贡、宁静等十三个宗派出了军代表，扩大了反帝爱国统一战线的阵营。

为了配合昌都战役，进驻云南的第十四军四十二师一二五团和一二六团，向西康南部藏军驻守的察隅和盐井同时进军，一二六团在师政治部副主任王杰敏指挥下，于1950年八月十五日从丽江出发，经贡山、察瓦陇，十月一日解放了察隅。一二五团也同时解放了盐井。

为了解放西藏，新疆军区组织了骑兵独立师，1950年八月一日，该师派了一个先遣队，自南疆和田向西藏极西部的阿里地区进军。新疆军区司令员王震自乌鲁木齐远道前来和田，欢送先遣队出发。这个先遣队由汉、藏、蒙、回、维吾尔、哈萨克、锡伯等七个民族的135名战士组成，由连长李狄三指挥，经过将近一个月的时间，才到达阿里改则宗，噶厦驻阿里的噶本态度十分傲慢，要求解放军退出阿里。经过李狄三义正辞严地驳斥后，才在我方提出的四条协议上签了字。新疆军区为了表彰先遣队的功绩，授予其"英雄连"的称号。1951年五月二十一日，骑兵独立师的后续部队在安志明率领下到达阿里，与先遣队会师，五月二十九日进驻阿里重镇噶大克，阿里地区全部解放。

昌都解放以后，英帝国主义者在西藏的代表团团长黎吉生，还唆使西藏亲帝分离势力向联合国提出"控诉"。据土丹旦达写的回忆录讲："当时，里查逊（即黎吉生）给他们献计说：不能坐喊西藏独立，应当向联合国致信呼吁。在里查逊唆使下，打札便指示噶厦草拟了'西藏独立'宣言，然后由里查逊修改定稿，并译成英文，决定派遣嘉乐顿珠和夏格巴·旺秋德丹二人去联合国呼吁，请求支持。"①

黎吉生的《西藏简史》也说："夏格巴·旺秋德丹于1950年十一月七日到达美国纽约，向联合国递了控诉书，大意如下：'中国声称西藏是中国的一部分，与事实以及西藏人的感情根本矛盾。即使中国人不顾西藏人的反对，一定要追求他们的权利，也可以有其他方法，而不必诉诸武力。西藏人说中国人的进攻是明显的侵略。'"

黎吉生的《西藏简史》又说：夏格巴·旺秋德丹的"控诉书"交给联合国以后，英、美帝国主义者均不敢公开出面支持，而指使萨尔瓦多的代表建议联合国讨论西藏问题。苏联和国民党中国的代表"都反对讨论这个问题，认为西藏是中国不可分割的一部分"。英国代表则说什么"对实际情况的无所知和西藏的法律地位不肯定，建议延期讨论。印度代表支持英国的建议。美国代表也同意'搁置'。辩论当然不举行了"。1950年十二月二十一日，夏格巴·旺秋德丹又要求联合国"派一个事实调查团到西藏去。他们没有得到答复"。

昌都解放以后，西藏亲帝分离势力又在拉萨举行乃穷与噶东两位神汉"降神"，决定西藏的和战问题。据土丹旦达写的回忆录说："昌都解放的消息传到拉萨，打札等亲帝分裂主义分子惊恐万状，立即召开有摄政、噶伦、基堪、仲译、孜本和三大寺堪布参加的西藏全区大会，商量对策，但没有提出任何切实可行的办法。为此，便决定请求乃穷、噶东两神指示出路。

---

① 《土丹旦达回忆录》（《西藏文史资料选辑》，纪念西藏和平解放三十周年专辑）。

乃穷、噶东两寺跳神的神汉被迎至达赖与打札的寝宫以后，即由噶厦、译仓主要人员陪同请求。乃穷神汉跳演了一阵后，只泛泛说了些要竭诚礼拜，多念经文，方能保民平安之类的话，而对噶厦、译仓提出的为确保西藏政教兴隆，对下一步战和两举哪种为上，应由谁掌管全藏大权等等实质性的问题，没作出任何回答。……噶东神汉跳了一阵后……他便伏跪在达赖喇嘛面前，作出要哭的样子说：达赖喇嘛是全体僧俗人民的智慧和至宝，只要你亲自掌握政权，就能给西藏众生带来幸福。这时，在座的摄政打札脸色惨白，神态异常。……过了十多天，打札才提出辞去摄政职务。……根据上述情况，噶厦再次召开西藏全区大会，公布了乃穷、噶东'二护法神'的预示和打札的辞职请求，并说明准备请达赖喇嘛亲政……终于获得了达赖的同意。"

"1950年藏历十月八日，达赖喇嘛举行亲政典礼。亲政以后，达赖当即写信给毛主席说：在我尚未成年之时，发生了汉藏冲突的事情，甚感痛心。如今西藏僧俗人民同声呼吁请我亲政，实难推卸责任，不得已于藏历十月八日亲政，盼望毛主席关怀，施恩于我本人和全体西藏人民。"

"在此之前，噶厦曾派索苏·旺青次旦、仲译钦保·群培土登二人去联合国，敦促答复前去之信件。……仲译钦保·群培土登经印度返藏时，在新德里会见了（中华人民共和国）驻印大使袁仲贤，袁大使向他转交了毛主席祝贺达赖喇嘛亲政的一封信，大多数官员看到后深为感动，逐渐放下心来。大家认为，一味依赖外国，至今一无所获，纯属幻想而已，还是依靠祖国，争取和平解放，才是最好的出路。经过多次讨论、协商，终于达成较一致的意见，决定派代表赴京谈判。"应该承认，十四世达赖亲政后，主动向毛主席打电报，毛主席回电，在西藏和平解放事业中具有巨大的历史意义。

在西藏派出和谈代表团之前，藏历十一月十一日，达赖喇嘛任命大堪布罗桑扎西和仔本鲁康娃·泽旺饶登二人为司曹（代理摄政），主持西藏地方政府日常工作，达赖喇嘛本人则迁往亚东。所以派遣和谈代表团的决定是在亚东作出的。决定任命阿沛·阿旺晋美为代表团团长，团员有堪穷·土登列门、第二代本桑颇·登增顿珠，与阿沛同由陆路经四川前往北京；又派马基凯墨·索南旺堆和土丹旦达为和谈代表，翻译为彭措札西、萨都仁青，四人由印度经海道前往北京。西藏和谈代表团于1951年四月二十二日到达北京，即与中央人民政府的代表团团长李维汉、团员张经武、张国华、张志远开始进行和平解放西藏的谈判。

这时，寄居青海塔尔寺的十世班禅及堪布会议厅的主要官员，为了向中央提出他们的要求，亦于1951年四月二十七日到达北京。受到中央人民政府的热烈欢迎，班禅行辕设在北京西郊的畅观楼。

中央人民政府的代表团与西藏地方政府的代表团很快在一切重大问题上达成了协议，如西藏回到祖国大家庭中来，协助人民解放军进驻西藏，西藏人民有实行区域自治的权利，西藏现行的政治制度不变，各级官员照常供职，实行宗教信仰自由，保护喇嘛寺庙，有关西藏的各项改革事宜，中央不加强迫，西藏地方政府应自动进行改革，等等。

关于班禅回藏问题，也达成了协议，班禅额尔德尼的固有地位及职权，应予维持。并说明达赖喇嘛与班禅额尔德尼的固有地位及职权，系指十三世达赖与九世班禅和好相处时的地位及职权。

1951年五月二十三日，在中南海勤政殿举行了中央人民政府和西藏地方政府关于和平解放西藏办法的协议签字仪式，由副总理陈云主持，参加仪式的有董必武、郭沫若、黄炎培、陈叔通、聂荣臻、彭真、马叙伦、章伯钧、谭平山、张奚若、许德珩、兰公武、张志让、龙云、沈雁冰、乌兰夫、傅作义、李书城、李四光、叶季壮、朱学范、刘格平、贺诚、赛福鼎等。班禅堪布会议厅的代表拉敏·益喜楚臣、计晋美、纳旺金巴也参加了签字仪式。首先由中央人民政府代表签字，继由西藏地方政府代表签字。签字毕，李维汉和阿沛·阿旺晋美先后致词，然后由朱德总司令讲话。签字仪式极为庄严。

五月二十四日下午四时，班禅额尔德尼率领堪布会议厅全体官员，向毛主席致敬。班禅献给毛主席的礼物中，有红缎锦旗一面，上面用汉藏两种文字写着："中国各族人民的大救星。"另有镶嵌"毛主席万岁"的金盾一座，藏制铜佛一尊，银满札一全套，此外尚有金丝缎、鹿茸、麝香、藏红花、各种氆氇等共计礼品90余件。

同日下午四时半，以阿沛·阿旺晋美为首的西藏地方政府和谈代表团，向毛主席和朱总司令致敬，献给毛主席和朱总司令的礼品计有达赖喇嘛的相片、西藏沙金、藏香、各种哔叽和氆氇等共30余件。

参加这两次献礼的有朱德、李济深、董必武、陈云、黄炎培、陈叔通、李维汉等各部门首长、各民主党派、各人民团体负责人共百余人。

五月二十四日晚上，毛主席举行了庆祝西藏和平解放协议签订的盛大宴会，参加者有180余人。班禅额尔德尼·确吉坚赞、阿沛·阿旺晋美都出席了宴会。毛主席在宴会上发表了重要讲话，他说："几百年来，中国各民族之间是不团结的，特别是汉民族与西藏民族之间是不团结的，西藏民族内部也不团结。这是反动的清朝政府和蒋介石政府统治的结果，也是帝国主义挑拨离间的结果。现在，达赖喇嘛所领导的力量与班禅额尔德尼所领导的力量与中央人民政府之间，都团结起来了。这是中国人民打倒了帝国主义及国内反动统治之后才达到的。这种团结是兄弟般的团结，不是一方面压迫另一方面。这种团结是各方面共同努力的结果。今后，在这一团结基础上，我们各民族之间，将在各方面，将在政治、经济、文化等一切方面，得到发展和进步。"

西藏和平解放协议签字后，班禅和堪布会议厅于1951年五月二十八日发表了声明，表示热烈拥护。声明中说："中央人民政府和西藏地方政府关于和平解放西藏问题，已经取得圆满的协议，西藏民族从此摆脱了帝国主义的羁绊，回到了伟大祖国大家庭，中国各族人民都为这一重大事件而欢欣鼓舞，我们是西藏民族，因而有着更加难以言喻的兴奋。……事实证明，这一庄严的历史任务，只有在中国共产党、毛主席的领导下，才能胜利地完成。……为了西藏民族的彻底解放和发展，为了巩固和发展中国人民的胜利，我们今后坚决拥护毛主席的领导，拥护中央人民政府和中国共产党的领导，为正确执行全部协议，为西藏民族与中国各民族的团结和西藏民族内部的团结而奋斗。"

1951年五月三十日，十世班禅主动给十四世达赖发了一封表示祝贺的电报。电文中说："在您亲政之日……派遣了自己的代表来中央谈判，并签订了关于和平解放西藏的协议……这是我们西藏民族僧俗人民的伟大胜利，班禅愿竭绵薄，精诚团结，在中央人民政府和毛主席的英明领导下，协助您和西藏地方政府彻底实行协议，为和平解放西藏而奋斗。特电致贺，并衷心地表示我们对您的敬意。"

1951年七月十九日（藏历），十四世达赖复电十世班禅，电文中说："五月三十日来电，此间于藏历六月四日接悉。甚慰。……至于此间我卜卦所得良好征兆，您确是前辈班禅化身。决定后已经公布札什伦布讫。并届时已由卓木（亚东）去电知照北京西藏代表阿沛噶伦矣。现在希望您即速启程回寺，所经道路决定后希先来电为荷。达赖佛于罗布林卡。"

这是十三世达赖与九世班禅失和以后，第一次彼此以友好的态度发生的联系。按旧规旧例，达赖、班禅"圆寂"后，他们"转世"的"灵童"，必须经过彼此承认，在宗教上才算合法。这封电报中，达赖首先宣布卜卦的结果是十世班禅"确是前辈班禅化身"，这就是表示承认。

1951年九月五日（藏历），十四世达赖又致电十世班禅："西藏地方政府已决定派遣堪穹美多江赛、任木西喀纳，及哲蚌、色拉、甘丹三大寺堪布总代表即日出发，前趋迎接。并指令西藏地方武装驻黑河之贾当（第五代本）之烟日营士兵一百人，当您进入藏境后，负责担任警卫。请您准时迅速启程，实为感盼。"

1951年十二月，达赖和三大寺派遣的欢迎代表到达塔尔寺，并通知堪布会议厅，班禅进抵西藏境内时，已令沿途百姓支应乌拉。班禅当即复电达赖，表示感谢，并通知达赖，已决定于藏历铁兔年十月十七日（1951年十二月十九日）自西宁启程。

西藏和平解放的协议签字后，西藏谈判代表团仍分为两路返回西藏，阿沛·阿旺晋美、堪穹·土登列门、桑颇·登增顿珠仍由陆路经四川、西康返藏，张国华也同他们一同进藏。凯墨·索南旺堆、土丹旦达、翻译彭措札西、萨都仁青等仍由海道经印度返藏，中央代表张经武也同他们经海道一同进藏。这一路于1951年七月十四日到达西藏亚东，七月十六日，中央代表张经武在亚东东噶庙与十四世达赖见了面，张代表向达赖交了毛主席的亲笔信，达赖也问候毛主席健康。达赖说：阿沛在藏历六月十五日前可到拉萨，并携带协议正本，那时再与噶厦讨论一些问题。达赖又说，他准备于藏历十八日回拉萨。

1951年七月二十一日，达赖自亚东启程，八月十七日回到拉萨。中央代表张经武一行则提前于八月八日到达拉萨，在接官厅欢迎中央代表的有司曹代表噶伦拉鲁·才旺多吉、噶章·洛桑仁增等噶厦官员多人。藏军二代本500人吹号脱帽致敬。印度驻西藏使团新团长沈叔美（接黎吉生职务之人）和尼泊尔商务代办也前来欢迎，原西北军区"劝和代表团"的秘书迟玉锐，也参加欢迎。拉萨藏族同胞艳服丽装，满街满巷，一片节日气氛。

1951年十月二十六日，由张国华、谭冠三率领的中国人民解放军第十八军直属部队进驻拉萨，参加了噶厦举行的欢迎大会。拉萨全城红旗招展，锣鼓喧天，哈达纷飞，歌舞翩跹。十八军先遣支队留一个营驻拉萨，主力继续前进，于十一月十五日同时在江孜和日喀则举行了入城仪式。十一月二十五日，我军派十八军五十二师一五四团参谋长赵衍祥率领一个步兵连和骑兵侦察连，押送在昌都俘获的英国特务福特等人到藏印边境的雄丕拉，办了驱逐出境的手续。

1951年九月十一日，西藏和谈代表团的首席代表阿沛·阿旺晋美一行返回拉萨，即正式向达赖和噶厦汇报了在北京与中央人民政府的代表团举行和平谈判的详细情况，汇报了十七条协议的详细内容。经过西藏全区大会讨论后，达赖于十月二十四日致电毛主席，对十七条协议表示拥护。电文中说："已于1951年五月二十三日签订了关于和平解放西藏办法的协议。西藏地方政府及藏族僧俗人民一致拥护，并在毛主席及中央人民政府领导下，积极协助人民解放军进藏部队，巩固国防，驱逐帝国主义势力出西藏，保卫祖国领土主权的统一。谨电奉闻。"两天以后，毛主席复电达赖，全文如下：

达赖喇嘛先生：

你于一九五一年十月二十四日的来电，已经收到了。我感谢你对实行和平解放西藏协议的努力，并致衷心的祝贺！

毛泽东　　一九五一年十月二十六日

但是西藏亲帝分离势力是不甘心他们的失败的，秘密组织了伪"人民会议"，后台就是代理摄政（司曹）鲁康娃·泽旺饶登和罗桑札喜。发展到1952年三四月时，噶厦竟暗中命令拉萨附近各宗，不准藏族群众给解放军卖粮、肉类与燃料，伪"人民会议"则欺骗一部分不明真相的藏族群众，包围了中央代表张经武的住宅，公然提出要解放军"退出西藏"。

张国华在他写的《十八军进藏纪实》中说："在黑云压城城欲摧的时候，我们一面命令进驻到山南地区的一支部队迅速赶来拉萨；一面召见了当时西藏地方政府的实际执政者鲁康娃·泽旺饶登和罗桑札喜。……鲁康娃见了我们第一句话就说：张司令，饿肚子比打败仗要更难受吧？我问他看到和平解放西藏办法的协议没有？……他……不作回答。"[①]

但是，正如李维汉在《西藏民族解放的道路》一文中所指出的："一九五二年三四月间发生了伪人民会议事件。他们策动和组织部分藏军、喇嘛、流氓等，在拉萨进行请愿和武装骚乱，包围中央代表驻地和噶伦阿

---

① 张国华：《十八军进驻西藏纪实》（《西藏文史资料选辑》第二辑）。

沛·阿旺晋美的住宅，反对和平协议，妄图趁人民解放军进藏不久，立足未稳，把我军赶出西藏。但是，他们做得太过分了，以致输光了道理，使西藏地方政府当局也不能不承认伪人民会议是非法的。经过有理、有利、有节的斗争，达赖喇嘛出布告宣布解散了伪人民会议，并撤销了暗中策动、支持伪人民会议的两个司曹的职务。"①

根据党中央"进军西藏，不吃地方"的方针，1951年冬到1952年春进藏部队和干部在拉萨西郊开办了"七一"农场与"八一"农场，自己开荒种粮食与蔬菜，争取驻拉萨的干部与部队的粮食与蔬菜自给自足。凡有条件的地方，都这样执行。

同时为了解决驻藏部队和干部的粮食与物资供应的困难，十八军的主力摆在从甘孜到昌都、波密一线，集中力量修筑康藏公路。西北军区也派出工程兵部队与民工协助，修筑由青海香日德经格尔木、那曲到拉萨的青藏公路。新疆军区也派出工程兵部队与民工协助，修筑由南疆叶城越昆仑山到达西藏阿里地区噶大克的新藏公路。

进藏部队还抽出一定的干部，大力开展上层的统一战线工作，向他们宣传十七条协议，宣传党的民族政策与宗教政策，争取他们站到反帝爱国统一战线中来。

进藏部队还抽出一定的干部，下乡做藏族群众的工作，给他们免费治病，发放无息农业贷款，在改善农奴的生活方面，能做多少就做多少。

所有这些，都是在中央指示的"慎重稳进"的战略思想指导下进行的。班禅及堪布会议厅的官员，于1951年初离开北京返回青海塔尔寺，立即着手返藏的各项准备工作。西北军政委员会根据中央的指示，任命范明为西北军政委员会驻班禅行辕的代表，我为助理代表，共同负责护送十世班禅及堪布会议厅官员等全体人员，安全返回札什伦布寺。我们接受任务以后，于1951年春同赴北京，与中央统战部部长李维汉共同研究了护送班禅回藏的许多重大问题，并请示周恩来总理，得到明确的指示。这时西藏地方政府也派堪穹·美多江赛和喀纳代本二人为代表，前来青海塔尔寺代表达赖和噶厦，欢迎班禅早日回藏。三大寺的欢迎人员也同时到达。

范明和我自北京回到青海后，即赴西宁塔尔寺，会晤了班禅和堪布会议厅

---

① 李维汉：《西藏民族解放的道路》（《西藏文史资料选辑》）。

的负责官员计晋美、拉敏·益喜楚臣等人，共同研究决定：班禅回藏拟分两批走，第一批，由范明和计晋美先到拉萨，与噶厦交换意见，对班禅回藏做好各种安排，特别是班禅一行到达西藏境内以后的乌拉供应事宜。第二批，由我率领一部分部队和干部，护送班禅大师及堪布会议厅所有官员及其眷属，以及班禅警卫营、医疗队、文工团等，一齐入藏。先到拉萨，然后再到札什伦布寺。

范明和计晋美第一批进藏人员共有干部和警卫部队560余人，民夫570余人（包括计晋美及堪布会议厅官员及其随从百余人），从香日德出发时有马1130余匹，骡子1700余匹，骆驼1300余峰，牦牛7000余头。于1951年八月一日从西宁出发，十二月一日到达拉萨，与十八军进藏部队胜利会师。全程共5000里，历时120天。

根据中央的指示，护送班禅大师及堪布会议厅全体官员、眷属的第二批进藏人员，定于1951年十二月从西宁起程，经过香日德、那曲而达拉萨。按照历史上流传下来的习惯说法："正二三，雪封山；四五六，雨淋头；七八九，正好走；十冬腊，学狗爬。"说明走这条路，时间性很重要。西北进藏部队第一批是八月起程的，正是好走的时间。而我们第二批要十二月起程，路上经过的时间，正好是"正二三，雪封山"的时间。这一期间，不仅沿途的草已枯黄，牲畜不能吃饱，而且要经过唐古拉山，如遇到"雪封山"，山上的雪有时达五六尺深，根本无法通过。

经我与班禅堪布会议厅的官员共同研究，决定自西宁出发的时间不变，路线则作两手准备，如遇不上"雪封山"的恶劣天气，就从唐古拉山直赴那曲；如不幸遇到"雪封山"，过不去，则拟绕道三十九族地区，路上多走一个多月，仍可到达那曲。为了做好可能遇上"雪封山"的最坏的准备，我们雇了3000多峰骆驼，7000多头牦牛，驮运足够的人粮马料和燃料。另外，堪布会议厅官员和眷属以及护送的干部和战士各准备马两匹，轮换骑乘。还有骡子200余头，驮了"架窝子"100副，供伤、病员使用。这样，就在"正二三，雪封山"的1951年十二月十九日，开始了护送班禅回藏的行程。十二月十八日，西北军政委员会副主席习仲勋特地从西安赶到西宁，代表毛主席，代表西北军政委员会，欢送班禅回藏。十二月十九日，在西宁城外举行了隆重的欢送仪式，青海省人民政府主席赵寿山、副主席张仲良、喜饶嘉措、马辅臣，青海省军区政委廖汉生等均参加了欢送仪式，参加欢送的还有塔尔寺喇嘛以及西宁市的各族群众近万人。

1952年二月间，护送班禅的第二批进藏人员到达唐古拉山，经派人侦察，山上积雪只有一尺多深，堪布会议厅官员认为可以通过，无须绕道三十九族。于是我们向全体进藏人员做了政治动员，大家精神上做好准备，争取用六天时间越过唐古拉山。这次与大自然的战斗，我们终于胜利了，按预定计划通过了唐古拉山，干部和民夫牺牲了十余人，骡马和牦牛死伤不多，只有骆驼遭到大批死亡的厄运，在唐古拉山的道路上，遍地都是骆驼的尸体。三千余峰骆驼，到了那曲只剩下一千余峰。

我们过了唐古拉山以后，就进入西藏境内的安多麦马部落的牧区，在这里遇到了达赖和噶厦派来欢迎班禅的人员，由一位堪穹和一位任木细为代表，还有随员十余人。他们向班禅献了哈达，说他们是达赖喇嘛和西藏地方政府派来欢迎班禅的先遣人员。并说从这里起，即由西藏地方政府负责供应乌拉。和他们同时来了许多藏族牧民，赶着大量的牦牛与乘马，这才使我们因骆驼大量死亡而造成的运输困难得到缓解。同时据欢迎代表说，噶厦已命令第五代本率领藏军一百人，在那曲等候，负责班禅的警卫任务。

班禅一行于1952年三月间到达那曲，受到噶厦驻那曲的两个基巧和那曲寺的活佛、喇嘛和牧民数千人的隆重欢迎。这时正赶上伪"人民会议"在拉萨闹事，中央代表张经武为了班禅的安全，来电要我们在那曲暂住一些时间，等局势安定后再到拉萨。同时要我们提高警惕，防止亲帝分离势力搞突然袭击。我们就以"休整"为名，在那曲停留了一个多月，由于我们采取了外松内紧的许多措施，没有发生任何意外事件。等到伪"人民会议"事件结束后，中央代表才来电要我们启程。

班禅一行于1952年四月二十八日安全到达拉萨，受到隆重的欢迎。拉萨市民在每家门口煨了"桑"①，房顶上换了新的经幡，门口用白灰画吉祥图案，这是拉萨市民用宗教仪式欢迎班禅的最高礼仪。噶厦在拉萨市的东郊搭起欢迎帐篷，全体噶伦都来郊外欢迎，还有首席噶伦然巴·土登贡钦、噶伦索康·旺清格来、朵噶·彭错饶阶、阿沛·阿旺晋美、扎西林巴·钦饶旺秋以及译仓的仲译钦波、仔本、噶厦的全体僧俗官员共有数百人。参加欢迎仪式的，还有藏军军乐队，布达拉宫穿着古代服装的仪仗队，盛况空前。

中央代表张经武，十八军军长张国华，政委谭冠三，以及西北军政委员

---

① "煨桑"是一种宗教仪式，用土坯在门口筑一香炉，把松树枝放在香炉内燃烧，叫做"煨桑"。

1951年西藏和平解放，1952年十世班禅回到了西藏

会驻班禅行辕的代表范明等人，另搭了欢迎帐篷。

班禅接受了欢迎仪式以后，即赴预先准备的行辕休息，行辕设在历代班禅住过的大昭寺的门楼上面。当天下午，十世班禅即赴布达拉宫，在日光殿上与十四世达赖举行了历史性的会见，双方首先互换哈达，接着举行了碰头礼。这是表示十四世达赖与十世班禅不是师徒关系。

班禅在拉萨停留了一个多月。在此期间，达赖和班禅各派出代表三人，根据十七条协议的规定，举行了恢复班禅固有地位和职权的谈判。首先需要解决一个关键性的问题。十七条协议明确规定：达赖、班禅的固有地位与职权，是指十三世达赖与九世班禅"彼此和好相处时"的地位及职权。那么，什么时候应认为是"彼此和好相处时"的界限？经过双方根据西藏历史文献与资料的查证与研究，同意以藏历第十五饶迥之火鸡年，即清光绪二十三年，1897年为"彼此和好相处时"的界限，即认为在此以前，是达赖和班禅"和好相处"的时期，当时十三世达赖21岁，九世班禅14岁。那时拉萨还有驻藏大臣，达赖、班禅都归清朝皇帝直接领导，彼此之间是平等的，并无从属关系。噶厦与札什伦布的日常政教事务，均受驻藏大臣的监督。这个界限明确以后，达赖派驻札什伦布寺的札萨喇嘛，噶厦派驻札什伦布寺所属各宗、各谿卡的官员，一律撤回，其职权交给班禅及堪布会议厅接管。

在免除与减少札什伦布寺所属差巴的赋税与乌拉问题上，双方均同意按藏历第十五饶迥火鸡年以前的规定执行，对此也无争论。在谈到札什伦布寺应负担全藏四分之一的军粮问题时，发生了不同的看法。班禅方面认为这四分之一的军粮是火鸡年以后增派的，应予免除。达赖方面则强调这四分之一的军粮是为了抗击英帝国主义的侵略战争而增加的，属于国防费用的性质。今后西藏全区仍有巩固国防的任务，不论是达赖方面的差巴，或是班禅方面的差巴，均应承担一定的巩固国防的义务，不能免除。如果把巩固国防的负担，由达赖一个方面承担，是不公平合理的。

为了解决这个重大问题，中央代表张经武根据中央的指示，向达赖、班禅双方的代表明确通知：今后西藏地方巩固国防的任务，由驻藏中国人民解放军负责。但万一有强敌压境而发生势须戮力同心共卫公益之战争时，应按旧规办理，除此之外，常年军需粮饷，可以悉数免缴。根据这个原则，班禅方面负担的四分之一军粮，也免除了。

以上两个大问题明确后，班禅恢复固有地位与职权的问题，基本上就解决了。剩下一些细小问题，双方同意今后继续谈判解决。

1952年六月九日，领导决定仍由我护送十世班禅返回札什伦布寺，十八军派了一个连担任警卫工作。班禅一行取道江孜，于1952年六月二十三日到达札什伦布寺，在那里受到数万僧俗群众的隆重而又热烈的欢迎。日喀则宗及其附近的人民组织了各种腰鼓队与歌舞队，唱着吉祥歌，跳着吉祥舞。在日喀则市区居民房顶上，在札什伦布寺僧舍房顶上，插遍了五星红旗。在札什伦布寺的僧舍内，都供了毛主席的照片，充分显示了僧俗群众对中华人民共和国、对中国共产党、对毛主席的发自内心的热爱与感激的心情。

自九世班禅于1923年离开札什伦布寺，到十世班禅于1952年返回札什伦布寺，整整经历了29个年头。北洋政府和国民政府花了二十多年时间没有解决的问题，中国共产党领导的中央人民政府只用了一年时间（从西藏和平解放协议签字之日算起，到十世班禅返回札什伦布寺），得到圆满解决。非常明显，班禅回藏问题与西藏解放问题是密切相关的。西藏回到祖国大家庭的怀抱，中央政权与西藏地方政权恢复了正常的隶属关系，班禅回藏问题就迎刃而解了。我参加了札什伦布寺举行的隆重的庆祝班禅回藏的噶卓（庆祝大会），并代表西北军政委员会，向札什伦布寺的四千喇嘛熬了"芒加"茶，放了布施。在日喀则市住了约半年时间，从各方面完成了护送班禅返回札什伦布寺的任务以后，于1952年年底，离开札寺返回拉萨。临行前，去向十世班禅告辞时，班禅命喇嘛排队、焚香、念经，举行了宗教的欢送仪式，表示衷心感激。

西藏地区获得和平解放，护送班禅额尔德尼返回札什伦布寺，这是党的民族政策与宗教政策的伟大胜利，是马克思、列宁主义、毛泽东思想的伟大胜利！

1959年在全国人民代表大会上，班禅就西藏是祖国大家庭神圣不可分割的一部分发表讲话

附录一　明朝对西藏的治理与对帕竹政权的再认识

从一世班禅克珠杰到四世班禅罗桑曲结的前半生，都生活在我国的明朝统治时期。从明太祖洪武十八年（1385年）到明思宗崇祯十七年（1644年），前后经历了259年，对这一时期明朝中央政权统治西藏地方的情况和西藏地方内部的政治情况，汉藏文史料均缺乏系统的记载，且有明显的遗漏与矛盾之处，有必要作补充论述。

14世纪60年代中期，朱元璋推翻了元朝政权，建立了明朝政权。朱元璋做了皇帝，就是明太祖，改元洪武，1368年就是洪武元年。明朝继承了元朝的统治，也继承了元朝的版图，包括西藏地区在内。

明太祖不仅对西藏地区很重视，而且对西北、西南的所有藏族居住的地区都很重视。洪武初年，明太祖遣大将邓愈率大军数十万，进军西北，元朝的军队望风披靡，元朝设置的官吏纷纷投降，于是元朝政府在甘肃、青海、西康设立的"朵甘思宣慰使"，在西藏设立的"乌思藏纳里速古鲁孙等三路宣慰使"，均向明朝称臣归顺。《明实录》载：

"洪武三年六月乙酉（1370年7月21日），故元陕西行省吐蕃宣慰使何锁南普等，以元所授金银牌印宣敕诣左副将邓愈军门降，及镇西武靖王卜纳剌亦以吐蕃诸部来降①。先是，命陕西行省员外郎许允德招谕吐蕃十八族、大石门、铁城、洮州、岷州等处，至是何锁南普等来降。"

同年："遣通事舍人巩哥锁南等往西域招谕吐蕃。"

同年："吐蕃宣慰使何锁南普等一十三人来朝，进马及方物。"

"洪武四年（1371年），以何锁南普为河州卫指挥同知。……仍令何锁南普子孙世袭其职。"

同年："置朵甘卫指挥使司。""朵"今称安多，即甘肃、青海藏族地区。"甘"亦称"甘思"，即今西康地区。

"洪武六年（1373年），河州卫言：朵甘思宣慰赏竺监藏举西域头目可

---

① 镇西武靖王为忽必烈之后，吐蕃等地都属于他的封地。

为朵甘卫指挥同知、宣抚司（使）、万户、千户者二十二人。诏从其请，命铸分司印与之。"

元时中央政权设"大元帝师"一职，其社会地位很高，可与皇帝平起平坐，虽无实权，但对西藏地区以及整个藏族地区还是很有影响的。"大元帝师"共十四任。第一任"大元帝师"就是八思巴，后来的"大元帝师"大部分都由萨迦派的喇嘛充任，住在北京。第十四任"大元帝师"是喃加巴藏卜。"洪武五年（1372年）乌思藏摄帝师喃加巴藏卜等遣使来贡方物。"明太祖即封喃加巴藏卜为"炽盛佛宝国师"，并命他招降吐蕃各部。炽盛佛宝国师乃向明太祖推荐了六十人，"各授以职"（《明实录》）。

《明实录》载："洪武六年（1373年）……诏置乌思藏、朵甘卫指挥使司宣慰司二、元帅府一、招讨司四、万户府十三、千户所四。以故元国公南哥思丹巴亦监藏等为指挥同知、佥事、宣慰使同知、副使、元帅、招讨、万户等官凡六十人。"为了任命这些官员，明太祖还下了一道"诏书"，内称：

> 我国家受天明命，统驭万方，恩抚良善，武威不服，凡在幅员之内，咸推一视同仁。近者摄帝师喃加巴藏卜以所举乌思藏、朵甘思地面故元国公、司徒、各宣慰司、招讨司、元帅府、万户、千户等官，自远来朝，陈请职名，以安各族。朕嘉其诚达天命，慕义来廷，不劳师旅之征，俱效职方之贡，宜从所请，以绥远人。以摄帝师喃加巴藏卜为炽盛佛宝国师，给赐玉印；南哥思丹巴亦监藏等为朵甘、乌思藏武卫诸司等官，镇抚军民，皆给诰印。自今为官者，务遵朝廷之法，抚安一方；为僧者，务敦化导之诚，率民为善，以共乐太平。（《明实录》）

洪武七年（1374年）七月己卯，诏置西安行都指挥使司于河州（今甘肃临夏县），升河州卫指挥使韦正为都指挥使，总辖河州、朵甘、乌思藏三卫，升朵甘、乌思藏二卫为都指挥使司，以朵甘卫指挥同知锁南兀即尔、管招兀即儿（各）为都指挥同知。诏谕之曰：朕自布衣开创鸿业，荷天地眷佑，将士宣劳，不数年间，削平群雄，混一海宇。惟尔朵甘、乌思藏各族部属，闻我声教，委身纳款，已尝颁赏授职，建立武卫，俾安军民。迩使者还言，各官公勤乃职，军民乐业，朕甚嘉焉。

尚虑彼方地广民稠，不立重镇治之，何以宣布恩威。兹命立西安行都指挥使司于河州，其朵甘、乌思藏亦升为行都指挥使司，颁给银印，仍赐各官衣物。呜呼！劝赏者，国家之大法，报效者，臣子所当为，宜体朕心，益遵纪律。（《明实录》）

从以上历史记载来看，我国西北、西南藏族地区，包括乌思藏（西藏）地区，都纳入了明朝的版图。

当时西藏地方政权，在元朝末年已由噶举派的帕木竹巴政权代替了萨迦派政权，并曾得到元顺帝的"敕封"。帕木竹巴政权简称帕竹政权，其政权头头称为第司，俗称为法王。明朝建立时，帕竹政权的第一代第司强曲坚赞已逝世，由释迦坚赞继任第二任第司（《明史》中称为乌思藏帕木竹巴故元灌顶国师章阳沙加监藏）。

洪武六年（1373年），"乌思藏帕木竹巴灌顶国师章阳沙加监藏，遣酋长锁南藏卜以佛像、佛书、舍利来贡。诏置佛寺、赐使者文绮、袭衣有差"（《明实录》）。因释迦坚赞元时已封"灌顶国师"，洪武六年（1373年），明太祖"仍灌顶国师之号，遣使赐玉印及彩缎表里"（《明实录》）。证明明朝中央政权也已承认了帕竹政权治理西藏地区的合法地位。

明朝中央政权与元朝中央政权同样很重视西藏地方，不同的是治理方法各有特点。

一、元朝中央政权设有专门管理西藏地方的宣政院。明朝没有设立，根据明朝的政治制度，西藏地区政教首领及其使者来京"进贡方物"，是由礼部负责处理的。西藏地方重要官吏的任免，是由吏部负责处理的。更重大的事件，则由明朝皇帝直接处理。

二、元朝中央政权设有"大元帝师"，明朝不仅没有设立，而且把故元的"大元帝师"降格为"国师"。说明明朝中央政权对西藏喇嘛教虽然同样尊重，但没有抬到元朝那么高的程度。

三、元朝在西藏驻有军队，设蒙古元帅四人（乌思藏二人，纳里速古鲁孙二人），明朝在西藏没有派驻军队。这是因为当时统治西藏地方的帕竹政权和平地"归顺"了明朝中央政权，"不劳师旅之征"，所以明朝没有必要向西藏派驻军队。后来，西藏地方也没有遭到严重的外敌入侵事件，国防始终安全，明朝中央政权也没有必要向西藏派驻军队。

但是无论在明朝中央政权或元朝中央政权统治时期，西藏地方都是统一的中国的一部分，所以以下几点也是相同的。

一、明朝中央在西藏设立了"乌思藏都指挥使司"，相当于元朝的"乌思藏纳里速古鲁孙等三路宣慰使司都元帅府"。明太祖任命的第一任乌思藏都指挥使的都指挥同知是管招兀即儿，很可能是元朝派驻西藏的"乌思藏纳里速古鲁孙等三路宣慰使司都元帅府"的宣慰使。到洪武十八年（1385年），明太祖又任命"西番班竹儿为乌思藏都指挥使"（《明实录》）。后来就再未见对这一职务的任命。因为当时西藏地方在帕竹政权统治之下，而帕竹政权对明朝中央政府非常"恭顺"，明确承认西藏地方政权与明朝中央政权是隶属关系，所以"乌思藏都指挥使"可能都由帕竹政权的第司兼任。

二、帕竹政权的每一代旧第司下台，新第司继任，皆向明朝中央政权呈请批准，给予"敕书"，更换"信印"。

三、帕竹政权每三年要向明朝中央政权"进贡"一次"方物"，实际上就是交纳一定数量的地方赋税。

四、由帕竹政权会同西康、青海各地藏族地区的头人，共同负责修复并维护由西藏通向内地的驿站。西藏的驿站，是元朝设立的，元末明初有一段时间驿站被毁。至明成祖时，始由帕竹政权的第五代第司、明成祖封为"阐化王"的札巴坚赞与其他地方势力共同把被毁的驿站加以修复，"自是道路毕通，使臣往还数万里，无虞寇盗矣"（《明史·阐化王列传》）。

五、明朝中央政权对西藏的宗教政策是："惟因其俗尚，用僧徒化导为善。"所以对西藏各教派的宗教首领，都封以各种名号。据《明史》粗略统计，封为"法王"的就有"大宝法王"[①]、"大乘法王"[②]、"大慈法王"[③]、"大善法王"[④]、"大庆法王"[⑤]、"大德法王"[⑥]、"大悟法

---

① "大宝法王"，是明成祖赐给噶举派噶玛巴黑帽派第五世法王的封号。
② "大乘法王"，是明成祖赐给萨迦派的首领贡噶扎西的封号。
③ "大慈法王"，是明宣宗赐给宗喀巴的弟子释迦也失的封号。
④ "大善法王"，是明代宗赐给番僧沙加的封号。
⑤ "大庆法王"，是明武宗赐给番僧领占班丹的封号。
⑥ "大德法王"，是明武宗赐给番僧绰吉我些儿的封号。

王"①、"大智法王"②等。

另外，明朝中央政权还封了五个王，一为"阐化王"③、二为"赞善王"④、三为"护教王"⑤、四为"辅教王"⑥、五为"阐教王"⑦。

明朝中央政权还给各地喇嘛教寺庙首领封了"西天佛子"、"大国师"、"国师"、"禅师"、"都纲"等各种名号，究竟多少？目前无法统计。这些名号一般都是世袭的，但世袭时必须向明朝中央政权呈报，改换"敕书"、"印信"。拥有上述名号的宗教首领，才有资格隔几年向明朝中央政权进贡一次"方物"。后因来人很多，驿站不能供应，乃规定为"三年一贡"，而且还规定只允许少数人到北京，其余随从人员停留在汉族与藏族居住分界的地方（四川地方大约在打箭炉一带，甘肃、青海地方大约在西宁、河州一带），不允许都到北京。

从元顺帝到明成祖这一时期，西藏地方政权正处在噶举派的帕木竹巴的第司第一代法王到第五代法王统治时期。这一时期，也正是西藏封建农奴制的上升时期，生产发展，社会安定，农奴们得到休养生息的机会。当时的农奴主对农奴的剥削也没有后来那么繁重，那么残酷，因此农奴们的生产积极性较高，日子也过得像点样子。

社会风气方面，由于宗喀巴创立了格鲁派，进行宗教改革，提倡喇嘛要严守戒律，不准胡作非为。宗喀巴"圆寂"后，他的弟子们继承了宗喀巴的衣钵，大力发展格鲁派，又得到当权的帕竹政权的支持，因此社会上也是正气比较上升，邪气有所下降。

这一时期是噶举派帕竹政权的极盛时期。

噶举派帕木竹巴政权（简称帕竹政权）统治西藏达264年（自元顺帝至正十四年到明神宗万历四十六年，1354～1618年）。接着噶举派的噶玛巴又和

---

① "大悟法王"，是明宪宗赐给番僧札巴坚参的封号。
② "大智法王"，是明武宗赐给番僧班丹札释的封号。
③ "阐化王"，为明成祖永乐四年赐给帕木竹也政权第五代第司札巴坚赞的封号。
④ "赞善王"，为明成祖永乐五年赐给灵藏僧著思巴儿监藏的封号，他兼"朵甘卫指挥使"，其地在今青海、西康一带。
⑤ "护教王"，为明成祖永乐五年赐给馆觉僧宗巴斡即南哥巴藏卜的封号。馆觉即今西藏昌都地区的贡觉县。
⑥ "辅教王"，为明成祖永乐十一年赐给萨迦派僧人南渴烈思巴的封号，其地在萨迦寺以南的达仓地方。
⑦ "阐教王"，为明成祖永乐十一年赐给直贡噶举派僧人领真巴儿吉监藏的封号，其地在今西藏墨竹工卡县。

藏巴汗结合，夺取了帕竹政权，建立了噶玛政权，又统治西藏地区24年（明神宗万历四十六年至明思宗崇祯十五年，1618～1642年），如果把帕竹政权与噶玛政权算在一起，噶举派统治西藏地区长达288年，将近三个世纪。

噶举派在西藏地区创立于11世纪末期（北宋哲宗执政时期），是由印度传入的。据王辅仁著的《西藏佛教史略》介绍："噶举派，顾名思义，它是一个注重口传的教派。'噶'的本意是佛意，也可以体会为师长的言教。'举'意为传承，合起来译为'口传'。这是因为，噶举派所学的东西都是用师长的言语亲自传授，再由门徒继承下来的。噶举派注重密法的修炼学习，而这些密法的修习，又必须通过口耳相传，这就是派名的由来。"

"另外，也有人把'噶'解释成白色，把'噶举'译成'白传'，理由是这一派的创始人玛尔巴、米拉日巴等人，在修法时都穿白颜色的僧裙，这是从印度学来的习惯。以后凡是修噶举派教法的人，都穿白色的僧裙。据此，又有人把噶举派称为白教。"

总的来说，噶举派是从印度传入的佛教密宗，经过西藏化以后，形成的一个独立的密宗教派，主要修炼方法是师徒口传。由于是师徒口传，一个师傅传一套，因此，噶举派就形成了大大小小的许多支派。

噶举派在西藏开始形成时，就分两派，一派叫香巴噶举，其创教人是琼波南交巴，1086年（北宋哲宗元祐元年），他在西藏江孜附近的浪卡子宗建立了一座桑丁寺，这座寺庙有一女活佛，叫多吉帕姆，现在还在"转世"。但香巴噶举派信徒不多，在西藏宗教界没有多大影响。

另一派叫塔布噶举，其创教人叫玛尔巴（北宋真宗大中祥符五年到北宋哲宗绍圣四年，1012～1097年），他活了85岁，弟子很多，其中最著名的弟子就是米拉日巴（北宋仁宗宝元三年到北宋徽宗宣和五年，1040～1123年），活了83岁，他的弟子也很多，其中最著名的弟子是塔布拉杰（北宋哲宗绍圣四年到南宋高宗绍兴二十三年，1097～1153年），他虽然只活了56岁，但由他创立了塔布噶举，与香巴噶举同为噶举派初期的两大支派。塔布拉杰在1121年（北宋徽宗宣和三年）在西藏塔布地区建立了岗布寺，传法收徒，他在这个寺主持寺务30年之久，收的门徒很多，也出了许多比较优秀的人才，最著名的有四人：一是都松钦巴（北宋徽宗大观四年到南宋光宗绍熙四年，1110～1193年），他创立了塔布噶举下面的一个支派，叫噶玛噶举。二是向蔡巴（北宋徽宗宣和五年到南宋光宗绍熙五年，1123～1194年），他在拉萨河南岸公塘地方建立了蔡巴寺，也叫蔡公塘寺，形成了塔布噶举下面的一个支派，叫蔡巴噶举。三是达玛旺秋（生卒年不详，生活于12世纪），他在西藏昂仁地方建立了拔戎寺，也形成塔布噶举下面的一个支派，称为拔戎噶举。四是帕木竹巴·多杰结波（北宋徽宗大观四年到南宋孝宗乾道六年，1110~1170年），他出生于康区金沙江流域的哲龙乃学地方，9岁时在甲奇拉康寺出家，19岁时到了前藏地方，南宋高宗绍兴二十二年（1152年），拜塔布拉杰为师，成为他门下的高足。南宋高宗绍兴二十八年（1158年），在西藏山南帕木竹地方，建立丹萨贴寺，他本人也因此而被人们称为帕木竹巴（帕木竹地方人）。后来，他收了很多门徒，发展成为塔布噶举下面的一个最大的支派，称为帕竹噶举。后来，西藏宗教学家就把帕竹噶举、噶玛噶举、蔡巴噶举、拔戎噶举称为"四大"，即塔布噶举的四大支派。

帕木竹巴的弟子中，又有八个人创立了八个小派：即直贡噶举、达垄噶举、朱巴噶举、雅桑噶举、绰浦噶举、修赛噶举、叶巴噶举和玛仓噶举，总称之为"八小"，即帕竹噶举下面的八个小派。到14、15世纪时，有些教派逐渐消逝了，只剩下了几个大的教派，这就是帕竹噶举、噶玛噶举、直贡噶举、蔡巴噶举、达垄噶举、朱巴噶举、雅桑噶举等。其中最大的一派就是帕竹噶举。

在西藏历史上，任何一个佛教新教派，它要在社会上站住脚跟，并得到发展，它必须和当地的世俗地方势力（奴隶主或农奴主）密切结合起来，并得到地方势力的扶植，这才有可能。帕木竹巴派在西藏山南地区创立并获得巨大发展，很重要的一个因素是它得到了山南乃东地方的封建领主朗氏家族的大力扶植。所以帕木竹巴才有人力、物力和财力建立了丹萨帖寺，据说僧侣最多时曾达到800多人，这和格鲁派建立的拉萨三大寺比较起来，还是差得很远，但在当时（12世纪）来说，就是很大的成就。丹萨帖寺的主持人叫做京俄，相当于格鲁派建立的拉萨三大寺的池巴（法台）。由于帕竹派与当地封建领主建立了密切的关系，所以丹萨帖寺的历任京俄，都由朗氏家族出家的僧侣担任，成为宗教的世袭制。

1268年，元世祖派阿贡和米林二人到西藏调查户口，同时建立了13个万户，前藏六个万户：帕木竹巴、直贡、蔡巴、雅桑、甲玛、塘波齐。后藏六个万户：拉堆北、拉堆南、孤莫、曲弥、向、霞鲁。另外在羊卓雍湖一带建立了一个羊卓雍万户，每一万户设万户长一人，由萨迦法王提名，元朝皇帝任命。值得指出的是：这13个万户中，噶举派就有四名：帕木竹巴、直贡、蔡巴和雅桑。

《五世达赖罗桑嘉措传》中，对当时的13个万户长所辖的属民户口，有如下的不完全记载：

拉堆南（万户）属民1990户。

拉堆北（万户）属民2250户。

曲弥（万户）属民3003户。

霞鲁（万户）属民3892户。

羊卓雍（万户）属民750户。

直贡（万户）属民3630户。

蔡巴（万户）属民3700户。

帕木竹巴（万户）属民2438户。

雅桑（万户）属民3000户。

甲玛（万户）属民5900户。

以上共有十个万户属民的户口数字。缺少塘波齐、向、孤莫三个万户的属民户口数字。这里的户口数字，是指支应乌拉差役的差巴的户口数字，既不包括寺庙喇嘛及寺庙属民的数字①，也不包括封建领主本人的户口数字，从以上统计的属民户口数字来看，帕木竹巴只有差巴2438户，力量并不强大。由于当时帕木竹巴地方的实权操在朗氏家族的手中，他们通过丹萨帖寺的京俄出面统治，实际上已形成政教合一的地方制度。元朝把帕木竹巴管理的地方封为一个万户后，即由当时担任丹萨帖寺的京俄杰娃仁青推荐自己手下管理牲畜的多吉贝为万户长，并让他三次到北京向忽必烈进贡，于是就获得元世祖的批准，多吉贝成为帕木竹巴的第一任万户长。据说多吉贝在帕竹地区大力发展农奴制的封建庄园，建立了12个豁卡，他本人也作出家人装束，遵守佛教戒律，因而得到当地僧俗的敬重。由于他善于管理豁卡，豁卡制度也逐渐推广起来，帕竹万户的势力也随之增强。

继杰娃仁青担任丹萨帖寺京俄的是仁钦多吉。这时万户长多吉贝逝世，由多吉贝的弟弟勋奴坚赞担任了帕木竹巴的第二任万户长。这个人表现不好，"夜耽歌舞，日午犹眠"，损害了朗氏家族的利益。他不久就死了。又

---

① 元朝规定寺庙属民免纳贡赋。

由丹萨帖寺京俄仁钦多吉推荐，由元朝政府任命强曲勋奴为第三任帕竹万户长。强曲勋奴之后，又由勋奴云丹为帕竹第四任万户长。这两任万户长的表现都不大好。这时丹萨帖寺的京俄由仁钦多吉的侄子札巴也失担任。其后又由他的弟弟札巴仁青继任京俄。他和当时担任大元帝师的札巴斡色关系很好，由帝师向元朝皇帝推荐，即由丹萨帖寺的京俄札巴仁青兼任帕竹第五任万户长。

札巴仁青死后，由他的侄子札巴坚赞（元世祖至元三十年到元顺帝至正二十年，1293～1360年）继任丹萨帖寺的京俄，并推荐他的弟弟札巴桑波担任了帕竹第六任万户长。但不久又改任坚赞甲布为第七任万户长。再后，1349年（元顺帝至正九年），即由强曲坚赞继任了帕竹第八任万户长。

强曲坚赞担任万户长以后，大力推广谿卡制度，当时这种封建农奴制还处于上升时期，农奴由于得到自己的"份地"，生产积极性大大提高，于是帕竹地区经济发展，人民生活得到改善，从而帕竹万户长的势力也日益强大。在强曲坚赞担任万户长的六年期间，他首先吞并了直贡、蔡巴等前藏五个万户长的土地和属民，接着又向后藏扩张势力，先后又吞并了后藏和羊卓雍的七个万户长的土地和属民。最后，于元顺帝至正十四年（1354年），推翻了由元朝扶植起来的萨迦政权，建立了噶举派的帕木竹巴政权。

据五世达赖著的《西藏王臣记》记载："从此直达极西边区，无不听命，全部归附于帕竹派统治权威之下，并且所有西部边境的诸小王，也都依照方俗贡献财物和缴纳赋税。"

在强曲坚赞吞并其余12个万户的土地和属民时，不仅经过了多次的流血战争，而且其他各万户长均派官员到北京向元朝皇帝控告帕竹万户长扩张势力的罪行。《西藏王臣记》载："于是帝师恭噶绛称，及阿阇黎索朗洛卓、亚让区长官、察巴区长官等，以用兵毁灭萨迦，并以驱逐其他区域长官的罪名，上控司徒（控告强曲坚赞——引者注）。对于这样的诬告，司徒经过多次上诉于元帝座前，并为了澄清元帝的疑虑，特派仲钦·协饶札喜随带四爪俱全的白狮子皮为主的许多礼品，而来到元帝座前。"当时元朝中央政权也面临崩溃危机，它已无力干涉西藏发生的事变，只好承认既成事实。

当强曲坚赞推翻萨迦政权时，元朝中央政权设在西藏地方的乌思藏纳里速古鲁孙等三路宣慰使司都元帅还在，强曲坚赞也去向都元帅"上诉"。《帕竹世系》载："后见都元帅，帅曰：尔亲往或派员前往皇帝驾前方为得体。"

"经过以上的一切事变后，元帝才派遣达惹伽等为奉送金册的使者来藏，赐他以大司徒的名号和印信。"（《西藏王臣记》）

从此就揭开了噶举派帕木竹巴政权统治西藏地方的历史。

帕竹政权的第一代第司强曲坚赞，生于元成宗大德六年（1302年），卒于元顺帝至正二十四年（1364年），享年六十二岁。他担任帕竹政权第一任第司的时间是从元顺帝至正十四年到元顺帝至正二十四年（1354～1364年），前后共执政十年。

强曲坚赞建立帕竹政权以后，他把首府设在西藏山南乃东地方，并于1351年（元顺帝至正十一年），另在西藏山南泽当地方建立了泽当寺，以传授显宗为主，泽当寺的第一任寺主就由强曲坚赞的侄子释迦坚赞担任。

强曲坚赞对西藏政治制度作了一些改革，他自称第司，在第司之下，设仲钦一人，类似萨迦法王下面的本勤，处理日常政教事务。他开始在西藏设立了13个宗，宗设宗本一人，由帕竹政权任命。以后在帕竹政权统治地区普遍设立了宗，成为西藏地方的基层政权。宗本开始不是世袭的，后来由于地方割据势力（如仁布巴）把持了宗的政权，有些宗本也实际上变成了世袭。

强曲坚赞的帕竹政权统治了西藏以后，在他管辖的范围内，大力推行豁卡制度，在当时起了恢复和发展生产的一定的进步作用。因此从第一代第司强曲坚赞到第五代第司札巴坚赞，前后78年（1354年～1432年），被称为帕竹政权统治下的"太平盛世"，是帕竹政权的黄金时代。

帕竹政权的第二代第司是释迦坚赞，他是强曲坚赞的侄子（强曲坚赞的胞弟索朗桑波之子），生于元顺帝至元六年（1340年），卒于明太祖洪武六年（1373年），享年三十三岁。

释迦坚赞幼年出家为僧，13岁时担任了泽当寺的寺主，24岁（元顺帝至正二十四年，1364年）继任帕竹政权的第二代第司。《明史》中称为"章阳沙加监藏"、"元时封灌顶国师"。明洪武五年（1372年），仍封"灌顶国师"。明洪武六年（1373年）逝世，执政时间共九年。

帕竹政权的第三代第司是札巴强曲，他是强曲坚赞之孙（父亲是强曲坚赞之侄仁钦多吉）。生于元顺帝至正十六年（1356年），卒于明太祖洪武十九年（1386年），享年三十岁。

札巴强曲自幼出家为僧，尊称"却细巴"。1373年第二代第司释迦坚赞逝世，帕竹政权的大臣们共推他于明太祖洪武六年（1373年）继任帕竹政权的第三任第司。

《明实录》载："洪武七年（1374年）乌斯藏帕木竹巴辇卜阁吉剌思巴赏竺监藏巴藏卜等遣使进表及方物。"吉剌思巴赏竺监藏巴藏卜就是札巴强曲。

洪武八年（1375年），"诏置……帕木竹巴万户府"（《明实录》）。

洪武十二年（1379年），"帕木竹巴万户府等官遣使贡方物"（《明实录》）。

这两条史料说明：明太祖曾封札巴强曲为帕木竹巴万户长。

明太祖洪武十四年（1381年），札巴强曲辞去帕竹政权第三代第司的职务，退任丹萨帖寺的京俄，他执政时间只有八年。在他退任京俄期间，宗喀巴曾拜他为师，有过往来。《西藏王臣记》中有如下记载：

> 浊世中的第二佛陀宗喀巴大师也曾经亲近过这位导师（指札巴强曲），对这位导师生起过无量的净信。并承师命引据智王达里札的论著而著作了一部《如意须弥史实嘉言》。当时京俄大师也观察到宗喀巴大师以超越的智慧深入经论大海的情况，而大为赞叹。

帕竹政权的第四代第司是索南札巴。他是第三代第司札巴强曲的弟弟，生于元顺帝至正十九年（1359年），卒于明成祖永乐六年（1408年），享年四十九岁。

索南札巴自幼出家为僧，九岁时即任泽当寺的寺主，共13年（1368～1381年）。后因其兄札巴强曲辞去了第三代第司，让位给他，遂于明太祖洪武十四年（1381年），担任了帕竹政权的第四任第司。

《明史》对索南札巴的记载有误。《明史》载称："已尔章阳沙加卒，授其徒索南札思巴噫监藏卜为灌顶国师。"章阳沙加就是释迦坚赞，是帕竹政权的第二代第司。接替他的是第三代第司札巴强曲，札巴强曲之后才是第四代第司索南札巴。《明史》把第三代第司札巴强曲漏掉了。

《明史》又载：洪武二十一年，索南札巴"上表称病，举弟吉剌思巴监藏巴藏卜自代，遂授灌顶国师"。

《明实录》也载："洪武二十一年正月己亥……帕木竹巴灌顶国师锁南

札思巴噫监藏上表称病，举弟吉剌思巴监藏巴藏卜代职，许之。"

由此可见，索南札巴辞去第司职务，呈报明太祖批准，是在洪武二十一年（1388年），但实际上，他在明洪武十八年（1385年）已辞去了第司职务，让位给他的弟弟札巴坚赞，所以他担任第四代第司只有四年（1381～1385年）。

索南札巴辞去第司职务以后，又继任了丹萨帖寺的京俄。如从他辞去第司之年算起，到1404年再辞去京俄为止，又继任京俄19年（1385～1404年）。他第二次辞去京俄以后，又过了四年，到明成祖永乐六年（1408年）逝世。

帕竹政权的第五代第司是札巴坚赞，即《明史》中的吉剌思巴监藏巴藏卜，是第二代第司释迦坚赞之侄（他的父亲是释迦坚赞之弟释迦仁巴）。生于明太祖洪武七年（1374年），卒于明宣宗宣德七年（1432年），享年五十八岁。

札巴坚赞于明太祖洪武十八年（1385年），继任了帕竹政权的第五代第司。到明宣宗宣德七年（1432年）逝世，共执政47年。

札巴坚赞幼年出家为僧，七岁时就担任了泽当寺的寺主，共四年，11岁担任了帕竹政权的第五代第司。他生活的那个时期，正是帕竹政权的"太平盛世"，所以藏史中对他的记载很多。他一生最大的成就有两点：一是恢复了元朝末年被破坏的从内地到西藏的驿站。《明史》对此作了很高评价。明成祖正式册封他为阐化王。

《明实录》载："洪武二十七年（1394年）乌思藏灌顶国师吉剌思巴监藏巴藏卜等各遣使来朝，献甲胄、厨缨等物。"

《明史》载：

> 成祖嗣位，遣僧智光往赐。永乐元年遣使入贡。四年封为灌顶国师阐化王，赐螭纽玉印，白金五百两，绮衣三袭，锦帛五十四，巴茶二百斤。明年命与护教、赞善二王，必力工瓦国师及必里、朵甘、陇答诸卫，川藏诸族复置驿站，通道往来。十一年，中官杨三保使乌斯藏还，其王遣从剖子结等随之入贡。明年复命三保使其地，令与阐教、护教、赞善三王及川卜、川藏等共修驿站，诸未复者尽复之。自是道路毕通，使臣往还数万里，无童盗寇矣。其后贡益频数。帝嘉其诚，复命三保赉

佛像、法器、袈裟、禅衣及，缠锦、彩币往劳之。已，又命中官戴兴往赐彩币。

恢复内地与西藏的驿站，这对密切西藏地方政权与明朝中央政权之间的关系，是一项重大贡献。

从此以后，永乐六年（1408年）、永乐七年（1409年）、永乐十一年（1413年）、永乐十三年（1415年）、永乐十四年（1416年）、永乐十六年（1418年）、永乐二十一年（1423年）、宣德四年（1429年）、宣德六年（1431年），阐化王札巴坚赞均派遣使者进京进贡"方物"，"赐钞、币等物有差"。说明西藏帕竹政权与明朝中央政权的关系十分密切。

值得一提的是，当时阐化王的部下，还有到北京要求"供职"的。如宣德五年（1430年），"乌斯藏阐化王所部养卜鲁都指挥佥事工哥尔监藏遣来番人三札思皆奏：愿居京自效。命卫所镇抚赐冠带、金织袭衣、彩币、银钞、鞍马，仍命有司给房屋等物如例"。同年，乌斯藏阐化王遣来使臣孙竹奏，"愿居京自效"，也照例作了安排。

札巴坚赞一生的第二大成就是：他虽是噶举派，但他对宗喀巴创立的格鲁派尽力予以扶植。最重要的两件大事是：明成祖永乐七年（1409年），札巴坚赞拿出了全藏当时所能拿出的财力、物力，赞助宗喀巴，在拉萨举办了默朗木大会，并且决定每年正月举行一次，一直沿袭下来。同年，札巴坚赞又大力赞助宗喀巴创建了格鲁派的第一座寺庙，即甘丹寺，并为了供养僧侣的生活费用，给甘丹寺捐献了许多谿卡。

札巴坚赞时代虽是帕竹政权的黄金时代，但已埋下了后来逐渐衰败的种子，即在后藏地方仁布巴的势力逐渐发展起来。札巴坚赞被册封为阐化王以后，他任命后藏仁布地方的贵族南喀坚赞为仁布宗宗本（从此南喀坚赞这一家族就称为仁布巴），并兼任萨迦寺的本勤（自大司徒强曲坚赞以来，历代仁布宗宗本都兼任萨迦寺的本勤，这是监视萨迦法王后代的一项政治措施）。后来又由南喀坚赞的儿子南喀杰布继任十二布宗宗本。明永乐十四年（1416年），明成祖在仁布宗设行都指挥使司，任命南喀杰布为指挥佥事，并封为昭勇将军。明宣宗宣德元年（1426年），南喀杰布的儿子诺布桑波又继任仁布宗宗本，明宣宗又命他承袭了都指挥佥事与昭勇将军的职衔。诺布桑波生有五子，他的次子贡都让波后又继任仁布宗宗本，他的三子敦主多吉被任命为桑主则宗的宗本。他的四子错结多吉被任命为雅砻喀脱宗宗本（后来曾任帕竹政权的"代理执政"），从此仁布巴发展成为后藏的一个强大的地方势力。

帕竹政权的第六代第司札巴迥乃，是阐化王札巴坚赞的侄子，札巴坚赞的弟弟桑结坚赞的儿子。生于明成祖永乐十二年（1414年），卒于明英宗正统十三年（1448年），享年三十四岁。

札巴迥乃幼年出家为僧，14岁，担任泽当寺寺主，共三年（从1428～1431年）。明宣宗宣德七年（1432年），继任帕竹政权的第六代第司。明英宗正统十一年（1446年），被其父桑结坚赞夺取了政权，逼迫辞去了第司职务，他执政共14年。

札巴迥乃于明英宗正统四年（1439年），派遣使者乌思藏指挥端兵竹巴等进京贡方物。返回时，明英宗"命赍敕及彩币等物归，赐其灌顶国师吉刺思巴永耐坚藏巴藏卜"。（《明实录》）

明英宗正统五年（1440年），明朝中央政府又"遣禅师葛藏、昆令为正副使，封帕木竹巴灌顶国师吉刺思巴永耐监藏巴藏卜嗣其世父为阐化王，赐之诰命、锦绮、梵器、僧服等物，并赐葛藏等道理费"。（《明实录》）

明英宗正统十年（1445年），"乌思藏灌顶国师阐化王吉刺思巴永耐监藏巴藏卜遣番僧札实星吉……等来朝，贡马及方物，赐宴并彩币表里有差。命札实星吉等赍敕归赐阐化王等"。（《明实录》）

帕竹政权的第一代第司强曲坚赞有一条规定：帕竹政权的第司，必须由僧侣担任，而且一般是先在泽当寺出家，担任了泽当寺寺主，或在丹萨帖寺出家，担任了丹萨帖寺的京俄以后，才有资格担任帕竹政权的第司。但是到第六代第司札巴迥乃执政时期，他的父亲桑结坚赞破坏了强曲坚赞规定的只能由僧侣担任第司的政治制度。桑结坚赞是俗人，娶妻并生二子（一为札巴迥乃，一为贡噶雷巴），他是没有资格充任第司的。但桑结坚赞为了篡夺帕竹政权，逼迫其子札巴迥乃下台，由他担任了第七代第司。他于明英宗正统十一年（1446年）担任第司，直至明宪宗成化四年（1468年）逝世，共执政22年。

对桑结坚赞担任第司一事，藏、汉史书中的记载是不同的。达赖五世著的《西藏王臣记》中，提到桑结坚赞这个人，但没有说他担任第司，而说他的两个儿子（札巴迥乃和贡噶雷巴）都担任过第司。

《明实录》中记载：正统十一年（1446年），"故阐化王吉剌思巴永耐监藏巴藏卜父桑儿结监藏巴藏卜借袭阐化王，命礼部遣官赍敕及彩币等物同来使绰思恭巴等，往给赐之"。《明实录》对桑结坚赞篡夺第司一事用了"借袭"二字，照现代的汉语讲："借袭"二字是否可以理解为代理？

帕竹政权的第七代第司桑结坚赞，是阐化王札巴坚赞的弟弟，生于明太祖洪武二十九年（1396年），卒于明宪宗成化四年（1468年），享年七十二岁。从桑结坚赞开始，帕竹政权的第司可由俗人担任，并且实行了父子继承的封建世袭制。第八代第司贡噶雷巴就是桑结坚赞的次子，札巴迥乃的弟弟，生于明宣宗宣德八年（1433年），卒于明孝宗弘治八年（1495年），享年六十二岁。

贡噶雷巴担任帕竹政权的第八代第司，从明宪宗成化四年（1468年），到明孝宗弘治八年（1495年），共执政27年。他在继任第司以前，曾任泽当寺寺主四年（1444～1448年）。看来也曾出家为僧。据《西藏王臣记》载：贡噶雷巴"从仁布娶得一位贵族女子，生子为仁青多杰旺嘉"。后来还了俗。

贡噶雷巴由明朝中央政权命他正式袭"阐化王"。《明实录》载："成化五年（1469年）命灌顶国师阐化王桑儿结坚参叭儿藏卜男公噶列思巴中奈领占坚参巴儿藏……袭其父王爵。"

贡噶雷巴与明朝中央政权的关系也很密切。据《明实录》载：成化十三年（1477年）、成化十五年（1479年）、成化十六年（1480年）、成化十七年（1481年）、成化十八年（1482年）、成化二十一年（1485年）、弘治元年（1488年）、弘治八年（1495年），贡噶雷巴均派遣使者进京进贡"方物"，每次都"赐宴并彩缎、钞锭等物有差"。

贡噶雷巴晚年家庭发生内讧，分裂成为两派：贡噶雷巴为一派，其妻又为一派。据五世达赖著的《西藏王臣记》载："继后藏王又听信噶细巴昆仲所进的谗言，以致王与王妃之间，生起很大裂痕。当时雅贡嘉哇及桑德哇等人，都倾向于王妃一边，而勒乌俄噶等人则倾向于藏王一边，在这样各自分裂之下，闹出了很多乱子。幸而当时的炯杰巴·多杰泽敦对于王党、妃党任何一边都不倾向，一心努力使叛变危机得到调和，并使诸总管内部也获得亲善起来，对于西藏的朝政来说，他是有很大功绩的。"这次"王党"与"妃党"的斗争，其背景是帕竹政权内部朗氏家族与仁布家族两大势力争权夺利的斗争，因为"王妃"就是仁布家的贵族女子。

贡噶雷巴逝世后无子继任第司，由阿格旺布继任第九代第司。当时阿格旺布担任丹萨帖寺京俄。

阿格旺布究竟是谁的儿子，还是一个疑问。据《西藏王臣记》载：其父可能是第六代第司札巴迥乃，也可能是"公子恭让若比多杰"。究竟是谁的儿子，留待研究帕竹世系的专家们去作考证。

阿格旺布继任第九代第司之后，帕竹政权的官员们劝他早日还俗，娶妻生子，他采纳了大家建议，娶了"仲喀巴之女作王妃……所生王子为昂旺札喜札巴。……这一小王子诞生不久，京俄（即阿格旺布）已一病不起，当弥留的时候，他挂念王子年幼，很是痛苦。那时京俄（即丹萨帖寺的寺主）确吉札巴当藏王面前承许在王嗣还未成年的时间里，他愿负起……责任，应承许尽忠职责，使王朝正统，声誉不衰"。（《西藏王臣记》）

阿格旺布继承第九任第司后，按当时的从属关系，应呈请明朝中央政权批准"袭封阐化王"。但是当时驿站破坏，道路梗塞，阿格旺布于明孝宗弘治十年（1497年）派遣官员到北京，"乞袭封阐化王"。等到明朝中央政权的册封使者到西藏时，阿格旺布已死。

据《明史》载："弘治十年（1497年），初，乌思藏阐化王死（指第八代第司贡噶雷巴），其子班阿吉汪束札巴乞袭封阐化王，上命番僧刺麻叁曼答实哩为正使，锁南窝资尔副之，同刺麻札失坚参等18人，共赍诰敕并赏赐彩缎、衣服、食茶等物往封之。行三年至其地。时新王亦已死，其子阿汪札失札巴坚参巴藏卜即欲受封，并领所赍诰敕诸物。叁曼答实哩等不得已授之，遂具谢恩方物并其父原领礼部勘合、印信、图书番本付叁曼答实哩等赍回为左验，四川巡抚官劾其擅封之罪，逮至京坐斩。至是，屡奏乞贷死，上以为番人不足深治，特免死，发陕西平凉卫充军，副使以下宥之。"

按明朝的政治制度，阿格旺布已死，册封使者应将"敕书"带回北京，交礼部注销。而册封使者违反制度，擅自将册封阿格旺布的"敕书"，授给阿格旺布之子阿旺札西札巴（《明史》为"阿汪札失札巴坚参巴藏卜"），所以回到四川后，巡抚"劾其擅封之罪"，后来宽大处理，正使充军平凉，副使以下免予处分。

根据史料判断，帕竹政权的第九代第司阿格旺布约生于明英宗正统三年（1438年），卒于明武宗正德五年（1510年），享年七十二岁。执政时间共

15年，从明孝宗弘治八年到明武宗正德五年（1495~1510年）。帕竹政权的第十代第司阿旺札西札巴，是阿格旺布之子，生于明孝宗弘治十二年（1499年），卒于明穆宗隆庆五年（1571年），享年七十二岁。①

阿格旺布逝世后，因阿旺札西札巴年幼，帕竹政权的政教事务由噶举噶玛巴的红帽系四世法王确札益喜和仁布巴诺布桑波之子错结多吉"代理执政"，前后达八年之久（1510~1518年）。由于贡噶雷巴娶了仁布巴的"贵族女子"为妻，于是仁布巴的势力进入了帕竹政权的重要部门，担任了"代理执政"。实际上已掌握了帕竹政权的大部分实权。仁布诺布桑波的次子贡都让波之子敦悦多吉（错结多吉之侄），又用武力占领了帕竹家臣乃东宗宗本所属的札噶尔曲水、伦波孜等豁卡，并为了争取噶举噶玛巴红帽系四世法王确札益喜（也是帕竹政权的"代理摄政"之一）的支持，资助他在羊八井建寺，捐献了大批豁卡和牧场为寺产，于是仁布巴势力就和噶举噶玛巴红帽系法王的势力结合在一起，改变帕竹政权一贯支持格鲁派的态度，极力对格鲁派进行迫害。

明武宗正德十三年（1518年），阿旺札西札巴正式继任了帕竹政权的第十代第司，情况对格鲁派有所好转。从此，帕竹政权又对格鲁派恢复了扶植的态度。

阿旺札西札巴虽然继任了帕竹政权的第十代第司，但他并未得到明朝中央政权的正式册封（以前的"擅封"当然作废），所以他向明朝中央政权进贡还用已死了的父亲阿格旺布之名。如《明实录》载：正德四年（1509年）、正德九年（1514年）、嘉靖三年（1524年）、嘉靖三十三年（1554年）、嘉靖四十年（1561年），阿旺札西札巴均派使者进京进贡"方物"，均用的是阐化王阿格旺布的名义。一直到嘉靖四十二年（1563年），据《明史》载："乌思藏阐化王等请封，上以故事，遣番僧远丹班麻等二十二人为正、副使，以通事序班朱廷对监之，比至中途，班麻等肆为骚扰，不受廷对约束，廷对还白其状。礼部因请自后诸藏请封，即以诰敕付来人赍还，罢番僧勿遣。无已，则下附近藩司，选近边僧人赍赐之。上以为然，令著为例。"这次册封虽然遇到了一些麻烦，但从法律上讲，阿旺札西札巴还是得到了明朝中央政权的正式册封。

---

① 《新红史》载：阿旺札西札巴72岁逝世于羊八井。

明穆宗隆庆五年（1571年），阿旺札西札巴逝世，他从1518年正式担任帕竹政权第十代第司，到1571年逝世为止，共执政53年。他生活的时代，帕竹政权已临近崩溃，但仁布巴的势力也衰败了，代之而起的是后藏封建农奴主的代表人物辛霞巴（即藏巴汗的祖先）。

明世宗嘉靖四十四年（1565年），仁布巴错结多吉之子昂旺朗嘉，因触怒藏王（阿旺札西札巴），因此失去乃东等地的谿卡，遂回仁布，仍任仁布宗宗本。其子阿旺吉美札巴继任仁布宗宗本。他的家臣辛霞巴·才丹多吉联合后藏西部的地方势力，利用他们对仁布巴封建割据局面的不满，推翻了仁布巴的统治，取而代之，自称藏堆甲布（后藏上部之王）。这时，还受帕竹第十代第司阿旺札西札巴统治的地区就只剩下了前藏地区。

帕竹政权的第十一代第司，即最末一代第司卓尾贡波①，是帕竹政权第十代第司阿旺札西札巴之子。《西藏王臣记》载："这位藏王（指阿旺札西札巴——引者注）曾娶仁布之女为妃，生子为藏王卓尾贡波及京俄扎炯哇二人，其中藏王卓尾贡波去到贡噶地方，他也就在贡噶区长官萨炯哲那里完婚，生子为昂旺扎巴殿下。"

据《新红史》载：卓尾贡波生于藏历第十饶迥之土龙年，即明穆宗隆庆二年（1568年）。约卒于明神宗万历四十六年（1618年），享年约五十岁。《西藏王臣记》中曾载有"卓尾贡波逝世后，他的骨塔，用诸宝镶饰，并为奉安此塔而修造了贡日噶波宫（意为洁白山宫——原注）"。但没有提卒于何年。我们根据《明实录》的记载：阐化王最后进贡的年代是明神宗万历四十六年（1618年）。而这一年，正是藏巴汗推翻帕竹政权的统治之年，卓尾贡波很可能是在这一年被迫害致死的。

卓尾贡波受明朝中央政权的册封时间，据《明史》载："万历七年（1579年），贡使言阐化王长子札释藏卜乞嗣职，神宗许之，而制书但称阐化王，用阁臣沈一贯言，加称乌斯藏帕木竹巴灌顶国师阐化王。"

从此以后，卓尾贡波与明朝中央政权的关系是密切的。如《明实录》载：

> 万历十五年（1587年）……乌思藏阐化王差番僧领真等六百名进方物，给赏如例。

---

① 《明史》中译作"札释藏卜"。

万历十六年（1588年）……乌思藏阐化王遣使真朵尔只等千人贡方物。

万历二十五年（1597年）宴乌思藏阐化王进贡番僧朵尔等一十五名，候徐文炜等。

万历三十九年（1611年）颁给乌思藏阐化王贡使坚锉朵尔等十五名各缎、绢、银、钞。

万历四十五年（1617年）乌思藏阐化王差国师锁南坚参等一千名进献珊瑚、氆氇等物。给赴京并在边番僧各贡赏绢、钞。

万历四十六年（1618年）乌思藏阐化王差番僧三旦朵尔只等一十五名，进献珊瑚、犀角、氆氇等物。

值得注意的是，自万历四十六年（1618年）以后，《明实录》中就再没有阐化王进贡的记载。据四世班禅罗桑曲结的自传记载：这一年藏巴汗包围了乃东王宫，推翻了帕竹政权在西藏地区长达264年的统治，卓尾贡波也随之消失。

卓尾贡波担任第十一代第司的时间，如从明隆庆五年（1571年）算起到被藏巴汗推翻统治之年为止（明穆宗隆庆五年到明神宗万历四十六年，1571~1618年），共执政47年。

帕竹政权的末代第司，即第十一代第司卓尾贡波逝世以后，他的后代还在乃东王宫居住。据《西藏王臣记》记载：卓尾贡波之子是昂旺札巴"殿下"，可见五世达赖对卓尾贡波之子的称呼是有分寸的，他不再称呼"藏王"，而只称呼"殿下"。又说"昂旺札巴殿下生有二子，长子噶举·朗巴嘉哇，次子朗嘉札巴……为时不久，朗巴嘉哇殿下也就逝世。……朗巴嘉哇之子为弥谤索朗旺秋札巴朗嘉，他现在正住掌握勒乌冰（即乃东——引者注）王宫"。说明五世达赖著《西藏王臣记》时，弥谤索朗旺秋札巴朗杰还在世。

对于帕木竹巴的后代，在《清实录》中还有如下的一段记载：顺治十四年（1657年），清世祖给五世达赖喇嘛罗桑嘉措下了一道"诏书"，内称：

朕自即位以来，阐化王曾三遣人进贡，每次约千人，因其归化效力，诚悃可嘉，故两赐敕印以示奖劝。今复遣坚错那卜来贡，兼持旧玉印一颗，并故明所给敕书求换。及览该部奏称：阐化王原系图白忒国主，后为图白忒藏巴汗所破，隶其属下。明季藏巴汗又为厄鲁特国固始汗所破，以阐化王给与达赖喇嘛转给第巴，阐化王遂于达赖喇嘛处授格隆萨喜尔为喇嘛，第巴因为阐化王敕印，遂以边内安岛人为阐化王人，遣之以来。及问及来使坚错那卜等，言阐化王久隶第巴。而此次奏章复言皆为阐化王所奏，贡赋亦称阐化王。夫阐化王即属第巴，而屡次进贡仍称阐化王原名，今番进贡请换敕印，又不奏明，前后甚属不符。可将原委具实备书，付存问使人两喇布喇嘛萨木坦格隆具奏。

清世祖给五世达赖下这道"诏书"的时间，距《西藏王臣记》成书时间相隔只有14年。从这道"诏书"来看，清朝中央政权不再承认阐化王在西藏的固有政治地位，把它交给第巴管辖，从此以后帕木竹巴这一世系就从西藏政治舞台上永远消失了。

附录二 清朝对西藏的治理与驻藏大臣概论

从四世班禅罗桑曲结的后半生到九世班禅曲吉尼玛的前半生，都生活在清朝的统治时期。从清太宗崇德七年（1642年）到清宣统三年（1911年），前后经历了269年。这一历史时期清朝中央政权治理西藏的情况，特别是对驻藏大臣的设置和它所起的作用，也有必要作简略的补充论述。

清朝中央政权对西藏事务的管理，是由理藩院负责的。理藩院在清军入关以前就已设立，以后则更加强了。理藩院不仅管理西藏地方事务，内外蒙古、新疆以及西北各地的少数民族事务，都由这个机关管理。理藩院设尚书一名，左右侍郎各一名，下设旗籍司、王会司、典属司、柔远司、徕远司、理刑司。西藏事务本来由柔远司管理，后因事务越来越多，一个司管不了，增设了一个柔远后司，专管廓尔喀、厄鲁特和唐古忒事务（《大清会典则例》）。又因为西藏文书来往很多，理藩院专门增设了一个机构，叫做"唐古忒学"，相当于司级，从满族贵族子弟中挑选若干青年，在这个机构中学习藏文，以解决汉藏文书的翻译事务。

至于驻藏大臣的设置，是后来的事。从顺治元年（1644年）到雍正六年（1728年），中间有84年时间，西藏并未设驻藏大臣，但经常派理藩院官员到西藏办事，办完事就回北京复命。如雍正元年（1723年），"擢理藩院朗中鄂赖为内阁学士兼礼部侍郎，前往西藏办事"。雍正五年（1727年），"著内阁学士僧格、副都统马喇差往达赖喇嘛处"。在此以前，还曾派副都统宗室鄂齐前往西藏"审视情形"[①]。雍正六年（1728年），在川陕总督岳钟祺的"奏折"中，才提到"驻藏大臣马腊（即马喇、马拉）、僧格即往布达拉地方守护达赖喇嘛"。这时才有了"驻藏大臣"之名。当时西藏发生了阿尔布巴、隆布鼐、札尔鼐杀害康济鼐的事件，清朝政府派吏部尚书查朗阿到西藏处理善后，查朗阿的"奏折"中说："臣等遵旨统领大兵，自五月初六日由西宁出口，于八月初一日至西藏，即会同在藏驻扎之副都统马喇、学士

---

① 鄂齐后来因"贪污纳贿"受到革职处分，并交与宗人府拘禁，"照所得银数，十倍迫出"。

僧格将阿尔布巴、隆布鼐、札尔鼐等审讯。"这道"奏折"中没有"驻藏大臣"之名。

雍正七年（1729年），清世宗"谕兵部：副都统马喇著留驻理塘，同鼐格照看达赖喇嘛"。同年，又谕兵部："马喇仍著往藏。其藏内事务，著马喇，僧格总理，迈禄、包进忠协理"。这时实际上已由马喇和僧格担任了驻藏大臣的职务。所以驻藏大臣的正式设置究竟定在哪一年，还值得研究。但第一任驻藏大臣为马喇和僧格，则是没有疑问的。

雍正九年（1731年），清世宗"谕大学士等：……护军统领马喇、内阁学士僧格在藏年久，朕意悯念。命正蓝旗蒙古副都统青保、大理寺卿苗寿前往替回。但二人一时回京，新任之人不能熟悉西藏事宜，著马喇先回，留僧格协同青保等再办事一年"。

到了乾隆元年（1736年），"总理事务王大臣等奏：西藏向无大臣官员驻扎。前以康济鼐与颇罗鼐交恶相攻，因遣大臣率兵暂驻。今达赖喇嘛还藏，兵亦撤还，毋庸更驻大臣"。看来，当时还有撤销驻藏大臣的建议。但清朝政府感到西藏事务重要，应派大臣常驻，所以在乾隆二年（1737年），奉清高宗"谕旨：……副都统纳苏泰在彼年久，令其回京。著杭奕禄留藏，与总兵周起凤一同驻扎办事。其应换部院章京、笔帖式等，着该部派遣更替"。可见这时已有了驻藏大臣衙门，驻藏大臣之下，已有了专门处理日常事务的章京、笔帖式等官员。驻藏大臣的制度才固定下来。到了乾隆四十五年（1780年），驻藏大臣才有了"办事大臣"与"帮办大臣"之分，"办事大臣"是正职，"帮办大臣"是副职，而且很多办事大臣就由帮办大臣提升。第一任帮办大臣是促泰。从此时开始，才逐渐明确驻藏大臣和帮办大臣各为一人。任期一般均为三年，是从乾隆十年（1745年）明确规定的。直到清朝末年，最后一任驻藏大臣联豫经请示批准，撤销了帮办大臣，而添设左右参赞各一人，还不到一年，因发生辛亥革命，驻藏大臣与左右参赞都取消了。

驻藏大臣之下，设章京一人，一般均由理藩院的员外郎或主事充任，也是三年一任。任满仍由理藩院派员替回。另设笔帖式一人，后因工作太重，又增加了一人，最初也由理藩院派员充任，主要任务是办理满、汉文书的翻译。后来又设立了译字房，设唐古忒通司一人，担任汉、藏文翻译，另设廓尔喀通司一人，担任廓尔喀文的翻译。驻藏大臣衙门应役官兵也有定额，乾隆五十七年（1792年）由福康安规定："大臣衙门各三十名，游击八名，都司六名，守备二员海员四名，驻藏司员（即章京）四名，笔帖式二名，千总把总每员一名，前藏粮员看库兵八名"。（《明清史料》庚编）

驻藏大臣起着代表中央政权、监督地方政权的作用。乾隆五十七年（1792年），由福康安等人会同达赖、班禅制定了《钦定二十九条章程》，对驻藏大臣的职权，作了如下的明确规定：

> 驻藏大臣督办藏内事务，应与达赖喇嘛、班禅额尔德尼平等。自噶布伦以下番目及管事喇嘛、分系属员，事无大小，均应禀明驻藏大臣办理。至札什伦布诸务，亦俱一体禀知驻藏大臣办理。
>
> 前后藏遇有噶布伦、戴本、商卓特巴以下大小番目等缺，统归驻藏大臣会同达赖喇嘛拣选，分别奏补拣放。其达赖喇嘛、班禅额尔德尼之亲族人等，概不准干预公事。
>
> 大寺坐床堪布喇嘛缺出，俱由驻藏大臣会同达赖喇嘛秉公拣选，给与会印执照，派往住持。其余小寺堪布喇嘛，听达赖喇嘛自行拣补。
>
> 达赖喇嘛所管大小庙宇喇嘛名数，开造清册，及噶布伦所管卫藏地方，各呼图克图所管寨落人户，一体造具花名清册，于驻藏大臣衙门及达赖喇嘛处各存一份，以备稽查。
>
> 札什伦布商卓特巴缺出，以岁本、森本喇嘛升用。岁本缺出，以济仲喇嘛升用。森本缺出，以传事之卓尼尔升用。俱会同驻藏大臣给与执照。其该处营官各缺，仍照定例拣选充补。
>
> 前后藏所出租赋，悉归达赖喇嘛、班禅额尔德尼收用。至商上一切出纳，应归驻藏大臣稽查总核。
>
> 喇嘛番目人等私事往来，不得擅用乌拉，亦不得私发信票。如遇因公差遣，有必须乌拉之处，须禀明驻藏大臣及达赖喇嘛，发给用印执照，编定号数，始准应付。
>
> 藏内凡大户人家及大寺喇嘛，各处免差执照，一概停止。……如实有劳绩者，达赖喇嘛告知驻藏大臣，方准给票。
>
> 廓尔喀、布鲁克巴、哲孟雄、宗木等外番部落，如有禀商地方事件，俱由驻藏大臣主持。其与达赖喇嘛、班禅额尔德尼通问布施书信，俱报明驻藏大臣，译出查验，并代为酌定回书，方可发给。至噶布伦

等，不得与外番私行发信。

在藏居住之巴勒布、克什米尔等，准其常川兴贩，查明该番、回商头等名数若干，造具清册，交驻藏大臣衙门存案备查。

凡在藏贸易之外番商民，请领驻藏大臣照票出口，过江孜、定日，由该备弁查验明确，始准放行。其自外番来藏者，亦由该备弁查明人数，报明驻藏大臣，一体按名注册，以备查考。

驻藏大臣除执行上述职权之外，还统率驻扎西藏各地的官兵。西藏从康熙至乾隆100余年之间，曾多次用兵，但因西藏地方穷苦，粮产不多，所以战争结束以后，入藏官兵几乎每次都是全部撤回，只留少数官兵，在要地驻防，"以资镇慑"。实际上，在拉萨常驻的官兵只有455名，军官有游击一员，守备一员，千总二员，把总二员，外委五员。驻扎日喀则的官兵只有140名，军官有都司一员，把总一员，外委一员。驻扎江孜的官兵20名，军官有守备一员，外委一员。驻扎定日的官兵40名，军官有守备一员，把总一员，外委一员。驻扎察木多等地官兵共618名，军官有游击一员，千总一员，把总一员，外委一员。江卡汛守备一员，把总一员。黎树汛外委一员。石板沟汛把总一员，外委一员。昂地汛把总一员。硕板多汛千总一员，外委一员。拉里汛把总一员，外委一员。江达汛外委一员。汛是驻有官兵之地，乾隆五十七年（1792年）福康安奏："查江孜、定日两外，为各部落来藏要路，向来未设防汛。应于江孜添立一汛，派守备一、外委一，带兵二十名驻扎。定日设立一汛，派守备一、把总一、外委一，带兵四十名驻扎。所有兵丁，于察木多抽拨四十名，拉里拨十名，后藏拨十名，其员弁由川省派出，均照例班满更换，统归驻藏大臣于巡查时查验操演，应如所请，从之。"

除官兵外，福康安又奏请设立番兵3000名，作为西藏的常备兵[①]。设代本六名统率。其装备是五分鸟枪，三分弓箭，二分刀矛。拉萨驻扎1000名，日喀则驻扎1000名，江孜和定日各驻扎500名。这3000多番兵，也归达赖喇嘛与驻藏大臣指挥调遣。代本六名，由达赖喇嘛每名各拨给田庄一份。如本每名每年给薪俸30两，甲本每名每年给薪俸20两，定本每名每年给薪俸14两8钱，俱由商上支给，令商上于春秋两季备文送交驻藏大臣衙门。每名番兵，每年

---

① 按西藏番兵编制是：每一代本管兵500名，六个代本共辖如本12名，每名管兵250名。甲本24名，每名管兵125名。

给与青稞二石五斗，由商上发给。再按征兵之例，番兵每名每日由商上支给糌粑一斤。这3000番兵的口粮与薪饷，主要由没收朱尔默特那木扎勒与沙玛尔巴的财产收入中供给，所以并未增加西藏地方政府的多少开支。

至于驻藏官兵的口粮、薪饷、军火（鸟枪、火药、铅丸、弓箭、马矛等）开始都由内地运送，特别是乾隆五十六年为了驱逐廓尔喀人第二次侵入西藏，军定本120人，每名管兵25名。运更为繁重，必须设立机构，专司其事。因此从打箭炉起，到拉萨止，沿途共设六处粮台，即：打箭炉、理塘、巴塘、察木多、拉里、拉萨。粮台各设粮务一员。打箭炉与拉萨的粮务，由同知、通判内遴选。其余四处粮务由县丞、州同内派委。后又在拉萨设副粮务一员，专司鼓铸货币事务。又在日喀则设粮务一员，专司监放番兵口粮及驻藏大臣委查事务。均为三年一换，由四川派员更替。

以上六个粮台，由四川与西藏分别管理，打箭炉、理塘、巴塘三个粮台，归四川将军衙门管理；察木多、拉里、拉萨的粮台，归驻藏大臣管理。

粮台的主要任务是向西藏运送粮食、军饷和军火。其运输力仍沿用乌拉办法，由当地藏民出人出牲口，负责由一个粮台运至另一粮台。但粮台使用乌拉不是无偿差役，而是付给合理的运费。据乾隆五十三年（1788年）四川总督李士杰奏称："酌定运藏粮石脚价，每米一石，用牛马一只，每站给银一钱六分，每二只给夫一名，每名每站照台费旧例折给口粮一分，计每米一石自炉直运至藏，需银二十六两八钱零。"清乾隆五十六年（1791年），四川总督孙士毅督办后勤，亲至拉萨，他向清高宗奏称："军行所用粮石从内地运至西藏，每石需价三十余两，若就藏地采办，即倍价收买，每石不过三两。"可见在藏购粮，运费可省十倍。清高宗批准了孙士毅的建议，可在藏购买部分军粮。但因西藏产粮不多，采买的数量有限，当时在拉萨只买到一万石。又规定"在昌都、硕板多、拉里各粮台每年采购二千石，存贮站所。"所以进藏官兵的口粮，大部分仍需由内地运送。

粮台与粮台之间，又设立若干站，计自打箭炉至拉萨，共为50站，脚价是按站计算的。清乾隆五十七年（1792年），为适应驱逐廓尔喀人第二次入侵的需要。粮站又从拉萨向西延伸到接近前线的胁噶尔。《清实录》载："其前藏至胁噶尔程站，虽上届经成德奏明，兵行定为二十二站，但粮饷转输，驮载背负，究与兵不同，此次亦著照福康安等所请，将前藏至后藏，定为二十三站半，后藏至胁噶尔定为二十站。"从拉萨至胁噶尔的粮台，战争结束后撤销了。只有自打箭炉至拉萨的粮台一直维持到清末。

驻藏大臣还管理西藏的"塘铺"。所谓"塘铺"即是驿站。当时驻藏大臣给清朝皇帝的"奏折"和清朝皇帝给驻藏大臣的"圣旨"、"敕文"均由"塘铺"负责运送。"塘铺"设有驿卒和驿马。"奏折"与"圣旨"、"敕文"均由驿卒骑驿马运送,由此一塘铺,送至下一塘铺。如此接续转运。

当时的文书(包括"奏折"与"圣旨"、"敕文")分为三等。三等为"四百里",即日夜行四百里,为普通速度;二等为"五百里",即日夜行五百里,为急行速度;一等为"六百里",即日夜行六百里,为最快的速度。据《清实录》载,"现发留保住谕旨印封遵交站,由六百里驰递西藏,上年十二月初六自京发递印文珠匣,于十六日由成都接递,计程二十日内即应发交番子地方,本年正月底可到藏,驻藏大臣尚未复奏,不应如此迟延"。由此记载计算,"六百里"的文书,自北京至成都,一般只用十天,由成都至拉萨一般也只用二十多天。这在当时来说也算迅速的了。

由于文书运送紧急,驿站必须经常准备足够的马匹。据《清实录》载:"查照上届章程,各塘安马五匹。续因不敷驰递,添马五匹。现在大兵进剿廓尔喀,每塘安马十匹,仍属不敷,请正塘安马二十匹,腰站十匹,以速邮传。"可见一般情况下,每塘经常准备的驿马是十匹。这些驿马,也是由当地藏民供应。

据《清实录》载:"照驿马之例",每乌拉一头(即马一匹),"给价八两,驿马例以年计"。看来,供应驿马的乌拉,每匹马每年给八两银子的差费。

驿站的驿卒,向系由官兵内选择。据《清实录》载:"其台站各官兵,向系游击一员,守备一员,千把总十员,兵一千名。查旧设塘汛,视地之简要,定兵之多寡,声气尚属联络。""如有缺出,驻藏大臣将藏地可拨之余丁验补。"又载,"自嘉玉桥①抵西藏共一千九百六十余里,均系藏属……内设台站共二十五塘三汛,台站官兵所需各项俱由各喋巴办应"。根据《卫藏通志》的记载:从打箭炉至拉萨,共设塘铺五十三处,按官兵一千人分配,每一塘铺平均只有驿卒十八九名。由于驿站任务紧急,必须兵强马壮,方能完成任务,因此塘汛开支另立户头。据《卫藏通志》记载:"察木多及所属

---

① 嘉玉桥在恩达之西,洛隆宗之东。

各塘汛官兵三年共需月费口粮、银三万四千七百两零。""拉里各塘汛弁兵三年共需月费口粮、银三万六千两零。"

至于"塘铺"的管理,从《卫藏通志》的记载来看,察木多及所属各塘汛和拉里各塘汛的月费口粮和薪饷,均由驻藏大臣衙门管理;打箭炉及理塘、巴塘各塘汛的月费口粮与薪饷开支,归成都将军衙门管理。

驻藏大臣还在西藏境内直接管辖两处地方,一是三十九族,一是达木蒙古。这两处地方的日常事务,是由驻藏大臣衙门的章京管理的。《卫藏通志》记载:

> 理藩院司员一员,管理达木蒙古八旗官兵,三十九族番民事务,承办驻藏大臣衙门清文档案,三年更换。
>
> 达木蒙古八旗官兵共五百三十八户,在藏当差官兵八十三员名,每月商上发给钱粮,其余俱在达木地方游牧,听候调遣。
>
> 达木蒙古固山达八员,佐领八员,骁骑校八员。

关于达木蒙古八旗的来源,据《卫藏通志》载称:"纳哈暑番青海蒙古王丹津,于五辈达赖喇嘛时,带领蒙古官兵赴藏护卫,留住五百三十八户,在达木地方住牧。"当时属于固始汗管辖。其后,归颇罗鼐管辖。颇罗鼐死后,又归其子朱尔默特那木扎勒管辖。乾隆十五年(1750年)朱尔默特那木扎勒被处死后,由四川总督策楞、户部侍郎兆惠、驻藏大臣班第和那木扎勒共同具奏,以后即归驻藏大臣直接管辖。并按八个佐领,每佐领拣派兵10名,共80名,轮流在驻藏大臣衙门听候差遣。口粮由商上供给。达木蒙古八旗,每年交纳商上税盐100驮。

三十九族共4889户,每户每年征收贡马银八分,共征收银三百九十一两一钱二分,交纳商上。

三十九族设千户一员,百户13员,百长53员。

据《卫藏通志》载:"新抚南称巴彦等处番民七十九族,查其地为吐蕃地,居四川、西藏、青海之间,昔为青海蒙古奴隶。自罗布藏丹津变乱之后,渐次招抚。雍正九年(1731年),西宁总理夷情散秩大臣达鼐,奏请川陕派员,勘定界址,分隶管辖……会同勘定,近西宁者,归西宁管辖;近西藏者,暂隶西藏。其内人户,千户以上,设千户一员,百户以上,设百户一员,不及百户者,设百长一员,俱由兵部颁发号纸,准其世袭。……每一百户贡马一匹，折银八两，每年每户摊银八分。归西宁者，交西宁道库；隶西藏者，交西藏粮务处。"

归西藏暂管的三十九族"共四千八百八十九户，男妇一万七千六百六名口，征银三百九十一两一钱二分，归西藏粮务贮库"。

"三十九族头目缺出，须由驻藏大臣行文西宁办事大臣，转行报部给照"；乾隆二十八年（1763年），"驻藏大臣富鼐奏准，即令驻藏大臣就近查明，咨部给照，以免徒劳驿站，空缺久悬"。经清高宗批准，三十九族就归驻藏大臣直接管辖。

自清世宗时代起，到清朝末年止，从《清实录》的记载统计，共任命了驻藏大臣和帮办大臣135人。其中有11人因各种原因没有到职，实际任职的是124人。驻藏大臣中，有一人任过三次，有十人任过两次。作者只统计了人数，没有统计他们任职的次数。评论驻藏大臣的功过，不是这本书的任务，有人已写了《驻藏大臣考》、《清代驻藏大臣之研究》等书，这项工作应由专家去做，这里只能作一个概括的论述。

作者认为清代的驻藏大臣，除了极少数是很精干的官员，也有极少数是懦弱无能的官员外，绝大多数是属于谨慎小心的官员，他们明确地认为西藏是大清帝国的领土，西藏地方隶属于清朝中央，所以他们对于稍微大一点的事情，都要事前向清朝皇帝请示，事后向清朝皇帝报告，是忠于清朝政府的，是忠于自己的职务的。

有人批评清代的驻藏大臣，特别是后期的驻藏大臣，不支持西藏人民的反帝斗争，而采取丧权辱国的屈服政策。这的确是事实。但是这个责任主要不在驻藏大臣，而在清朝中央政权。至于个别驻藏大臣媚外乞怜，太不像话，那是他个人的政治品质问题，而且也受到了严厉的处分。

驻藏大臣琦善在任职期间，做了一件自福康安以后别人没有做过的大事。他在道光二十四年（1844年），根据当时的西藏情况，对福康安时所制定的《二十九条钦定章程》作了许多新的补充，共计二十八条，是清朝中后期在西藏事务方面采取的一项很重要的措施。全文摘要如下：

（一）琦善等奏：乾隆五十七年奉上谕，闻向来驻藏大臣不谙大体，往往过于谦逊，受人以柄，致为所轻，诸事专擅。鄂辉、和琳均系钦差大臣，其办事应与达赖喇嘛、班禅额尔德尼平等，等因钦此，著有成例。嘉庆十九年又经前大臣瑚图礼以办事大臣，与达赖喇嘛平等，非与代办事之呼图克图平等，奏明在案。诚以大臣有考核之责，代办之人，非达赖喇嘛可比，使知如敢营私舞弊，立可参奏，有所惮而不敢妄为。初非争此礼节，迨后祗知谦抑沽名，渐至趋承恐后，遂使夜郎自大，诸事专擅，妄作威福，肆行无忌。应请嗣后仍钦遵特旨，驻藏大臣与达赖喇嘛、班禅额尔德尼平等，其掌办之呼图克图，大臣照旧案仍用札行，不准联络交接，以庸政体。

（二）琦善等奏：西藏地方与廓尔喀、布鲁克巴、哲孟雄、洛敏达、拉达克各部落接壤，外番人等或来藏布施，或遣人通问，事所常有。应请悉遵定例，无论事之大小，均呈明驻藏大臣代为酌定发给，不准私自授受，违者参革，以重边疆。

（三）琦善等奏：地方遇有不靖，无论唐古特所属及外番构难，均先详查起衅根由，是否由于官民债事激成，严行惩办，再行拟定，不准如前先用兵，冀图冒功，违者参革，以慎军旅。

（四）琦善等奏：达赖喇嘛正副师傅，乾隆年间并未动辄保奏，应请嗣后如果教授多年，俟达赖喇嘛任事之时，仰后恩出自上，不准驻藏大臣如前滥行保奏，以崇体制。

（五）琦善等奏：达赖喇嘛年至十八岁，应请仿照八世达赖之例，由驻藏大臣具奏请旨，即行任事。其掌办之人，立予撤退，所有常办印信，或照成案送京，或封贮商上，请旨遵行，不得仍有捺压专为掌办之人，以杜结纳。

（六）琦善等奏：达赖喇嘛之父母，向由商上拨给庄田房屋，用资养赡，其父策旺登珠本届贫寒，于道光二十一年随同赴藏，荷蒙圣恩，赏赐公爵。而商上应给田庄，诺门罕①延搁三年，致令待哺嗷嗷，屡次呈请，于上年冬始行拨给，仍系碱薄。及查达赖喇嘛商上班垫孜土地四十余岗，早经诺门罕私给其侄婿萨迦呼图克图为业，两相比较，无怪群情愤怒，众怨沸腾。应请嗣后达赖喇嘛呼毕勒罕出世，一经入瓶掣定，奉旨准作呼毕勒罕，其父母应得房屋，即由商上拨给，不准藉故推延，以示体恤。

---

① 即当时掌办商上事务的摄政噶丹锡呼图萨玛第巴克什。

（七）琦善等奏，掌办商上事务威权已重，而一兼师傅，达赖喇嘛即须推让，其噶勒丹池巴又系喇嘛中最尊职务，权要并于一人，易滋舞弊而莫敢谁何。应请嗣后掌办商上事务之人，不准保充正副师傅及噶勒丹池巴，以昭限制。

（八）琦善等奏：噶勒丹池巴请照后开旧规，于年久苦修深通经典喇嘛中保充，不准以呼图克图诺门罕充补，致滋但论职权大小，不论品德高低之弊。

（九）琦善等奏：掌办事务手下之札萨克喇嘛，只准其管本寺事务，不准丝毫干预商上公事。同其余喇嘛，均只准其补本寺之缺，不准补商上之缺，与占他事差使。其商上当差之人，亦不准补掌办事务，寺中之缺，庶界限得以划清。

（十）琦善等奏：掌办商上事务之人，各有庄田百姓，尽可役使，不准再用商上乌拉，以苏民困。其熬茶布施，应自出资办理，不准交商上番目代办，以免商上补贴。

（十一）琦善等奏：掌办印信，存掌办之人寺中，其钥匙照旧交总堪布佩带，遇到文书，公同钤用。其商上办事中译仍驻公所，不准移赴掌办之人私寺，以免滋弊。

（十二）琦善等奏：掌办之人，不准将商上田地人民，擅行给予寺院，又即当时掌办商上事务的摄政噶丹锡嚼田萨玛第巴克什。送与亲友；各寺院亦不准向掌办商上之人私行呈请，将商上庄田赏作香火养赡，违者将掌办参革，分别退还商上，以儆专擅。

（十三）琦善等奏：达赖喇嘛从前赏给世家及百姓田地；不准私行呈送及典卖与掌办寺院，违者追出归还商上，以杜贪营。

（十四）琦善等奏：商上仔仲喇嘛，应照嘉庆十一年奏定一百六十名窟额，不准再有增益，刻下达赖喇嘛尚幼，无须多人，即照现在一百四十人为度，俟年至十八岁任事时，再行照额挑补。该仔仲系闲散喇嘛，并无品秩，未便如乾隆年间福康安所奏，聚补四五品大缺。应请俟该仔仲充当三年后，以七品执事及七品喇嘛营官补用。

（十五）琦善等奏：商上仔仲之人，从无向外寺挑取旧例。自诺门罕掌事以来，方行创始，而各寺静修者，均非情愿，噶布伦曾经劝阻不听。查商上原有拉木结札仓寺一所，现有学经喇嘛，应请嗣后仍循旧规，不准向外寺挑取，倘商上人数不敷，只准向拉木结札仓寺内挑取。以商上寺中之人当商上之差，既符旧规，且杜流弊。

（十六）琦善等奏：僧俗番目除营官番弁外，等第额数，率多牵混，现今按旧章，详加考订，总堪布统管商上秩三品，与噶布伦相等。其四品者：系僧官岁本、森本、曲本各一员，近身服侍达赖喇嘛之大堪布五名，小堪布内缮书中译四名，俗人仔本三名，商上、大昭商卓特巴各二名，俗人商卓特巴各一名，小岁本一名，管理番兵生息颇本僧俗各一名，商上大卓尼尔一名，大医生一名，又近身服侍之小堪布八名。其五品者：商上仔仲卓尼尔十名，翻话罗藏娃四名，小医生一名，商上业尔仓巴三名，大昭一名，又俗人业尔仓巴三名，协尔邦二名，僧俗硕第巴二名，俗人密本二名。其六品者：噶厦俗人大中译二名，卓尼尔三名，俗人管马达本二名，仔仲管理经卷二名，管理采缎二名，德垫溪庙宇堪布一名。其七品者：噶厦俗人小中译三名，管门第巴三名，柴斤、草束、糌粑第巴僧俗各一名，俗人管账房第巴二名，牛羊厂第巴三名，仔仲商人第巴四名，经管造佛等项匠役第巴二名，管理成衣第巴一名，管理造香及经理供献第巴各一名，看守大昭及罗尔布林岗房屋康尼尔各一名。

（十七）琦善等奏：喇嘛升转，向无一定，即福康安当日原奏，亦未分析清楚，应请嗣后总堪布缺出，以大岁本、森本、曲本及大堪布五人内拣选升补。大岁本缺出，以小岁本升补。森本缺出，以大堪布调补，如不得其人，与小堪布内升补。曲本缺出，以深通经典法事大堪布调补，及小堪布升补。其大堪布缺出，以小堪布升补。至小堪布内之商上、大昭商卓特巴，管理番兵生息之颇本、商上大卓尼尔缺出，以小堪布升补，及五品执事五品营官内升补。五品执事及五品营官缺出，以六品各员升补。六品缺出，以七品各员升补。七品执事及七品营官缺出，方准以闲散仔仲喇嘛拣选补用，不准先给虚衔，及越级升调委属，违者查参。

（十八）琦善等奏：原定条例内载，仔本商卓特巴缺出，以业尔仓巴、协尔邦、大中译、及济仲喇嘛升补。今查仔本商卓特巴系四品，大中译系六品，即升四品已觉过优，且前藏并无济仲喇嘛，只有仔仲乃未经受职之人，骤升四品，更属躐等。应请嗣后仔本、商卓特巴缺出，以五品之业尔仓巴、协尔邦、硕第巴，密本升补。又载，硕第巴、密本、达本缺出，以边缺大缺营官升补。今查达本系六品管马之官，其边缺营官均系五品，以五品转升六品，又似太抑。应请嗣后硕第巴等缺出，以五品人员调补，及六品人员升补，其达本缺出，以六品人员调补，及七品人员升用。又载，边缺、大缺营官缺出，以小缺营官调补，及小中译补放。今查边缺、大缺营官系五品，其小缺营官与小中译，均系七品，聚与调补升补，亦似过优。应请嗣后边缺、大缺营官缺出，以六品中缺营官及六品执事人员升补。其中缺营官缺出，以小缺营官及七品人员升用。又载：代办噶厦小中译、卓尼尔，随同噶布伦办事，关系紧要，由东科尔拣补。今查噶厦小中译本有实缺三名，毋庸代办，其卓尼尔系属六品，骤以东科尔挑补，亦与例载东科尔只准补七品营官之例矛盾。应请嗣后噶厦卓尼尔缺出，以七品人员升补，其东科尔仍照例补七品之缺，不准越级挑用与喇嘛升调之阶庶归一律。

（十九）琦善等奏：商上翻书中译缺出，应以深通夷文，心行端方之小堪布调补，及五品执事、五品营官内升用。其大医生须明白医理药性，惟只须加至小堪布虚衔，不准升用别缺。传话之罗藏娃，原属差使，与实任不同，应以熟悉各语，品行老成之人充当，不必拘定六品、七品及闲散仔仲，惟既得罗藏娃后，仍应视其原挑品级升转，不得既照五品之例升调。以上僧俗各缺，凡六品以上及有关地方之七品营官升调，均应呈请大臣会同拣放外，其余悉遵照章程，自行秉公办理，按季报查，违者查参。

（二十）琦善等奏：商上厨房供差人等，向由闲散仔仲，层次拔擢，升至小岁本而止，取其调和适口，冀如达赖喇嘛之意，应照旧办理。其管门第巴须高大有力者，只系微职，难拘资格，亦听其便。

（二十一）琦善等奏：僧俗营官，各应归还本缺，不准互相侵占，其有从前将喇嘛营官，作为寺院香火养赡者，即作为占一僧缺，不准又以俗缺令喇嘛管理。

（二十二）琦善等奏：各寺补放堪布，大寺拣拟五名至七名，小寺拣拟三四名至五名不等，以及拣补轮署等项，各寺均尚有成规，应仍其旧外，应请嗣后必须查其出家，实在已逾二十年，确系经典深通，攒大小昭寺，曾经考取格西兰占巴者，方准开单，呈请补放，不得以年轻资浅，经典欠深，并未考取格西兰占巴者，越次补放，致启夤缘之弊。

（二十三）琦善等奏：补放布赉绷寺、色拉寺、噶丹寺格贵之缺，向由各寺院内拣拟三五名至六七名，或以本寺之人补放，或以他寺之人轮流充当均向有成规，应仍其旧外，应请嗣后必须查其出家逾上十余年，确系通晓清规，众心悦服，曾经管事无俟，及曾充业尔仓巴，较量卸事日期先后，或博窝、贡茹二班轮流者，方准秉公开单呈送补放，不准如前不计年份深浅，曾否通晓清规，贿买贿卖，越次补放，致坏清规，违者革去喇嘛，逐出寺院，将掌办商上之人参奏，以肃清规。

（二十四）琦善等奏：补放噶勒丹池巴，应请照旧，先择其自幼曾在布赉绷、色拉、噶勒丹三大寺为僧，安静焚修二十余年，攒大小昭时，考取兰占巴名色，再入下温都逊寺内学习法事，深通之后，充补格西堆次已深至七八年方准人选。属上温都逊寺者，选放掌教喇嘛翁则，由翁则拣升该寺堪布，由堪布升补辖尔孜曲结，再轮升噶勒丹池巴。属下温都逊寺者，由格西堆次年久，轮充格斯贵，由格斯贵年满选放掌教喇嘛翁则，由翁则选该寺堪布，由堪布升补降孜曲结，再轮升噶勒丹池巴。不准越次超升，以杜营谋，致坏清规之弊。

（二十五）琦善等奏：嗣后修建寺院，无论职分大小，一遵理藩院定例，不准有碍民地民房，违者许被害之人告发，处分退还。其喇嘛只准在寺焚修，不准如前干预公事，动辄联名具呈，或代人乞恩，或代人报复，效讼棍所为。违者将该寺堪布及掌教之喇嘛斥革。仍查明起意之人，严行治罪。

（二十六）琦善等奏：理藩院例则，番民争讼分别罚赎，不准私议抄没等语。自诺门罕掌事以来，任情爱憎，借事查抄，莫能禁止，与其逐案驳正，曷若明定规条，应请嗣后唐古特议罚之案，自一两至二十两，但期示儆而止，即至重之案，番民所罚连什物各项，至多不得逾番秤三十两，番目所罚连什物各项，至多不得逾番秤三百两。其查抄家产，除婪索赃数过多，确有实据者，方准籍没外，其余公私罪犯，辄议查抄者，永行禁止，以符定例。不准借称商上，曾经赏过田房，以抄没为追缴，违者治罪。

（二十七）琦善等奏：乌拉出自番民、最为困苦，福康安原奏但禁番目，未及掌办之人，亦未定数目，且弁兵番目均散处汛地，有相距二三千里内外者，势不能尽由大臣给照，致有延滞。除掌办之人，自有田土百娃，不准仍用商上乌拉，及紧急事件，本非常有外，应请嗣后驻防弁兵应用乌拉，照嘉庆二十三年玉麟等所定，按品级应付章程办理，不准逾额。番目应用乌拉，照嘉庆二年松筠等所拟，按官职大小，定数应付，勿许增添。其番目族戚及跟役等，均不准擅用乌拉，以苏民困。违者分别斥革处分。

（二十八）琦善等奏：唐古特番兵应照额挑补足数，以重操防，除老弱兵丁，业俱查出更换外，应行嗣后责成该管各员，认真训练，不得稍形短少苦累，其有相沿各处当差，出资雇替者，均责成戴本查明撤退归伍，违者照例治罪，以实兵额。其来藏贸易之外番，应行抽办税课，现在悉令噶布伦等查照旧章，毋许增添勒索，以示怀徕，而免争端。

当时清朝政府将琦善所制定的二十八条，由理藩院逐条作了审查，认为"所有此次新章，并该大臣折内所称旧有成规各事宜，及前后藏一切现行规则……均如所请办理。得旨，依议"。

琦善所定的二十八条，是在福康安等所制定的《二十九条钦定章程》的基础上，根据当时的新的情况，制定了若干新的补充规定。福康安在西藏时，正是八世达赖直接掌权的时期，当时并无摄政（即所谓掌办商上事务），所以《二十九条钦定章程》中，没有提到摄政一词。但自八世达赖逝世后，九世达赖只活了11岁，十世达赖只活了22岁，西藏政教大权操在摄政手中。而摄政的职权在《二十九条钦定章程》中并无明文规定，他可以为所欲为。琦善出任驻藏大臣时，十一世达赖才五岁，西藏政教大权操在摄政噶丹锡呀图萨玛第巴克什一人之手，而且暴露出许多严重问题。琦善感到有必要对摄政的职权加以限制。这是制定二十八条的主要任务。因而这在当时为了巩固西藏地方与清朝中央的隶属关系，维护祖国的主权，还是很有必要的。所以对于琦善的二十八条，应该基本上予以肯定。

再版后记：从十世班禅圆寂到十一世班禅坐床

袁 莎

十世班禅的圆寂、转世以及十一世班禅的寻访、认定和坐床，是近年来发生在西藏的两件大事，也是在国际上有影响的两件大事。值此《班禅额尔德尼传》再版之际，我们请袁莎先生对这两件大事撰文做一简要介绍，以供读者参考。

——编者

十世班禅最后的日子

1989年1月9日，第十世班禅额尔德尼·确吉坚赞离开北京到达拉萨准备前往西藏自治区日喀则市札什伦布寺主持五世至九世班禅合葬灵塔重建开光典礼。按惯例，第二天十世班禅到大昭寺朝拜释迦牟尼像，他风趣地称此行为"报到"。他像往常一样，叩拜了释迦牟尼像后，伫立在像前长时间高声诵安神经，祈祷众生安乐。

1月13日，十世班禅及随行人员前往日喀则。途经海拔4700米的岗巴拉山时，面对山下碧绿的羊卓雍湖，他按藏传佛教和藏族人民的习惯，下车进行"煨桑"，为西藏五谷丰登、人民平安而祈祷。14日，十世班禅一行进入日喀则市区，前往札什伦布寺。当他来到已经竣工的班禅东陵札什南捷，看到祀殿宏伟壮丽，灵塔金碧辉煌，十分高兴，感慨万千。

札什伦布寺，与拉萨的色拉寺、哲蚌寺、甘丹寺齐名，是举世闻名的西藏四大寺院之一，自四世班禅罗桑曲结以来，一直是历世班禅的驻锡地。寺院里珍藏着数以万计的佛像、佛塔、佛经等历史文物，尤其珍贵的是保存着一世达赖根敦朱巴的肉身灵塔和四世至九世班禅的肉身灵塔和祀殿。十世班禅赞誉它："如日月临空，光辉四射，加持众生。""文化大革命"期间，札什伦布寺的佛像、佛塔和佛经等文物遭到破坏，五世至九世班禅的肉身灵塔连同祀殿全部被毁坏,严重伤害了广大信教群众的宗教感情。因此,重建灵塔也就成为人们最大的心愿。十世班禅自然要责无旁贷地承担起这一重任。他向中央建议,建造一座精致壮观的灵塔及祀殿,将被破坏的五位班禅的遗体合葬。国务院批准了班禅的建议,从1985年起,历时三年零八个月,灵塔于1988年12月竣工,被命名为"班禅东陵札什南捷"。

新建造的班禅东陵札什南捷,主体为灵塔及祀殿两部分,总面积为1933平方米,高31.17米,灵塔本身高11.32米。总投资为780万元,其中国家拨款600万元,自治区拨款70万元,札什伦布寺筹资100万元,刚坚公司投资10万元。国家为修建这座灵塔提供黄金217.7斤,白银2000斤,水银1330斤,铜11 277.5斤,木材1099立方米,钢材116.8吨,水泥1105.67吨,石料71 782块。札什伦布寺为灵塔提供白银1338斤。另外,十世班禅本人、西藏自治区、日喀则地区和札什伦布寺还为修建灵塔赠送了相当数量的宝石、珠宝等。

1月22日,札什伦布寺举行了隆重的班禅东陵札什南捷开光典礼。这一天,十世班禅心情特别激动,发表了长篇讲话。他说:"班禅东陵札什南捷这座宏伟壮观的灵塔祀殿,是中国共产党民族宗教政策的正确性和真实性的象征,是藏汉两大民族团结的象征,是西藏宗教界和广大僧俗人民爱国主义的象征,是藏汉两族人民共同劳动的结晶。我完全相信,凡来到东陵这里瞻仰膜拜、参观游览的人,只要他是尊重事实,就必然会领悟到党的民族宗教政策的真谛,领悟到藏汉民族团结的重要,领悟到坚持爱国主义立场的意义。我相信,包含在班禅东陵札什南捷这座宏伟祀殿中的这些要义,在西藏和藏族地区团结、进步和发展的道路上不断前进的过程中,将永放光辉。"十世班禅还欣慰地说:"灵塔的建成,完成了我一桩最大的心愿。"

近20天来,十世班禅除了主持五世至九世班禅合葬的宗教仪式和班禅东陵札什南捷开光典礼、给群众摸顶等宗教活动外,他还抽出更多的时间召开各种形式的座谈会,工作十分繁忙,常常操劳至深夜一两点钟,第二天一大早又起床工作。1月23日,十世班禅邀请来自各个藏区参加开光典礼的知名人士百余人举行座谈会,征求他们对西藏和其他藏区文化、经济发展的意见和设想,他讲了如何搞好改革开放、加强民族区域自治的意见,鼓励各级干部高举爱国主义旗帜,维护祖国统一,加强汉藏民族团结,在中央正确领导和方针政策指引下,不失时机地发展经济,为建设繁荣、昌盛的新西藏而尽力。1月24日,十世班禅召开宗教界人士座谈会,就在社会主义条件下如何搞好寺庙民主管理和活佛转世问题，发表了重要讲话。他告诫僧众们，作为佛门弟子，应该爱国爱教，普度众生。正是在这次会议上，十世班禅还提出，他的转世将来要用"金瓶掣签"的办法认定。

从1月24日起，三天时间里，十世班禅接待了拜会他的宾客、为远道的客人送行、为经师嘉雅活佛祝寿、将生病的父亲送往拉萨，还为信教群众摸顶祝福。25日，他又与有关部门商讨工作，其后又为信教群众摸顶，至26日，共为五万余名信教群众摸顶祝福。27日，十世班禅听取西藏自治区有关部门的领导和灵塔修建办公室工作总结汇报，准备在30日对建塔有功人员进行表彰和奖励。晚上，他宴请了日喀则地区县以上干部，并举办了篝火晚会，与大家联欢。事后，他兴犹未尽，十二点多就寝，躺在床上，又看了半个多小时的报纸。

1月28日凌晨，十世班禅突发病情……

七点多，日喀则天还未亮，消息已经传到北京。上午十时许，中央派中共中央书记处候补书记温家宝和中央统战部副部长武连元、全国人大常委会副秘书长许孔让等率北京医疗专家组赶赴日喀则。温家宝一行于下午三时三十分到达拉萨，旋即转乘直升飞机于六时三十分到达日喀则，专家们马上全力投入抢救，但是抢救无效，十世班禅于晚八时十六分在日喀则格桑德虔颇彰圆寂，终年五十一岁。

十世班禅抢救小组公布的病情及抢救经过报告说：

> 班禅副委员长是1989年1月28日清晨四时三十分突然发病的。当时，他说他后背疼痛并波及两上臂。随身医生立即进行检查，当时班禅副委员长神志清楚，呼吸每分钟二十次，血压一百二十、九十毫米汞柱，心率每分八十六次，律齐。心电图显示急性下壁及广泛前壁心肌梗塞。医务人员立即予以吸氧、扩张血管剂、止疼镇静和抗心律失常药物治疗，并先后组织日喀则、拉萨各医院专家会诊及抢救。八时二十五分复查心电图的过程中，突然抽搐、神志不清，八时三十四分心电图示室颤，当即采取胸外叩击、心内注射强心药物、胸外按摩，用呼吸机进行人工呼吸等抢救措施。十八时三十分，由中央保健局局长王敏清、北京医院副院长心血管专家刘元恕、心血管专家主任医师沈瑾等组成的专家组到达后，先后两次作心内起搏，持续抢救，仍未见效，于二十时十六

分逝世。最后诊断结论为急性下壁、广泛前壁心肌梗塞，引起心脏骤停（室颤）。

十世班禅的圆寂和治丧

十世班禅逝世后，全国人大发布治丧公告，成立了治丧办公室，决定在北京和拉萨举行隆重的追悼大会，全国藏区省及州、县所在地也举行座谈会等悼念活动。北京、西藏、内蒙古、四川、青海、甘肃、云南及安徽、山西、广东等地宗教界分别举行了座谈会或诵经悼念活动，沉痛悼念班禅大师不幸逝世，中国基督教三自爱委会、中国基督教协会等宗教团体致电全国人大常委会，对十世班禅额尔德尼·确吉坚赞的逝世表示沉痛哀悼。

1月30日，由李鹏总理签发了中华人民共和国国务院关于第十世班禅额尔德尼·确吉坚赞逝世后治丧和转世问题的决定。决定说：

> 我国伟大的爱国主义者、著名的国务活动家、中国共产党的忠诚朋友、中国藏传佛教的杰出领袖、第七届全国人民代表大会常务委员会副委员长、中国佛教协会名誉会长、第十世班禅额尔德尼·确吉坚赞因病不幸逝世。根据札什伦布寺民主管理委员会和僧众的请求，并参照历史惯例，国务院特就治丧和转世问题决定如下：
>
> 一、在日喀则市札什伦布寺修建第十世班禅额尔德尼·确吉坚赞遗体灵塔和祀殿，供后人瞻仰朝拜，缅怀他爱国爱教业绩。修建灵塔和祀殿事宜，责成西藏自治区人民政府和札什伦布寺民主管理委员会共同办理。经费由国家拨专款。
>
> 二、由札什伦布寺民主管理委员会按照藏传佛教的仪轨，举行宗教悼念活动，办理遗体保存等事宜，经费由国家拨专款。
>
> 三、由札什伦布寺民主管理委员会负责，并视必要请中国佛教协会、佛协西藏分会协助，办理第十世班禅额尔德尼·确吉坚赞转世灵童寻访、认定等事宜，报国务院批准。

1月30日，中国佛教协会发出关于悼念班禅大师示寂举行法会的通知。决定由中国佛教协会和中国藏语系高级佛学院、北京市佛教协会于2月1日至3日在北京广济寺和雍和宫分别举行十世班禅示寂回向法会三天。期间，中国佛教四大名山（五台山、峨眉山、普陀山、九华山）以及各省、自治区、直辖市佛教协会和主要寺庙分别举行第十世班禅大师示寂回向法会。在西藏自治区日喀则市的札什伦布寺和拉萨市的色拉寺、哲蚌寺、甘丹寺、大昭寺，青海省塔尔寺、甘肃省拉卜楞寺以及四川省、云南省的著名藏传佛教寺庙，按藏传佛教仪轨举行诵经等悼念活动。

2月3日，西藏自治区僧俗各界一千五百多人在拉萨隆重举行追悼大会，深切悼念十世班禅。追悼会场设在拉萨剧院。按照民族、宗教仪轨布置的会场庄严肃穆，班禅大师的遗像悬挂在主席台中央，遗像上方和背后是黄色华盖和黄色天幕，象征他在藏传佛教中的崇高地位。遗像下面安放着他的父母等亲属献的花圈。遗像前按宗教仪轨摆放着供果、净水、藏香、酥油灯、藏巴卡花。供品两旁和前方摆放着冬青树和天冬草。

追悼会由全国政协副主席、自治区人大常委会副主任、中国佛协西藏分会名誉会长帕巴拉·格列朗杰主持。中共西藏自治区委员会书记胡锦涛在会上致悼词。悼词回顾了班禅大师一生爱国爱教，为祖国统一、民族团结，为祖国社会主义建设做出的光辉业绩。希望西藏全区各族人民各界人士要化悲痛为力量，学习和发扬十世班禅的功德和精神，为建设团结、富裕、文明的社会主义新西藏，促进各民族的共同繁荣而奋斗。

追悼大会上，各界代表在低回的哀乐声中缓缓走到班禅大师遗像前鞠躬致敬，向十世班禅遗像献了哈达。帕巴拉·格列朗杰、胡锦涛等向带病专程前往拉萨参加追悼会的十世班禅的父亲尧西·占公才旦、母亲尧西·索朗卓玛表示了深切慰问。

2月15日，首都各界人士一千多人怀着沉痛的心情在人民大会堂隆重举行追悼会，深切悼念十世班禅。追悼会由国家主席杨尚昆主持，全国人大常务委员会委员长万里致悼词。赵紫阳、李鹏、李先念等党和国家领导人参加了追悼会。

追悼会会场庄严肃穆。场内悬挂着用汉藏两种文字书写的巨大横幅："班禅额尔德尼·确吉坚赞副委员长追悼会。"横幅下是十世班禅的巨幅遗像。遗像下设花坛，花坛中间摆放着覆盖黄布的雕漆木桌。遗像两侧，站立着礼兵。追悼会四周排列着花圈。大会堂西大厅门口，悬挂着用汉藏两种文字书写的横幅："沉痛悼念班禅额尔德尼·确吉坚赞副委员长。"中共中央和国务院各部委，各民主党派中央，人民解放军各总部，各大军区和驻京各大单位,各人民团体,各省、自治区、直辖市领导机关及西藏自治区日喀则地区,十世班禅家乡青海省循化县等献了花圈。党和国家领导人出席了追悼会并献花圈,西藏、青海等有关地区负责人和十世班禅生前好友也参加了追悼会。

万里在悼词中说,十世班禅的一生是为我们伟大祖国的统一和富强而奋斗的一生。尤其是在西藏分裂与反分裂的斗争中,他几十年如一日,旗帜鲜明地坚持爱国主义立场,为维护祖国统一,增强民族团结,建立了不可磨灭的功绩。十世班禅大师坚决拥护党的十一届三中全会提出的各项方针、政策,拥护党的十三大路线,拥护改革开放。他关心国家大事,为维护和发展我国平等、团结、互助的社会主义民族关系,为西藏的发展、进步,为国家的富强和民族繁荣,为中国人民同世界各国人民的友谊,为维护世界和平,竭尽了全力。十世班禅的逝世,使我们国家失去了一位伟大的爱国主义者和国务活动家,使我们党失去了一位忠诚的朋友,使藏族人民失去了一位杰出的爱国宗教领袖,这是党和国家的重大损失,是包括藏族人民在内的全国各族人民的重大损失。十世班禅的一生,是为维护祖国统一而奋斗不息的一生,是为国家的富强和民族的繁荣而辛勤操劳的一生,是同中国共产党真诚合作、肝胆相照的一生,是为弘扬佛法、引导信教群众为人民谋福利的一生。他不愧是一位伟大的爱国主义者,著名的国务活动家,中国共产党的忠诚朋友,中国藏传佛教的杰出领袖。

十世班禅圆寂后,按照藏传佛教宗教仪轨,遗体将长期保存。保存十世班禅遗体是根据札什伦布寺全体僧众和信教群众要求决定的,也是藏传佛教高僧圆寂后的传统做法,过去四世至九世班禅的遗体都是按这一宗教仪轨处理的。十世班禅圆寂时,呈卧佛姿势,遗容朝北,从宗教教义来说是非常吉祥的。札什伦布寺高僧严格按宗教仪轨和传统保存遗体方法,用多种名贵药水精心沐浴,擦洗遗体,用高级绸缎缠裹遗体,按时更换,并采取其他措施等,以保证遗体能长久保存。在十世班禅遗体移入新建灵塔祀殿前,数以万计的信教群众瞻仰了十世班禅遗容,在德虔格桑颇章的东大殿内,人们看到十世班禅遗体盘腿而坐,双手叠放胸前,十分安详。身穿崭新袈裟,头戴五冠佛帽,用黄绸缎覆盖面容,供桌上摆满了各种供品、哈达,有六位高僧侍立两旁守灵,十几位密宗高僧在不停地诵经祈祷。

1989年3月,西藏自治区人民政府成立了灵塔祀殿修建领导小组,由自治区人民政府主席多吉才让任组长，顾问是帕巴拉·格列朗杰活佛、生钦洛桑坚赞活佛和十世班禅的父亲尧西·占公才旦、经师嘉雅活佛。在修建小组的领导下，灵塔祀殿修建的各项筹备工作很快得以展开。

1989年5月26日，十世班禅圆寂118天，他的法体用黄缎佛轿从德虔格桑颇章抬到札寺"孜甲"大殿安放，供广大信教群众朝拜，直到灵塔落成为止。1990年7月，国家主席江泽民赴西藏视察工作，专程前往日喀则看望十世班禅的法体，并郑重宣布：国家要为班禅大师修建一座金灵塔，使之成为世代信众缅怀班禅大师的最好场所。江总书记在西藏视察期间，还多次提及与班禅大师的深厚友情，他说：我在上海工作期间，大师路经上海曾几次来看我，我到北京出差，也曾三次到他家做客，我们有很好的私交。1990年9月20日，班禅灵塔祀殿正式开工，塔址选在札什伦布寺北坡，位于四世班禅灵塔和五世至九世班禅合葬灵塔之间。整个工程修建历时三年，于1993年8月底全部完工，灵塔取名"释颂南捷"。祀殿总面积为1933平方米，殿高35.25米。灵塔面积253平方米，塔高11.52米，塔身全部用金皮包裹，金皮厚0.5~0.8毫米，纯度为99%，灵塔前后左右镶嵌10 183组宝石袋，有2000多颗宝石。塔瓶顶端，是一只纯金制作的大鹏金翅鸟，鸟头上嵌有一颗世间稀有的硕大的绿宝石。为修建金灵塔，国家拨款6400万元，黄金614公斤，白银275公斤，是迄今国家投资最多，建筑规模最大的一座寺庙灵塔。

1993年8月30日，在札寺"孜甲"大殿供奉达三年三个月零三天的十世班禅法体，按照宗教礼仪，用佛轿抬进新建成的"释颂南捷"祀殿，装藏进一个白檀香木箱内，连同十世班禅生前使用过的法衣、法器和碗勺等随身物品，装藏进灵塔中央。9月4日，国务委员、国务院秘书长罗干专程前往日喀则参加了十世班禅灵塔祀殿"释颂南捷"的开光盛典。

十世班禅转世灵童的寻访

1989年5月14日，札什伦布寺民管会，通过西藏自治区人民政府向国务院转呈了《关于寻访认定第十世班禅额尔德尼·确吉坚赞转世灵童的请示》。8月19日，国务院批准了这个请示，批准成立了由第十世班禅的经师嘉雅活佛、札什伦布寺民主管理委员会部分成员和主要活佛、堪布、高僧以及其他藏区知名大活佛参加的转世灵童寻访工作领导班子，由他们具体领导灵童的寻访工作。批准成立以中国佛教协会会长赵朴初和中国佛教协会副会长、中国佛教协会西藏分会名誉会长帕巴拉·格烈朗杰为总顾问的顾问班子。

1991年4月、1993年7月和1995年11月，召开了三次十世班禅转世灵童寻访工作会议。与会的高僧大德们一致认为，寻访班禅转世灵童，必须严格按照宗教仪轨和历史定制，继承十世班禅爱国爱教传统，接受中央政府领导，拥护"金瓶掣签"，早日完成十世班禅转世灵童认定这一佛门盛事。在政治上必须坚持爱国主义，维护国家主权和中央的权威；在宗教上要遵守宗教仪轨和历史惯例；必须在国内寻找；由札什伦布寺负责寻访；灵童认定后在札什伦布寺坐床，并由札什伦布寺培养。

大活佛转世灵童寻访、认定的宗教仪轨和历史定制大致如下：先由寺庙反复念经祈祷，札寺择吉日派出高僧观看神湖，往湖里投宝物，念经，察看湖中的影像，据此判断灵童的属相、出生地特征……把湖中显影出的山川地貌画下图来去实地寻找灵童时对照。再按照宗教仪式和程序筛选，最后选出三个孩童报中央，经过"金瓶掣签"，抽出一个后再报中央批准，这才是十世班禅的合法继位人。

十世班禅转世灵童的寻访工作严格按照宗教仪轨，有序进行。在十世班禅圆寂第二天，札什伦布寺发布祈祷文，祈祷大师早日转世。之后，札寺不定期派出喇嘛到拉萨、藏区各大寺庙供佛、上香、布施，并给大昭寺释迦牟尼佛、小昭寺释迦不动金刚像、热振寺释迦降贝多吉佛像、布达拉宫帕巴鲁格夏热观音像和札寺各殿堂的佛像饰金，并更换新佛装。中国佛教协会和中国藏语系高级佛学院、北京市佛教协会，在1989年2月1日至3日分别在广济寺、西黄寺和雍和宫举行了十世班禅示寂回向法会。这期间，中国佛教四大名山和国内一些大寺庙，都举行了法会，祈祝寻访顺利。从1989年12月到1993年7月，西藏、青海、四川、甘肃、云南等地藏传佛教寺院僧尼诵经祈祷，在所有的诵经活动中：各寺院僧尼们诵念全卷九千六百万字的《甘珠尔经》五遍；全卷十八亿万字的《丹珠尔经》十遍；《广略般若经》、《文殊菩萨经》、《缘起经》、《降生经》、《五佛集咒经》等二十三部佛教显、密宗经书，共念了八百六十多万遍，其中《密宗事部三怙主经》一部经就念诵五百四十九万三千四百六十七遍。

1989年六七月间，札什伦布寺派出比龙·洛桑旦巴坚赞、琼布·洛桑顿由活佛和高僧嘎金·边巴、堪布米玛石达等两次前往仁布县境内的雍杂绿措湖、加查县曲科杰拉姆拉错湖观看神湖显影，确认了十世班禅转世灵童降生方位在日喀则札什伦布寺的东部和东北方向，灵童的属相为蛇、马、羊。

1994年2月24日，由札寺高僧组成的三个密访小组，分赴西藏、青海、甘肃、四川、云南五省区。经过54天，寻访小组秘访了40多个县，寻访到18名灵异儿童。九月，寻访小组再次对西藏那曲、山南和林芝等地进行了历时30多天的秘访，寻访到25名灵异儿童。1995年1月，寻访小组第三次寻访，重点在那曲、山南和拉萨一带，经过20多天的秘访，再次对灵异儿童进行了认真的逐一核查。三次密访后，寻访小组从西藏、青海、四川、甘肃和云南五省区46个县的众多男童中，选出28名灵异特征显著的儿童。札什伦布寺根据算卦问卜、神湖观影、实地密访和孩童出生前的吉兆，从候选儿童中选定了嘉黎县坚赞诺布、安多县贡桑旺堆和拉萨市阿旺南追三名灵异卓著、吉兆明显的候选灵童，认为他们是十世班禅大师身、语、意的准确无误的化身。

1995年11月8日至11日，召开了第三次寻访工作领导小组会议，全国藏传佛教界的主要大德高僧聚集一堂，就班禅转世灵童寻访认定中的一些重大问题进行了认真、严肃、充分的讨论。与会的宗教界人士，经过充分酝酿，一致认为，以札什伦布寺活佛、高僧为主组成的寻访班子，严格按照宗教仪轨和程序，认真寻访提出的三名班禅转世灵童人选完全可以作为参加"金瓶掣签"的候选对象，恳请西藏自治区政府审核后报国务院批准。

特别需要提及的是，1995年5月14日，流亡印度的达赖喇嘛擅自宣布西藏嘉黎县出生的根敦·确吉尼玛为十世班禅的转世灵童。5月17日，国务院宗教事务局发言人发表谈话，宣布达赖认定的灵童是非法的、无效的。发言人指出，自乾隆五十七年（1792年）以来，历辈达赖或班禅转世灵童的产生，都要经过"金瓶掣签"认定，最后报请中央批准，这已经成为历史惯例和国家定制。因此，认定批准班禅转世灵童历来权在中央。现在流亡国外又擅自圈定班禅转世灵童的十四世达赖·丹增嘉措本人，是1940年经过当时中央政府批准继位的。达赖插手和干扰班禅转世工作，是想利用班禅转世的机会，进一步欺骗广大僧众和信教群众，借以抬高他宗教领袖的位子，捞取政治资本，达到搞乱西藏、分裂中国的政治图谋。对于达赖一直插手破坏班禅转世工作，破坏宗教仪轨，违背历史定制，干扰寻访的正常程序，否定中央政府在转世灵童认定上的最高权威的做法和行为，广大藏传佛教界人士和信教群众表示坚决反对。在班禅转世第三次寻访工作会议上，与会的大德高僧强烈谴责达赖喇嘛，一致认为达赖抢在中央政府批准前宣布灵童，这在历史上任何一世班禅、达赖的认定上都是没有先例的，充分暴露了他在宗教上的虚伪性及政治上分裂祖国的反动立场。

十世班禅转世灵童的"金瓶掣签"与十一世班禅的坐床

1995年11月29日，十世班禅转世灵童"金瓶掣签"仪式在拉萨大昭寺举行。国务院代表、国务委员罗干，国务院特派专员、西藏自治区人民政府主席江村罗布，国务院特派专员、国务院宗教事务局局长叶小文主持了掣签仪式。罗干宣读了国务院对西藏自治区人民政府《关于确定三名男童为第十世班禅转世灵童"金瓶掣签"候选对象的请示》的批准书。

西藏自治区人民政府：

1995年11月10日西藏自治区人民政府《关于确定三名男童作为第十世班禅转世灵童"金瓶掣签"候选对象的请示》、札什伦布寺民管会11月1日向西藏自治区人民政府呈报《关于确定三名男童作为第十世班禅转世灵童"金瓶掣签"候选对象的请示》，均悉。所报三名班禅转世灵童候选人坚赞诺布、贡桑旺堆、阿旺南追，其遴选过程符合国务院1989年1月30日《关于第十世班禅额尔德尼·确吉坚赞逝世后治丧和转世问题的决定》，符合宗教仪轨，符合历史定制。国务院同意坚赞诺布、贡桑旺堆、阿旺南追三名男童作为第十世班禅转世灵童候选对象，按历史定制，适时在拉萨大昭寺释迦牟尼像前，由国务院派员主持"金瓶掣签"，认定转世灵童真身一名，再报国务院批准，继任为第十一世班禅额尔德尼，以昭大信。此复。

中华人民共和国国务院
1995年11月25日

随后，第十世班禅额尔德尼转世灵童"金瓶掣签"仪式开始。金瓶被两名护卫喇嘛捧放置释迦牟尼像前的案台上。国务院特派专员、西藏自治区人民政府主席江村罗布将用藏、汉文书写的三名候选男童名字贴在签牌上，先请国务院代表、国务委员罗干检签，然后由西藏自治区领导和帕巴拉·格列朗杰活佛、生钦·罗桑坚赞活佛、波米·强巴洛珠活佛、十七世噶玛巴活佛等藏传佛教界的大德高僧以及三名候选灵童父母验核,最后由国务院特派专员、国务院宗教事务局局长叶小文检签后,将签逐一装进黄缎封套中。札什伦布寺民管会主任喇嘛次仁将名签装进金瓶的签筒里,封签。按宗教仪轨经过诵经、供奉后,中国佛教协会西藏分会会长波米·强巴洛珠开瓶掣出一签,交给了江村罗布。江村罗布取下绸袋,当场宣布:"嘉黎县坚赞诺布中签。"波米·强巴洛珠为坚赞诺布剃度,取法名洛桑强巴伦珠确吉杰布白桑布。

当日,中央政府册立第十一世班禅的盛典在拉萨雪林多吉颇章举行,江村罗布主持了册立仪式,他说:"今天上午,在大昭寺释迦牟尼像前举行了十世班禅转世灵童'金瓶掣签'仪式,认定嘉黎县坚赞诺布为第十一世班禅转世灵童,自治区立即向中央请示报告。现在已经收到了国务院电报批复。"罗干宣读了批复全文。

西藏自治区人民政府:

你区1995年11月29日关于《请国务院批准经金瓶掣签认定的坚赞诺布继任为第十一世班禅额尔德尼的请示》悉。国务院特准经"金瓶掣签"认定的1990年2月13日(藏历第十七绕迥土蛇年十二月十九日)出生的西藏自治区嘉黎县坚赞诺布为第十一世班禅额尔德尼转世灵童,继任为第十一世班禅额尔德尼。

中华人民共和国国务院
1995年11月29日

罗干宣读完批复后说:"我向大家报告,今天上午,江泽民总书记、李鹏总理、乔石委员长和李瑞环主席获悉十世班禅转世灵童'金瓶掣签',圆满完成了这一佛门盛事,都很高兴,让我代表他们表示热烈祝贺。"叶小文代表国务院宗教事务局,帕巴拉·格列朗杰代表中国佛教协会,热地代表西藏自治区党委、人大、政府、政协,地珠·江白洛桑代表中国佛协西藏分会,喇嘛次仁代表札什伦布寺等方面的代表依次向第十一世班禅敬献了哈达,表示祝贺。

12月8日,十一世班禅坐床仪式在历世班禅驻锡地——札什伦布寺举行。专程前往日喀则的国务院代表、国务委员李铁映同国务院特派专员、西藏自治区人民政府主席江村罗布、国务院特派专员、国务院宗教事务局局长叶小文一起主持并照护十一世班禅坐床。

上午八时，李铁映在帕巴拉·格列朗杰、陈奎元、江村罗布、叶小文等陪同下，来到益格曲增殿，已守候在此的十一世班禅迎上前，与李铁映互换了哈达，携手走上殿堂。早已等候在室内的八位诵经僧人高声念起祈祷经文。近侍把班禅抱起，李铁映用手扶持，十一世班禅安稳地坐在殊胜檀香根本法座上。

九时，在日光殿，李铁映代表国务院向十一世班禅颁赠了金册、金印。金册镌文如下：

授第十一世班禅额尔德尼金册

  国务院特准"金瓶掣签"认定的第十世班禅额尔德尼·确吉坚赞转世灵童坚赞诺布继任第十一世班禅额尔德尼。盖历世班禅额尔德尼，皆倾心内向，捍卫国家统一，维护民族团结，潜修内典，明心见性，为佛门众望所归，为世人之所崇敬。今班禅转世业已法定，特依历史定制，为第十一世班禅额尔德尼举行坐床典礼，并授汉藏两体文金印金册，用示荣褒，以期继续发扬爱国爱教之历史传统，广结善缘，以利西藏发展进步，人民富裕幸福，国家繁荣昌盛。

公元一九九五年十一月二十九日
中华人民共和国国务院颁

金册共有13页，每页厚0.22公分，长22.6公分，重9235克。金印镌文为"班禅额尔德尼之印"。金印高10公分，长12.6公分，重10 068克。此次中央政府颁给十一世班禅的金印、金册，无论是尺寸还是重量，都超过了历代封建皇帝赐给历世班禅的金印、金册。

李铁映受国家主席江泽民的委托，还向十一世班禅颁赠了江泽民主席为札什伦布寺亲笔题字"护国利民"。1996年5月28日，依此做成的金匾，正式悬挂在札什伦布寺中心殿堂"措钦"正门的门楣上。

1996年1月12日，十一世班禅率札什伦布寺致谢团来到北京，前往中南海拜见国家主席江泽民。全国政协主席李瑞环，国务委员、国务院秘书长罗干，全国政协副主席、中央统战部部长王兆国，全国政协副主席阿沛·阿旺晋美，中央统战部副部长李德洙，国务院宗教事务局局长叶小文，以及西藏自治区主要领导陈奎元、热地等参加了拜见活动。

江泽民主席见到十一世班禅健康、可爱，非常高兴。他对十一世班禅说："我和李瑞环主席同十世班禅是老朋友，曾多次到他家做客。我在上海任市长时，招待过十世班禅。1990年我去西藏考察时，曾在扎什伦布寺十世班禅法体前伫立致敬。今天见到你，我真是感到非常高兴。"

江泽民主席说："我们党和政府一贯实行宗教信仰自由政策，保护正常的宗教活动，也要求宗教人士和信教群众爱国爱教，团结进步。党和政府希望十一世班禅额尔德尼好好学习，健康成长，继承历世班禅的爱国主义精神，做一名拥护党的领导，热爱祖国，热爱人民，热爱社会主义，有渊博知识和宗教造诣，又具有现代科学文化知识的新一代爱国爱教的宗教领袖，为维护祖国统一，民族团结，为西藏的繁荣发展，为人民的生活幸福做出贡献。"

十一世班禅表示：感谢党中央，感谢江主席。我一定好好学习，做一个爱国爱教的活佛。

当晚，李瑞环在人民大会堂设宴招待十一世班禅率领的扎什伦布寺致谢团。李瑞环对十一世班禅说："我和十世班禅是好朋友，十世班禅在世时，每年都有多次接触和交往，彼此有很深的感情。今天能和十一世班禅结识，也是一种缘分，感到很高兴。"他希望扎什伦布寺民管会切实按照江泽民主席的要求，为十一世班禅的健康成长，为把十一世班禅培养成爱国爱教的宗教领袖，认真负责，竭尽全力，扎扎实实地做好工作。

健康成长的第十一世班禅

十一世班禅自坐床后，开始了活佛生涯中的修习生活。十一世班禅现已学习了近三百部经典，能背诵七万多字的经文，此外，还学习了藏文、汉文和数学、历史、常识等科目。

1996年6月1日，十一世班禅在扎什伦布寺接受沙弥戒。受戒地点在扎寺措钦大殿内释迦牟尼像前，此佛像是扎寺主供佛。按照藏传佛教仪轨，中国佛教协会西藏分会会长波米·强巴洛珠担任第十一世班禅授戒堪布，担任授戒洛本（导师）的是中国佛教协会西藏分会常理、扎寺法相院堪布噶钦·米玛石达，担任报时师的是色康·嘎钦次仁，担任服装师的是扎寺的民管会主任喇嘛次仁，此外还有授戒师助手噶钦曲尼、波竹·嘎钦米玛、拉诺·嘎钦次多、仲孜·嘎钦米玛、甲孜·嘎钦达娃、甲孜·嘎钦米玛等十一名高僧。

整个受戒过程是在秘不示人的神圣殿堂中进行的。据波米活佛和喇嘛次仁介绍，受戒仪式开始，高僧齐声念经。首先念"切珠"即《净行经》，排除身体内外的污浊和思想中的杂念；接着念《祈祷经》，祈祝班禅活佛长寿，护持雪域众生幸福安康；最后念"江珠"即《皈依经》，此经文只有三句：皈依佛主，皈依法缘，皈依僧宝。可以说是一个僧人诵念经文的开始。受戒分受居士戒、受出家修行戒和受沙弥戒三个阶段。每进行一个过程，报时师嘎钦次仁便报时一次，并把时间记录下来。沙弥戒结束后，授戒堪布波米活佛对十一世班禅说：我们从现在开始结下法缘，从此就与父子一样，为弘传佛法、造福有情、普度众生传教学经。报时师宣布：第十一世班禅额尔德尼于藏历第十七绕迥火鼠年四月十五日日轨一拇指长时于札什伦布寺措钦大殿内殿释迦牟尼像前受沙弥戒。十一世班禅起身向释迦牟尼像磕头，敬献哈达。给受戒师波米活佛磕头后，十一世班禅就座于释迦牟尼像前右边波米活佛座位上方的一个高大法座上，由森本（侍从）为其戴上"班霞"帽（"班霞"帽，是大学者所戴的帽子，明黄色，尖顶呈桃形）。仪式结束后，打开殿堂大门。十一世班禅委托札什伦布寺民管会向授戒堪布、洛本敬献哈达、金银曼札、佛像和佛塔等物表示酬谢，同时向授戒高僧们敬献哈达和酬礼，并接受了授戒师、札什伦布寺民管会正副主任和札寺所有札仓敬献的哈达、曼扎和祝贺。

从北京前往西藏参加十一世班禅受戒活动的中央有关部门代表和西藏自治区领导，以及西藏和其他藏区藏传佛教各教派高僧，一一向十一世班禅敬献哈达和赠送了礼品。

是日，十一世班禅登上历世班禅法坛第一次讲经说法。札什伦布寺700多僧人聆听十一世班禅领经、诵经。十一世班禅领诵了《觉隆》、《俄阿》经，并讲述了藏传佛教的历史、藏传佛教的传统，希望众僧精研教义、遵守教规、潜心修佛，祈请众僧多做善事，并将善事变成成果。讲经历时半个小时。1998年6月1日，十一世班禅接受首次密宗灌顶。为十一世班禅灌顶的是拉卜楞寺下续部法台江洋嘉措。江洋嘉措精通显密二宗，曾获"格西"学位，尤善密宗，法统纯正。早年曾师承十世班禅经师拉科活佛。十一世班禅首次接受灌顶为"长寿灌顶"。之后，又于6月8日至10日和7月23日接受了吉祥金刚大威德独雄本尊大灌顶和吉祥密集续部、胜乐大灌顶等。

十一世班禅除日常学习佛教经典和文化知识外，还参加一些宗教性的活动。1996年3月9日，十一世班禅前往六世班禅衣冠庙——北京西黄寺举行佛事活动。这是十一世班禅首次在北京进行佛事活动，也是十一世班禅第一次来到十世班禅生前创立的中国藏语系高级佛学院。上午九点，十一世班禅在札什伦布寺民管会名誉主任生钦·洛桑坚赞活佛和主任喇嘛次仁的陪同下来到西黄寺。他首先拜祭了安放六世班禅洛桑班典益西衣履咒经等物的清净化城塔，向该塔顶礼并敬献了哈达。然后去十世班禅生前在佛学院内的办公室，向十世班禅大师巨幅画像献了哈达。十点，在西黄寺措钦大殿内众僧的诵经声中，十一世班禅登上法座，接受了藏传佛教界高僧的朝拜，并与十世班禅母亲见面。中国佛教协会副会长贡唐仓·丹贝旺旭活佛，中国佛教协会副会长、中国藏语系高级佛学院副院长却西活佛，中国佛教协会副会长、内蒙古自治区佛教协会会长乌兰活佛以及那仓、措如次朗、德哇仓、图布丹等藏蒙地区的大德高僧朝拜了十一世班禅。班禅为他们逐一摸顶祝福，赐给了金刚结。

1997年8月30日，十一世班禅主持中国藏语系高级佛学院建院十周年庆祝法会，并为师生们讲经。中国藏语系高级佛学院是在十世班禅倡议下建立的，十世班禅亲任第一任院长。

1998年2月11日，十一世班禅参加西黄寺举办的"默朗钦波"大法会，为中国藏语系高级佛学院的师生和雍和宫的僧众讲经说法、摸顶赐福。1999年1月28日，是十世班禅圆寂十周年，十一世班禅在北京西黄寺参加了宗教界举行的纪念法会，并会晤了正在内地参观的十七世噶玛巴活佛。然后，前往人民大会堂参加了首都各界举行的纪念十世班禅逝世十周年座谈会。

1999年6月18日，十一世班禅前往大昭寺朝拜释迦牟尼佛像并献哈达。随后，十一世班禅领诵经文，接受大昭寺僧众的朝拜，为他们摸顶赐福。供奉在大昭寺主殿的释迦牟尼在藏传佛教界人士和信教群众心目中具有十分神圣的地位。据藏文典籍记载，该佛像系唐朝文成公主自长安带进西藏，相传是释迦牟尼在世时铸造的12岁等身像。

6月24日，十一世班禅在驻锡地札什伦布寺首次举行灌顶法会。在两个多小时内，班禅准确熟练地运用了各种法器，向札什伦布寺僧众咏颂了万余字的灌顶经文，并进行了讲解。讲经结束后，十一世班禅向札寺僧众发表了讲话，他要求札什伦布寺和札什伦布寺全体僧众继承和发扬十世班禅大师爱国爱教的光荣传统，苦学经典，真正成为名副其实的爱国爱教的寺庙和僧人。

他说:"包括我在内的札什伦布寺所有僧人要爱国,就是要接受党的领导,坚持社会主义,维护祖国统一,加强民族团结。要做到这些,首先必须清净戒律,遵守国法寺规。年轻喇嘛更要尊敬师长,听取教诲,为世界和平,社会进步,人民幸福做出我们的贡献。"

6月27日,十一世班禅在日喀则举行摸顶活动,至30日,共为一万六千余僧俗群众摸顶。

十一世班禅还积极参与社会活动和支持社会公益事业。1997年6月30日至7月1日,十一世班禅及其一行在人民大会堂观看了香港回归焰火晚会并在天安门观看国旗升旗仪式。1997年春,西藏藏北那曲地区和日喀则地区发生了历史上罕见的大雪灾,十一世班禅为灾区捐款三万元。1998年夏季,长江、松花江和嫩江流域发生了全流域性的特大洪灾。8月20日,十一世班禅为灾区人民捐款一万元,并用藏文工整地书写了"向灾区人民和抗洪救灾的党政领导及军民表示慰问"的条幅。班禅心系灾区,每天都注意收看有关汛情、灾情,中央领导指挥抗洪救灾以及军民英勇抗灾、全国人民大力支援灾区的新闻,被可歌可泣的事迹所感动。他表示,中央一直十分关心西藏,全国各族人民大力支援西藏,在内地一些地区遇到困难时,西藏人民也应该支援内地灾区人民。这样同舟共济,才能体现全国人民的大团结。1999年5月8日,以美国为首的北约突然袭击我驻南联盟大使馆。对此,十一世班禅发表谈话说:美国轰炸南联盟以来,我一直十分关注。作为僧人,我们拥护和平,反对战争。听到以美国为首的北约轰炸我驻南联盟使馆,我感到非常气愤,这是对和平的破坏,是践踏我国领土主权的霸道行为。我们要更加紧密地团结在以江泽民主席为核心的党中央周围,更加努力地维护民族团结、祖国统一和社会稳定,更加坚决地与达赖集团的分裂活动作斗争,以实际行动回击北约的挑衅。

在即将结束本文的时候,我们衷心祝愿十一世班禅继承历世班禅爱国爱教的光荣传统,成为新一代的爱国爱教的宗教领袖。

1999年7月

本书参考的专著与论文目录

（一）专　著

《第四世班禅罗桑曲结传》（藏文），札什伦布寺藏版
《第五世班禅罗桑益喜传》（藏文），札什伦布寺藏版
《第六世班禅巴丹益喜传》（藏文），札什伦布寺藏版
《第七世班禅丹白尼玛传》（藏文），札什伦布寺藏版
《第八世班禅丹白旺修传》（藏文），札什伦布寺藏版

刘家驹编著：《班禅大师全集》，班禅堪布会议厅，1943年铅印

陈文鉴编著：《班禅大师东来十五年大事记》，上海大法轮书局1948年版

"招待班禅同人"编：《班禅东来记》，上海世界书局1925年版

吴丰培辑：《班禅赴印纪略》，《清代西藏史料丛刊第一集》，商务印书馆1936年版

张伯桢撰：《班禅额尔德尼传》，《沧海丛书第三辑甲种》，沧海丛书社1934年版

《第一世达赖根敦朱巴传》（藏文），哲蚌寺藏版
《第三世达赖索南嘉措传》（藏文），哲蚌寺藏版
《第五世达赖罗桑嘉措传》（藏文），哲蚌寺藏版．
《第七世达赖噶桑嘉措传》（藏文），哲蚌寺藏版
《第十三世达赖土登嘉措传》（藏文），布达拉宫印经所藏版

张伯桢撰：《达赖喇嘛传》，《沧海丛书第三辑甲种》，沧海丛书社1934年版

西藏社会科学院编：《明史》（阐化王列传），《明实录藏族史料》（共两册），西藏人民出版社1982年版

西藏社会科学院编：《清实录藏族史料》（共十册），西藏人民出版社1982年版

《清实录藏族历史资料汇编》（共五册），西藏民族学院历史系1982年

编印

　　法尊著：《西藏民族政教史》，1940年（铅印本和线装两个版本）

　　刘立千译：《续藏史鉴》，华西大学出版社1941年版

　　《西藏志、卫藏通志（合订）》，西藏人民出版社1982年版

　　《西藏图考、西招图略（合订）》，西藏人民出版社1982年版

　　吴丰培辑：《清季筹藏奏牍》（九种三册），商务印书馆1938年版

　　张其勤原稿，吴丰培增辑：《清代藏事辑要（一）》，西藏人民出版社1983年版

　　吴丰培辑：《清代藏事辑要续编》，四川民族出版社1984年版

　　吴丰培辑：《赵尔丰川边奏牍》，四川民族出版社1984年版

　　吴丰培辑：《民元藏事电稿》，西藏人民出版社1982年版

　　吴丰培辑：《藏乱始末见闻记四种》，中央民族学院图书馆编印1979年版

　　吴丰培辑：《民二藏事文电稿（抄本）》

　　吴丰培辑：《民二藏事文电稿附录（抄本）》

　　吴丰培辑：《联豫驻藏奏稿》，西藏人民出版社1980年版

　　吴丰培校订：《番僧源流考·西藏宗教源流考（合订）》，西藏人民出版社1982年版

　　王辅仁，索文清编著：《藏族史要》，四川民族出版社1981年版

　　洪涤尘编著：《西藏史地大纲》，正中书局1936年版

　　肖金松著：《清代驻藏大臣之研究》（台湾出版）

　　丁实存著：《驻藏大臣考》，国民政府蒙藏委员会1943年版

　　黄慕松著：《黄慕松自述》，《使藏纪程》，商务印书馆出版1944年铅印本

　　吴忠信著：《西藏纪要》，南京中华印刷公司铅印本

　　高长柱著：《边疆问题论文集》，正中书局1948年版

　　马鹤天著：《甘、青、藏边区考察记》（第二辑），上海商务印书馆1947年版

　　[英]麦克唐纳著，孙梅生、黄次书译：《旅藏二十年》，上海商务印书馆1936年出版

　　刘曼卿著：《康藏轺征》，上海商务印书馆1933年版

　　朱少逸著：《拉萨闻见记》，《开发西北》1934年7月第2卷1期

朱绣著：《西藏六十年大事记》，1925年铅印本

谢国桢著：《藏事略述》（铅印本）

五世达赖喇嘛著，郭和卿译：《西藏王臣记》，北京民族出版社1983年版

［英］荣赫鹏著，孙熙初译：《英国侵略西藏史》（原名：《印度与西藏》），上海商务印书馆1934年版

佘素著：《清季英国侵略西藏史》，北京世界知识出版社1959年版

［英］柏尔著，宫廷璋译：《西藏之过去与现在》，北平商务印书馆1930年版

［英］黎吉生著，李有义译：《西藏简史》（铅印本）

［意］杜齐著，李有义、邓锐龄合译：《西藏中世纪史》（《西藏画卷》），中国社会科学院民族研究所1980年编印

王森著：《关于西藏佛教史的十篇资料》，中国科学院民族研究所少数民族社会历史室1965年编印

王森著：《宗喀巴传论（附宗喀巴年谱）》，中国科学院民族研究所少数民族社会历史研究室1965年编印

五世达赖罗桑嘉措著，王尧译：《萨迦世系》，中国科学院民族研究所少数民族社会历史研究室1965年编印

蔡志纯，高文德著：《蒙古世系》，中国社会科学出版社1979年版

东噶·洛桑赤列著，郭冠忠、王玉平译：《论西藏政教合一制度》，中国社会科学院民族研究所1983年编印

松巴堪布益西班觉著，黄颢译注：《青海史》，西北民族学院编《西北民族文丛》，1983年第3期，1984年第1～2期

班钦索南查巴著，黄颢译注：《新红史》，西藏人民出版社1985年版

（二）论　文

杜江著：《六世班禅朝觐乾隆事略》，《西藏研究》1984年第1期

李克域著：《从须弥福寿之庙的两首御制诗匾看清朝对西藏的施政》，《西藏研究》1984年第1期

刘如仲著：《抚远大将军西征图卷考释》，《西藏研究》1984年第1期

马汝珩，马大正著：《固始汗生平略述》，《民族研究》1983年第2期

蔡志纯著：《固始汗生卒年小考》，《民族研究》1984年第2期

黄颢，吴碧云著：《六世达赖仓央嘉措生平考略》，《西藏研究》1981年创刊号

吴丰培著：《记光绪三十一年巴塘之乱》，《禹贡半月刊》第6卷第12期康藏专号

吴丰培著：《清季达赖喇嘛出亡事迹考》，《中德学志》单行本

王辅仁著：《关于清初西藏阿尔布巴事件的五个词条及说明》，《藏学研究文集》，中央民院藏族研究所1985年编印

赵云天著：《略谈清代理藩院对西藏的治理》，《西藏研究》1984年第3期

赵卫邦著：《第一个潜入拉萨的英国人曼宁之被驱逐出境》，《西藏研究》1984年第2期

任书贵著：《一九一九年甘肃代表团赴藏初探》，《西藏研究》1984年第4期

孔庆宗著：《回忆国民党政府对西藏政务的管理》，《文史资料选辑》第93辑

孔庆宗著：《西藏插手西康大金、白利纠纷的真相》，《文史资料选辑》第93辑

孔庆宗著：《黄慕松入藏纪实》，《文史资料选辑》第93辑

陈锚璋著：《西藏从政纪略》，《文史资料选辑》第79辑

常希武著：《国民党特工人员在西藏》，《西藏文史资料选辑》第3辑

李苏，晋美旺秋著：《十三世达赖喇嘛圆寂后的西藏政局》，《西藏文史资料选辑》第3辑

拉乌达热·土丹旦达著：《我参与龙夏事件的经过》，《西藏文史资料选辑》第3辑

龙夏·吾金多吉著：《热振摄政王在狱中被害经过》，《西藏文史资料选辑》第3辑

拉宗卓噶著：《关于坚赛·土丹贡培》，《西藏文史资料选辑》第3辑

强俄巴·多吉欧珠著：《西藏地方政府派代表团慰问同盟国和出席南京国民代表大会内幕》，《西藏文史资料选辑》第2辑

桑颇·单增顿珠等著：《西藏代表团出席泛亚洲会议真相》，《西藏文史资料选辑》第2辑

拉鲁·次旺多吉著：《回忆我的父亲龙夏·多吉次杰》，《西藏文史资料选辑》第3辑

夏尔孜·益西土丹著：《我当过监禁前摄政——五世热振活佛的狱卒》，《西藏文史资料选辑》第2辑

帕苏·土登曲杰著：《回忆十三世达赖喇嘛的保健医生——强巴》，《西藏文史资料选辑》第2辑

樊治生著：《甘变回忆录》，《康导月刊》第2卷第8期

瘦梅著：《甘变余生录》，《康导月刊》第2卷第8期

李静轩著：《甘孜事变之责任问题》，《康导月刊》第2卷第8期

刘文辉著：《甘孜事变解决途径》，《康导月刊》第2卷第8期

杨泽贤著：《甘变经过》，《康导月刊》第2卷第8期

周锡银著：《为西藏和平解放而献身的格达活佛》，《西藏研究》1984年第3期

周润年著：《藏族著名爱国人士格达活佛》，《藏族研究文集》第二集，中央民院藏族研究所1984年编印

李维汉著：《西藏民族解放的道路——纪念"关于和平解放西藏办法的协议"签定三十周年》，《人民日报》1981年5月23日

张国华著：《十八军进藏纪实》，《西藏文史资料选辑》第2辑

土丹旦达著：《关于和平解放西藏办法的协议签订前后》，《西藏文史资料选辑》第1辑

乐于泓著：《和平解放西藏日记摘抄》，《西藏革命回忆录》第2辑

郄晋武著：《进藏先遣数千里》，《西藏革命回忆录》第1辑

陈子植著：《解放昌都之战》，《西藏文史资料选辑》第1辑

陈炳著：《进军察隅》，《西藏革命回忆录》第2辑

翟金贞等著：《忆阿里先遣部队之英雄连连长——李狄三》，《西藏文史资料选辑》第1辑

魏克著：《记十八军接受进军西藏任务的时刻》，《西藏文史资料选辑》第3辑

德格·格桑旺对著：《我率部起义经过》，《西藏文史资料选辑》第1辑

拉鲁·才旺多吉著：《人民解放军进驻拉萨以后》，《西藏文史资料选辑》第1辑

周世隆著：《护送班禅大师返回日喀则》，《西藏文史资料选辑》第1辑

王先梅著：《从昌都到拉萨——回忆中国人民解放军进藏部队先遣支队进藏片断》，《西藏革命回忆录》第2辑

杨一真著：《誓把红旗插上喜马拉雅山——进军西藏纪实》，《西藏革命回忆录》第2辑

陈竞波著：《一场政治较量》，《西藏文史资料选辑》第1辑

李传恩著：《回顾西线筑路》，《西藏文史资料选辑》第1辑

杨宗辉著：《回忆川藏公路南线踏勘》，《西藏革命回忆录》第2辑

（三）特　辑

《西藏地方是中国不可分割的一部分》（史料选辑），西藏社会科学院、中国社会科学院民族研究所、中央民族学院、中国第二历史档案馆合编，姚兆麟主编，西藏人民出版社1986年版